Freundschaft erschreiben im Gegenwartsroman

Charlotte Schleiffer

Freundschaft erschreiben im Gegenwartsroman

Erinnerung – Projektion – Subjektivierung

BRILL | WILHELM FINK

Umschlagabbildung:
René Magritte, *La reproduction interdite* (1937), © VG Bild-Kunst, Bonn 2021

Bibliografische Information der Deutschen Nationalbibliothek

Die Deutsche Nationalbibliothek verzeichnet diese Publikation in der Deutschen Nationalbibliografie; detaillierte bibliografische Daten sind im Internet über http://dnb.d-nb.de abrufbar.

Zugl. Diss, 2020, Humboldt-Universität zu Berlin

www.fink.de

Einbandgestaltung: Evelyn Ziegler, München
Herstellung: Brill Deutschland GmbH, Paderborn

ISBN 978-3-7705-6677-8 (hardback)
ISBN 978-3-8467-6677-4 (e-book)

Inhalt

KAPITEL 1

Zur Einleitung: Literarische Freundschaft

Betrachtet man Näheverhältnisse in der Gegenwartsliteratur, so stellt man schnell fest, dass diese seit der Jahrtausendwende ganz im Zeichen der Familie steht:[1] sei es in Form des Mehrgenerationenromans, der die Aufarbeitung neuerer deutscher oder europäischer Geschichte mit genealogischen Spurensuchen bzw. kollektive mit individueller Vergangenheitsbewältigung verquickt,[2] sei es in Form der (autobiographischen) Erinnerung an einen verstorbenen Elternteil.[3] Doch bekommt die vielfach ausgerufene und analysierte[4] Vorherrschaft der Familie Konkurrenz: Ausgangsbeobachtung der vorliegenden Arbeit ist eine – von der Forschung bislang weitestgehend unbeachtete – Konjunktur der Freundschaft im zeitgenössischen Roman.

Die bisherige Vernachlässigung des Sujets mutet insofern kurios an, als Freundschaft im Leben vieler Menschen einen herausragenden Stellenwert einnimmt.[5] Entsprechend ist ihre literarische Marginalisierung immer wieder

---

1 Dies zeigt sich auch in der überproportional häufigen Auszeichnung von Familien- und Generationenromanen mit dem seit 2005 verliehenen Deutschen Buchpreis.

2 Z. B. Arno Geiger: *Es geht uns gut* (2005); Julia Franck: *Die Mittagsfrau* (2007); Uwe Tellkamp: *Der Turm* (2008); Jenny Erpenbeck: *Heimsuchung* (2008), *Aller Tage Abend* (2012); Eugen Ruge: *In Zeiten des abnehmenden Lichts* (2011); Nino Haratischwili: *Das achte Leben (Für Brilka)* (2014); Sasha Marianna Salzmann: *Außer sich* (2017); Maxim Biller: *Sechs Koffer* (2018); Inger Maria Mahlke: *Archipel* (2018); Andreas Maier: *Die Familie* (2019); Saša Stanišic: *Herkunft* (2019).

3 Z. B. Christoph Meckel: *Suchbild. Über meinen Vater* (1980), *Suchbild. Meine Mutter* (2002); Urs Widmer: *Der Geliebte der Mutter* (2000), *Das Buch des Vaters* (2004); Georg Diez: *Der Tod meiner Mutter* (2009); Peter Schneider: *Die Lieben meiner Mutter* (2013); Nora Gantenbrink: *Dad* (2020).

4 Vgl. zu diesem Erzählmuster z. B. Ulrich Kittstein/Stefani Kugler/Eva Ritthaler: *Grundlagen der Neueren Deutschen Literaturwissenschaft*. Trier: Wissenschaftlicher Verlag 2019, S. 254 f.; Volker Neuhaus: *Der Roman. Von der Antike bis zur Postmoderne*. Wiesbaden: Marix 2019, S. 238 ff.; Wolfgang Beutin (Hrsg.): *Deutsche Literaturgeschichte. Von den Anfängen bis zur Gegenwart*. Stuttgart: Metzler 2019, S. 751 ff.; Hajnalka Nagy/Werner Wintersteiner (Hrsg.): *Immer wieder Familie. Familien- und Generationenromane in der neueren Literatur*. Innsbruck: Studienverlag 2012; Julian Reidy: *Rekonstruktion und Entheroisierung. Paradigmen des ‚Generationenromans' in der deutschsprachigen Gegenwartsliteratur*. Bielefeld: Aisthesis 2013; Simone Costagli/Matteo Galli (Hrsg.): *Deutsche Familienromane. Literarische Genealogien und internationaler Kontext*. München: Fink 2010; Thomas Martinec/Claudia Nitschke (Hrsg.): *Familie und Identität in der deutschen Literatur*. Frankfurt a. M.: Peter Lang 2009.

5 Die Mehrheit der Befragten einer repräsentativen Studie des Instituts für Demoskopie Allensbach etwa räumten der Freundschaft einen höheren Stellenwert für ihr Wohlbefinden

 | DOI:10.30965/9783846766774_002

mit zwischen Ungläubigkeit und Bedauern changierendem Ton kommentiert worden. So bemerkt etwa Elke Heidenreich: „Ob das Goethes Gretchen oder Shakespeares Julia ist, ob Anna Karenina, Madame Bovary oder Effi Briest – weit und breit keine Freundin.“[6] Alexander Nehamas ist gar der Meinung, es gebe „verblüffend[erweise] keinen Roman von Weltgeltung [...], dessen zentrales Thema die Freundschaft wäre“[7]. Silvia Bovenschen prangert die „Kalenderblattbetulichkeit“[8] an, die das Schreiben über Freundschaft in Belletristik und Philosophie charakterisiere. Die bislang umfassendste germanistische Freundschaftsstudie von Eckhardt Meyer-Krentler schließt 1984 mit dem Befund, dass „‚Freundschaftsgeschichten‘ im Bereich der ‚höheren‘ Literatur durchweg vermieden“[9] würden. Und im Feuilleton des *Guardian* heißt es noch 2015: „[R]ecent adult fiction tends to relegate friendship to the subplot, below the headline concerns of family and romance.“[10]

Zweifellos: Mit Ausnahme des 18. Jahrhunderts, in dem ein regelrechter literarischer Freundschaftskult die Genese der modernen bürgerlichen Subjektivität maßgeblich beförderte,[11] hat das Thema seit jeher ein eher randständiges belletristisches Dasein gefristet.[12] Ganz so stiefmütterlich, wie obige Zitate suggerieren, ist die Freundschaft freilich nicht behandelt worden:[13] Fast alle kanonischen Autoren[14] des letzten Jahrhunderts – von Hermann Hesse und Thomas Mann über Günter Grass und Christa Wolf bis hin zu Thomas Bernhard – haben in mindestens einem ihrer Romane eine exklusive Freundschaft literarisiert. Gleichwohl steht der Fülle von Publikationen zum empfindsamen Freundschaftskult[15] sowie zu (Brief-)Freundschaften bedeutender

ein als Familie und Partnerschaft. Vgl. www.ifd-allensbach.de/fileadmin/studien/Jacobs_Freunde_fuers_Leben_2013.pdf.

6 Elke Heidenreich: „Wo war eigentlich Lolitas Freundin?“ In: *Die Presse* vom 14.03.2010.

7 Alexander Nehamas: *Über Freundschaft*. München: dtv 2017, S. 89.

8 Silvia Bovenschen: „Ach wie schön. Freundschaft und idiosynkratische Befremdungen.“ In: Dies.: *Über-Empfindlichkeit. Spielformen der Idiosynkrasie*. Frankfurt a. M. 2007, S. 119-148, hier S. 133.

9 Eckhardt Meyer-Krentler: *Der Bürger als Freund. Ein sozialethisches Programm und seine Kritik in der neueren deutschen Erzählliteratur*. München: Fink 1984, S. 287.

10 A. D. Miller: „Why modern fiction has turned its back on friendship.“ In: *The Guardian* vom 21.03.2015.

11 Vgl. hierzu Kapitel 2.

12 *Google Scholar* zeigt 5.070 Suchergebnisse für das Stichwort „Familienroman“ an; der „Freundschaftsroman“ hingegen kommt auf nur 68 Treffer (Stand: 12.05.2020).

13 Hiervon zeugt das dieser Arbeit nachgestellte Werkverzeichnis.

14 Aus Gründen der besseren Lesbarkeit wird in der vorliegenden Arbeit die Sprachform des generischen Maskulinums verwendet.

15 Z. B. Klaus Manger/Ute Pott (Hrsg.): *Rituale der Freundschaft*. Heidelberg: Winter 2006; Wolfram Mauser/Barbara Becker-Cantarino (Hrsg.): *Frauenfreundschaft – Männerfreund-*

Schriftsteller und Intellektueller[16] eine magere germanistische Erforschung von Freundschaft im Roman des 20. und 21. Jahrhunderts gegenüber.[17] Das Gros der Gegenwartsliteraturwissenschaft setzt das Private wie selbstverständlich mit dem Familiären gleich;[18] eine gerade vor dem Hintergrund aktueller

---

schaft. Literarische Diskurse im 18. Jahrhundert. Tübingen: Niemeyer 1991; Wolfdietrich Rasch: *Freundschaftskult und Freundschaftsdichtung im deutschen Schrifttum des 18. Jahrhunderts*. Halle/Saale: Niemeyer 1936.

Die Kaprizierung der Sekundärliteratur auf das ‚Jahrhundert der Freundschaft' zeigt sich auch in den seit einigen Jahren (wieder) stattfindenden Tagungen zum Thema: Auf der Tagung *Über/In Freundschaft schreiben. Gelebte und literarisch inszenierte Freundschaften in der deutschsprachigen Literaturgeschichte* an der Europa-Universität Viadrina (2018) gab es lediglich einen Beitrag zu zeitgenössischer Literatur; die Tagungen *(K)ein zweites Ich. Freundschaft zwischen geschäftlichem Kalkül und innigem Gefühl* (Einstein Forum Potsdam 2018) sowie *Semantiken und Praktiken der Freundschaft im 18. Jahrhundert* (Universität Siegen 2018) sparten das Thema völlig aus.

16 Zuletzt erschienen sind Andree Michaelis-König/Erik Schilling (Hrsg.): *Poetik und Praxis der Freundschaft (1800-1933)*. Heidelberg: Winter 2019; Nicola Tams: *Geschriebene Freundschaft. Zu den Briefen Derridas*. Bielefeld: transcript 2018; Emily Midorikawa/Emma Claire Sweeney: *A Secret Sisterhood. The Literaray Friendships of Jane Austen, Charlotte Brontë, George Eliot, and Virginia Woolf.* Boston: Mariner Books 2018; Thomas Jung/Stefan Müller-Doohm (Hrsg.): *Prekäre Freundschaften. Über geistige Nähe und Distanz*. Paderborn: Fink 2011; Elke Siegel: *Entfernte Freunde. Nietzsche, Freud, Kafka und die Freundschaft der Moderne*. Würzburg: Königshausen & Neumann 2009.

17 Diese beläuft sich im Wesentlichen auf drei Monographien, deren Thesen in Kapitel 1.3.1 skizziert werden. Darüber hinaus ist nur ein Aufsatz von Rachel Freudenburg zu erwähnen: „Männliche Freundschaftsbilder in der neueren Literatur." In: Walter Erhart/Britta Herrmann (Hrsg.): *Wann ist der Mann ein Mann? Zur Geschichte der Männlichkeit*. Stuttgart: Metzler 1997, S. 271-291.

18 Vgl. z. B. Anne Rüggemeier: „Der Autobiograph als Biograph? Relationale Selbstbeschreibungen in Theorie und Praxis." In: Sonja Arnold/Stephanie Catani/Anita Gröger/Christoph Jürgensen/Klaus Schenk/Martina Wagner-Egelhaaf (Hrsg.): *Sich selbst erzählen. Autobiographie – Autofiktion – Autorschaft*. Kiel: Ludwig 2018, S. 75-100. Obwohl Rüggemeier ein (auch) im Freundschaftsroman äußerst produktives Erzählmuster verhandelt – nämlich das einer „Suche, deren vermeintliches Ziel typischerweise die Erforschung der Lebensgeschichte einer nahestehenden Person ist" (S. 88) –, werden ausschließlich Familienkonstellationen beleuchtet. Diese sind auch in Eva-Maria Schertlers Studie zu *Tod und Trauer in der deutschsprachigen Gegenwartsliteratur* (Innsbruck: Studienverlag 2011) alleiniger Untersuchungsgegenstand. Sigrid Löffler konstatiert, es sei „seit jeher Aufgabe von Literatur, das große gesellschaftliche Ganze abzubilden; sie kann dies aber nur im Bilde des Privaten und Intimen, also der Familie" (dies.: „Die Familie. Ein Roman: Geschrumpft und gestückelt, aber heilig: Familienromane I." In: *Literaturen* 6 (2005), S. 18-26, hier S. 25), und schlägt damit in die gleiche Kerbe wie Peter von Matt: „Es ist die unbestreitbare Aufgabe der Literatur, vom gesellschaftlichen Ganzen zu reden […]. Ebenso unbestreitbar aber kann dies die Literatur nur, indem sie von den intimsten menschlichen Konstellationen spricht und aus ihnen heraus erzählt: Mann und Frau im Flug und Sturz der Liebe, Eltern und Kinder im dramatischen Gefüge von Symbiose

demographischer Entwicklungen[19] anachronistische Verengung. Hingegen wenden sich in den letzten Jahren nicht nur Soziologie und Philosophie,[20] sondern auch Feuilleton[21] und Film,[22] Populärwissenschaft,[23] Ratgeberliteratur[24] und die großen Verlagshäuser[25] vermehrt der Freundschaft zu und reagieren damit auf ein offensichtlich gestiegenes Interesse am Thema.

1.1 Forschungsfragen und Zielsetzungen

Doch zurück zur zeitgenössischen Literatur. Diese belebt ein Narrativ wieder, dessen Ursprünge bis in die Antike zurückreichen: In einer Vielzahl aktueller Romane erinnert sich ein homodiegetischer, oftmals von Berufs

---

und Trennung." (Ders.: *Verkommene Söhne, mißratene Töchter. Familiendesaster in der Literatur*. München: dtv 1997, S. 59).

19 Laut Statistischem Bundesamt ist die Zahl der Einpersonenhaushalte in Deutschland zwischen 1991 und 2019 um 46 % gestiegen.

20 Vgl. hierzu den Forschungsüberblick in Kapitel 1.3.2.

21 Vgl. z. B. den Leitartikel von Eva Illouz: „Liebe? Freundschaft!" In: *DIE ZEIT* vom 24.03.2016; die Titelgeschichten „Familie, aber anders." In: *DIE ZEIT* vom 04.07.2019; „Beste Freunde. Das wichtigste Bündnis unseres Lebens." In: *DER SPIEGEL* vom 29.12.2014; „Freundschaft – Wird sie wichtiger als die Familie? Die neue Psychologie des Miteinander." In: *GEO* 06/2015 sowie Mareike Nieberding: „Freundschaft. Die größere Liebe." In: *ZEIT Campus* 05/2016. In der *Süddeutschen Zeitung* vom 23.08.2018 erzählen SZ-Autoren von ihren großen Freundschaftsmomenten. Das *Museum für Kommunikation Frankfurt* widmete Freundschaft 2019 eine eigene Ausstellung mit dem Titel *Like you! Freundschaft digital und analog*.

22 Vgl. z. B. die Publikumserfolge *Ziemlich beste Freunde* (2011) oder *The Greenbook* (2018). Während in den 70er bis 90er Jahren die Familie im Mittelpunkt der beliebtesten Serien stand (z. B. in *Dallas, Der Denver-Clan, Die Bill Cosby Show, Eine schrecklich nette Familie, Alf*), ist es seit der Jahrtausendwende die Freundschaft (z. B. in *Friends, Sex and the City, The O. C., How I Met your Mother, Scrubs, The Big Bang Theory, Girls, Big Little Lies, New Girl, Stranger Things, Grace and Frankie*).

23 Jo Schück: *Nackt im Hotel. Wie Freundschaft der Liebe den Rang abläuft*. München: dtv 2020; Björn Vedder: *Neue Freunde. Über Freundschaft in Zeiten von Facebook*. Bielefeld: transcript 2017; Susann Sitzler: *Freundinnen. Was Frauen einander bedeuten*. Stuttgart: Klett-Cotta 2017; Marilyn Yalom: *Freundinnen. Eine Kulturgeschichte*. München: btb 2017; Nehamas 2017; Gregory Jusdanis: *A tremendous Thing. Friendship from the ,Iliad' to the Internet*. Ithaca: Cornell UP 2014; Richard Riess (Hrsg.): *Freundschaft*. Darmstadt: WBG 2014; Tobias Rüther: *Männerfreundschaft. Ein Abenteuer*. Berlin: Rowohlt 2013; Konrad Utz: *Freundschaft. Eine philosophische Theorie*. Paderborn: Schöningh 2012; Greta Lührs: „Die Freundschafts-Frage." In: *Hohe Luft. Zeitschrift für Philosophie* 02/2019.

24 Dorothee Röhrig: *Aus und vorbei! Woran Frauenfreundschaften zerbrechen und wie wir daran wachsen*. München: Kailash 2019; Wilhelm Schmidt: *Selbstfreundschaft*. Berlin: Suhrkamp 2018.

25 Vgl. die Anthologien von Clara Paul (Hrsg.): *Freundschaft. Geschichten für uns*. Berlin: Suhrkamp 2017 sowie Anna von Planta (Hrsg.): *Freundinnen*. Zürich: Diogenes 2018.

wegen schreibender Ich-Erzähler an seinen kürzlich verstorbenen engsten Freund. Damit wird das hegemoniale Identitätsnarrativ der Gegenwartsliteratur, nämlich die mittels einer Erforschung und Darstellung genealogischer Geschichte(n) angestrebte Selbstverortung des Erzählers, aus der Sphäre der Familie in die der Freundschaft transponiert. Dabei weisen die Romane frappierende sowohl inhaltliche als auch narratologische Analogien auf: allen voran eine exklusive, die Subjektivierung der Protagonisten maßgeblich konstituierende Zweierfreundschaft, eine Aufteilung in Analepse und Rahmenerzählung und den Freundestod als Schreibanlass.

Diese Beobachtung kann anhand eines kursorischen Überblicks über mein Primärkorpus illustriert werden: In Marion Poschmanns Roman *Die Sonnenposition* (2013) protokolliert der Psychiater Altfried seine bis zuletzt ungeklärte Beziehung zum exzentrischen, vor wenigen Wochen tödlich verunglückten Odilo. In Bodo Kirchhoffs Autofiktion *Eros und Asche* (2007) rekapituliert ein erfolgreicher Schriftsteller seine jahrzehntelange Freundschaft zum enigmatischen M., den er als Internatsschüler kennenlernt und der nach einem exzessiven Leben verarmt und in Isolation stirbt. In Bov Bjergs Debutroman *Auerhaus* (2015) erstellt Höppner eine Chronik des Zusammenlebens mit seinem suizidalen Freund Frieder, den er trotz großer Bemühungen nicht am Freitod hindern konnte. In Uwe Timms Roman *Rot* (2001) hält Thomas Linde, Alt-68er und Beerdigungsredner, sterbend einen gleich doppelten Nekrolog: auf seinen Freund Aschenberger und auf sich selbst. Und Nina Bußmanns Roman *Der Mantel der Erde ist heiß und teilweise geschmolzen* (2017) ist der Report einer Suche, zu der die Erzählerin nach dem spurlosen Verschwinden ihrer Freundin Nelly aufbricht.

Aus den Gemeinsamkeiten dieser und weiterer Texte leiten sich die Forschungsfragen der vorliegenden Arbeit ab: Wie wird Freundschaft im zeitgenössischen Roman *gelebt* (auf Ebene der Analepse) und *geschrieben* (auf Ebene der Rahmenerzählung)? Weshalb ist die Absenz des Alter Ego stets Voraussetzung für eine Rekonstruktion der Freundschaft? Und welche Motive liegen dem Narrationsakt zugrunde? Ich frage mithin danach, welche Funktionen Freundschaft für die Ichkonstitution der Erzähler erfüllt. Anders formuliert: Inwiefern befördert bzw. torpediert die (erinnerte) Freundschaft eine *Subjektivierung der Erzähler im Medium der Schrift*?

Der Begriff der Subjektivierung trägt der Tatsache Rechnung, dass ein (literarisches) Subjekt nicht als ‚gegeben' betrachtet werden kann,[26] sondern

---

26 Vgl. Peter V. Zima: *Theorie des Subjekts. Subjektivität und Identität zwischen Moderne und Postmoderne*. Tübingen: Francke 2017; Jörg Zirfas: „Identität in der Moderne. Eine Einleitung." In: Ders./Benjamin Jörissen (Hrsg.): *Schlüsselwerke der Identitätsforschung*. Wiesbaden: Verlag für Sozialwissenschaften 2010, S. 9-18, sowie die Beiträge im Sammelband

die Ausbildung von Identität – „als (kognitives) Selbstbild, als habituelle Prägung, als soziale Rolle oder Zuschreibung, als performative Leistung, als konstruierte Erzählung"[27] – ein offener, unabschließbarer Vorgang ist. In Anlehnung an Andreas Reckwitz' kulturtheoretische Lesart des Subjekts[28] differenziere ich zwischen Subjekt*formen*[29] – denen des toten Freundes und seines Biographen – und den unter Subjekt*kulturen* firmierenden Praktiken und Diskursen, die diese Subjektformen hervorbringen, in unserem Fall dem Schreibakt. Ich verstehe das erzählende Ich also nicht als apriorische Instanz,[30] sondern gehe davon aus, dass es sich erst im Erzählprozess konstituiert.

Auf eine solche Interdependenz von Narration und Identität haben Kognitionspsychologie, Erzähltheorie und Autobiographieforschung vielfach hingewiesen.[31] Paul John Eakin konstatiert: „Narrative plays a central, structuring role in the formation and maintenance of our sense of identity. "[32] Und Mark Currie pointiert das Verhältnis folgendermaßen: „Identity [...] exists only as narrative."[33] Das in der Sozialpsychologie entwickelte Konzept der narrativen Identität[34] geht davon aus, dass der Mensch erst anhand von Selbsterzählungen Erlebtes verarbeiten, retrospektiv mit Sinn anreichern und so

von Heiner Keupp et al. (Hrsg.): *Identitätskonstruktionen: Das Patchwork der Identitäten in der Spätmoderne.* Reinbek bei Hamburg: Rowohlt 2013.

27 Zirfas 2010, S. 9.

28 Andreas Reckwitz: *Subjekt.* Bielefeld: transcript 2021 [2008], S. 12 f.

29 Hierunter subsumiert Reckwitz beispielsweise „de[n] asketische[n] Unternehmer, die Femme Fatale, de[n] irrationale[n] und exotische[n] Orientale[n], de[n] bürgerliche[n] Leser und spätmoderne[n] Internet-User" (ebd., S. 14).

30 Vgl. für ein solches Verständnis etwa Georg Mischs einflussreiche und auflagenstarke Monographie *Geschichte der Autobiographie.* Leipzig: Teubner 1907. Für eine Kritik am Fortwirken des traditionellen Autobiographieverständnisses in der zeitgenössischen Forschung vgl. Christian Moser: *Buchgestützte Subjektivität. Literarische Formen der Selbstsorge und der Selbsthermeneutik von Platon bis Montaigne.* Tübingen: Niemeyer 2006, S. 10 ff.

31 Vgl. z. B. Jürgen Straub (Hrsg.): *Erzählung, Identität und historisches Bewußtsein. Die psychologische Konstruktion von Zeit und Geschichte. Erinnerung, Geschichte, Identität 1.* Frankfurt a. M.: Suhrkamp 1998; Jens Brockmeier: „Erinnerung, Identität und autobiographischer Prozeß." In: *Journal für Psychologie* 7 (1999), H. 1, S. 22-42; Aleida Assmann/Heidrun Friese (Hrsg.): *Identitäten. Erinnerung, Geschichte, Identität 3.* Frankfurt a. M.: Suhrkamp 1998; Astrid Erll/Ansgar Nünning (Hrsg.): *Literatur – Erinnerung – Identität. Theoriekonzeptionen und Fallstudien.* Trier: Wissenschaftlicher Verlag 2003; Kenneth J. Gergen/Mary Gergen: „Narrative and the Self as Relationship." In: Leonard Berkowitz (Hrsg.): *Advances in Experimental Social Psychology.* New York: Academic Press 1988, S. 17-56; Jerome Bruner: *Making Stories. Law, Literature, Life.* New York: Farrar, Straus and Giroux 2002.

32 Paul John Eakin: *How our Lives become Stories: Making Selves.* Ithaca: Cornell UP 1999, S. 123.

33 Mark Currie: *Postmodern Narrative Theory.* New York: St. Martin's Press 1998, S. 17.

34 Vgl. Fußnote 31.

ein Gefühl der Kontinuität und Kohärenz herstellen kann. Die Vergangenheit spielt mithin eine konstitutive Rolle für das (Selbst-)Verständnis der Gegenwart: Prämisse von Identitätsbildung ist Erinnerung. Deren fragmentarischer, unzuverlässiger, performativer Charakter stand in den letzten Jahrzehnten im Zentrum einer interdisziplinären Konjunktur der Gedächtnis-Thematik:[35] Erinnerung kann nicht (mehr) als bloße *Rekapitulation* von Vergangenheit betrachtet werden, sondern vielmehr als deren (*Re-*)*Konstruktion*. Dabei wird erinnert und erzählt, „was unter gegenwärtigen Bedürfnissen der Identitätsstiftung dient"[36].

Von der Konstruktion zur Fiktion ist es unterdessen nicht weit. Häufig erfolgt der Versuch einer narrativen Selbst*findung* auch bzw. gerade durch Selbst*erfindung*.[37] Zugespitzt formuliert: „Eine eindeutige Grenze zwischen Erinnerung und Fiktion existiert nicht, weil beide dasselbe sind: Vorstellung."[38] Dieses imaginative Potenzial der menschlichen Subjektivierung gewinnt im Freundschaftsroman insofern eine besondere Bedeutung, als viele der schreibenden Freunde im Literaturbetrieb tätig sind – und folglich ‚Experten' für die Rezeption und Produktion von Fiktion(en).

Eine Mimesis[39] und Metaisierung[40] des Erinnerns und Erzählens kann mittlerweile zum ‚Grundinventar' zeitgenössischer Literatur gezählt werden. Der Freundschaftsroman zeichnet sich darüber hinaus durch eine starke

35 Vgl. für einen Überblick Christian Gudehus/Ariane Eichenberg/Harald Welzer (Hrsg.): *Gedächtnis und Erinnerung. Ein interdisziplinäres Handbuch*. Stuttgart: Metzler 2010.

36 Carsten Gansel: „Formen der Erinnerungen in der deutschsprachigen Gegenwartsliteratur nach 1989." In: Ders./Pawel Zimniak (Hrsg.): *Das ‚Prinzip Erinnerung' in der deutschsprachigen Gegenwartsliteratur nach 1989*. Göttingen: V&R unipress 2010, S. 19-36, hier S. 22.

37 Vgl. Carsten Gansel/Pawel Zimniak: „Zum ‚Prinzip Erinnerung' in der deutschsprachigen Gegenwartsliteratur nach 1989 – Vorbemerkungen." In: Dies. (Hrsg.) 2010, S. 11-18; Janusz Golec/Irmela von der Lühe: „Einleitung." In: Dies. (Hrsg.): *Geschichte und Gedächtnis in der Literatur vom 18. bis 21. Jahrhundert*. Frankfurt a. M.: Peter Lang 2011, S. 9-13.

38 Jürgen Joachimsthaler: „Gedächtnis-Imperien – Die Rückgewinnung literarischer Imaginationshoheit über das Vergangene." In: Carsten Gansel/Markus Joch/Monika Wolting (Hrsg.): *Zwischen Erinnerung und Fremdheit. Entwicklungen in der deutschen und polnischen Literatur nach 1989*. Göttingen: V&R unipress 2015, S. 177-193, hier S. 184.

39 Michael Basseler/Dorothee Birke: „Mimesis des Erinnerns." In: Astrid Erll/Ansgar Nünning et al. (Hrsg.): *Gedächtniskonzepte der Literaturwissenschaft. Theoretische Grundlegung und Anwendungsperspektiven*. Berlin: de Gruyter 2005, S. 123-147; Ansgar Nünning: „Mimesis des Erzählens. Prolegomena zu einer Wirkungsästhetik, Typologie und Funktionsgeschichte des Aktes des Erzählens und der Metanarration." In: Jörg Helbig (Hrsg.): *Erzählen und Erzähltheorie im 20. Jahrhundert. Festschrift für Wilhelm Füger*. Heidelberg: Winter 2001, S. 13-47.

40 Vgl. z. B. die Aufsätze in J. Alexander Bareis/Frank Thomas Grub (Hrsg.): *Metafiktion. Analysen zur deutschsprachigen Gegenwartsliteratur*. Berlin: Kadmos 2010; Ilona Mader: *Metafiktionalität als Selbst-Dekonstruktion*. Würzburg: Königshausen & Neumann 2017.

Betonung des *produktionsästhetischen* und *materialen* Aspekts des Schreibens[41] aus: Das Gros der Erzähler suggeriert, der dem narrativen Adressaten vorliegende Roman sei ein noch in der Entstehung begriffenes Manuskript. So wird der Eindruck einer „Duplizität des Textes“[42] evoziert, insofern sich die Mimesis eben „nicht nur auf die reale Lebensgeschichte, sondern auch auf den Prozeß ihrer schriftlichen Darlegung bezieht“[43]. Dies zeigt an, dass Schrift – wie Identität – kein Produkt ist; sie ist „nicht nur die ‚Spur‘ eines intentionalen Aktes, sondern, wie im englischen ‚*writing*‘ und im französischen ‚*écriture*‘ deutlicher wird, selbst eine Handlung“[44]. Meine Analysen verfolgen das Ziel, Formen und Funktionen einer Mimesis des Erinnerns, Erzählens und Schreibens zu eruieren und das Verhältnis zwischen Authentifizierungs- und Fiktionalisierungsstrategien, zwischen Illusionsbildung und -störung zu untersuchen. Inwiefern affirmieren bzw. unterlaufen die schreibenden Freunde die Teleologie und Epistemologie des ‚Gedächtnisromans‘, in dem der (Auto-)Biograph sich als Souverän über die Vergangenheit und seine erzählerische Subjektivierung präsentiert?[45]

Zur weiteren Schärfung dieser Fragen kann das von Rüdiger Campe entworfene und von Martin Stingelin ausdifferenzierte Modell der ‚Schreib-Szene‘ herangezogen werden. Es trägt nicht nur dem produktionsästhetischen und materialen Moment des Schreibaktes Rechnung, sondern stellt die *Problematisierung* desselben in den Mittelpunkt:

> [U]nter ‚Schreibszene‘ [verstehen wir] die […] Konstellation des Schreibens, die sich innerhalb des von der Sprache (Semantik des Schreibens), der Instrumentalität (Technologie des Schreibens) und der Geste (Körperlichkeit des Schreibens) gemeinsam gebildeten Rahmens abspielt, ohne daß sich diese Faktoren selbst als Gegen- oder Widerstand problematisch würden; wo sich dieses Ensemble

41 Vgl. hierzu die seit 2004 bei Fink erscheinende Buchreihe *Zur Genealogie des Schreibens*, insbesondere die Bände 1, 4, 7, 9, 19; Sandro Zanetti (Hrsg.): *Schreiben als Kulturtechnik. Grundlagentexte*. Frankfurt a. M.: Suhrkamp 2015.

42 Martin Löschnigg: „‚The prismatic Hues of Memory …‘: Autobiographische Modellierung und die Rhetorik der Erinnerung in Charles Dickens' *David Copperfield*.“ In: *Poetica* 31 (1999), H. 1/2, S. 175-200, hier S. 197.

43 Ebd., S. 182.

44 Hermann Doetsch: „Schrifträume.“ In: Jörg Dünne/Andreas Mahler (Hrsg.): *Handbuch Literatur und Raum*. Berlin: de Gruyter 2015, S. 73-87, hier S. 73.

45 Vgl. für die mittlerweile etablierte Differenzierung von Erinnerungs- und Gedächtnisroman und deren jeweilige Charakteristika Birgit Neumann: *Erinnerung – Identität – Narration. Gattungstypologie und Funktionen kanadischer ‚Fictions of Memory‘*. Berlin: de Gruyter 2005; Carsten Gansel: „Formen der Erinnerungen in der deutschsprachigen Gegenwartsliteratur nach 1989.“ In: Ders./Zimniak (Hrsg.) 2010, S. 19-35.

in seiner Heterogenität und Nicht-Stabilität an sich selbst aufzuhalten beginnt, thematisiert, problematisiert und reflektiert, sprechen wir von ‚Schreib-Szene'.[46]

Die Schreib-Szenen der Romane sollen mithin darauf befragt werden, inwiefern innerhalb ihrer sowohl der Schreibakt als auch das schreibende Ich reflektiert, problematisiert und inszeniert werden. Welcher Zusammenhang besteht zwischen der Praktik des Schreibens – von genutzten Schreibwerkzeugen über Schreibgewohnheiten bis hin zu etwaigen Schreibblockaden – und der erzählerischen Subjektivierung? Löst das Medium Schrift, zu dessen Potenzialen und Paradoxien ja die Vergegenwärtigung von Abwesendem gehört, sein ‚Versprechen' ein? Welche Widerstände offenbaren sich – sei es auf Ebene der Sprache, Instrumentalität oder Geste – während der Chronistentätigkeit der Erzähler? Und inwiefern verweisen die Heterogenität und Instabilität der Schreib-Szene und die Beziehung zwischen schreibendem und beschriebenem Freund aufeinander?

1.2 Textauswahl, Aufbau und Methodik

Die vorliegende Arbeit geht von der Annahme aus, dass Literatur weder eine Welt entwirft, die von der außerliterarischen Realität abgekoppelt ist, noch eine, die in einem kongruenten Verhältnis zu dieser steht. Als „reintegrierender Interdiskurs"[47] reflektiert und kommentiert, verdichtet und verfremdet Literatur gesellschaftliche Befindlichkeiten, Entwicklungen und Diskurse und ist so „Medium der Gegenwartsdeutung"[48]. Dabei darf sie allerdings nicht zum bloßen Stichwortgeber oder Belegmaterial für soziologische Zeitdiagnosen instrumentalisiert werden.[49] Denn „[n]icht *was*, sondern *wie*

46 Martin Stingelin: „‚Schreiben'. Einleitung." In: Ders. (Hrsg.): *„Mir ekelt vor diesem tintenklecksenden Säkulum." Schreibszenen im Zeitalter der Manuskripte.* München: Fink 2004, S. 7-21, hier S. 15; Rüdiger Campe: „Die Schreibszene, Schreiben." In: Zanetti (Hrsg.) 2015, S. 269-282.

47 Vgl. Ute Gerhard/Jürgen Link/Rolf Parr: „Interdiskurs, reintegrierender." In: Ansgar Nünning (Hrsg.): *Metzler Lexikon Literatur- und Kulturtheorie.* Stuttgart: Metzler 2013, S. 342.

48 Silke Horstkotte/Leonhard Herrmann: „Poetiken der Gegenwart? Eine Einleitung." In: Dies. (Hrsg.): *Poetiken der Gegenwart. Der deutschsprachige Roman nach 2000.* Berlin: de Gruyter 2013, S. 1-11, hier S. 6.

49 Wolfgang Iser problematisiert schon vor dreißig Jahren die Annahme, „daß der zunehmenden Marginalisierung der Literatur dadurch zu begegnen sei, daß man sie als ein Ausleuchten gesellschaftlicher Verhältnisse legitimiert" (*Das Fiktive und das Imaginäre. Perspektiven literarischer Anthropologie.* Frankfurt a. M.: Suhrkamp 1991, S. 10). Miriam

geschrieben und erzählt wird, macht […] die spezifische ‚Gegenwärtigkeit' zeitgenössischer Literatur aus"[50]. Dieser Tatsache wird im Folgenden Rechnung getragen, indem die Romananalysen nicht lediglich stoffliche und motivische Phänomene, sondern auch formale und ästhetische Verfahren bzw. *Schreibweisen* miteinbeziehen.

Indes scheint das von mir untersuchte Freundschaftsnarrativ prädestiniert für die Erforschung nicht nur spezifisch spätmoderner Dispositionen und Subjektivierungspraktiken. Zum einen lassen sich zahlreiche historische Kontinuitäten hinsichtlich der Figurenkonstellation, Erzählstrukturen und Motivik innerhalb des Genres identifizieren; zum anderen gibt es mannigfache Analogien zwischen der (Re-)Konstruktion von Freund und Selbst im Gegenwartsroman und der Herausbildung einer modernen Subjektsemantik im 18. Jahrhundert.[51] Beides gleichermaßen wirft die Frage nach etwaigen anthropologischen Bedeutungsdimensionen der Korpustexte auf. Ich verstehe Literatur als eine „spezifische und einzigartige […] Wissensform"[52], die „Einsichten in die Ausstattung des Menschen erlaubt, wie sie philosophische, soziologische oder psychologische Theorien […] nicht zu vermitteln vermögen"[53]. Subjektformen und Subjektivierungspraktiken stellen dabei freilich keine menschlichen Universalien dar, sondern unterliegen sowohl historischer als auch kultureller Varianz[54] – eine (vermeintliche) „Binsenweisheit"[55], die für

Zeh kritisiert in *DIE ZEIT* vom 21.03.2019 („Literatur muss gar nichts.") den Trend zur Funktionalisierung und Utilisierung von Literatur: „Die aktualitätsorientierte Lesart vom ‚Buch der Stunde'[…] verkennt seine Fiktionalität und limitiert damit jene Offenheit, die der Gattung eigentlich konstitutiv ist. […] Im Gesamten betrachtet wirkt es […] wie die verzweifelte Überlebensstrategie einer Branche, die in den vergangenen 20 Jahren an gesamtgesellschaftlicher Bedeutung eingebüßt hat und unter finanziellem Druck steht, wenn Romane so bereitwillig auf ihre tagesaktuelle Relevanz und ihren Inhalt reduziert werden. […] Die Gegenwartsliteratur in ihrer abstrakten Gesamtheit aber werden sturer Inhaltismus und Relevanzverliebtheit auf Dauer eher schwächen statt stärken."

50 Horstkotte/Herrmann 2013, S. 5.

51 Niklas Luhmann: *Liebe als Passion. Zur Codierung von Intimität.* Frankfurt a. M.: Suhrkamp 1994 [1982]; Albrecht Koschorke: *Körperströme und Schriftverkehr. Mediologie des 18. Jahrhunderts.* München: Fink 1999.

52 Claudia Benthien: „Historische Anthropologie: Neuere deutsche Literatur." In: Dies./Hans Rudolf Velten (Hrsg.): *Germanistik als Kulturwissenschaft. Eine Einführung in neue Theoriekonzepte.* Reinbek bei Hamburg: Rowohlt 2002, S. 56-82.

53 Jürgen Schläger: „Literarische Anthropologie." In: Ansgar Nünning (Hrsg.): *Grundbegriffe der Literaturtheorie.* Stuttgart: Metzler 2004, S. 151-154, hier S. 153.

54 Thomas Alkemeyer/Gunilla Budde/Dagmar Feist: „Einleitung." In: Dies. (Hrsg.): *Selbstbildungen. Soziale und kulturelle Praktiken der Subjektivierung.* Bielefeld: transcript 2013, S. 9-30; Charles Taylor: *Quellen des Selbst. Die Entstehung der neuzeitlichen Identität.* Frankfurt a. M.: Suhrkamp 2018 [1994].

55 Ebd., S. 208.

die Gefahr sensibilisiert, die an die Romane herangetragene Frage nach einer *conditio humana* in anachronistische Lektüren bzw. in ein ‚Überstülpen' des (spät-)modernen abendländischen Subjektverständnisses münden zu lassen.

Aus den bisherigen Ausführungen ergibt sich ein gewissermaßen doppelt grundiertes Verständnis von Gegenwartsliteratur: Sie ist „Medium der Wahrnehmung, Reflexion und Kritik gegenwärtiger Verhältnisse"[56] und damit zeitdiagnostisches Instrument, fungiert vor allem unter Einbeziehung einer literaturgeschichtlichen Perspektive aber auch als „Anthropologie sui generis"[57]. Hieraus resultiert ein doppelter Erkenntnisanspruch meiner Arbeit, aus dem sich wiederum Textauswahl, Aufbau und Methodik ableiten.

Die Gegenwartsliteraturwissenschaft begibt sich „unweigerlich auf unsicheres, unübersichtliches und erst noch zu vermessendes Terrain"[58], insofern die Relevanz des Untersuchungsgegenstandes wegen der ausstehenden Kanonisierungsgeschichte keineswegs gewährleistet ist. Dies macht die Beschäftigung mit dem zeitgenössischen Roman zu „einem zwar riskanten, aber umso reizvolleren Unterfangen"[59]. Je enger man den Begriff der Gegenwartsliteratur fasst, desto größer das Risiko, künftige Makulatur zu analysieren (und zu produzieren). Da aufgrund des soziologisch-kulturwissenschaftlichen Literaturverständnisses eine größtmögliche Aktualität der Romane bzw. die „Gleichzeitigkeit von Produktions- und Rezeptionszeitpunkt"[60] angestrebt wird, ist das Gros der Texte bisher (noch) kein Forschungssujet gewesen. Bei der Romanauswahl boten u. a. Feuilleton-Rezensionen, Literaturpreisvergaben, ein mehrtägiger Besuch der Frankfurter Buchmesse sowie die monatlich erscheinende SWR-Bestenliste Orientierungshilfen.

Die Zusammensetzung des Primärkorpus aus Texten von sowohl arrivierten (Timm, Kirchhoff, Poschmann) als auch erst aufstrebenden Autoren (Bjerg, Bußmann) ist ebenso wie die kursorische Berücksichtigung

---

56 Corina Caduff/Ulrike Vedder: „Gegenwart schreiben. Zur Einleitung." In: Dies. (Hrsg.): *Gegenwart schreiben. Zur deutschsprachigen Literatur 2000-2015*. Paderborn: Fink 2017, S. 9-12, hier S. 9.

57 Helmut Pfotenhauer: *Literarische Anthropologie. Selbstbiographien und ihre Geschichte – am Leitfaden des Leibes*. Stuttgart: Metzler 1987, S. 1.

58 Paul Brodowsky/Thomas Klupp: „Einleitung." In: Dies. (Hrsg.): *Wie über Gegenwart sprechen? Überlegungen zu den Methoden einer Gegenwartsliteraturwissenschaft*. Frankfurt a. M.: Peter Lang 2010, S. 7-12, hier S. 7.

59 Horstkotte/Herrmann, S. 3.

60 Caduff/Vedder 2017, S. 9. Auch Sandro Zanetti („Welche Gegenwart? Welche Literatur? Welche Wissenschaft? Zum Verhältnis von Literaturwissenschaft und Gegenwartsliteratur." In: Brodowsky/Klupp (Hrsg.) 2010, S. 13-29) konzeptualisiert Gegenwartsliteratur als „Literatur, die in der Zeit entsteht, an der man selbst als Leser teilhat" (S. 27).

nicht-deutschsprachiger Romane[61] dem Anspruch geschuldet, möglichst repräsentative Aussagen über Formen und Funktionen zeitgenössischer literarischer Freundschaft treffen zu können. Einen solchen Anspruch erhebt die vorliegende Arbeit auch aufgrund der Fülle an Material: So sind in die Analyse 32 Werke aus dem Zeitraum 1989-2019 eingeflossen, während die diachrone Perspektive von 17 zwischen 1886 und 1983 publizierten Texten abgedeckt wird.[62]

Auf die Skizzierung der Forschungslage in Germanistik, Soziologie und Philosophie (Kapitel 1.3) folgt ein (ideen-)geschichtlicher Abriss, der den Zusammenhang von Freundschaft und Subjektivierung von der Antike bis in die Gegenwart beleuchtet (Kapitel 2). Hieran schließen ausführlichere Überlegungen zum Nexus von Freundschaft und Literatur an, insbesondere hinsichtlich der Subjektivierungspraktiken des Lesens und Schreibens, der damit verbundenen Paradigmen der Spur und des Falls sowie einer Semantik und Poetologie der Freundschaft (Kapitel 3). Es folgen die monographischen Einzelinterpretationen der fünf Primärromane (Kapitel 4-8). Diese werden durch eine Einbindung sowohl von weiteren zeitgenössischen Referenztexten als auch von literaturhistorischen Parallellektüren unterfüttert. Ziel ist es, die Evolution literarischer Freundschaftstopoi nachzuzeichnen, implizite und explizite intertextuelle Zu(sammen)gehörigkeiten zu eruieren und tragfähige Aussagen über die spezifischen Charakteristika und Innovationspotenziale des zeitgenössischen Freundschaftsromans zu treffen.

So trägt die Entschlüsselung des komplexen, von Goethes *Erlkönig* (1782) bis Thomas Manns *Tonio Kröger* (1903) reichenden intertextuellen Verweissystems in Marion Poschmanns *Die Sonnenposition* (Kapitel 4) maßgeblich zum Verständnis der vom Erzähler uneingestandenen homoerotischen Freundschaftsdynamiken bei.

Die Analyse von Bodo Kirchhoffs *Eros und Asche* (Kapitel 5) rekurriert auf Romane und Autofiktionen, in denen der erzählende Freund ebenfalls Schriftsteller ist. Neben Michel de Montaignes kanonischem Freundschaftsessay (1580) sind das Christa Wolfs *Nachdenken über Christa T.* (1968), Thomas Bernhards *Der Untergeher* (1983), Sten Nadolnys *Selim oder Die Gabe der Rede* (1990), Paul Austers *Leviathan* (1992), Saul Bellows *Ravelstein* (2000), Uwe Timms *Der Freund und der Fremde* (2005) und Elena Ferrantes *Neapolitanische Saga* (2011-2014). Dabei sind insbesondere die (Selbst-)Inszenierungspraktiken der Autorfiguren, die Vereinnahmung und Instrumentalisierung des Alter Ego

61 Englischsprachige Primärtexte werden im Original zitiert, anderssprachige Primärtexte in deutscher Übersetzung.

62 Vgl. das Verzeichnis der Primärtexte.

sowie der Schreibakt als Kristallisationspunkt einer interdependenten freundschaftlichen Subjektivierung von Interesse.

Das Kapitel zu Bov Bjergs Roman *Auerhaus* (Kapitel 6), das punktuell auch auf Wolfgang Herrndorfs *Tschick* (2010) und Matthias Brandts *Blackbird* (2019) eingeht, steht im Zeichen literarischer Jugendfreundschaft. Besonders vielversprechend scheint eine vergleichende Lektüre von Bjergs Roman mit Texten des Fin de Siècle – Frank Wedekinds *Frühlings Erwachen* (1891), Emil Strauß' *Freund Hein* (1902) und Hermann Hesses *Unterm Rad* (1906) –, deren Leitmotive Adoleszenzfreundschaft und Schülersuizid *Auerhaus* ins 21. Jahrhundert ‚übersetzt'. Für eine Analyse der Motive der Schuld und Moral in der Freundschaftsliteratur werden zudem Franz Werfels *Abituriententag* (1928) und Günter Grass' *Katz und Maus* (1961) herangezogen.

Im Zentrum von Uwe Timms *Rot* (Kapitel 7) steht die vom Freundestod ausgelöste Selbstinventur eines Erzählers, den ich als ‚Erben' der Erzähler in Wilhelm Raabes *Die Akten des Vogelsangs* (1896) und Thomas Manns *Doktor Faustus* (1947) lese: Wie sie schreibt auch Timms Protagonist in Zeiten des Umbruchs, reflektiert im Zuge seiner Tätigkeit als Freundesbiograph das Verhältnis von gesellschaftlicher Realität und Utopie, Anpassung und Aufbegehren – und gerät dabei in eine existenzielle Ich-Krise.

Die Untersuchung von Nina Bußmanns *Der Mantel der Erde ist heiß und teilweise geschmolzen* (Kapitel 8) erfolgt unter Einbindung weiterer Romane, in denen das Verschwinden der Freundin an die Stelle des Todes tritt: Entweder in Form einer plötzlichen Auflösung wie in Elena Ferrantes *Neapolitanischer Saga* (2011-2014), Claire Messuds *The Burning Girl* (2017) und Lene Albrechts *Wir, im Fenster* (2019) – oder in Form eines langsamen Dahinsiechens und Weniger-Werdens wie in *Nachdenken über Christa T.* (1968) von Christa Wolf, *Sula* (1973) von Toni Morrison und *Der Abend nach dem Begräbnis der besten Freundin.* (2008) von Marlene Streeruwitz.

Die monographischen Kapitel setzen eigene Analyseschwerpunkte, indem sie von den Texten und deren gattungsspezifischen, thematischen und ästhetischen Besonderheiten her verfahren. Die Interpretationen verschreiben sich dabei dezidiert keinem monomethodischen Ansatz. Auf einen normativ aufgeladenen Freundschaftsbegriff[63] sei deshalb verzichtet, weil dieser die

63 Vgl. z. B. den einleitenden Entwurf eines „Idealfall[s]" von Freundschaft („Freundschaft dauert, gibt den Raum für Konstitution und Entfaltung eines Selbst, und der Freund ist der, der mich kennt und sich erinnert") bei Elke Siegel (2009, S. 25 f.) oder das Absprechen von Freundschaft zwischen den Protagonistinnen von Christa Wolf („wenn da von Freundschaft irgend gesprochen werden kann") und Elena Ferrante („the word friendship seems inadequate; a love affair seems a better description of their relationship") in den Beiträgen von Hans Meyer („Christa Wolf / Nachdenken über Christa T." In:

Vielschichtigkeit und Komplexität literarischer Freundschaft verkennen würde. Auch von einer deduktiven Zugrundelegung geschlechtertheoretischer Analysekategorien,[64] die nicht selten ideologiekritisch gefärbt[65] und von der „[problematischen] Paarung von Befindlichkeit und Wertung“[66] gekennzeichnet ist, sehe ich ab. Dass dies nicht das Verharren in rein textimmanenten Interpretationen bedeutet, sollte gerade auch im Schlussteil der Arbeit deutlich werden. Hier erfolgt zunächst die Synthese der Untersuchungsergebnisse. Ein besonderes Augenmerk liegt dabei auf der Evolution und Funktion der diametralen Figurenanlage, auf dem Zusammenhang von Freundschaft und Literatur sowie auf dem Tod des Alter Ego als Erzählanlass (Kapitel 9). Zuletzt wird über den Brückenschlag ins Soziologisch-Zeitgeschichtliche die literarische mit der außerliterarischen Wirklichkeit in Dialog gesetzt, bevor abschließend die Frage nach den anthropologischen Bedeutungsdimensionen des Freundschaftsromans beantwortet werden soll (Kapitel 10).

1.3 Der Forschungsstand

Im Folgenden sei der Forschungsstand der Germanistik sowie der Soziologie und Philosophie zum Thema Freundschaft erörtert. Das Ziel ist zum einen die Eruierung von Anknüpfungspunkten für die folgende Analyse respektive von methodologischen und inhaltlichen Schwachstellen und den sich hieraus ergebenden Desiderata, zum anderen eine Sensibilisierung für wie auch immer geartete Kongruenzen und Divergenzen zwischen narratologischen, motivischen und gesamtgesellschaftlichen Phänomenen.

1.3.1 *Freundschaft in der (germanistischen) Literaturwissenschaft*

Wie bereits ausgeführt, besteht ein auffallendes Ungleichgewicht zwischen der kaum überschaubaren Fülle von Publikationen zum Familienroman und der bescheidenen Forschungslage zum Freundschaftsroman des 20. und 21. Jahrhunderts. Letzterer ist Gegenstand von lediglich drei Monographien, deren Kernthesen an dieser Stelle skizziert seien.

Christa Wolf: *Nachdenken über Christa T.* Halle: Mitteldeutscher Verlag 1968, S. 237-249, hier S. 240) und Karen Bojar (*In Search of Elene Ferrante. The Novels and the Question of Authorship.* Jefferson: McFarland 2018, hier S. 82).

64 Wie z. B. im bereits erwähnten Aufsatz von Rachel Freudenburg.

65 Vgl. für eine Kritik an einem solchen Vorgehen Walter Erhart: *Familienmänner. Über den literarischen Ursprung moderner Männlichkeit.* München: Fink 2001, S. 406 f.

66 Zanetti 2010, S. 24.

Eckhardt Meyer-Krentler hat 1984 eine imposante literatursoziologische Studie zu Freundschaft in der deutschsprachigen Prosa des 18. und 19. Jahrhunderts vorgelegt, die einen zentralen Referenzpunkt meiner Arbeit darstellt. Meyer-Krentler zeigt anhand einer Fülle detaillierter Einzelanalysen, deren Fokus auf der äußerst produktiven binären Figurenkonstellation von ungestümem Helden und vernünftigem Freund liegt, wie sich in einer Art Dreischritt ein narratives Muster herausbildet, dessen Kulminationspunkt mit Wilhelm Raabes Roman *Die Akten des Vogelsangs* (1896) erreicht wird. Das 18. Jahrhundert erzählt Freundschaft noch auktorial bzw. personal und meist moralisierend: Der krisengeschüttelte Held, gefangen im (scheinbaren) Widerspruch zwischen Sinnlichkeit und Sittlichkeit, wird vom tugendempfindsamen Freund und Mentor bei der Synthetisierung von Lust und Pflicht unterstützt, sodass am Ende der Narration seine (Re-)Integration in die Gesellschaft stattfinden kann. Im frühen 19. Jahrhundert mausert sich der aus allen Normierungen flüchten wollende Held zum autobiographischen Erzähler, während sein Freund Repräsentant bürgerlicher Tugenden bleibt und weiterhin maßgeblich zur ‚Läuterung' des abtrünnigen Helden beiträgt. Gegen Ende des 19. Jahrhunderts schließlich wird der Freund zum Chronisten des ausscherenden (und nun oft sterbenden) Sonderlings – mit dem Ergebnis, dass er selbst zum „heimlichen Mittelpunkt des Romans"[67] avanciert.

Gleichzeitig erfährt die freundschaftliche Einflussnahme dahingehend eine Invertierung, als es nun der erzählende Freund ist, der sich im Zuge seiner Beschäftigung mit dem genialischen Anderen einem Legitimationszwang ausgesetzt sieht: „Die irritierende Konfrontation bürgerlicher Wirklichkeit und außerordentlicher Existenz, nicht nur im Bewußtsein des abweichenden Individuums, sondern besonders im Bewußtsein des ‚Bürgers' [...], ist die historische Fragestellung des ‚bürgerlichen' Realismus."[68] Diese wird, wie Meyer-Krentler in einem Ausblick ins 20. Jahrhundert abschließend darlegt,[69] von der DDR-Literatur der 1960er Jahre aufgegriffen und aktualisiert. Hier gehe es abermals um die „literarische und subjektive Bewältigung eines weltanschaulich-gesellschaftlichen Programms, das durch die in seinem Namen erreichte politische Wirklichkeit in Frage gestellt ist"[70].

Meyer-Krentler konstatiert, dass dieses Erzählmodell 1984 freilich ‚ausgedient' habe und „im Bereich der ‚höheren' Literatur durchweg vermieden"[71]

---

67 Meyer-Krentler 1984, S. 203.
68 Ebd., S. 208.
69 Ebd., S. 283-291.
70 Ebd., S. 291.
71 Ebd., S. 287.

werde – ein Befund, der für den zeitgenössischen Roman jedoch keine Gültigkeit mehr beanspruchen kann, insofern dieser sich (wieder) der polaren Figurenkonstellation von unorthodoxem Freund und konventionellem Biographen bedient. Die ‚Wiederbelebung' des Erzählmodells bzw. seine Transponierung ins 21. Jahrhundert – und damit die Erweiterung des von Meyer-Krentler entworfenen Dreischritts um ein spätmodernes Paradigma – wirft die (Forschungs-)Frage auf, welche Funktionen dem Modell in einer globalisierten, von (scheinbarer) Wahlfreiheit und zunehmender Kontingenz charakterisierten Welt eignen.

Alexandra Pfleger beschäftigt sich in ihrer Dissertation *Der erinnerte Freund. Das Thema Freundschaft in der Gegenwartsliteratur* mit sechs Romanen,[72] die die gleichen inhaltlichen und strukturellen Merkmale – ein Ich-Erzähler rekapituliert die Freundschaft zu seinem kürzlich verstorbenen Freund – wie die meiner Arbeit zugrundeliegenden Primärtexte aufweisen. Die Legitimation des vorliegenden Forschungsvorhabens ergibt sich aus den Leerstellen, die Pflegers Arbeit offenlässt. Die Ausführungen belaufen sich oftmals auf Zusammenfassungen der Romane,[73] sodass die Reichweite der Befunde eher gering ausfällt.[74] Einige der Ergebnisse sind zudem hochgradig diskussionswürdig. So resümiert Pfleger: „Das Freundespaar sieht es als grundlegend für ihre [sic!] Beziehung an, sich einander die tiefsten Geheimnisse offenbaren zu können"[75], weshalb „sich die aus Soziologie und Psychologie gewonnene Definition als Grundlage für die in den Romanen gefundene Freundschaft bestätigen lässt"[76]. Insbesondere die konkludierende Feststellung, dass

---

72 Alexandra Pfleger: *Der erinnerte Freund. Das Thema der Freundschaft in der Gegenwartsliteratur.* Würzburg: Königshausen & Neumann 2009. Primärtexte sind Thomas Bernhards *Wittgensteins Neffe* (1982), Sten Nadolnys *Selim oder Die Gabe der Rede* (1990), Paul Austers *Leviathan* (1992), Saul Bellows *Ravelstein* (2000), Andrea De Carlos *Zwei von zwei* (1989) und Tahar Ben Jellouns *Der letzte Freund* (2004).

73 Dies lässt bereits die Darlegung ihrer Analysekriterien erahnen: Hier erläutert Pfleger, dass „der eigentliche Schwerpunkt […] auf der Betrachtung der Freundschaftsgeschichte liegen [wird]. Dabei spielt zunächst das Freundespaar eine zentrale Rolle und die Frage nach den Gemeinsamkeiten und Unterschieden im Charakter, der Lebensweise und der äußeren Erscheinung der beiden Figuren. […] Auch auf die Entwicklung der Freundschaft soll ein Blick geworfen werden: Wie lernen sich die beiden Männer kennen? Sind sie sich spontan sympathisch? Gibt es Hoch- oder Tiefpunkte in ihrer Freundschaft? Streiten sie sich oder verläuft die Beziehung weitgehend harmonisch? Wie lange dauert ihre Freundschaft an und wie ist ihr Verhältnis zueinander gegen Ende?" (S. 47 ff.)

74 „Eines der zentralen Ergebnisse der Untersuchung der Romane ist, dass dadurch [die Ich-Perspektive] eine stark subjektive Perspektive auf das Geschehen, auf die Freundschaft und den Freund gegeben ist." (S. 217)

75 Ebd., S. 220.

76 Ebd., S. 222.

Freundschaft „von den Ich-Erzählern durchweg positiv bewertet“[77] werde, gilt es zu hinterfragen. Zwar erwähnt die Autorin die für sämtliche Romane strukturbildende diametrale Figurenkonstellation,[78] allerdings ohne auch nur ansatzweise auf deren Funktionen einzugehen. Hier zeigt sich einmal mehr die Notwendigkeit, erzähltechnische und motivische Analysen sowohl historisch zu kontextualisieren als auch mit der außerliterarischen Realität in Dialog zu setzen.

Die aktuellste Monographie, die Romane des 20. und 21. Jahrhunderts inkorporiert, stammt von Andreas Kraß.[79] Wie der Titel *Ein Herz und eine Seele. Geschichte der Männerfreundschaft* signalisiert, handelt es sich hierbei um eine diachron angelegte Studie, die exklusive Männerfreundschaft in Texten von der Antike bis in die Gegenwart untersucht. Im Zentrum steht dabei die Frage, weshalb der Tod des Alter Ego stets den Anlass für ein Erzählen der Freundschaft darstellt. Der Tod, so Kraß, erlaube die Sublimierung eines tabuisierten männlichen Begehrens in den (gesellschaftlich akzeptierten) Affekt der Trauer:

> Bei der männlichen Leiche […] geht es darum, das Problem des gleichgeschlechtlichen Begehrens zu bewältigen, indem man es unter die Bedingung des Todes und der Totenklage stellt. […] Auf der Oberfläche der literarischen Texte geht es um den Verlust des Freundes, der betrauert und beklagt wird. Dahinter verbirgt sich jene Melancholie, die aus dem geleugneten Verlust des homosexuellen Begehrens resultiert […]. Die Gattung der Totenklage bietet eine diskursive Lizenz, um in passionierter Weise über den Freund und die Freundschaft zu sprechen. Die Angst vor dem Begehren wird in ein Begehren nach dem Tod übersetzt. Tod und Trauer schützen den, der sich einer Rhetorik des Affekts bedient, vor dem Verdacht der Homosexualität.[80]

Von Achill und Patroklos über Jesus und Johannes bis hin zu Uwe Timms Autofiktion *Der Freund und der Fremde* und Wolfgang Herrndorfs Roman *Tschick*, in dem „Homosexualität […] das eigentliche Leitmotiv“[81] darstelle: Kraß betreibt in seinen Lektüren die ‚Entlarvung‘ verbrämter erotischer Dynamiken und stellt die literarische Analyse unter Rekurs auf Eve Kosofsky Sedgwick in den Dienst einer geschlechtspolitischen Agenda: Er plädiert dafür, die in seinen Augen vorherrschende Wahrnehmung von männlicher Freundschaft und männlicher Sexualität als hermetisch getrennten Sphären zugunsten eines hybrideren

---

77 Ebd., S. 224.

78 Ebd., S. 218.

79 Andreas Kraß: *Ein Herz und eine Seele. Geschichte der Männerfreundschaft.* Frankfurt a. M.: Fischer 2016.

80 Ebd., S. 73 ff.

81 Ebd., S. 379.

Verständnisses bzw. einer (Re-)Integration von Sexualität in die Freundschaft zu ersetzen. Dabei verzichtet Kraß auf eine Erwähnung des von Michel Foucault entworfenen Freundschaftskonzepts, das bereits in den 1980er Jahren für eine Synthetisierung von *eros* und *philia* nach antikem Vorbild eintritt.[82] Das von Kraß verwendete Analysevokabular – (auch) platonische Freundschaft wird mit Bezug auf Niklas Luhmanns Analyse des Liebesdiskurses „als *passionierte Beziehung* […], als affektiv aufgeladener Code der Intimität"[83] und Ausdruck eines ‚homosozialen Begehrens' semantisiert – suggeriert schon a priori eine omnipräsente erotische Grundierung von Männerfreundschaft, die – auch aufgrund der Textauswahl[84] – zum Deckmantel für verhinderte Sexualität degradiert wird. Die Freundschaft scheint prädestiniert für derlei verkürzende Interpretationen[85] bzw. für eine „monokausale Fixierung"[86], vor der bereits Heinrich Detering in seiner wegweisenden Studie zur ‚literarischen Camouflage'[87] warnt. So beklagt Meyer-Krentler, Freundschaft werde in der

82 Michel Foucault: „‚Von der Freundschaft als Lebensweise.' Gespräch mit René de Ceccatty, Jean Danet und Jean le Bitoux." In: *Von der Freundschaft als Lebensweise. Michel Foucault im Gespräch.* Berlin: Merve 1984, S. 85-93.

83 Kraß 2016, S. 14.

84 Kraß' wichtigste Analyseparameter (der Tod des Freundes sowie das für Freundschaftserzählungen der Moderne strukturbildende „Motiv der befreundeten Schüler, Studenten und Gelehrten" (S. 319)) könnten auf eine Vielzahl weiterer Texte angewandt werden. Diese finden allerdings – weil der homoerotische Aspekt keine bzw. eine lediglich marginale Rolle spielt? – keinerlei Erwähnung. Problematisch ist dies vor allem, da die Monographie mit dem Anspruch antritt, eine (repräsentative) ‚Geschichte der Männerfreundschaft' zu schreiben.

85 Vagheit, Suggestivität und ein Schuldigbleiben von (Text-)Belegen sind charakteristisch auch für die philosophische bzw. soziologische Beschäftigung mit dem Nexus von Freundschaft und Homosexualität. So konstatiert Jacques Derrida („The Politics of Friendship." In: *The Journal of Philosophy* 85 (1988), H. 11, S. 632-644, hier S. 642): „This double exclusion of the feminine [the exclusion of friendship between women, and, on the other hand, the exclusion of friendship between a man and a woman] in the philosophical paradigm of friendship would […] confer on it the essential and essentially sublime figure of virile homosexuality." Und Niklas Luhmann spielt in einer Fußnote (!) auf das „schwierige Problem der Homosexualität als einer heimlichen Hypothek auf dem Freundschaftskonzept" an, das er an dieser Stelle freilich „außer Acht" lasse (Luhmann 1994, S. 147).

86 Heinrich Detering: *Das offene Geheimnis. Zur literarischen Produktivität eines Tabus von Winckelmann bis zu Thomas Mann.* Göttingen: Wallstein 2002 [1994], S. 31 f. Detering spricht die Gefahr einer „Reduktion […] auf immer dasselbe Grundmodell" an, wenn „am Ende nur immer dasselbe homoerotische Kaninchen aus immer neuen Text-Zylindern gezogen [wird]" (S. 29 f.).

87 „Literarische ‚Camouflage' heißt: *intentionale Differenz* zwischen (unanstößigem) *Oberflächentext* und (hier: homoerotischem) *Subtext* […]: Der anstößige Inhalt wird durch Transponierung in einen nicht anstößigen Bereich und gleichzeitige Signalisierung des ursprünglich Gemeinten öffentlich formulierbar gemacht." Ebd., S. 30. Der Begriff der

Spätmoderne nurmehr „als verdeckt homoerotische Wunschprojektion“[88] gelesen, und C. S. Lewis stellt bereits vor sechzig Jahren fest: „It has actually become necessary in our time to rebut the theory that every firm and serious friendship is really homosexual.“[89]

Kraß beschließt seine Analysen mit Herrndorfs Roman *Tschick*, in dem der unbefangene Umgang mit schwuler Identität den Tod überflüssig mache: „Homosexualität ist kein Tabu mehr und folglich muss keiner der Freunde mehr sterben.“[90] Dass die Gegenwartsliteratur nach wie vor und häufiger denn je tote Freunde hervorbringt, indiziert die nur bedingte Tragfähigkeit von Kraß' These. Entsprechend verfolgt die vorliegende Arbeit das Ziel, weiterführende bzw. alternative Erklärungsansätze für den Freundestod als Erzählauslöser zu formulieren. In diesem Zusammenhang liegt ein Augenmerk auf der von Kraß beobachteten ‚Verwissenschaftlichung der Freundschaft' in der Moderne; einem Paradigma, das sich nicht im *Status* der Protagonisten erschöpft,[91] sondern weit darüber hinausgeht. So gilt es, die *Schreibweisen* und *epistemologischen Programmatiken* der Romane zu untersuchen, die – so eine an dieser Stelle vorweggenommene These – eben durch keinen leidenschaftlichen, sondern interessanterweise durch einen betont nüchternen erzählerischen Impetus charakterisiert sind.

literarischen Camouflage wurde auch in das *Reallexikon der deutschen Literaturwissenschaft* und das *Metzler Lexikon Literatur* aufgenommen.

88 Meyer-Krentler 1984, S. 287.

89 C. S. Lewis: *The Four Loves*. London: Geoffrey Bles 1960, S. 72.

90 Kraß 2016, S. 384.

91 Kraß begründet die Subsumption unter das Vorzeichen der Wissenschaft wie folgt: „In verblüffender Häufigkeit umkreisen die philosophischen Essays und literarischen Freundschaftsdichtungen der Moderne das Motiv der befreundeten Schüler, Studenten und Gelehrten. Das wissenschaftliche Weltbild der Moderne schlägt gewissermaßen auf das literarische Sujet der Freundschaft durch. Blanchot erinnert sich an seine Beziehung zu Levinas, mit dem er während der Straßburger Studienzeit Freundschaft schloss. Alfred Tennyson thematisiert seine Freundschaft mit Arthur Hallam, den er als Studienkollege am Trinity College in Cambridge kennenlernte. In Patricia Highsmiths Kriminalroman *Der talentierte Mr. Ripley* gibt sich der skrupellose Protagonist als ehemaliger Student in Princeton aus [...]. Uwe Timm beschreibt in *Der Freund und der Fremde* die Jahre mit Benno Ohnesorg im Braunschweig-Kolleg, wo sie gemeinsam das Abitur nachholten. Wolfgang Herrndorfs Roman *Tschick* stellt eine Schülerfreundschaft in den Mittelpunkt.“ (319 f.)

1.3.2 *Freundschaft in Soziologie und Philosophie*

Seit Jahrzehnten beklagt die Soziologie unisono die Vernachlässigung der Freundschaft.[92] Freundschaft wird von den ‚Urvätern' der Disziplin, Max Weber, Emile Durkheim und George Herbert Mead, „nie als eigenständiges sozialtheoretisches Konzept gefasst oder inhaltlich präziser analysiert"[93]. Aufgrund ihrer mangelnden Institutionalisierung und rechtlichen Kodifizierung wird Freundschaft das gesamte 20. Jahrhundert hindurch als individualpsychologische, rein private und für das Funktionieren des modernen Sozialstaats irrelevante Sozialform betrachtet.[94] So ist insbesondere die Analyse von Zweierfreundschaften ins Hintertreffen geraten; wenn überhaupt, dann werden Netzwerke, Klientel- und Patronagebeziehungen untersucht.[95] Vom Fehlen einer systematischen Forschungstradition zeugt auch die ebenso kleinteilige wie redundante Diskussion um einen konsistenten, intersubjektiv einsetzbaren Freundschaftsbegriff, die im Zentrum der meisten soziologischen Abhandlungen steht.[96]

---

92 Friedrich Tenbruck: „Freundschaft. Ein Beitrag zu einer Soziologie der persönlichen Beziehungen." In: *Kölner Zeitschrift für Soziologie und Sozialpsychologie* 16 (1964), S. 431-456; Ursula Nötzoldt-Linden: *Freundschaft. Zur Thematisierung einer vernachlässigten soziologischen Kategorie*. Opladen: Westdeutscher Verlag 1994, S. 31; Andreas Schinkel: *Freundschaft. Von der gemeinsamen Selbstverwirklichung zum Beziehungsmanagement.* München: Alber 2003, S. 19; Heinz Bude: „Die Aktualität der Freundschaft." In: *Mittelweg 36* 17 (2008), H. 3, S. 6-16; Harry Blatterer: *Everyday Friendships. Intimacy and Freedom in a Complex World.* Basingstoke: Palgrave Macmillan 2015, S. 1; Janosch Schobin/Vincenz Leuschner/Sabine Flick/Erika Alleweldt/Eric Anton Heuser/Agnes Brandt: „Einleitung: Die Aktualität der Freundschaft." In: Dies.: *Freundschaft Heute. Eine Einführung in die Freundschaftssoziologie.* Bielefeld: transcript 2016, S. 11-19.

93 Janosch Schobin: „Die Konjunkturen der soziologischen Freundschaftstheorie." In: Ders. et al. 2016, S. 23-37, hier S. 32.

94 Vgl. hierzu ausführlich ebd., Tenbruck 1964. Für eine ausführliche Kritik dieser Sicht vgl. Michael Eve: „Is Friendship a Sociological Topic?" In: *European Journal of Sociology* 43 (2002), H. 3, S. 386-409.

95 Das Graduiertenkolleg *Freunde, Gönner, Getreue* an der Universität Freiburg (2006-2015), in dem die Geschichtswissenschaften, Soziologie, Philosophie, Ethnologie und Politikwissenschaft vertreten waren, hat Patronage- und Klientelbeziehungen im epochen- und kulturübergreifenden Vergleich untersucht. Vgl. für die entstandenen Publikationen die gleichnamige Reihe bei V&R unipress. Für eine literaturgeschichtliche Perspektive vgl. den von Natalie Binczek und Georg Stanitzek herausgegebenen Sammelband *Strong ties/Weak ties. Freundschaftssemantik und Netzwerktheorie.* Heidelberg: Winter 2010.

96 Vor allem differenztheoretische Definitionsverfahren erfreuen sich seit jeher großer Beliebtheit. So wird die Freundschaft, die „zwischen dem Sex und dem Blut [steht]" (Bude 2008, S. 11), entweder von der Liebe oder der Familie abgegrenzt; man nähert sich ihr „von den Rändern" (Silvia Bovenschen: „Vom Tanz der Gedanken und Gefühle." In: Dies.: *Schlimmer machen, schlimmer lachen: Aufsätze und Streitschriften.* Frankfurt a. M.: Verlag der Autoren 1998, S. 19-33, hier S. 22).

In der zeitgenössischen Philosophie stellt das Thema Freundschaft ebenfalls ein Desiderat dar.[97] Grund hierfür ist das Primat von Theorien, „in denen einerseits moralische Verpflichtungen in partikulären Beziehungen gegenüber universellen Verpflichtungen unterbewertet und andererseits das Prinzip der Gerechtigkeit gegenüber dem der Solidarität und Fürsorge bevorzugt"[98] werden. So propagieren die beiden wichtigsten modernen Schulen der Moralphilosophie – der Kantianismus und der Konsequentialismus – seit der Aufklärung das Prinzip der Unparteilichkeit, das ein Verhalten nur dann als moralisch erachtet, wenn wir einen uns nahe stehenden Menschen nicht bevorzugt behandeln.[99] Dieser Maxime steht die Freundschaft, in der es doch gerade um die Vorzüge und Bevorzugung eines Anderen geht, entgegen.

So scheint die Freundschaft durch alle soziologischen und philosophischen Raster zu fallen: Weder passt sie in die Makrostrukturen der Soziologie noch erfüllt sie die ‚Anforderungen' der Moralphilosophie. Gleichwohl beanspruchen beide Disziplinen die Deutungshoheit bzw. den einzig legitimen Zugang zum Sujet für sich. Sie bezichtigen einander des Schubladendenkens bzw. der Weltfremdheit:[100] Die (empirische) Soziologie sieht sich dem Vorwurf ausgesetzt, „dem Gegenstand die Flügel zu stutzen und ihm seine Lebendigkeit zu rauben"[101], da sie ihn „in kleine Einweckgläser einzumachen"[102] und „nicht zu verstehen […], sondern […] in den Griff zu bekommen'"[103] versuche. Diese Kritik ist keineswegs neu: Schon in den 1960er Jahren moniert Friedrich Tenbruck in seinem einflussreichen Aufsatz zur Freundschaft, dass „die Gleichsetzung von Empirie mit Sozialforschung eine gefährliche

97 Dies wird von allen aktuellen Abhandlungen beklagt. Vgl. z. B. Michael Bordt: „Nachwort." In: Ders. (Hrsg.): *Platon: Lysis. Übersetzung und Kommentar*. Göttingen: Vandenhoeck & Ruprecht 1998, S. 47; Lawrence A. Blum: „Freundschaft als moralisches Phänomen." In: *Deutsche Zeitschrift für Philosophie* 45 (1997), H. 2, S. 217-233; Harald Lemke: *Freundschaft. Ein philosophischer Essay*. Darmstadt: WBG 2000, S. 13; Klaus-Dieter Eichler: „Vorwort." In: Ders. (Hrsg.): *Philosophie der Freundschaft*. Leipzig: Reclam 1999; Nehamas 2017, S. 38.

98 Eichler 1999, S. 233.

99 Nehamas 2017, S. 65 ff.

100 Vgl. exemplarisch die Diskussion in der Zeitschrift *Ethik und Sozialwissenschaften* 8 (1997), H. 1.

101 Rüdiger Lautmann: „Lob der Nichtinstitutionalisierung." In: *Ethik und Sozialwissenschaften* 8 (1997), H. 1, S. 37-39, hier S. 37.

102 Ebd., S. 39.

103 Schinkel 2003, S. 29. Für eine ausführliche Kritik an der Operationalisierung der empirischen Soziologie und ihren methodischen und begrifflichen Schwächen vergleiche z. B. ebd., S. 70 ff.; Lemke 2000, S. 22 ff.; Ann Elisabeth Auhagen: „Freundschaft unter Erwachsenen." In: Dies./Maria von Salisch (Hrsg.): *Zwischenmenschliche Beziehungen*. Göttingen: Hogrefe 1993, S. 215-233.

Verengung"[104] darstelle und letztere „nicht dauernd auf die Einbeziehung des von den historisch gerichteten Geisteswissenschaften erarbeiteten Materials verzichten"[105] könne. Neben der taxonomischen Systematisierung und der Ausblendung einer diachronen Perspektive wird zudem das utilitaristische Denken der Soziologie angeprangert, das Freundschaft auf ein bloßes Mittel zum Zweck reduziere.[106]

Umgekehrt fordern Soziologie und praktische Philosophie die ‚Entzauberung' eines aus der Antike stammenden und die Moralphilosophie noch immer dominierenden normativen Freundschaftsideals, das reale Freundschaft mit seinen „eintönigen Monochromien der Moral"[107] in die „Selbstaufhebung"[108] treibe.[109] Auch diese Kritik hat Tradition, beanstandet Claude Adrien Helvétius doch bereits im 18. Jahrhundert, dass die Philosophie Freundschaft als „romanhafte Idee"[110] zeichne, die zwangsläufig zur Enttäuschung führen müsse.

Die bisher zitierte Forschung zeugt davon, dass die Beschäftigung mit dem Thema Freundschaft in den letzten beiden Jahrzehnten einen bemerkenswerten Aufschwung genommen hat. Dabei lassen sich im Wesentlichen zwei Positionen identifizieren, die mit den Stichworten der *Ökonomisierung* und *Kompensierung* umrissen werden können. Wenden wir uns zunächst dem zu, was Georg Simmel als ‚differenzierte Freundschaft' bezeichnet hat. So seien die Menschen bereits Anfang des 20. Jahrhunderts „zu eigenartig individualisiert, um die volle Gegenseitigkeit des Verständnisses [...] zu ermöglichen. Es scheint, daß deshalb die moderne Gefühlsweise sich mehr zu [...] Freundschaften neigte, [...] die ihr Gebiet nur an je einer Seite der Persönlichkeiten haben und in die die übrigen nicht hineinspielen."[111] Ursula Nötzoldt-Linden glaubt, derart „lockere, weniger durch extreme Ausschließlichkeit gekennzeichnete, kürzerfristige, am gemeinsamen Projekt orientierte Freundschaften"[112] würden den Bedürfnissen des spätmodernen Individuums eher

104 Tenbruck 1964, S. 434.

105 Ebd., S. 433.

106 Vgl. z. B. Maria Fasching: „Vom Nutzen und Nachteil wahrer Freundschaft." In: *Ethik und Sozialwissenschaften* 8 (1997), H. 1, S. 23-25, hier S. 23.

107 Nehamas 2017, S. 65.

108 Lemke 2000, S. 54.

109 Vgl. hierzu auch Ursula Nötzoldt-Linden: „Freundschaftsbeziehungen versus Familienbeziehungen: Versuch einer Begriffsbestimmung zur ‚Freundschaft'". In: *Ethik und Sozialwissenschaften* 8 (1997), H. 1, S. 3-15; B. Vedder 2017, S. 9.

110 Claude Adrien Helvétius: *Philosophische Schriften I. Vom Geist*. Berlin: Aufbau 1973, S. 317.

111 Georg Simmel: *Untersuchungen über die Formen der Vergesellschaftung*. Berlin: Duncker & Humblot 1983 [1908], S. 269.

112 Nötzoldt-Linden 1994, S. 14.

gerecht als exklusive Freundschaften nach antikem Vorbild. Andreas Reckwitz spricht von einer „Expressionsorientierung“[113] heutiger Freundschaften, die dem Menschen erlaubten, „verschiedene Aspekte eines als vielfältig und permanent veränderbar vorgestellten Selbst in der intimen Kommunikation mit ganz unterschiedlichen Individuen [...] parallel zu entwickeln“[114].

Der hier anklingende Opportunismus wird andernorts noch expliziter gemacht. So sind Freundschaften im 21. Jahrhundert laut Maria Fasching durch eine „Rationalisierung, Funktionalisierung, Nutzenmaximierung, Marktförmigkeit“[115] charakterisiert. Katharina Münchberg zufolge stellen sie primär ein Mittel dar zum „Ausschöpfen der multiplen und wechselnden Möglichkeiten, die uns die neokapitalistische Gesellschaft bietet“[116]. Laut Erika Alleweldt, die eine „Profanisierung“[117] von Freundschaft beobachtet, rangieren heutzutage Quantität vor Exklusivität und Flexibilität vor Verbindlichkeit; Freundschaft werde zum ‚Projekt‘ des sich im Dilemma zwischen dem Wunsch nach Autonomie und der Angst vor Einsamkeit befindenden Menschen.[118] Björn Vedder bezeichnet Freundschaften gar als „narzisstische Beziehungen“[119] mit dem „Charakter eines Konsumartikels“[120], der lediglich zur Aufwertung des eigenen Selbstwertgefühls diene. Teil dieses Abgesangs ist die Kritik am inflationären Gebrauch des Freundschaftsbegriffs, die häufig mit einer Polemik gegen Freundschaft in den sozialen Netzwerken einhergeht.[121]

Während ‚echte‘ Freundschaft also einerseits mit kulturpessimistischem Tenor zum Relikt einer besseren Vergangenheit erklärt bzw. verklärt wird,

---

113 Andreas Reckwitz: *Das hybride Subjekt. Eine Theorie der Subjektkulturen von der bürgerlichen Moderne zur Postmoderne. Überarbeitete Neuauflage*. Berlin: Suhrkamp 2020, S. 529.

114 Ebd., S. 533.

115 Fasching 1997, S. 23.

116 Katharina Münchberg: „Einleitung.“ In: Dies./Christian Reidenbach (Hrsg.): *Freundschaft. Theorien und Poetiken*. Paderborn: Fink 2012, S. 7-12, hier S. 8.

117 Erika Alleweldt: *Die differenzierten Welten der Frauenfreundschaften. Eine Berliner Fallstudie*. Weilerswist: Velbrück 2013, S. 15.

118 Ebd., S. 224 ff.

119 B. Vedder 2017, S. 10.

120 Ebd., S. 24.

121 Vgl. z. B. Nehamas 2017, S. 12; Harry Blatterer: „Friendship and the Therapeutic Persuasion: Intimacy as Normative Freedom.“ In: Kornelia Hahn/Cornelia Koppetsch (Hrsg.): *Soziologie des Privaten*. Wiesbaden: Verlag für Sozialwissenschaften 2011, S. 253-274. Laut Bernard Stiegler („Willst du mein Freund werden? Pharmakologie der Freundschaft.“ In: Münchberg/Reidenbach (Hrsg.) 2012, S. 23-41) führen die sozialen Netzwerke zu einer „Proletarisierung der Sozialkontakte“ (S. 27); Dietmar H. Heidemann („Die Idee der Freundschaft. Philosophische Überlegungen zu einem polymorphen Begriff.“ In: Münchberg/Reidenbach (Hrsg.) 2012, S. 43-51) spricht gar von einem „Missbrauch“ des Freundschaftsbegriffs (S. 44).

schreiben weite Teile der Forschung ihr im Gegenteil eine Kompensations- oder gar Substitutionsfunktion zu: Laut Axel Honneth „[spiegelt sich] in dem neuerwachten Interesse [an der Freundschaft] [...] ein Bewußtsein des kulturellen Umbruchs, in dem sich gegenwärtig [...] die überkommenen Muster sozialer Beziehungen befinden“[122]. Für Andreas Schinkel gewinnt die Freundschaft „in einer enttraditionalisierten und pluralen [...] Welt zunehmend an Bedeutung“[123]. Ursula Nötzoldt-Linden sieht in ihr eine „Alternative zu nicht vorhandenen traditionellen Bindungen [...], etwa zur Ehe und [...] Familie und Verwandtschaft“[124], und auch Heinz Bude erkennt in der Freundschaft einen „dritte[n] Weg, der für viele die schlechte, weil unlebbare oder unakzeptable Alternative von Familie und Wohlfahrtsstaat, von sexualisierter Liebe und blutsmäßiger Verwandtschaft hinter sich lässt“[125]. Janosch Schobin et al. prophezeien, dass aufgrund des demographischen Wandels „die Semantik der freien Gegenseitigkeit [...] ebenbürtig neben die von Abstammung und Ehe“[126] treten werde. Harald Lemke feiert die durch Freundschaft ermöglichte Emanzipation des Einzelnen aus den „patriarchalische[n] Herrschaftsverhältnisse[n]“ und „ungleichen und unfreien Geschlechteridentitäten“, die der Institution Kleinfamilie zugrunde lägen.[127] Und Aleida Assmann freut sich, dass das Internet und vor allem die sozialen Netzwerke „unfreiwillige Einsamkeit beseitigt und die Möglichkeiten für Kommunikation und die Bildung von Freundschaften einem [sic!] bislang unvorstellbaren Maße erweitert“ hätten.[128]

Freundschaft also als Allheilmittel und Glücksrezept, das dem zwischen serieller Monogamie, befristeten Arbeitsverträgen und permanenten Ortswechseln lebenden Subjekt ein Quäntchen Kontinuität und Verbindlichkeit zu spenden vermag? Die Analysen werden zeigen, inwiefern die Thesen einer spätmodernen *Ökonomisierung* respektive *Kompensationsfunktion* von Freundschaft vom zeitgenössischen Roman bestätigt bzw. widerlegt werden. Welche Rolle spielt in ihm der Freund für die Subjektivierung des Individuums? Mit welchen ganz eigenen Narrativen wartet die Literatur auf? Und worauf lassen sich etwaige Diskrepanzen – etwa in Bezug auf die Aspekte der Reziprozität

---

122 Axel Honneth: „Schwerpunkt: Die Moralität von Freundschaften.“ In: *Deutsche Zeitschrift für Philosophie* 45 (1997), H. 2, S. 215-216, hier S. 215.

123 Schinkel 2003, S. 18.

124 Nötzoldt-Linden 1994, S. 11.

125 Bude 2008, S. 8.

126 Schobin et al. 2016: „Einleitung“, S. 12.

127 Lemke 2000, S. 9.

128 Aleida Assmann: „Freundschaft im Kommunikationszeitalter.“ In: Münchberg/Reidenbach (Hrsg.) 2012, S. 79-94, hier S. 81.

und Ermächtigung sowie des Nutzens und der Nähe – zwischen Wissenschaft und Fiktion zurückführen?

1.3.3 *Weibliche Freundschaft: Ein Sonderfall?*

Mit besonderer Deutlichkeit manifestiert sich die Vernachlässigung des Sujets Freundschaft unter geschlechtertheoretischen Aspekten. So stellt Silvia Bovenschen fest: „An keinem anderen Phänomen läßt sich die fragwürdige Kulturhoheit des Patriarchalismus so gut studieren wie an dem der Freundschaft."[129] Denn das Weibliche wurde von der Antike über die Frühe Neuzeit bis ins 20. Jahrhundert hinein aus der Sphäre der Freundschaft ausgeschlossen, wie bereits ein kurzer Überblick zeigt: Schon Aristoteles konstatiert, dass gemischtgeschlechtliche Freundschaft zwar möglich sei, aber auf der „Überlegenheit" des Mannes beruhe.[130] Michel de Montaigne zufolge „[ist] das geistige Vermögen der Frauen gewöhnlich den Anforderungen des engen Gedankenaustauschs und Umgangs nicht gewachsen […], aus denen der heilige Bund der Freundschaft hervorgeht; auch scheint ihre Seele nicht stark genug, den Druck eines so fest geknüpften und dauerhaften Bandes zu ertragen"[131]. Und Siegfried Kracauer glaubt, dass in der „Gemütsfreundschaft", die die häufigste Form weiblicher Freundschaft darstelle, „geistige Gemeinschaft […] nur in geringem Maß [besteht]"[132]. Mit Jacques Derrida kann von einer „double exclusion of the feminine in the philosophical paradigm of friendship"[133] gesprochen werden – ein zweifacher Ausschluss insofern, als die Möglichkeit wahrhaftiger Freundschaft sowohl zwischen Frauen als auch zwischen Mann und Frau so lange negiert wurde. Bovenschen benennt hierfür folgende Ursachen:

> Wenn es schon kein kulturelles Paradigma für eine Freundschaft zwischen Mann und Frau gibt (aus den genannten Gründen: weil die Freundschaft keine Machtgefälle duldet und zwischen den Geschlechtern historisch nun einmal eines bestand), so will es doch auf den ersten Blick nicht einleuchten, warum die Kulturgeschichte kein Muster für eine Freundschaft zwischen Frauen bereitstellt. Die feministische Forschung hat darauf hingewiesen, daß der Prozeß der Individuation in den Kulturphilosophien der Neuzeit für die Frau gar nicht als vollzogen galt, daß in der Frau vielmehr weiterhin primär das Gattungswesen und nicht ein Subjekt gesehen wurde. Damit ist sie auch nicht freundschaftsfähig. Denn selbst in Bezug auf die ‚Männerfreundschaft' wird von den schreibenden

129 Bovenschen 1998: „Tanz", S. 30.

130 Aristoteles: *Nikomachische Ethik.* Stuttgart: Reclam 2010, S. 224 f.

131 Michel de Montaigne: *Essais. Erstes Buch. Erste moderne Gesamtübersetzung von Hans Stilett.* Frankfurt a. M.: btb 2000, S. 290.

132 Siegfried Kracauer: *Über die Freundschaft. Essays.* Frankfurt a. M.: Suhrkamp 1990 [1917], S. 79.

133 Derrida 1988, S. 642.

> Männern immer wieder betont, daß nur die Starken, Selbstbewußten, die, die eigentlich gar keine Freunde brauchen, brauchbare Freunde seien.[134]

Der kulturgeschichtlichen Exklusion der Frau aus der Sphäre der Freundschaft[135] entspricht eine Absenz weiblicher Freundschaft auch in der Literatur.[136] So bemerkt Virginia Woolf in *A Room of One's Own* (1929): „I tried to remember any case in the course of my reading where two women are represented as friends."[137] Und Susann Sitzler muss noch 2017 feststellen, dass „wenige [...] ernsthafte Bücher über die Freundschaft zwischen Frauen zu Welterfolgen wurden. Wurden diese Romane nie geschrieben? Oder hat niemand sie gelesen?"[138]

---

134 Bovenschen 1998: „Tanz", S. 30 f.

135 Nach wie vor findet sich der Begriff „Frauenfreundschaft" – im Gegensatz zu dem der „Männerfreundschaft" – nicht im *Duden*.

136 Entsprechend hat sich die ohnehin bescheidene literaturwissenschaftliche Erforschung des Phänomens bisher primär männlicher Freundschaft gewidmet bzw. überhaupt widmen können. Die Herausgeberinnen des Quer*elles*-Jahrbuchs zum Schwerpunktthema Freundschaft (Sabine Eickenrodt/Cettina Rapisarda: „Über Freundschaft und Freundinnen – ein Überblick." In: Dies. (Hrsg.): *Querelles. Jahrbuch für Frauenforschung. Band 3: Freundschaft im Gespräch.* Stuttgart: Metzler 1998, S. 9-32) konstatierten 1998, dass Frauenfreundschaften „in der (zumal deutschen) Literaturwissenschaft [...] bis heute [...] so gut wie nicht untersucht worden" seien (S. 10). Lediglich für das 18. und 19. Jahrhundert gibt es einige wenige Ausnahmen. Vgl. Mauser/Becker-Cantarino (Hrsg.) 1991; Anne Fleig: „Literarische Frauenfreundschaften im kulturellen Rahmen des Weimarer Hofes." In: *Freundinnen. Über Frauenfreundschaften und Frauenbeziehungen.* Herrenalber Protokolle (= Schriftenreihe der Evangelischen Akademie Baden, Bd. 99) 1994, S. 31-53; Janet Todd: *Women's Friendship in Literature.* New York: Columbia UP 1980; Lillian Faderman: *Surpassing the Love of Men.* New York: William Morrow 1981; Sharon Marcus: *Between Women: Friendship, Desire, and Marriage in Victorian England.* Princeton: Princeton UP 2007; Barbara Hahn: *Rahel. Ein Buch des Andenkens für ihre Freunde* 6 Bände. Göttingen: Wallstein 2011. Auch die literaturwissenschaftlichen Beiträge der erwähnten Quer*elles*-Ausgabe beschäftigen sich mit weiblicher Freundschaft in Literatur und Briefen des 18. und 19. Jahrhunderts.

Die Forschung zu literarischer Frauenfreundschaft im 20. Jahrhundert beschränkt sich auf Christa Wolfs Autofiktion *Nachdenken über Christa T.* (1968) sowie die Aufsätze von Elizabeth Abel („(E)merging Identities. The Dynamics of Female Friendship in Contemporary Fiction by Women", S. 413-435) und Judith Kegan Gardiner („The (US)es of (I)dentity: A Response to Abel on ‚Emerging (I)dentities'", S. 436-442) in *Signs: Journal of Women in Culture and Society* 3 (1981), H. 6. Die Spezialausgabe der *Feminist Studies* 42 (2016), H. 2, zu „Women's Friendships" behandelt literarische Frauenfreundschaft nur am Rande. Für das 21. Jahrhundert ist lediglich Elena Ferrantes *Neapolitanische Saga* (vgl. hierzu gesondert Fußnote 142) erforscht.

137 Virginia Woolf: *A Room of One's Own.* Neapel: Albatross 2015 [1929], S. 82.

138 Sitzler 2017, S. 226.

Doch vollzieht sich derzeit ein bemerkenswerter Paradigmenwechsel. Denn analog zur bisherigen *Vernachlässigung* gewinnt auch die aktuelle *Konjunktur* von Freundschaft eine besondere Virulenz, wenn sie unter geschlechtsspezifischem Blickwinkel betrachtet wird: So könnte man den Eindruck gewinnen, die jahrhundertelange Marginalisierung weiblicher Freundschaft solle durch eine regelrechte Publikationsflut ‚wettgemacht' werden.[139] Diese beschränkt sich keineswegs auf den deutschsprachigen Buchmarkt, sondern ist auch im angloamerikanischen Raum zu beobachten:[140] „[R]ecently, there has been a growth in the literary depiction of a particular type of friendship, one that has in the past found itself vulnerable to dilution and deflection [...]. Fictional female friends are suddenly all around us."[141] Die Dominanz freundschaftlicher *Paar*konstellationen dürfte auch auf den bahnbrechenden internationalen Erfolg der 2200 Seiten umfassenden *Neapolitanischen Saga* (2011-2014) von Elena Ferrante zurückzuführen sein,[142] deren Einfluss auf Romane wie Zadie Smiths *Swing Time* (2016), Nina Bußmanns *Der Mantel der Erde ist heiß und teilweise geschmolzen* (2017), Claire Messuds *The Burning Girl* (2017) oder Lene Albrechts *Wir, im Fenster* (2019) kaum zu verkennen ist.

---

139 Z. B. die halb autobiographischen, halb populärwissenschaftlichen Publikationen von Sitzler und Yalom (beide 2017), die empirischen Studien von Alleweldt 2013 und Margret Hansen (*Freundinnen. Freundschaftserfahrungen in weiblichen Biographien*. Münster: Waxmann 2009) sowie der 2018 bei Diogenes erschienene Band *Freundinnen* mit Romanauszügen zu weiblicher Freundschaft.

140 Vgl. die bereits erwähnte Spezialausgabe der *Feminist Studies* 42 (2016), H. 2; Alison Winch: *Girlfriends and Postfeminist Sisterhood*. New York: Palgrave Macmillan 2013; Adriana V. López (Hrsg.): *Count on me: Tales of Sisterhoods and Fierce Friendships*. New York: Atria 2012; Rachel Bertsche: *My Yearlong Search for A New Best Friend*. New York: Ballantine 2011.

141 Alex Clark: „Sister Act: Female friendship in fiction from Woolf to Ferrante and Zadie Smith." In: *The Guardian* vom 06.08.2016.

142 Der Romanzyklus löste bei Publikum und Feuilleton ein „Ferrante-Fieber" aus; die unter Pseudonym schreibende Autorin wurde vom *Time Magazine* zu den hundert einflussreichsten Menschen des Jahres 2016 gezählt. Weltweit wurden über zehn Millionen Exemplare verkauft, 2018 adaptierte der amerikanische Sender HBO die Tetralogie für das Fernsehen. Der Fokus der überschaubaren Sekundärliteratur liegt erstaunlicherweise nicht auf der Freundschaft, sondern auf den Mutter-Tochter-Beziehungen. So enthält etwa der von Grace Russo Bullaro und Stephanie V. Love herausgegebene Sammelband (*The Works of Elena Ferrante. Reconfiguring the Margins*. New York: Pelgrave Macmillan 2016) keinen Beitrag zur Freundschaft. Vgl. auch Katrin Wehling-Giorgi: „Playing with the Maternal Body. Violence, Mutilation, and the Emergence of the Female Subject in Ferrante's novels." In: *California Italian Studies* 7 (2017), H. 1, S. 1-15; dies.: „Rethinking Constructs of Maternity in the Novels of Elena Ferrante and Alice Sebold." In: *Women. A cultural review* 30 (2018), H. 1, S. 66-83. Das kurze Kapitel zur Freundschaft (S. 66-82) in Karen Bojars Monographie beinhaltet eher eine Zusammenfassung denn eine Analyse.

Geschmälert wird die Freude über dieses neu erwachte Interesse von einem schalen Beigeschmack: Denn an die Stelle der Marginalisierung weiblicher Freundschaft ist deren Hegemonialisierung getreten. So spielen zahlreiche Studien Männer- und Frauenfreundschaft regelrecht gegeneinander aus, indem erstere zur archaischen Zweckgemeinschaft herabgesetzt wird, um letztere unter Verweis auf genuin weibliche Qualitäten und mit pathetischen Worten zur einzig ‚wahren' Freundschaft mit sozialethischem Vorbildcharakter zu deklarieren.[143] Exemplarisch sei auf die Publikation von Marilyn Yalom verwiesen, die mit einer Fülle plakativer Zuschreibungen aufwartet und so die Reproduktion von Geschlechterstereotypen betreibt.[144] Rachel Freudenburg geht in ihrem Aufsatz zu literarischer Freundschaft im 20. Jahrhundert ähnlich vor: Sie legt den Lektüren die Voranahme zugrunde, dass „emotionale Unterstützung, Beistand, sozialer Kontakt und Vertrautheit" weibliche Attribute seien, die „normalerweise keine große Rolle" in Männerfreundschaften spielten, um die Texte dann zwischen den Polen der „maskulinen" bzw. „feminisierte[n]" Freundschaft zu verorten.[145]

Differenzdenken und Ausschlussmechanismen existieren also fort – allerdings unter invertierten Vorzeichen. Neben normativ aufgeladenen Arbeiten dieser Couleur gibt es sowohl in der Soziologie als auch in der Literaturwissenschaft jene, die das jeweils andere Geschlecht entweder gänzlich ausblenden[146] oder abschließend auf die potenzielle Verallgemeinerbarkeit

143 Ein solches ‚Ausstechen' klingt bei Lillian Faderman bereits im Titel (*Surpassing the Love of Men*) an. Männer sind nach Bertsche „happy to silently watch sports over a beer. Guys hardly even look at each other when they hang out." (S. xiv) Heidenreich definiert Männerfreundschaft lakonisch als „Puff gehen, Skat spielen, vom Krieg erzählen". Im Gegensatz hierzu stehen die stark idealisierenden Beschreibungen weiblicher Freundschaft von López („[female friends] bring us peace, fill the emotional shortcomings in our romantic relationships, and help us remember what lies deep inside every one of us. Women are a source of strength to each other", S. ix) und Yalom („Freundinnen kümmern sich umeinander in einem ständigen Kreislauf von Geben und Nehmen.", S. 329; „Die Kraft und oft auch die Weisheit dessen, was Frauen in Freundschaften suchen und finden, könnte zukünftige Generationen zu einem würdevollen und hoffnungsvollen Leben in friedlicher Koexistenz hinführen.", S. 23).

144 So seien Frauen „fürsorglicher, sanfter und liebevoller als Männer" (S. 22) und „vertrauen sich einander an, während Männer einfach nur gern zusammen abhängen" (S. 14) – welch ein Glück also, dass weibliche Freundschaften inzwischen „die Vorherrschaft errungen" (S. 23) hätten.

145 Freudenburg 1997, alle Zitate S. 274 f. Analysegegenstand sind Hermann Hesses *Narziß und Goldmund* (1930), Thomas Manns *Doktor Faustus* (1947), Martin Walsers *Ein fliehendes Pferd* (1978) und Thomas Bernhards *Wittgensteins Neffe* (1982).

146 Vgl. z. B. die bereits erwähnten Arbeiten von Alexandra Pfleger, Andreas Kraß, Janet Todd und Lillian Faderman.

der Ergebnisse verweisen.[147] Beide Ansätze werfen die Frage nach dem heuristischen (Mehr-)Wert einer binären Konzeptualisierung auf – zumal valide Belege für geschlechtsspezifische Freundschaftsideale und -praktiken nicht existieren.

Empirische Freundschaftsstudien aus der Soziologie weisen häufig gravierende konzeptionelle Schwächen auf: Insbesondere die trennscharfe Operationalisierung und Messung von strukturellen Merkmalen versus psychologischen Dispositionen stellt ein Problem dar.[148] Wichtigster Referenzpunkt der empirischen Freundschaftsforschung der vergangenen vierzig Jahre ist ein Aufsatz des amerikanischen Soziologen Paul H. Wright, der 1982 die Hypothese formuliert, im Zentrum von Frauenfreundschaften stünden Intimität, Selbstenthüllung und emotionale Unterstützung, während der Fokus in Männerfreundschaften auf gemeinsamen Interessen und Aktivitäten liege.[149] Wright warnt schon damals vor einer Pauschalisierung seiner Hypothese: „[T]hese differences are not great and, in many cases, they are so obscure that they are hard to demonstrate."[150] Dennoch wurde die plakative Opposition von

---

147 Z. B. Rüther 2017 (S. 112) sowie die empirischen Arbeiten von Alleweldt 2013 (S. 238) und Hansen 2009 (S. 336). Steve Stiehler (*Männerfreundschaften: Grundlagen und Dynamiken einer vernachlässigten Ressource*. München: Juventa 2003) entwirft ein *Modell von Männerfreundschaften*, nimmt aber an keiner Stelle Bezug darauf, weshalb bzw. inwiefern die identifizierten Charakteristika spezifisch *männlich* sind.

148 Schütze/Lang fassen das methodische Vorgehen vieler Studien bereits 1993 so zusammen: „[D]as Datenmaterial [wird] nach geschlechtsspezifischen Unterschieden abgesucht. Findet man keine Unterschiede, wird dies kommentarlos übergangen, findet man sie, werden sie ad hoc mit Verweisen auf Typisches erklärt, wobei als typisch gilt, was bereits aus anderen Untersuchungen berichtet wurde oder man rekurriert ganz im Stil der Geschlechtscharaktertheorien auf das ‚Wesen' und nennt es moderner ‚Disposition'." Yvonne Schütze/Frieder R. Lang: „Freundschaft, Alter und Geschlecht." In: *Zeitschrift für Soziologie* 22 (1993), H. 3, S. 209-220, hier S. 209. Für weitere Kritik vgl. auch Julia Hahmann: *Freundschaftstypen älterer Menschen.* Wiesbaden: Springer 2013, S. 124 f.

Als prototypisches Beispiel für ein solches Vorgehen sei auf die Studie von Valtin/Fatke verwiesen: „Beim *Vergleich von Männern und Frauen* zeigen sich zahlreiche Differenzen hinsichtlich Anzahl und Geschlecht der Freunde sowie hinsichtlich Qualität und Bedeutung von Freundschaft. In den Grundzügen stimmen diese Befunde mit den in der Literatur berichteten überein, was nochmals deutlich macht, dass unsere Stichprobe, die nicht repräsentativ zusammengesetzt war, keine Ergebnisverzerrungen herborgerufen [sic!] hat." Renate Valtin/Reinhard Fatke: *Freundschaft und Liebe. Persönliche Beziehungen im Ost/West- und im Geschlechtervergleich.* Donauwörth: Auer 2017, S. 245.

149 Paul H. Wright: „Men's Friendships, Women's Friendships and the Alleged Inferiority of the Latter." In: *Sex Roles* 8 (1982), H. 3, S. 1-20, hier S. 19.

150 Ebd.

face-to-face versus *side-by-side*[151] oftmals vorbehaltlos übernommen[152] und auch von jüngsten Studien anhand fragwürdiger Stichproben reproduziert.[153] Repräsentativere Untersuchungen hingegen kommen zu dem Ergebnis, dass expressive und instrumentelle Aspekte gleichermaßen wichtig sind[154] und das persönliche Gespräch sowohl für Frauen als auch Männer die bedeutendste Freundschaftskomponente darstellt.[155] Karen Walker beobachtet eine Diskrepanz zwischen gesellschaftlich verbreiteten Geschlechterstereotypen einerseits und tatsächlichem Verhalten andererseits: „[T]he notions that women share intimate feelings whereas men share activities in their friendships are more accurately viewed as cultural ideologies than as observable gender differences in behavior."[156] Laut Yvonne Schütze und Frieder R. Lang sind „im Ausmaß emotionaler Nähe zu Freunden […] keine Geschlechtsunterschiede nachweisbar"[157], und auch Arnold Krosta und Hans-Joachim Eberhard negieren die *face/side*-Hypothese.[158] Brian J. Gillespie et al. verzeichnen ebenfalls einen „virtual lack of difference between women and men"[159].

151 Ebd., S. 8.

152 Dies hat Wright selbst kritisiert: „Toward an Expanded Orientation to the Comparative Study of Women's and Men's Same-Sex Friendships." In: Kathryn Dindia/Daniel J. Canary (Hrsg.): *Sex Differences and Similarities in Communication*. London: Routledge 2006, S. 37-58.

153 Vgl. Barbara J. Bank/Suzanne L. Hansford: „Gender and Friendship: Why are men's best same-sex friendships less intimate and supportive?" In: *Personal Relationships* 7 (2000), H. 1, S. 63-78; Jeffery A. Hall: „Sex differences in friendship expectations: A meta-analysis." In: *Journal of Social and Personal Relationships* 28 (2011), H. 6, S. 723-747; Diane Felmlee/Elizabeth Sweet/H. Colleen Sinclair: „Gender Rules: Same- and Cross-Gender Friendships Norms." In: *Sex Roles* 66 (2012), H. 7, S. 518-529. Die Stichproben dieser Studien sind insofern fragwürdig, als sie sich aus US-amerikanischen und in Teilen noch minderjährigen College-Studenten zusammensetzen und mithin nicht repräsentativ sind. Darüber hinaus ist allen Studien gemein, dass die festgestellten geschlechtsspezifischen Unterschiede lediglich marginal sind.

154 Steve Duck/Paul H. Wright: „Reexamining Gender Differences in Same-Gender Friendships: A close Look at two Kinds of Data." In: *Sex Roles* 28 (1993), H. 11, S. 709-727.

155 Wright 2006, S. 40.

156 Karen Walker: „Men, Women and Friendship: What They Say, What They Do." In: *Gender and Society* 8 (1994), H. 2, S. 246-265, hier S. 246.

157 Schütze/Lang 1993, S. 218.

158 Arnold Krosta/Hans-Joachim Eberhard: „Neuere Ergebnisse der deutschen Freundschaftsforschung." In: *Journal für Psychologie* 15 (2007), H. 1, S. 1-33.

159 Brian Joseph Gillespie/Janet Lever/David Frederick/Tracy Royce: „Close adult friendships, gender, and the life cycle." In: *Journal of Social and Personal Relationships* 32 (2015), H. 6, S. 709-736, hier S. 730. Dies ist eine der wenigen Studien, die gesellschaftlichen Wandel thematisiert: „Perhaps, decades after the advent of second-wave feminism, contemporary

Ob bzw. inwiefern zeitgenössische literarische Freundschaft geschlechtsspezifische Charakteristika aufweist, ist zu untersuchen – allerdings unter dezidiertem Verzicht auf eine deduktive Zugrundelegung soziologischer Strukturkategorien.[160] Silvia Bovenschen hat bereits vor einem halben Jahrhundert darauf hingewiesen, dass differenztheoretische Fragestellungen jedweder Art riskierten, „die traditionellen anthropologischen und biologistischen Vorurteile nicht wahrhaft aufzuheben, sondern sich wiederum in die Ausbildung neuer Frauenmythen zu verstricken"[161]. Cornelia Klinger warnt ebenfalls vor einem „dem Geschlechterverhältnis aufgezwungenen und zwanghaften Dualismus des Einen und Anderen, des Universalen und Partikularen, in dessen Entweder-Oder-Falle auch noch jede Opposition tappt, solange sie dem Muster von Gleichheit vs. Differenz folgt"[162]. Ebenso wenig soll die Kategorie des Geschlechts auf die Ebene des Verfahrens – im Sinne einer spezifisch weiblichen Schreibweise – transponiert werden, da auch Konzepten einer solchen *écriture féminine* oftmals eine Ontologisierung und Essentialisierung innewohnt:

> Erstens wird darin eine Bewegung, die sich einer Negativität verdankt, als positives Verfahren beschrieben, das dann teilweise sogar mit einem Katalog von Merkmalen wie z. B. Flüchtigkeit, Sprünge, Abschweifungen, Rückblenden, Diskontinuität etc. *formal* beschreibbar und positiv bestimmbar wird. Zweitens wird dabei eine dialektische Bewegung des Sinngebungsprozesses – sei es die konfliktreiche Beziehung zwischen dem Semiotischen und dem Symbolischen bei Kristeva, sei es das Zusammenspiel von metonymischer und metaphorischer Bewegung bei Lacan – häufig einem dualistischen Verständnis von ‚Männlichem' und ‚Weiblichen' subsumiert, indem nämlich das Semiotische und die metonymische Bewegung weiblich und das Symbolische und die metaphorische Bewegung männlich konnotiert werden.[163]

---

masculinities better accommodate intimacy and the sharing of support in men's same-gender friendships." (S. 731)

160 Z. B. Raewyn Connells Konzept der hegemonialen Männlichkeit (vgl. *Gender and Power*. Standford: Standford UP 1992 [1987]; *Der gemachte Mann*. Wiesbaden: Springer 2015 [1995]), das zur Leitkategorie der interdisziplinären Geschlechterforschung avanciert ist.

161 Silvia Bovenschen: *Die imaginierte Weiblichkeit. Exemplarische Untersuchungen zu kulturgeschichtlichen und literarischen Präsentationsformen des Weiblichen*. Frankfurt a. M.: Suhrkamp 2016 [1979], S. 10 f.

162 Cornelia Klinger: „Das unmögliche weibliche Subjekt und die Möglichkeiten feministischer Subjektkritik." In: Heiner Keupp/Joachim Hohl (Hrsg.): *Subjektdiskurse im gesellschaftlichen Wandel. Zur Theorie des Subjekts in der Spätmoderne*. Bielefeld: transcript 2006, S. 99-117, hier S. 104.

163 Sigrid Weigel: *Die Stimme der Medusa. Schreibweisen in der Gegenwartsliteratur von Frauen*. Dülmen-Hiddingsel: Tende 1995 [1987], S. 204.

Zusammenfassend lässt sich demnach festhalten, dass die Ermittlung etwaiger geschlechtsspezifischer Erzählstrukturen, Praktiken und Motiviken *induktiv* betrieben wird, um dann die Brücke von literarischen Subjektivierungsweisen in gesellschaftliche Realitäten – und nicht andersherum – zu schlagen.

KAPITEL 2

Der Freund und das Ich: Ein ideengeschichtlicher Abriss

Die Freundschaft ist die vielleicht schillerndste unter den Sozialbeziehungen: Semantisch immer wieder neu aufgeladen und vereinnahmt, hat sie zahlreiche ethische, politische und ästhetische Programmatisierungen und Ideologisierungen erfahren.[1] Bevor in Kapitel 3 ein in bereits vorliegenden Studien unterbelichteter Zusammenhang eruiert wird – der von Freundschaft und Schreiben bzw. Freundschaft und Literatur –, sei deshalb zunächst eine kursorische Ideengeschichte der Freundschaft vorgeschaltet.[2] Deren Fokus leitet sich aus den in der Einleitung formulierten Forschungsfragen ab: Welche Funktion erfüllt Freundschaft in Antike, Mittelalter, Aufklärung und (Spät-) Moderne für die Subjektivierung des Menschen? Nicht außer Acht gelassen werden darf indes, dass das heutige abendländische Verständnis von Identität ein spezifisch neuzeitliches bzw. modernes ist[3] – eine Tatsache, die anhand des Nexus von Freundschaft und Subjektivierung insofern besonders deutlich wird, als Freundschaft im 18. Jahrhundert eine maßgebliche Rolle spielt bei der ‚Entdeckung' einer Innerlichkeit und Individualität, die konstitutiv für die Selbstwahrnehmung und -interpretation des modernen Subjekts sind.

Zweifelsohne sollte die Untersuchung von Subjektivierungspraktiken also stets aus „einer historisch sensibilisierten Perspektive für die Transformierbarkeit und geschichtliche Kontingenz von Subjektformen"[4] erfolgen. Entsprechend hüte ich mich vor anachronistischen, glättenden Lektüren historischer Freundschaftskonzepte und -praktiken, vermag im Rahmen einer gegenwartsliteraturwissenschaftlichen Arbeit aber nicht im Detail auf die jeweiligen Menschenbilder einzugehen,[5] die ihnen zugrunde liegen bzw.

---

1 Vgl. für (teils durchaus fragwürdige) aktuelle Zuschreibungen Kapitel 1.3.

2 Vgl. ausführlicher z. B. Schinkel 2003, Schobin et al. 2016.

3 Vgl. zur Genese dieses Verständnisses aus ideenhistorischer Perspektive Taylor 2018.
Andreas Reckwitz kritisiert schon die verbreitete Rede von ‚der Moderne' „als einheitliche[r] Formation": „Die Moderne produziert keine eindeutige, homogene Subjektstruktur, sie liefert vielmehr ein Feld der Auseinandersetzung um kulturelle *Differenzen* bezüglich dessen, was das Subjekt ist und wie es sich formen kann." (Reckwitz 2020, S. 27)

4 Reckwitz 2021, S. 198.

5 Vgl. hierzu neben Taylor auch Roland Hagenbüchle/Reto Luzius Fetz/Peter Schulz (Hrsg.): *Geschichte und Vorgeschichte der modernen Subjektivität* 2 Bände. Berlin: de Gruyter 1998.

© BRILL FINK, 2021 | DOI:10.30965/9783846766774_003

durch sie hervorgebracht werden. Das Augenmerk des zweiten und dritten Kapitels gilt deshalb nicht den Brüchen, Diskontinuitäten und Verwerfungen, sondern den strukturellen Analogien zwischen Freundschaftspraktiken, -diskursen und -codes vergangener Epochen. Hieran anknüpfend kann dann untersucht werden, inwiefern der zeitgenössische Roman diese zitiert, neu interpretiert oder in Frage stellt. Anders formuliert: Folgende Ausführungen dienen als Grundlage für die Analyse historischer Intertextualitäten[6] in den monographischen *close readings*.

Die Ursprünge einer sowohl literarischen als auch philosophischen Auseinandersetzung mit dem Thema Freundschaft liegen in der Antike: Während in Epen und Mythen eine Vielzahl mustergültiger Freundespaare – man denke an Achill und Patroklos, Orest und Pylades, Theseus und Peirithoos, Damon und Phintias oder Nisus und Euryalus – beschworen wird, stellt Platons Dialog *Lysis* die erste systematische Abhandlung zur Freundschaft dar.[7] Aristoteles, dessen Freundschaftskonzeption im achten und neunten Buch der *Nikomachischen Ethik* auch für den heutigen Freundschaftsdiskurs *der* Bezugspunkt schlechthin ist, betrachtet im Unterschied zu Platon nicht nur die idealtypische Freundschaft, sondern differenziert zwischen drei verschiedenen Formen: der Lust-, Nutz- und Tugendfreundschaft.[8] Letztere sei die „Freundschaft [...] der trefflichen Charaktere und an Trefflichkeit einander Gleichen"[9]. Cicero, der die griechische Philosophie für die römisch-lateinische Welt aufbereitet hat, knüpft an den Topos von Freundschaft als „Helferin der Tugend"[10] an: „Da die Tugend für sich allein nicht zum höchsten Ziel gelangen kann, soll sie gemeinsam und verbunden mit der Tugend eines anderen dorthin kommen."[11] Der Freund ist also Katalysator und Korrektiv, Vorbild und Verbündeter auf dem Weg zu einem *moralischen* Ich.

Die exklusive Tugendfreundschaft der Antike stellt in zweierlei Hinsicht ein Problem für die christliche Ethik dar. Zum einen steht sie im Ruf einer egoistischen, von der Liebe zu Gott ablenkenden Beziehung: Einem

6 Vgl. zu diesem Konzept Reckwitz 2021, S. 198 f., sowie Reckwitz 2020, S. 32 f.: „Die unterschiedlichen Subjektkulturen der Moderne [...] erweisen sich gerade dadurch, dass sie hybride Kombinationen darstellen, als *historisch ‚intertextuelle' Sinnkonstellationen*, in denen spätere Formationen Elemente von früheren enthalten und aufnehmen. [...] Die Transformation von Subjektkulturen in der Moderne lässt sich so als ein Gewebe der Intertextualität entziffern."

7 Vgl. Platon 1998.

8 Aristoteles 2010, S. 216 ff.

9 Ebd., S. 217.

10 Marcus Tullius Cicero: *Laelius de amicitia. Laelius über die Freundschaft*. Stuttgart: Reclam 2015, S. 93.

11 Ebd.

menschlichen Wesen eine derart herausgehobene Stellung einzuräumen, wird als Götzendienst betrachtet – die (vormalige) Stifterin der Tugend entpuppt sich nun als Verführerin zur Sünde. Zudem kontradiktiert die griechische *philia* bzw. ihr lateinisches Äquivalent, die *amicitia*, die Idee einer universellen Nächstenliebe, der *agapē bzw. caritas*.[12] So wird Freundschaft zum „Modellfall für die Spannung zwischen antiker und christlicher Ethik"[13]. Der Kirchenlehrer Augustinus von Hippo ist bestrebt, die Freundschaft in die Logik des mittelalterlichen Denkens zu integrieren bzw. mit der Gottes- und Nächstenliebe zu synthetisieren: „Selig, wer dich [Gott] liebt, in dir seinen Freund und um deinetwillen auch den Feind!"[14] Die antike Opposition zwischen Nutz- oder Lustfreundschaft einerseits und Tugendfreundschaft andererseits ummünzend, differenziert Augustinus zwischen der weltlichen und der „wahre[n] Freundschaft, die ja nur da besteht, wo du [Gott] Menschenseelen miteinander innig verbindest durch die Liebe"[15]. Der Zisterzienserabt Aelred von Rieval knüpft an die Synthetisierungsversuche Augustinus' an: Um die Diskrepanz zwischen antiker und christlicher Ethik zu überwinden, beschwört er beispielsweise die vormalige Identität von Freundschaft und Barmherzigkeit herauf: So seien die Liebe zu den Tugendhaften und die Liebe zu allen bzw. *philia* und *agapē* vor dem Sündenfall ein und dasselbe gewesen.[16]

Eine Zäsur in der Ideengeschichte der Freundschaft markiert der 1580 erschienene Essay *De l'amitié*, in dem Michel de Montaigne seine Beziehung zu Étienne de la Boétie zelebriert. Dabei ruft er wiederholt prominente Topoi des antiken Freundschaftsdiskurses auf, um diese sodann als – im Vergleich zu seiner Beziehung zu la Boétie – „kraftlos"[17] abzutun. Montaignes Freundschaft wird nicht durch ein abstraktes Drittes begründet und legitimiert, sondern allein durch die Persönlichkeit der beiden Freunde: „Wenn man in mich dringt zu sagen, warum ich Étienne de la Boétie liebte, fühle ich, daß nur *eine* Antwort dies ausdrücken kann: ‚Weil er er war, weil ich ich war.'"[18] So könne die Freundschaft „sich [...] nur an sich selbst [...] messen"[19] lassen. Stifterin und Medium der Freundschaft sind weder Tugend noch Gott, sondern die Literatur,

---

12 Nehamas 2017, S. 38 ff.

13 Katherine Strnad-Walsh: „Die ‚Schola Caritatis' und mittelalterliche Geistigkeit." In: Luigi Cotteri (Hrsg.): *Der Begriff Freundschaft in der Geschichte der Europäischen Kultur*. Meran: Hauger 1995, S. 201-224, hier S. 201.

14 Aurelius Augustinus: *Bekenntnisse. Viertes Buch*. München: dtv 1994, S. 99.

15 Ebd., S. 93.

16 Vgl. hierzu Nehamas 2017, S. 42 f.

17 Montaigne 2000, S. 301.

18 Ebd., S. 293.

19 Ebd., S. 294.

in die die Freundschaft durch Montaignes Essay auch wieder mündet. Die Freundschaft ist hier nicht (mehr) Vehikel zur moralischen oder religiösen Vervollkommnung des Ich, sondern Selbstzweck.

Der revolutionäre Charakter von Montaignes Freundschaftsessay offenbart sich gerade vor dem Hintergrund der barocken Freundschaftsauffassung:[20] Die starren Hierarchien am absolutistischen Hof erschweren einen aufrichtigen und vertraulichen Umgang; laut der zeitgenössischen Maximen- und Aphorismenliteratur[21] ist ‚Freundschaft' nicht mehr als ein opportunistisches Mittel zur Durchsetzung karrieristischer Ambitionen. Die barocke Freundschaftslyrik ist Kunstübung und ästhetisches Spiel; als oftmals in Auftrag gegebene Huldigung an Herrscher und Mäzene variiert sie die immer gleichen Formen und Motive.[22] Besonders bezeichnend für den artifiziellen Charakter der Lyrik ist der Brauch, Nachrufe auf noch lebende Dichter zu verfassen, die dann im Kollegenkreis vorgetragen und gemeinsam (unter anderem vom angeblich Verstorbenen) evaluiert werden.[23]

Das 18. Jahrhundert gilt gemeinhin als ‚Jahrhundert der Freundschaft'. Diese avanciert insbesondere in der zweiten Hälfte zur „zentrale[n], subjektbildende[n] Sozialform"[24]. Das Bürgertum – im Zuge der Aufklärung dazu aufgerufen, sich von der Vormundschaft des absolutistischen Staates und den Zwängen einer rigiden Ständegesellschaft zu emanzipieren – sieht sich mit einer Realität konfrontiert, die dem sich ausbildenden Individualitätsbewusstsein kaum Raum bietet.[25] Aufgabe der herrschaftsfreien Freundschaft wird es, „die Kluft zwischen Seele und Wirklichkeit zu überbrücken, die Enge eines beschränkenden Lebenskreises zu erweitern. Sie wird vor allem zur Stätte für die Entfaltung der Innerlichkeit und des individuellen Lebens."[26] Zugleich kompensiert die Freundschaft die durch die Entfremdung von bisher identitätsstiftenden Zusammenhängen eingebüßte Geborgenheit. Wolfdietrich Rasch bezeichnet die Freundschaftsbünde des 18. Jahrhunderts deshalb als „Inselbildungen"[27] und „Antithese"[28] zur Gesellschaft.[29] Eckhardt Meyer-

---

20 Vgl. hierzu Rasch 1936, S. 11 ff.

21 La Rochefoucauld: *Maximen und Reflexionen*. Leipzig: Reclam 1986 [1665]; Jean de La Bruyère: *Die Charaktere*. Frankfurt a. M.: Insel 2007 [1688].

22 Vgl. Raschs Ausführungen (S. 11 ff.) zu Opitz, Fleming und Dach.

23 Ebd., S. 21.

24 Reckwitz 2020, S. 148.

25 Rasch 1936, S. 89 ff.

26 Ebd., S. 95.

27 Ebd., S. 90.

28 Ebd., S. 13.

29 In *Dichtung und Wahrheit* (München: Hanser 1949 [1811], S. 325) bemerkt Goethe 1811: „Die deutschen Dichter [...] genossen in der bürgerlichen Welt nicht der mindesten Vorteile. Sie hatten weder Halt, Stand noch Ansehn."

Krentler hingegen sieht in ihnen nicht den „Rückzug auf vorerst private Innerlichkeit“, sondern den „Inbegriff politisch-sozialen Selbstverständnisses“[30].

Diese vermeintlich konträren Positionen lassen sich in sowohl funktionaler als auch zeitlicher Perspektive synthetisieren. Zum einen ist Freundschaft sowohl bei Rasch als auch bei Meyer-Krentler integraler Katalysator eines modernen Selbstverständnisses: Sie ist „die Zweiheit der Freunde, die der Einheit des Ich vorangeht“[31]. Zum anderen sind die empfindsamen und anakreontischen Freundschaftsbünde Mitte des 18. Jahrhunderts zwar noch „im Bereich des Intimen, Sektiererischen, Cliquenhaften oder Verspielten“[32] angesiedelt, was – neben der territorialen Zersplitterung Deutschlands – die Entstehung größerer Avantgarde-Bewegungen ausbremst.[33] Allerdings wird Freundschaft insbesondere im Zuge der Französischen Revolution zunehmend politisch aufgeladen und als „solidarisierende Kampfvokabel“[34] eingesetzt. Die Verständnisse von Freundschaft als innerer Emigration bzw. als sozialethischem Programm schließen sich folglich keineswegs aus: Freundschaft im 18. Jahrhundert ist, wie Klaus-Dieter Eichler es formuliert, beides – „Surrogat gegenwärtiger und zugleich Modell zukünftiger Gesellschaftsgestaltung“[35]. Doch die Transformation der persönlichen in eine soziale Institution scheitert letztlich. Die Freundschaft „konnte diese Klammerfunktion […] nicht erfüllen“[36], sodass „von den gelehrten, pietistischen, anakreontischen, nationalistischen, freimaurerischen und jakobinischen Freundschaftsbünden der Ära zwischen 1740 und 1795 […] nicht viel übrig [blieb]“[37]. So hat sich die „Hoffnung der Aufklärung, durch tugendempfindsame Freundschaft der Individuen eine Reorganisation der Gesellschaft von innen heraus zu bewerkstelligen, […] als Traum erwiesen“[38].

Auch bei Niklas Luhmann entpuppt die Freundschaft sich als große ‚Verliererin‘ des 18. Jahrhunderts. In *Liebe als Passion* zeichnet er den Wandel von einer stratifikatorischen zu einer funktional differenzierten Gesellschaft nach und untersucht die „Entstehung eines symbolisch generalisierten

30 Meyer-Krentler 1984, S. 20.

31 Ebd., S. 71.

32 Jost Hermand: *Freundschaft. Zur Geschichte einer sozialen Bindung*. Köln: Böhlau 2006, S. 13.

33 Ebd., S. 21.

34 Ebd., S. 2.

35 Klaus-Dieter Eichler: „Die Freundschaft der Politik.“ In: *Dialektik. Zeitschrift für Kultursoziologie* 1 (2006), S. 1-24, hier S. 13.

36 Silvia Bovenschen: „Die Bewegungen der Freundschaft. Versuch einer Annäherung.“ In: Dies.: *Schlimmer machen, schlimmer lachen: Aufsätze und Streitschriften*. Frankfurt a. M.: Verlag der Autoren 1998, S. 34-66, hier S. 52.

37 Hermand 2006, S. 26.

38 Meyer-Krentler 1984, S. 66.

Kommunikationsmediums, dem die spezifische Aufgabe zugewiesen wird, kommunikative Behandlung von Individualität zu ermöglichen, zu pflegen, zu fördern“[39]. Dabei treten die Semantiken der Liebe und Freundschaft in einen Wettbewerb um den Spezialcode für Intimbeziehungen. Zunächst kommt es zu einer temporären Fusion der beiden Konkurrenten: Die Transformation der Ehe von einer strategischen in eine affektive Beziehung erfolgt unter der ‚Zuhilfenahme‘ von Freundschaft, die Ratio und Emotionalität verbindet. Die Freundschaft fungiert bei der Domestizierung der passionierten Liebe als ‚Steigbügelhalterin‘ – mit Erfolg: Die Ehe wird als ein „Exempel des ‚companionship‘“[40] und zeitweilig gar als „höchste Form der Freundschaft“[41] wahrgenommen. Doch löst sich der vermeintliche „Vorteil der besseren zeitlichen und sozialen Generalisierbarkeit“[42] von Freundschaft nicht ein: „Aufs Ganze gesehen hat […] die Liebe und nicht die Freundschaft das Rennen gemacht und letztlich den Code für Intimität bestimmt.“[43] Den Grund hierfür sieht Luhmann primär darin, dass die Freundschaft sich im Gegensatz zur Liebe, die mit der Sexualität ein Alleinstellungsmerkmal für sich beanspruchen kann, „als nicht abgrenzbar, als nicht ausdifferenzierbar“[44] genug erweist.

Bei der Herausbildung einer modernen Subjekt- und Affektsemantik im 18. Jahrhundert kommt der Schrift eine kaum zu überschätzende Rolle zu: „Alle Schlüsselbegriffe der empfindsamen Periode – Tugend, Seelenfülle, Sympathie, Zärtlichkeit, Freundschaft –, die sich im Rahmen der neuen bürgerlichen Sozialität entwickeln, werden vorzugsweise in schriftlichen Verkehrsformen, sei es in gedruckter Literatur, sei es mit den Mitteln von Briefwechsel und schriftlicher Introspektion, symbolisch erprobt.“[45] Die starke Stilisierung der für eine Zirkulation und Publikation gedachten Briefe, das unersättliche Suchen und Sammeln neuer Freundschaften sowie das häufige Ausbleiben eines persönlichen Kennenlernens[46] zeugen jedoch davon, dass die empfindsame Dichterfreundschaft weniger Intimfreundschaft denn „eine

---

39 Luhmann 1992, S. 15.

40 Reckwitz 2020, S. 148.

41 Johannes F. K. Schmidt: „Das Verhältnis von Freundschaft und Liebe im 18. Jahrhundert.“ In: Ders./Martine Guichard/Peter Schuster/ Fritz Trillmich (Hrsg.): *Freundschaft und Verwandtschaft. Zur Unterscheidung und Verflechtung zweier Beziehungssysteme*. Konstanz: UVK 2007, S. 115-143, hier S. 115.

42 Luhmann 1992, S. 147.

43 Ebd., S. 105.

44 Ebd.

45 Koschorke 1999, S. 196.

46 Vgl. Bovenschen 1998: „Bewegungen“, S. 45 ff.; Rasch 1936, S. 190 ff; Koschorke 1999, S. 238 f., sowie die Beiträge in Manger/Pott (Hrsg.) 2006, allen voran die Aufsätze von Bernd Auerochs („‚Ewig, ewig, Ihr Gleim.‘ Zur Freundschaft zwischen Herder und Gleim.“,

von den empirischen Personen weitgehend abgehobene, fiktionalisierte Form"[47] der Freundschaft ist. Die „vielen Superlative, Unüberbietbarkeits- und Unsagbarkeitsfloskeln"[48], die „schrillen Töne, die geborgten Bilder, die übertriebenen Gesten"[49] der Empfindsamkeitsnetzwerker bieten schon ihren Zeitgenossen Anlass für Spott.[50] Doch können sie letztlich als der Versuch betrachtet werden, im Medium der Schrift – und in impliziter Abgrenzung zur verachteten höfischen Sphäre – eine bis dahin ungekannte Intimität, Innerlichkeit und Individualität herzustellen und sich als privates, *empfindsames* Subjekt zu profilieren: „Schriftkultur und Literatur wurden zum Übungsfeld der Selbstverständigung."[51]

Anfang des 20. Jahrhunderts beobachtet Siegfried Kracauer angesichts der fortschreitenden gesellschaftlichen Differenzierung abermals ein erhöhtes Bedürfnis nach Selbstkonsolidierung im freundschaftlichen Beieinandersein: „Während ich überall sonst genötigt bin, mich in tausenden Lebenskreisen zu zersplittern, hier ein Stückchen zu nehmen, dort ein Quentchen zu geben, darf ich mich ihm [dem Freund] so gesammelt und umfänglich nahen, wie ich bin und wie ich mich fühle."[52] Friedrich Tenbruck formuliert im Anschluss an die Identifikation von Konjunkturen der Freundschaft von der Antike über das 18. Jahrhundert bis in seine Gegenwart gar einen „allgemeine[n] Satz über die Beziehungen zwischen Gesellschaft und Freundschaft"[53]: Letztere sei „zu verstehen als die Ergänzung einer inkompletten sozialen Struktur"[54]. Er betrachtet Individualisierung als Voraussetzung für Freundschaft und Freundschaft als Voraussetzung für die Ausbildung von Identität: „[D]er auf sich selbst zurückgeworfene Mensch [findet] in der sozial heterogenen Welt im Freunde nicht ein zweites Ich zu dem Ich [...], das er selbst schon besitzt, sondern überhaupt sein eigenes Ich [...]."[55]

S. 147-159) und Andrea Heinz („Brieffreundschaft und Dichterbündnis bei Wieland.", S. 161-174), die zahlreiche Beispiele anführen.

47 Koschorke 1999, S. 238 f.

48 Heinz 2006, S. 163.

49 Bovenschen 1998: „Bewegungen", S. 48.

50 Vgl. hierzu neben den Aufsätzen von Bovenschen, Auerochs und Heinz auch Hans Dietrich: *Die Freundesliebe in der deutschen Literatur*. Leipzig: Hellbach 1931, S. 29 ff.

51 Reinhard Wittmann: „Gibt es eine Leserevolution am Ende des 18. Jahrhunderts?" In: Roger Chartier/Guglielmo Cavallo (Hrsg.): *Die Welt des Lesens*. Frankfurt a. M.: Campus 1999, S. 419-454, hier S. 425.

52 Kracauer 1990, S. 47.

53 Tenbruck 1964, S. 441.

54 Ebd., S. 453.

55 Ebd., S. 440.

Wie schon bei Wolfdietrich Rasch, Siegfried Kracauer und Friedrich Tenbruck erfüllt die Freundschaft auch bei Michel Foucault eine Kompensationsfunktion. Allerdings lindert sie nicht das Gefühl eines Verloren-, sondern Gefangenseins, indem sie ein Korrektiv zu gesellschaftlichen Kontroll-, Disziplinar- und Repressionsmechanismen darstellt. Die Freundschaft nimmt einen zentralen Stellenwert in Foucaults Konzept der Selbstsorge ein.[56] Im Modus der Selbstsorge (*epimeleia heautou*), die er definiert als „das Nachdenken über Lebensweisen, die Wahl einer Lebensform, die Regulierung des eigenen Verhaltens, die Selbstzuweisung von Zielen und Mitteln“[57], kann das Subjekt anhand spezifischer Praktiken (*askesis*) „seine Identität festlegen, aufrechterhalten oder im Blick auf bestimmte Ziele verändern“[58]. Der Freund ist integrales „Wirkelement […] in der Ausbildung des Individuums zum Subjekt“[59]: „Sie sehen […], daß die Freundschaft ganz und gar der Sorge um sich angehört und daß wir um der Sorge um uns selbst willen der Freunde bedürfen.“[60] Foucault verzichtet dezidiert auf eine formale und inhaltliche Konkretisierung von Freundschaft: „Sobald ein Programm vorliegt, wird es zum Gesetz, d. h. es verbietet andere Entwürfe und Erfindungen. […] Das

56 In seiner Genealogie abendländischer Subjektivierungsformen, die den aktuellen Identitätsdiskurs maßgeblich mitkonstituiert(e), setzt Foucault sich zunächst mit institutionellen und diskursiven Herrschaftstechniken auseinander (vgl. hierzu *Die Geburt der Klinik* (1963), *Archäologie des Wissens* (1969) und *Überwachen und Strafen* (1975)), bevor er in seinem Spätwerk – vor allem im zweiten und dritten Teil der *Geschichte der Sexualität*, den 1984 erschienenen Bänden *Der Gebrauch der Lüste* und *Die Sorge um sich* – eine zweite Achse, nämlich die der Selbstsorge, etabliert.

Im Gegensatz zur Sexualität existieren freilich nur wenige fragmentarische Äußerungen zur Freundschaft. Gleichwohl wird ihr vonseiten der Forschung ein hoher Stellenwert innerhalb des *Gesamt*-Œuvre zugeschrieben: Francisco Ortega (*Michel Foucault. Rekonstruktion der Freundschaft*. München: Fink 1997) resümiert, dass „die Aktualisierungsbemühungen der antiken Stilistik der Existenz in einer Ethik der Freundschaft gipfeln“ (S. 244), die laut Robert M. Erdbeer („Freundschaft.“ In: Clemens Kammler/Rolf Parr/Ulrich Johannes Schneider (Hrsg.): *Foucault Handbuch. Leben – Werk – Wirkung*. Stuttgart: Metzler 2014, S. 252-254) den „projektierten Kristallisationspunkt des Foucault'schen Spätwerks“ darstellt: „Die Freundschaft […] bildet […] eine wesentliche, wenn nicht die zentrale Variante der ‚Technologien des Selbst‘.“ (S. 252)

57 Michel Foucault: „Subjektivität und Wahrheit.“ In: Ders.: *Ästhetik der Existenz. Schriften zur Lebenskunst*. Frankfurt a. M.: Suhrkamp 2007, S. 74-80, hier S. 76.

58 Ebd., S. 74.

59 Michel Foucault: *Hermeneutik des Subjekts*. Frankfurt a. M.: Suhrkamp 2004 [1982], S. 169 f.

60 Ebd., S. 248. Schon in der Antike werde „die Beziehung zu sich selbst stets als etwas betrachtet, worin es eines Lehrers, eines Leiters, auf jeden Fall eines Dritten bedarf“ (ebd., S. 605); die für Selbstpraktiken „tragende Struktur bilden […] gesellschaftlich vorgegebene Beziehungsmuster wie die Freundeskreise“ (ebd., S. 152).

Programm muß leer sein."[61] Es ist ebendiese im Gegensatz zu soziologischen Definitionen und philosophischen Moralismen[62] stehende Offenheit, die den heuristischen Wert des Foucault'schen Konzeptes für die vorliegende Arbeit ausmacht, die Freundschaft ebenfalls als „Suche nach Orten, an denen Subjektivität produziert werden kann"[63], liest. Dabei gewinnt der utopische Gehalt bzw. das imaginative Moment der *askesis*, mithilfe derer wir „uns *vorstellen* und *konstruieren*, was wir sein könnten"[64], für die folgende Analyse *literarischer* Freundschaftspraktiken eine besondere Bedeutung.

61 Foucault 1984, S. 92.
62 Vgl. Kapitel 1.3.2.
63 Ortega 1997, S. 243.
64 Michel Foucault: „Subjekt und Macht." In: Ders. 2007, S. 81-104, hier S. 91.

KAPITEL 3

Freundschaft und Literatur: Konkurrenzen, Interdependenzen, Kongruenzen

Gegenstand dieses Kapitels ist das Verhältnis von Freundschaft und Literatur. Folgende Ausführungen dienen als theoretische Grundlegung, auf die im Laufe der monographischen Analysen zurückgegriffen wird. Zunächst sei – insbesondere unter Rekurs auf Christian Moser[1] (Antike bis Frühe Neuzeit) sowie Albrecht Koschorke[2] (18. Jahrhundert) – schlaglichtartig die Geschichte der Literarisierung von Freundschaft nachgezeichnet. Auf der Folie dieses diachronen Abrisses können die Praktiken der *Distanz, Internalisierung und Projektion*, die sowohl für historische Freundschaftsdiskurse und -rhetoriken als auch für zeitgenössische literarische Freundschaft strukturbildend sind, auf Verschiebungen, Umbrüche und Kontinuitäten untersucht werden: Welche überzeitlichen bzw. spezifisch spätmodernen Funktionen erfüllen sie für die Subjektivierung der (erzählenden) Freunde?

Anschließend widme ich mich den miteinander verschränkten Subjektivierungspraktiken Freundschaft, Lesen und Schreiben unter systematischer Perspektive. Ein besonderes Augenmerk liegt dabei auf der *erkenntnistheoretischen Programmatik*, die sich in den Korpustexten häufig vom enigmatischen Anderen auf das erzählende Ich verschiebt, und der aus dieser Dynamik resultierenden *egologischen Grundierung* der Romane. Für eine Untersuchung der interdependenten (Re-)Konstruktionen von Freund und Selbst können zunächst zwei hermeneutische Paradigmen fruchtbar gemacht werden: Das Bestreben einer posthumen Entschlüsselung des Freundes wird mit der detektivischen Praktik des *Spurenlesens*, die Schreibweise der Erzähler mit der des literarischen *Fallnarrativs* enggeführt. Hieran anknüpfend wende ich mich der Textsorte des (*Freundschafts-*)*Nekrologs* zu, die – wie Kriminalroman und Fallgeschichte – durch eine ausgeprägte literarische Selbstreflexion charakterisiert ist.

Als heuristischer Rahmen für die Analyse des Wechselspiels von Erkenntnis, Macht und Ichkonstitution bietet sich Michel Foucaults Genealogie abendländischer Subjektivierungsformen an. Insbesondere das Spannungsverhältnis

---

1 Christian Moser: *Buchgestützte Subjektivität. Literarische Formen der Selbstsorge und der Selbsthermeneutik von Platon bis Montaigne*. Tübingen: Niemeyer 2006.

2 Koschorke 1999.

© BRILL FINK, 2021 | DOI:10.30965/9783846766774_004

zwischen seinem Konzept einer dezidiert antihermeneutischen Selbstsorge, unter die er auch die Freundschaft und das Schreiben subsumiert, und den auf Bedeutungs- und Wahrheitsgenerierung abzielenden Paradigmen der *Spur* und des *Falls* kann dabei die komplexen Subjektivierungsprozesse im Freundschaftsroman erhellen.

3.1 Vom Freund zur Schrift oder Der imaginierte Freund: Medien der Subjektivierung

„Die Pflicht, über sich selbst zu schreiben, übernimmt die Rolle des Gefährten [...]: Was für den in Gemeinschaft lebenden Asketen die anderen sind, das ist für den allein Lebenden das Tagebuch."[3] Die von Michel Foucault hergestellte Analogie zwischen freundschaftlichem Gespräch und schriftlicher Selbstkonstitution steht im Zentrum einer von Christian Moser entworfenen Genealogie buchgestützter Subjektivität von der klassischen Antike bis in die Renaissance. Ausgangspunkt seiner Untersuchung ist die These, dass Selbsterkenntnis bis weit in die Neuzeit nicht auf unmittelbarem Wege erlangt wird, sondern der Mensch eines Mediums bedarf, mithilfe dessen er sein Ich konstruiert:

> Die Selbstentzifferung des Individuums ist an die Entzifferung von Schriften gekoppelt. [...] Das Lesen findet seine Ergänzung im Schreiben, ja das Schreiben ist notwendiger Bestandteil eines Lektürevorgangs, der mehr sein will als ein kognitiver Akt. Schreibend macht sich der Leser das Gelesene ganz zu eigen; schreibend festigt er die Überzeugungen, die er durch Lektüre gewonnen hat; schreibend legt er davon Zeugnis ab, daß er sich mit den aufgenommenen Wahrheiten identifiziert und sie als identitätsstiftende Elemente verinnerlicht hat. Zwischen der Lektüretätigkeit und dem autobiographischen Schreiben besteht mithin eine enge Beziehung. [...] Auf der einen Seite steht das Lesen nicht nur im Zeichen der Selbsterkenntnis, sondern auch der Selbstformung. Auf der anderen Seite beschränkt sich die Aufgabe des Schreibens nicht auf die bloße Darstellung des Selbst, sondern erfüllt eine ethopoetische Funktion – es dient der Umgestaltung und der Disziplinierung des schreibenden Subjekts.[4]

Das den Subjektivierungspraktiken des Lesens und Schreibens vorgelagerte bzw. in diesen aufgehende Erkenntnismedium ist der Freund. Dieser wird über eine Internalisierung und Monologisierung des dialektischen Gesprächs sukzessive von der Schrift substituiert. Die von Christian Moser detailliert

3 Michel Foucault: „Über sich selbst schreiben." In: Ders. 2007, S. 137-154, hier S. 138.

4 Moser 2006, S. 9.

dargelegte Verschiebung vom Freund auf die Schrift als primärem Medium der Selbstkonstitution sei im Folgenden knapp skizziert.

Im platonischen *Alkibiades*-Dialog und der aristotelischen *Nikomachischen Ethik* wird der Freund als Spiegel des Ich metaphorisiert. Während er bei Platon das ideelle, künftige Selbst personifiziert, ist er bei Aristoteles mehr Korrektiv denn Vorbild. Die Spiegelmetapher wird bei ihm dahingehend invertiert, dass der Freund nicht Abstraktes nahbar macht, sondern das Vertraute verfremdet: Mithilfe des Freundes vermag das Ich, eine Distanz gegenüber sich selbst einzunehmen, wodurch Freundschaft zum „Schwellenbereich zwischen Innerlichkeit und Exteriorität, zwischen Selbigkeit und Alterität"[5] wird. Um diese Funktion erfüllen zu können, muss der Andere bei Aristoteles (noch) permanente physische Präsenz zeigen. Nähe als Prämisse wahrer Freundschaft wird von Plutarch ins Gegenteil verkehrt: Hier versieht das Alter Ego die Arbeit am Ich abermals mit einem objektivierenden Moment und ermöglicht so Selbsterkenntnis; zur benötigten Unvoreingenommenheit befähigen ihn allerdings erst räumliche Distanz und charakterliche Alterität. Bei nurmehr sporadischen Begegnungen „[fungiert] der Freund [...] nicht als Spiegel des Selbst, sondern als Anstoß zur Selbstbespiegelung"[6]. Die sich bei Plutarch andeutenden Dynamiken der Distanzierung und Verinnerlichung werden in Senecas *Epistulae morales* über den Schritt vom Hören zum Lesen bzw. vom Sprechen zum Schreiben fortgeführt. Wie schon bei Plutarch ist der abwesende Freund der ‚bessere' Freund, der nun gänzlich internalisiert wird:

> Den *Epistulae morales* liegt zwar ein Brief*wechsel* zugrunde, die Antwortbriefe des Lucilius haben aber keinen Eingang in die publizierte Sammlung gefunden. [...] Das Gespräch, das Seneca mit Lucilius führt, ist also eigentlich ein Selbstgespräch. Der Freund, mit dem er sich in seinen Briefen unterhält, ist eine fiktive Figur, eine imaginäre Projektion. [...] Wenn Seneca in seinen Episteln mit Lucilius spricht [...], spricht er tatsächlich in erster Linie mit sich selbst.[7]

Die vollständige Emanzipation des Selbstgesprächs erfolgt in Marc Aurels *Selbstbetrachtungen*, dem frühesten Zeugnis einer auf Ichexploration abzielenden Autobiographie: In dieser bedarf es keines (imaginierten) Gegenübers mehr: „Die Schrift ersetzt den anderen."[8] Die Absenz des vormals als Impulsgeber und Mittler benötigten Freundes wird gar dahingehend verabsolutiert, dass Aurel seine (zum Zeitpunkt der Aufzeichnung vermutlich

5 Ebd., S. 185.
6 Ebd., S. 276.
7 Ebd., S. 296 f.
8 Ebd., S. 307.

noch lebenden) Wegbegleiter für tot erklärt; ein rhetorischer Kniff, mithilfe dessen Aurel sich zum autonomen Konstrukteur seines Selbst erhebt.

In Augustinus' Schriften vollzieht sich die in der hellenistischen und spätantiken Philosophie erfolgende Substitution des Freundes durch die Schrift in kondensierter Form: In *De ordine* weicht der Dialog dem Selbstgespräch, das zum „Erkenntnismittel par excellence"[9] stilisiert wird; in den *Soliloquia* spaltet Augustinus sein Ich in Alter (Fragender) und Ego (Forschender) auf. Die Distanz, die bei Plutarch und Seneca über räumliche Ferne und ein lediglich sporadisches Sehen bzw. Briefeschreiben Einzug hält und Mehrwert oder gar Prämisse von Freundschaft ist, erfährt bei Francesco Petrarca – dem letzten von Moser ausführlich untersuchten Denker – eine Hypertrophierung. Die unter dem Titel *Rerum familiarum libri* publizierten Bücher beinhalten eine Sammlung von Briefen an kanonische antike Philosophen, die Petrarca mit vertraut-freundschaftlichem Impetus adressiert und so im Medium der Schrift ‚wiederauferstehen' lässt:

> Laut Petrarca verstellt die unmittelbare Nähe des anderen den Blick auf das Wesentliche. Sie beeinträchtigt das Urteilsvermögen, sie lenkt die Aufmerksamkeit auf Beiläufiges und Zufälliges. Der Abstand, den der Briefeschreiber von seinem Adressaten trennt, ist folglich weniger ein Hindernis, das es zu überwinden gilt, als die Voraussetzung dafür, eine reinere, intensivere, von Störfaktoren befreite Präsenz herzustellen. Petrarca gibt der epistolaren Kommunikation gegenüber der persönlichen, direkten Interaktion den Vorzug [...]. Paradoxerweise distanziert er den anderen, [...] um sich ihm auf dem Wege der imaginativen Wiederbelebung um so stärker annähern zu können.[10]

Im 18. Jahrhundert wird der (zwischenzeitlich von der Schrift als alleinigem Gegenüber verdrängte) Freund in die Lektüre- und Schreibpraxis reintegriert. So zelebrieren die Mitglieder des Halberstädtischen Dichterkreises um Johann Wilhelm Ludwig Gleim in exaltierten Briefen die intime Seelenfreundschaft; ein persönliches Kennenlernen bleibt jedoch entweder ganz aus[11] oder entpuppt sich oftmals als desillusionierend.[12] Das moderne Subjekt bildet sich also nicht in der *realen*, sondern in der *literarischen* Kommunikation aus: „Literatur wird im 18. Jahrhundert [...] zu einem Medium zwischenmenschlicher Penetration aufgebaut, das [...] Subjektivität freisetzt."[13] Voraussetzung

9 Ebd., S. 346.

10 Ebd., S. 645.

11 Rasch 1936, S. 99.

12 Koschorke 1999, S. 238.

13 Georg Jäger: „Freundschaft, Liebe und Literatur von der Empfindsamkeit bis zur Romantik: Produktion, Kommunikation und Vergesellschaftung von Individualität durch

für die im Medium der Schrift betriebene Entdeckung des Ich[14] bleibt die Abwesenheit des Freundes:

> Die brieflichen Verschmelzungswünsche sind möglich, weil sie grundsätzlich an die durch das Medium gewährleistete Grenze zwischen den Kommunikanten nicht rühren. [...] Die positive und systemkonforme Funktion der Vergegenwärtigungsphantasien, die an den Schriftverkehr geknüpft sind, besteht weniger darin, kommunikative Abwesenheit zu vermindern, als darin, sie semantisch zu stabilisieren. [...] Distanz [...] läßt sich als glückhafte Anspannung der Empfindungskräfte und insofern als *identitätssteigernd* erfahren. Sie führt zu einem erhöhten Pegel an imaginativer und semantischer Aktivität. [...] Der abwesende Freund läßt sich mit solchen zeichenhaften Vergegenwärtigungen umspielen; ist er da, so sabotiert er gewissermaßen das der Zeichenrelation innewohnende Glück.[15]

Auch bei der Entstehung einer neuen bürgerlichen Liebessemantik, im Zuge derer im 18. Jahrhundert die Integration romantischer Gefühle in die Ehe erfolgt,[16] kommt der Schrift als Medium der Affektmodellierung und -regulierung eine eminente Rolle zu.[17] Die Synthetisierung der Antipoden Begehren und Vernunft stellt das (literarische) Individuum vor die Herausforderung,

---

‚kommunikative Muster ästhetisch vermittelter Identifikation'." In: *SPIEL* 9 (1990), H. 1, S. 69-87, hier S. 70 f.

14 Vgl. zur konstitutiven Funktion von Freundschaft für die Herausbildung eines neuen bürgerlichen Subjektverständnisses im 18. Jahrhundert auch Reckwitz 2020, S. 147 ff., sowie zur Rolle von Literatur Oliver Jahraus: *Literatur als Medium. Sinnkonstitution und Subjekterfahrung zwischen Bewußtsein und Kommunikation*. Weilerswist: Velbrück 2003, insbes. S. 521 ff.

15 Ebd., S. 238 ff.

16 Vgl. hierzu Luhmann 1992.

17 Ulrike Vedder analysiert das Phänomen in ihrer Studie *Geschickte Liebe* aus einer medienhistorischen und medientechnischen Perspektive: Ebenfalls ausgehend von der Prämisse, dass „Literatur im 18. Jahrhundert [...] ein wichtiger Vermittler der Verinnerlichung und Verabsolutierung der Liebe" (S. 10) und „jede Liebe auch literarisch präformiert und konstituiert" (S. 2) sei, untersucht sie postalische und elektronische Liebeskorrespondenzen in der Literatur des späten 18. und späten 20. Jahrhunderts. Hier steht nicht die in einen *pseudo*dialogischen Rahmen eingebettete Subjektivierung im Zentrum, sondern das *tatsächliche*, „im wörtlichen Sinne des *dis-cursus*, des Hin-und-Her-Laufens" (S. 1) verstandene schriftliche Gespräch: Adressierung und Übermittlung, Verlust und Zensur und mithin die *Zustellung* der Briefe und E-Mails sowie die Frage nach deren Authentizität und damit nach Rhetoriken der *Verstellung* bilden die beiden Achsen der Untersuchung, die unter das Phänomen der Fiktion nicht – wie Moser, Jäger und Koschorke – das Internalisieren bzw. Imaginieren des Gegenübers subsumiert, sondern den Wahrheitsgehalt bzw. die Echtheit des Geschriebenen. Vgl. Ulrike Vedder: *Geschickte Liebe. Zur Mediengeschichte des Liebesdiskurses im Brieffroman ‚Les Liaisons dangereuses' und in der Gegenwartsliteratur*. Köln: Böhlau 2002.

sein ursprünglich auf ein abwesendes oder unerreichbares Objekt gerichtetes schwärmerisches Verlangen auf den Ehepartner umzulenken – ein Transfer, der sich nach Albrecht Koschorke ebenso wie die Etablierung der Intimfreundschaft über die Distanz und im Medium der Schrift vollzieht. Auch hier findet das Individuum nicht in der realen Zweisamkeit Erfüllung, sondern im Modus der Imagination, zwischen den Polen von Erinnerung und Sehnsucht, in der Retrospektion oder Antizipation glückseligen Beisammenseins:

> Das Differenzwesen des Begehrens bringt eine Anachronie ins Spiel, die mit dem Verzugscharakter der Schrift deckungsgleich gemacht werden kann, sich auf dem Weg schreibender Expression gleichsam von ihm einfangen läßt. Das Glück findet nicht in der Realzeit statt, sondern in seinen schriftstellerischen Präformationen und Rekonstruktionen. Das Schreiben schafft den Mindestabstand, der notwendig ist, um Glück als Glück zu genießen. […] Präsenz/Liebe, so aufgefaßt, ist keine Seinsweise des Realen – oder dessen, was innerhalb einer Fiktion als reales Dasein erscheint –, sondern eine Seinsweise des Imaginären. Ihr Existenzgrund liegt im Virtuellen, nicht Aktualen. Sie kommt zustande, wenn das Zeichengeschehen ein supponiertes referentielles Geschehen in sich aufsaugt und *überblendet*.[18]

Zusammenfassend lässt sich Folgendes festhalten: Wirklich *präsent* bzw. *real* ist der Freund zuletzt bei Aristoteles. Ob in die räumliche Ferne katapultiert oder für tot erklärt: Die Absenz des Anderen ist von Plutarch und Seneca über Marc Aurel, Augustinus und Petrarca bis hin zum Gleim'schen Kreis konstitutiv für den literarischen Freundschafts- und Subjektivierungsdiskurs.[19] Das Moment der Distanz stellt das Scharnier zwischen der Selbstpraktik der Freundschaft und der Selbstpraktik des Schreibens dar. Diese – das ist die zweite Quintessenz meiner Synthese – verweisen aufeinander bzw. bedingen sich gegenseitig: Freundschaft ist literarisch konditioniert und imaginativ aufgeladen; sie existiert lediglich in Brief- oder Tagebuchform und mithin als „mediales Ereignis“[20], dem stets ein „Überschuß an Fiktion“[21] innewohnt. Umgekehrt läuft ein epistemologisches Schreiben ohne die Instanz eines

18 Koschorke 1999, S. 256 ff.

19 Dies verkennt Rudolf Helmstetter, wenn er konstatiert, dass die „mehr oder weniger manifeste Vorliebe für die Abwesenheit und ihre Modulierung und Kultivierung durch die Vorstellung […] innerhalb der Freundschaftssemantik oder des Nachdenkens über die Freundschaft nicht Schule gemacht“ habe („Das Buch als Freund. Die Imagination von Freundschaft beim Lesen und Schreiben.“ In: Binczek/Stanitzek (Hrsg.) 2010, S. 55-92, hier S. 61).

20 Jäger 1990, S. 77.

21 Ebd., S. 73.

internalisierten Gegenübers und Korrektivs Gefahr, ins Leere zu laufen: Ohne Schreiben keine Freundschaft, ohne Freundschaft kein Schreiben.

3.2 Der gelesene Freund: Spurensuchen

Vom persönlichen Gespräch über den brieflichen Austausch zum Monolog: Auf diesen Dreischritt lässt sich die von Christian Moser entworfene Geschichte buchgestützter Subjektivität herunterbrechen, im Zuge derer die Schrift den Freund als Medium der Selbsterkenntnis ersetzt. Die wichtigsten Dynamiken jener Entwicklung sind eine durch die Alterität und Distanz des Freundes ermöglichte Objektivierung der eigenen Identitätsarbeit, die sukzessive Internalisierung des Anderen und das Schreiben als Strategie der imaginären Vergegenwärtigung. Diese Dynamiken wirken in den zeitgenössischen Texten über die diametrale Figurenanlage, den Tod des Alter Ego und die ausgeprägten extradiegetischen ‚Schreib-Szenen'[22] fort.

Indessen erweitert der Freundschaftsroman des 20. und 21. Jahrhunderts den oben skizzierten Dreischritt um ein (spät)modernes Paradigma, insofern in ihm nicht (mehr) der Text als Freund,[23] sondern der Freund als Text firmiert: Ein Schriftsteller[24] oder Wissenschaftler[25] widmet sich mit dem Ziel der Bedeutungs-, Sinn- und Erkenntnisgenerierung der ‚Lektüre' seines Alter Ego – eine metaphorische Lektüre freilich, da die meisten der Erzähler bei ihrer Freundesexegese auf keinen (aussagekräftigen) schriftlichen Nachlass zurückgreifen können. Doch lassen sich das Durchkämmen der Räumlichkeiten des Freundes, das Aufsuchen von dessen Lebensstationen und Wegbegleitern und

22 Stingelin 2004.

23 Vgl. für eine Untersuchung der Denk- und Redefigur vom ‚Buch als Freund' aus medien- und sozialtheoretischer Perspektive den Aufsatz von Helmstetter (2010), der Texte von Montaigne über Gracian bis Knigge daraufhin befragt, „[w]as es heißt, mit Büchern Freundschaft zu schließen [bzw.] mit der antizipierenden Fiktion von Lesern als Freunden Bücher zu schreiben" (S. 91).

24 In Christa Wolfs *Nachdenken über Christa T.*, Thomas Bernhards *Wittgensteins Neffe* und *Der Untergeher*, Paul Austers *Leviathan*, Saul Bellows *Ravelstein*, Bodo Kirchhoffs *Eros und Asche*, Uwe Timms *Der Freund und der Fremde*, Zsuzsa Bánks' *Schlafen werden wir später*, Elena Ferrantes *Neapolitanischer Saga* und Sigrid Nunez' *The Friend*. Die Erzähler in Sten Nadolnys *Selim oder die Gabe der Rede* und Uwe Timms *Rot* verdienen ihren Lebensunterhalt nicht mit dem Schreiben, sondern Erzählen von Geschichten.

25 Die Erzähler in Walter Jens' *Der Mann, der nicht alt werden wollte*, Connie Palmens *Die Freundschaft*, Marion Poschmanns *Die Kieferninseln*, Lene Albrechts *Wir, im Fenster* und Nina Bußmanns *Der Mantel der Erde ist heiß und teilweise geschmolzen* sind promovierte Wissenschaftler und damit ebenfalls Experten für Textproduktion.

die Befragung des eigenen Gedächtnisses[26] durchaus mit hermeneutischen Interpretationsprozessen analogisieren: Dem Lesen der Freundesspuren korrespondiert das Spurenlesen als Methodologie einer Disziplin, der das Gros der erzählenden Freunde angehört. Wie ein literarischer Text ist auch das Leben des enigmatischen Alter Ego durch zahlreiche Unbestimmtheitsstellen (Roman Ingarden) bzw. Leerstellen (Wolfgang Iser) gekennzeichnet,[27] wie Literatur eignet den Freunden insofern ein subversiv-transformierendes Potenzial,[28] als sie ebenfalls alternative Existenzmodi aufzeigen und Selbstreflexion auslösen, und wie ein literarischer Text sind sie (auch) das Produkt der Zuschreibungen und Projektionen ihrer Interpreten: „Etwas *ist* nicht Spur, sondern wird als Spur gelesen. […] Spur ist nur das, was als Spur betrachtet und verfolgt wird."[29]

Im Motiv der Spur erfährt die von Moser systematisierte Interdependenz von Lektüre- und Schreibpraktiken eine Verdichtung und Aktualisierung. Denn zum ‚Sprechen' gebracht bzw. semantisiert wird die Spur erst, indem sie in eine narrative Form gegossen wird. So „verfolgt das Spurenlesen […] ein letztes systemorientiertes Ziel: die Benennung, Erzählung und schließlich die *Verwandlung von Spuren in Schrift*. […] Letztlich zeigt sich, dass das Spurenlesen in einer spezifischen Weise Lesen und Schreiben unauflösbar miteinander verknüpft."[30] Analog zum ‚klassischen' Detektivroman wird im Freundschaftsroman, dessen extradiegetische Ebene durch eine ausgeprägte Metaisierung gekennzeichnet ist, „im Zusammenhang mit Spur und Spurenlesen immer

26 Vgl. für den Nexus von Spur und Gedächtnis z. B. Bronislaw Gomulicki: *The Development and Present Status of the Trace Theory of Memory*. Cambridge: Cambridge UP 1953; Hans-Jürgen Gawoll: „Spur: Gedächtnis und Andersheit, Teil I: Geschichte des Aufbewahrens." In: *Archiv für Begriffsgeschichte* 30 (1986/87), S. 44-69.

27 Vgl. zusammenfassend Terry Eagleton: *Einführung in die Literaturtheorie*. Stuttgart: Metzler 1997, S. 40 ff.

28 Vgl. Ulrike Koch: „Erzählung als Eigenwert von Literatur. Oder über den Zusammenhang von Lesen und Identität." In: Andrea Bartl/Marta Famula (Hrsg.): *Vom Eigenwert der Literatur. Reflexionen zu Funktion und Relevanz literarischer Texte*. Würzburg: Königshausen & Neumann 2017, S. 279-296; Susanne Hartwig: „Was (nicht) nicht ist: die Möglichkeitswelten der Literatur." In: *Zeitschrift für Literaturwissenschaft und Linguistik* 38 (2008), H. 2, S. 79-93; Martin Sexl: „Was ist Literatur und warum brauchen wir sie?" In: *Neohelicon* 32 (1996), H. 2, S. 179-201.

29 Sybille Krämer: „Was also ist eine Spur? Und worin besteht ihre epistemologische Rolle? Eine Bestandsaufnahme." In: Sybille Krämer/Werner Kogge/Gernot Grube (Hrsg.): *Spur. Spurenlesen als Orientierungstechnik und Wissenskunst*. Frankfurt a. M.: Suhrkamp 2007, S. 11-33, hier S. 16 f.

30 Nora Hannah Kessler: *Dem Spurenlesen auf der Spur. Theorie, Interpretation, Motiv*. Würzburg: Königshausen & Neumann 2012, hier S. 105 ff.

zugleich auch *Lesen* und *Schreiben* [...] bzw. das *Gelesen-Werden* resp. *Geschrieben-Werden* von Literatur auf selbstreflexive Weise mitthematisiert“[31].

Von der Lektüre und Verschriftlichung der Freundesspuren versprechen die Erzähler sich einen gleich doppelten Erkenntnisgewinn: Die (vordergründige) Programmatik, Aufschluss über den rätselhaften Freund erlangen zu wollen, wird im Laufe der Narration mehr und mehr von der eigenen krisenhaften Subjektivierung überlagert und vereinnahmt. Es handelt sich also um eine Lektüre,

> die dem geschriebenen Text keinerlei Autonomie zubilligt; die darauf hinarbeitet, ihn auf besonders nachhaltige Weise zu appropriieren [...], die den Text in seiner Integrität nicht bestehen läßt, sondern ihn auf bestimmte Weise zurichtet und manipuliert. Die meditative Lektüre ist selbst eine Art von Schreiben, eine Art von Komposition: Der gelesene Text wird in fragmentarische Bedeutungseinheiten zerlegt, um ihn im Selbst des Lesers und als dieses Selbst wieder neu zusammensetzen zu können.[32]

Allerdings: Die meisten Sonderlinge widersetzen sich dem Aneignungsbestreben der sie lesenden Freunde. So verweist das Spurenparadigma – wie bei Emmanuel Lévinas[33] – auf die Grenzen einer intersubjektiven Durchdringung und Interpretierbarkeit und wird zum Antagonisten einer hermeneutischen Vereinnahmung. Die Spuren des Freundes sind eben kein „Instrument, um Abwesendes in Anwesendes, Unverfügbares in Verfügbares, Unkenntnis in Wissen zu transformieren“[34]. Vielmehr sind sie

> Kristallisationspunkt der Unmöglichkeit von positivem Wissen [...]: Wo etwas nur (noch) als Spur sich zeigt, sind wir konfrontiert mit einer uneinholbaren Ferne, einer unüberwindbaren Absenz, einer konstitutiven Unzulänglichkeit oder einem unwiederbringlichen Vergangensein. [...] Die Spur wird hierbei zur Chiffre nicht für die Möglichkeit, sondern für die *Unmöglichkeit von sicherem Wissen und definiter Erkenntnis*, sie gilt als Inkarnation dessen, was für uns unerreichbar ist – und bleibt.[35]

Die Korpustexte literarisieren Maurice Blanchots Freundschaftsprogrammatik, die sich wie die Fortschreibung bzw. Zuspitzung von Lévinas' Spurentheorie

---

31 Ebd., S. 209.

32 Moser 2006, S. 70. Moser bezieht sich hier auf das Lesen philosophischer Schriften als Teil der antiken Selbstpraktik.

33 Emmanuel Lévinas: *Die Spur des Anderen. Untersuchungen zur Phänomenologie und Sozialphilosophie*. München: Alber 1992, S. 211.

34 Sybille Krämer: „Immanenz und Transzendenz der Spur: Über das epistemologische Doppelleben der Spur.“ In: Krämer/Kogge/Grube 2007, S. 155-181, hier S. 156.

35 Ebd., S. 156 f.

liest. So sei der Freund gerade kein zweites Ich, sondern – wie schon bei Plutarch und Seneca – durch seine Differenz und Distanz charakterisiert: „Wir müssen darauf verzichten, diejenigen zu kennen, mit denen uns etwas Wesentliches verbindet; ich meine damit, wir müssen sie in der Beziehung zum Unbekannten willkommen heißen, in der auch sie uns in unserer Entferntheit willkommen heißen. Die Freundschaft [...] geht über die Anerkennung der gemeinsamen Fremdheit."[36] Das Paradigma des Spurenlesens kann, so sei abschließend festgehalten, für die Analyse der „*Verknüpfung* von rezeptiven *und* produktiven, von Sinn rekonstruierenden *und* Sinn produzierenden Prozessen"[37] im Freundschaftsroman fruchtbar gemacht werden: Weshalb vermag die zwischen Aneignung und Fremdheit changierende Exegese der Erzähler die Freundesspuren nicht oder nur teilweise zum ‚Sprechen' zu bringen? Und inwiefern bedingen die (scheiternde) Entzifferung des *Rätsels* Freund und die Selbstentzifferung des lesenden und schreibenden Ich einander?

3.3 Der geschriebene Freund: (Un-)Möglichkeiten einer Semantik und Poetologie des Freundschaftsnekrologs

Nachdem anhand des Spurenparadigmas die Lektürepraktik der erzählenden Freunde beleuchtet wurde, liegt das Augenmerk nun auf dem Akt der Verschriftlichung. Der Nexus von Freundschaft und Schreiben ist das Sujet zahlreicher philosophischer Abhandlungen. Unter Bezugnahme auf Freundespaare der antiken Mythologie wurde vielfach auf die Literatur als den einzigen Ort verwiesen, an dem ‚wahrhaftige' Freundschaft überhaupt möglich sei.[38] So resümiert beispielsweise Immanuel Kant: „Freundschaft in ihrer Reinigkeit oder Vollständigkeit [...] ist das Steckenpferd der Romanschreiber."[39] Dieser Erhöhung literarischer Freundschaft steht die angebliche Unmöglichkeit einer Versprachlichung von Freundschaft entgegen: Sie „entzieht sich der Rede"[40], „[i]m Moment der Beschwörung droht sie sich zu verflüchtigen"[41], und „[j]e

36 Maurice Blanchot: *Die Freundschaft*. Berlin: Matthes & Seitz 2011 [1971], S. 372.

37 Kessler 2012, S. 107.

38 Vgl. z. B. Cicero 2015, S. 15; Augustinus 1994, S. 95 f; Alfons Fürst: *Streit unter Freunden. Ideal und Realität in der Freundschaftslehre der Antike*. Stuttgart: Teubner 1996, S. 12; Werner Suerbaum: „Cicero (und Epikur) über die Freundschaft und ihre Probleme." In: Luigi Cotteri (Hrsg.): *Der Begriff Freundschaft in der Geschichte der europäischen Kultur*. Meran: Hauger 1996, S. 136-167, hier S. 138.

39 Immanuel Kant: *Die Metaphysik der Sitten*. Stuttgart: Reclam 1990 [1797], S. 364.

40 Maria Moog-Grünewald: „Die Gegenwärtigkeit der Freundschaft." In: Münchberg/ Reidenbach (Hrsg.) 2012, S. 137-151, hier S. 138.

41 Bovenschen 1998: „Tanz", S. 19.

näher man sich heranschreibt, heranredet, desto weiter weg rückt es, desto unschärfer wird es [das Phänomen Freundschaft]"[42]. Für Cathrin Kersten ist Freundschaft „inkommunikabel"[43] und verfügt aufgrund ihrer Offenheit im Gegensatz zur Liebe über „keinen eigenen Code"[44], und auch Silvia Bovenschen verneint die Existenz einer genuinen Freundschaftssemantik.[45] Der zeitgenössische Freundschaftsroman zeugt, wie wir sehen werden, vom Gegenteil.

Der literarischen Verhandlung von Freundschaft geht meist der Tod eines Freundes voraus. Entsprechend sieht der Schreibende sich mit einer gleich doppelten Schwierigkeit konfrontiert: der Versprachlichung von Freundschaft und der Versprachlichung des Todes.[46] Eva Horn hat in ihrer Dissertation gezeigt, dass das Schreiben über den Tod eines geliebten Anderen in der Literatur des 18. Jahrhunderts stets von einer Problematisierung des Schreibaktes selbst flankiert ist:

> Die unterschiedlichen Strategien und Vollzüge der Trauer als Text entfalten sich so stets als eine eingehende Selbstreflexion der Literatur auf die Bedingungen und Regeln ihrer Konstitution. [...] Das Ausschließungsverhältnis von Sprache und Tod generiert eine Negativität, vor der sich jede Rede der Trauer als ein Sprechen ‚trotzdem' situiert, eine Rede, die die Reflexion auf ihre Unmöglichkeit in die Möglichkeit ihrer Selbstreflexion ummünzen muss.[47]

Hierbei handelt es sich keineswegs um ein Phänomen der Goethezeit. Auch im französischen Poststrukturalismus ist der Nachruf auf den Freund von Reflexionen über die diskursiven, rhetorischen und ethischen Bedingungen trauernden Schreibens gerahmt. So stünden Loyalität und Diskretion gegenüber dem Toten einer posthumen Verschriftlichung desselben entgegen, wie sowohl Jacques Derrida als auch Maurice Blanchot ausführen:

> Aber was ich für unmöglich, unschicklich und unentschuldbar hielt und was ich mir seit langem mehr oder weniger geheim und entschlossen versprochen habe,

---

42 Rüther 2013, S. 63.

43 Catrin Kersten: *Freundschaft und Beratung. Studien zu ihrer historischen Semantik und literarischen Darstellung*. Berlin: Kadmos 2013, S. 70.

44 Ebd., S. 72.

45 Bovenschen 1998: „Tanz", S. 21.

46 Vgl. z. B. Thomas H. Macho: *Todesmetaphern. Zur Logik der Grenzerfahrung*. Frankfurt a. M.: Suhrkamp 1987, S. 185 ff. Petra Gehring (*Theorien des Todes zur Einführung*. Hamburg: Junius 2010) fragt, ob mit dem Tod „nicht überhaupt die Grenze des Sagbaren erreicht" sei (S. 10), und Eva Horn (*Trauer schreiben. Die Toten im Text der Goethezeit*. München: Fink 1998, S. 5) spricht gar von einem „Ausschließungsverhältnis von Sprache und Tod".

47 Ebd., S. 211.

> niemals zu machen (um der Strenge willen, aus Treue, wenn man so will, und weil es dieses Mal *zu* ernst ist), ist *beim Tode* zu schreiben, […] *anläßlich des Todes*, in Sammlungen zur Ehrung und Würdigung, in Schriften ‚zum Gedächtnis' derjenigen, die zu ihren Lebzeiten meine Freunde waren und die mir viel zu gegenwärtig sind, als daß irgendeine ‚Erklärung' oder gar Analyse oder ‚Studie' mir in diesem Moment nicht an und für sich unerträglich erschiene.[48]

> Über diesen Freund zu sprechen, wie sich darein fügen? Weder zum Lobgesang, noch zum Zwecke irgendeiner Wahrheit: Seine Charakterzüge, die Art und Weise seines Daseins, die Begebnisse seines Lebens […] gehören niemandem. […] Man möchte ‚alles' veröffentlichen, man möchte ‚alles' sagen; als gäbe es nur noch eine drängende Not: Alles zu sagen. […] Ich weiß auch, dass Georges Bataille in seinen Büchern von sich selbst mit einer zwanglosen Freiheit zu sprechen scheint, die uns von jeder Zurückhaltung befreien sollte – aber sie gibt uns nicht das Recht, uns an seine Stelle zu setzen, noch die Macht, das Wort in seiner Abwesenheit zu ergreifen.[49]

Eingebettet sind diese Plädoyers gegen eine ‚Verwertung' des Freundes als literarisches Sujet paradoxerweise in einen Freundesnekrolog. Hiervon verfasste Derrida über ein Dutzend;[50] in kaum einem wird die Gefahr der Indiskretion sowie der Vereinnahmung und Instrumentalisierung des Anderen nicht problematisiert.[51] Dezidiert verweist Derrida auf die Egologik eines jeden Schreibens über den (toten) Freund: „Will man mit sich selbst ins Reine kommen, seine Pflicht erfüllen oder will man abrechnen, mit dem Anderen, mit den Anderen außerhalb und in sich?"[52] Wiederkehrende Topoi sind zudem die Sprachlosigkeit und die Gefahr einer entliehenen, stereotypen Rhetorik.[53] Von dieser Gefahr sei „der Diskurs der Trauer […] durch die Allgemeinheit

48 Ebd.

49 Blanchot 2011, S. 369 ff.

50 Jacques Derrida: *Jedes Mal einzigartig, das Ende der Welt.* Wien: Passagen 2007. Der Band versammelt Nachrufe u. a. auf Roland Barthes, Paul de Man, Michel Foucault, Louis Althusser, Gilles Deleuze, Emmanuel Lévinas, Jean-François Lyotard und Maurice Blanchot.

51 Vgl. z. B. den Nachruf auf Jean-François Lyotard in Derrida 2007: „Lyotard und wir.", S. 263-293, hier S. 274: „Was ich aber auch vermeiden wollte, war die Hommage in Form eines persönlichen Bekenntnisses, das immer ein wenig zur Vereinnahmung tendiert und immer Gefahr läuft, da auf indezente Weise ‚wir' oder, schlimmer noch, ‚ich' zu sagen, wo der erste Wunsch darin bestünde, Jean-Francois selbst das Wort zu überlassen, ihn zu lesen und ihn zu zitieren, ihn allein, und sich selbst zurückhalten […]."

52 Vgl. den Nachruf auf Roland Barthes in Derrida 2007: „Die Tode von Roland Barthes.", S. 59-99, hier S. 78.

53 Vgl. den Nachruf auf Paul de Man in Derrida 2007: *„In memoriam*: über die Seele.", S. 103-107, hier S. 103: „Wir wissen, wie schwer es ist, in einem solchen Moment zu sprechen, wenn ein angemessenes, dezentes Wort sich untersagen müßte, irgendeiner Gewohnheit oder all den unerträglichen oder leer erscheinenden Konventionen nachzugeben."

des Genres stärker bedroht als andere, obwohl gerade er es am wenigsten sein sollte, und das Schweigen wäre hier die einzige strikte Antwort auf eine solche Unausweichlichkeit"[54] – ein Diktum, dem weder Derrida noch die Erzähler des Freundschaftsromans, in dem das Sprechen über den toten Freund ebenfalls zum Anlass literarischer Selbstreflexion avanciert, Folge leisten.

3.4 Der Freundschaftsroman als Fallnarrativ

Ob Geschwätzigkeit, Aneignung oder Floskelhaftigkeit: Den zahlreichen Paradoxien und Fallstricken, die das Sprechen über den toten Freund birgt, versuchen Derrida und Blanchot über die mitunter schon manierierte Transparentmachung ihres Schreibaktes zu entkommen – manieriert deshalb, weil der immer wieder bemühte Topos der Unziemlichkeit bzw. Unmöglichkeit letztlich Gefahr läuft, selbst zur Plattitüde zu verkommen. Welcher Strategien bedienen sich die Erzähler des zeitgenössischen Freundschaftsromans, um das angeblich Unsagbare zu verschriftlichen? Lassen sich für die narrative und imaginäre Konstruktion des toten Anderen, des Wir und des Ich spezifische *Schreibweisen* identifizieren?

Ich lese Freundschaftsgeschichten im Folgenden als *Fallgeschichten*. Diese Subsumption unter ein seit dem 18. Jahrhundert als „zentrales Medium für die Herausbildung des modernen Subjektbegriffs"[55] firmierendes Genre basiert nicht auf

> eine[r] gattungstheoretische[n] Bestimmung, generelle[n] Struktur oder ‚Narratologie der Fallgeschichte' [...]. An ihre Stelle tritt hier ein funktionsgeschichtlicher Blick auf die Fallgeschichte als *Schreibweise*. [...] Die Frage ist [...] nicht, was der Fall *ist*, sondern was zum Fall *gemacht* – d. h. als Fall beobachtet, konstituiert, konstruiert (und das heißt stets auch: geschrieben) – wird, und wie dieses Zum-Fall-Werden durch die Schreibweise der jeweiligen Texte konkret fokussiert, inszeniert und reflektiert wird.[56]

Gleich der Spur ist der Fall folglich nicht als *gegeben* anzusehen, sondern das Produkt eines Lektüre- und Interpretationsprozesses: Wie schon in den

54 Vgl. den Brief an die Witwe von Max Loreau in Derrida 2007: „Brief an Francine Loreau.", S. 127-138, hier S. 128 f.

55 Nicolas Pethes: „‚sie verstummten – sie gleiteten – sie fielen'. Epistemologie, Moral und Topik des ‚Falls' in Jakob Michael Reinhold Lenz' ‚Zerbin'". In: *Zeitschrift für Germanistik* 19 (2009), H. 2, S. 330-345, hier S. 331.

56 Nicolas Pethes: *Literarische Fallgeschichten. Zur Poetik einer epistemologischen Schreibweise*. Konstanz: UP 2016, S. 14 f.

Freundschaftsromanen Wilhelm Raabes, Franz Werfels, Walter Jens', Günter Grass' und Christa Wolfs übertragen die meisten der zeitgenössischen Erzähler ihr professionelles Selbstverständnis auf die Rolle des Biographen, die sie (zunächst) mit nüchtern-sezierendem Duktus ausfüllen. Durch Verweise auf das methodologische Vorgehen sowie die Adressierung ihrer selbst als „Chronist" oder „Zeuge" suggerieren die Erzähler Objektivität, Seriosität und in Teilen gar Indifferenz. Gleichzeitig tragen die Romane über die auf extradiegetischer Ebene vorgenommene Markierung der Fiktion *als* Fiktion dem imaginativen Potenzial des Fallnarrativs als *„Doppelspiel aus Innenweltimagination und Außenweltdokumentation"*[57] Rechnung. Dieses korrespondiert mit dem konstruktivistischen Charakter des Spurenlesens: *„Was der Fall ist, wird ge- und erfunden zugleich."*[58] So etabliert der Freundschaftsroman eine für Fallnarrative charakteristische „Schreibweise auf der Grenze zwischen Wissenschaft und Literatur"[59]. Dabei ist seine erkenntnistheoretische Programmatik untrennbar mit der metanarrativen Problematisierung der ‚Schreib-Szene' verquickt:

> Auf der einen Seite wird mit dem Konzept des Falls ein methodisches Vorgehen verbunden, das tendenziell induktiv oder qualitativ verfährt. Auf der anderen Seite bezeichnet der Begriff des Falls eine bestimmte Darstellungsform, eine mediengestützte Form der Aufzeichnung, Speicherung und Verbreitung wissenschaftlicher Daten – also etwa als ‚Fallgeschichte', ‚Fallstudie', ‚Fallakte' o. Ä. Der Fall verknüpft mithin auf eine grundlegende Weise die Ebene der Epistemologie mit derjenigen der Repräsentation, und die Schwierigkeit, den Gegenstand definitorisch einzugrenzen, könnte ihren Grund gerade darin haben, dass beide Aspekte – Wissen und Medium, Methode und Textform – sich nicht trennen lassen, sondern stets beide im Spiel sind, wenn vom Fall die Rede ist.[60]

Die Plausibilität und Ergiebigkeit einer Lektüre der Freundschaftsgeschichten als Fallgeschichten ergibt sich nicht nur aus der zwischen Verwissenschaftlichung und Fiktionalisierung oszillierenden Schreibweise und dem Ineinandergreifen der Ebenen von Epistemologie und Repräsentation, sondern

---

57 Johannes F. Lehmann: „Erfinden, was der Fall ist: Fallgeschichte und Rahmen bei Schiller, Büchner und Musil." In: *Zeitschrift für Germanistik* 19 (2009), H. 2, S. 361-380, hier S. 364.

58 Ebd.

59 Nicolas Pethes: „Literatur und Wissenschaftsgeschichte. Ein Forschungsbericht." In: *Internationales Archiv für Sozialgeschichte der deutschen Literatur* 28/1 (2003), S. 181-231, hier S. 223 f.

60 Susanne Düwell/Nicolas Pethes: „Fall, Wissen, Repräsentation – Epistemologie und Darstellungsästhetik von Fallnarrativen in den Wissenschaften vom Menschen." In: Dies. (Hrsg.): *Fall – Fallgeschichte – Fallstudie. Theorie und Geschichte einer Wissensform.* Frankfurt a. M.: Campus 2014, S. 9-33, hier S. 13.

auch aus dem für beide Genres typischen Erzählmuster von Norm und Abweichung,[61] die im Freundschaftsroman über die polare Figurenkonstellation personifiziert wird: So lässt erst das Scheitern des Sonderlings ihn zum erkenntnistheoretischen Lektüregegenstand für den arrivierteren Erzähler werden[62] und legitimiert dessen Narration. Hier zeigt sich abermals die gegenseitige Bedingtheit subjektkonstituierender Lektüre- und Schreibpraktiken: Dem Lesen und Dokumentieren des toten Freundes als Fall liegt das Bestreben einer Verortung – und implizit auch Normalisierung – des Selbst zugrunde. Ferner verspricht die weitestgehende Ausklammerung von Emotionen, sowohl der von Jacques Derrida thematisierten Gefahr der Pathetik als auch dem von Eva Horn beobachteten Verlust der erzählerischen Souveränität („Trauernde Autorschaft ist weniger denn je Textherrschaft."[63]) zu entgehen.

3.5 Erkenntnis, Macht und Subjektivierung: Schreiben über Freundschaft zwischen Selbsthermeneutik und Selbstsorge

Der Akt des Schreibens bewegt sich im Freundschaftsroman zwischen Unterwerfung und Emanzipation, Ichverlust und Icherkenntnis. Er vollzieht sich somit im Spannungsfeld der beiden Achsen, innerhalb derer Michel Foucault seine Genealogie abendländischer Subjektivierungsformen entwickelt hat. Dabei konstatiert er einen eklatanten Bruch zwischen der christlichen Selbstkultur, die sukzessive (sozial-)wissenschaftlich vereinnahmt bzw. transformiert wurde, und einer dieser vorausgehenden antiken Kultur der Selbstsorge, die er als alternatives zeitgenössisches Lebensmodell propagiert.[64] Die von Foucault

61 So ist „erst die auffällige Abweichung eines Lebenslaufs vom vorherrschenden Durchschnitt Anlass und Gegenstand des Erzählens" (Pethes 2009, S. 332). Vgl. hierzu auch Christiane Frey: „Fallgeschichte." In: Roland Borgards/Harald Neumeyer/Nicolas Pethes/Yvonne Wübben (Hrsg.): *Literatur und Wissen. Ein interdisziplinäres Handbuch*. Stuttgart: Metzler 2013, S. 282-287.

62 „Der Mensch wird zum ‚Fall' […], insofern er sich vergeht, scheitert oder des Realitätssinns verlustig geht. […] Erst der *Fall* des Menschen macht seine Lebensgeschichte zu einem *Fall*." (Pethes 2009, S. 332)

63 Horn 1998, S. 21.

64 Angelika Pillen fasst die dem Rückgriff auf die Vergangenheit zugrunde liegende ‚Agenda' Foucaults prägnant zusammen: „Foucaults Auseinandersetzung mit der Geschichte dient nicht dem Ziel, die Gegenwart aus der Kontinuität mit der Vergangenheit heraus zu begreifen, um sich auf diesem Weg mit ihr zu versöhnen. Die Identifizierung von dem, was an der eigenen Identität durch die Vergangenheit determiniert ist, erfolgt vielmehr, um sich davon zu befreien […]. Es geht […] um die Ermöglichung eines Bruchs, um die *Transformation* dessen, was gewesen ist. Die Gestaltung der eigenen Identität erfolgt in der und durch die Befreiung von der Vergangenheit. Der Blick in die Vergangenheit dient der

einander gegenübergestellten Subjektivierungsmodi sollen im Folgenden für das komplexe Wechselspiel von Macht, Erkenntnis und Subjektivierung fruchtbar gemacht werden, das in den Korpustexten sowohl die Freundschaft als auch ihre Verschriftlichung charakterisiert.

Wenden wir uns zunächst den christlich geprägten Selbsttechnologien zu.[65] Diese subsumiert Foucault unter den Begriff der „Wahrheitsspiele"[66]: Unter dem Vorzeichen der Wahrheitsfindung und -produktion halte etwa die christliche Beichtpraxis den Menschen zu einer Befragung und Entzifferung des Ich an, deren primäres Ziel jedoch das Kontrollieren und Gefügigmachen des Beichtenden sei – angeleitet und überwacht wird dessen Introspektion schließlich von der Autoritätsperson des Pfarrers. So ist „das Ausfragen [...] zugleich ein Nachstellen, das Erforschen zugleich ein Überwachen, das Feststellen zugleich ein Alarmieren, das Erklären zugleich ein Verankern der Schuld"[67]. Das Geständnis als grundlegende Technologie zur Verknüpfung von Wahrheit und Subjektivität ist laut Foucault ab dem 19. Jahrhundert säkularisiert und verwissenschaftlicht worden:[68] So konstituierten sich auch Justiz, Psychiatrie und Pädagogik über eine dem Wahrhaftigkeitsimperativ verpflichtete Gewissenserforschung und Selbstoffenbarung.[69]

Diese im Dienste des Glaubens bzw. der Wissenschaft stehende „ständige Hermeneutik des Selbst"[70] kontrastiert Foucault mit einer antiken Selbst-

---

Herausbildung einer neuen Gestalt, er wird also in den Dienst der Zukunft gestellt." Vgl. Dies.: „G.W.F. Hegel und Karl Marx." In: Kammler/Parr/Schneider (Hrsg.) 2014, S. 169-172, hier S. 171.

65 Vgl. Michel Foucault: *Dits et Ecrits. Schriften in vier Bänden. Band IV*. Frankfurt a. M.: Suhrkamp 2005 [1976-1979], S. 989 ff.

66 Ebd.

67 Wolfgang Detel: „Schriften zur Ethik." In: Kammler/Parr/Schneider (Hrsg.) 2014, S. 129-138, hier S. 132.

68 Foucault 2005, S. 998 f.: „Seit dem achtzehnten Jahrhundert und bis in die Gegenwart sind die Techniken der Verbalisierung von den so genannten Sozialwissenschaften in einen anderen Kontext transformiert worden, wo sie instrumental der Herausbildung eines neuen Selbst dienstbar gemacht werden."

69 So „ist das Geständnis [...] neben den Zeugenaussagen, aber auch neben den gelehrten Verfahren der Beobachtung und Beweisführung im Abendland zu einer der höchstbewerteten Techniken der Wahrheitsproduktion geworden. Die Wirkungen des Geständnisses sind breit gestreut: in der Justiz, in der Medizin, in der Pädagogik, in den Familien- wie in den Liebesbeziehungen, im Alltagsleben wie in den feierlichen Riten gesteht man seine Sünden, gesteht man seine Gedanken und Begehren, gesteht man seine Vergangenheit und seine Träume [...]; man gesteht in der Öffentlichkeit und im Privaten, seinen Eltern, seinen Erziehern, seinem Arzt und denen, die man liebt [...]." Vgl. *Sexualität und Wahrheit, Band I: Der Wille zum Wissen*. Frankfurt a. M.: Suhrkamp 1986 [1976], S. 76.

70 Foucault 2005, S. 217.

sorge, die „der späteren Verfallsgeschichte des Subjekts als einer Geschichte zunehmender Unterwerfung mit immer subtileren Mitteln“[71] vorausgegangen sei.[72] Über die Aktualisierung der antiken Selbstsorge, so Foucault, könne der (spät-)moderne Mensch sich von der christlichen Pastoralmacht befreien. Dabei liege der substantielle Unterschied zu den Geständnistechnologien darin, dass das Ziel der griechischen und römischen Selbstsorge gerade nicht das ‚Finden‘ und ‚Entschlüsseln‘ eines bereits existierenden Wesenskerns sei. Vielmehr vermöge das Individuum, im Modus der Selbstsorge (*epimeleia heautou*) bzw. anhand spezifischer Praktiken (*askesis*), „seine Identität fest[zu]legen, aufrecht[zu]erhalten oder im Blick auf bestimmte Ziele [zu] verändern“[73]. Das Selbst wird hier als „etwas Herzustellendes“[74] gedacht; als etwas, das „als ein Kunstwerk geschaffen werden“[75] müsse. Letztgültiges Ziel der Selbstsorge sei es, das Subjekt mit Selbsterkenntnis (*gnothi seauton*) bzw. „mit einer Wahrheit auszurüsten, die es nicht bereits kannte und die nicht bereits in ihm vorhanden war“[76].

Hierbei kommt der Schrift als Medium der Ichentäußerung, -reflexion und -bearbeitung laut Foucault eine eminente Rolle zu. Sowohl das Selbstgespräch in Tagebuchform (*hypomnêmata*) als auch das Zwiegespräch in Briefform dienten in der Antike zur Vergegenwärtigung und Evaluierung anderer Formen der Selbstsorge und damit „zu einem Zweck, der nichts Geringeres ist als die Konstituierung des Selbst“[77]. Die Prüfung und Bewertung des eigenen Handelns obliegt hier also keinem ‚Experten‘, sondern dem schreibenden Individuum. Die Selbstsorge steht nicht – wie etwa die Beichte oder Therapie – im Zeichen der Selbstfindung, sondern der Selbst*er*findung. Mit dieser „*ethopoetische*[*n*] Funktion“[78] von Selbstverschriftlichung hat sich auch die germanistische Forschung umfänglich beschäftigt. So ist Schrift eine „performative Praktik, die in ihrem Vollzug das, wovon sie spricht, realisiert: das Selbst als eine fokussierbare und damit reflektierbare

71 Detel 2014, S. 133.

72 Vgl. für eine Problematisierung und Kritik der Foucault'schen Antike-Interpretation Wolfgang Detel: *Foucault und die klassische Antike. Macht, Moral, Wissen*. Frankfurt a. M.: Suhrkamp 2006 [1998].

73 Foucault 2007: „Subjektivität und Wahrheit“, S. 74.

74 Hubert L. Dreyfus/Paul Rabinow: „Vom klassischen Selbst zum moderndnen Subjekt. Interview mit Michel Foucault.“ In: Dies.: *Michel Foucault. Jenseits von Strukturalismus und Hermeneutik*. Weinheim: Beltz 1994, S. 281-292, hier S. 286.

75 Ebd., S. 284.

76 Foucault 2004, S. 610.

77 Foucault 2007: „Über sich selbst schreiben“, S. 141.

78 Ebd., S. 140.

und gestaltbare Sinneinheit"[79]. Identität konstituiert sich somit über das „Zusammenspiel von medialem Dispositiv, subjektiver Reflexion und praktischer Selbstbearbeitung"[80]. Der Vorstellung eines solchen *Erschreibens* von Identität steht die klassische Autobiographie(-forschung) gegenüber, die die Existenz eines bereits ausgebildeten, ‚fertigen' Ich voraussetzt, das es lediglich zu Papier zu bringen gilt[81] – ganz so, wie das Individuum in den ‚Wahrheitsspielen' zur Artikulation seines ‚wahren' Selbst aufgefordert wird.

Worin nun liegt das heuristische Potenzial der Foucault'schen Theorie für meine Analysen? Anhand ihrer kann das komplexe Geflecht der im zeitgenössischen Freundschaftsroman wirksamen Subjektivierungspraktiken systematisiert werden, die sowohl in der Tradition der religiösen und wissenschaftlichen ‚Wahrheitsspiele' als auch der antiken Selbstsorge stehen. So betreiben die Erzähler einerseits eine dem Wahrheits- und Erkenntnisparadigma verpflichtete *Hermeneutik*: Das *Lesen und Auslegen der Freundesspuren*, das ich mit literaturwissenschaftlichen Interpretationsprozessen analogisiert habe, und das *Schreiben in Fällen* sind epistemische Praktiken, mithilfe derer die Erzähler sich über den Freund *klarzuwerden* beabsichtigen. Die (posthume) Durchleuchtung des Freundeslebens, die Verwissenschaftlichung der Narration sowie die – aus dem Tod des Alter Ego sowie dem Fehlen eines schriftlichen Nachlasses resultierende – Deutungshoheit weisen die Erzähler als pastoralmächtige Instanz aus, deren Intention die Ausforschung des (toten) Freundes ist.

---

79 Reckwitz 2020, S. 178.

Dies ist freilich keine Erkenntnis des 21. Jahrhunderts. So postuliert Roland Barthes schon 1967, dass „*Schreiben* nicht mehr länger eine Tätigkeit des Registrierens, des Konstatierens, des Repräsentierens, des ‚Malens' (wie die Klassiker sagten) bezeichnen kann, sondern vielmehr das, was die Linguisten im Anschluß an die Oxford-Philosophie ein Performativ nennen […]." Ders.: „Der Tod des Autors." In: Fotis Jannidis/Gerhard Lauer/Matias Martinez/Simone Winko (Hrsg.): *Texte zur Theorie der Autorschaft*. Stuttgart: Reclam 2012, S. 185-193, hier S. 189.

80 Christian Moser/Jörg Dünne: „Allgemeine Einleitung. Automedialität." In: Dies. (Hrsg.): *Automedialität. Subjektkonstitution in Schrift, Bild und neuen Medien*. München: Fink 2008, S. 7-16, hier S. 13.

81 Vgl. hierzu z. B. die gattungstheoretischen Ausführungen in Georg Mischs einflussreicher und auflagenstarker Monographie *Geschichte der Autobiographie* sowie Klaus Schenk: *Erzählen – Schreiben – Inszenieren*. Tübingen: Francke 2012, S. 251: „Während traditionelle Autobiographien versuchen, ihre archivarische Vorarbeit und Erinnerung ‚erzählbar' zu halten, werden die materiell-medialen Bedingungen in modernen Autobiographien in zunehmendem Maß sichtbar, indem sie ihre Daten an der Textoberfläche ausstellen und ‚schreibbar' machen." Vgl. für eine Kritik am Fortwirken des traditionellen Autobiographieverständnisses in der Forschung Moser 2006, S. 10 ff.

Zugleich finden sie sich jedoch auf der ‚anderen' Seite wieder: Der Schreibtisch wird zu Beichtstuhl und Couch, wenn die Erzähler Rechenschaft oder Geständnis über ihre Vergangenheit und mitunter gar über eine Mitverantwortung am Tod des Freundes ablegen und sich so von einer (vermeintlichen) Schuld freizuschreiben versuchen. Ihr Schreiben verfolgt einen nicht nur epistemischen, sondern auch therapeutischen Zweck; es verbindet die Momente der Wahrheit und Läuterung, die laut Foucault konstitutiv für eine christlich geprägte Hermeneutik des Ich sind. Ein Anliegen der literarischen Analysen ist die Vermessung der oftmals verschwimmenden Linien, die zwischen Bekennendem und (Aus-)Forschendem, zwischen Erniedrigung und Ermächtigung verlaufen.

Andererseits kann der zeitgenössische Freundschaftsroman auch als Zeugnis einer an die antike Selbstsorge anknüpfenden Ichkontemplation gelesen werden: Der Prozesscharakter der *askesis* sowie die ethopoetische Funktion der Ichverschriftlichung manifestieren sich in den ausgeprägten ‚Schreib-Szenen'[82] der Primärtexte. Die oben skizzierte Programmatik der Wahrheitsproduktion erfährt durch die ausgestellte Fiktionalität des Erzählten eine Konterkarierung. Damit tragen die Romane dem von Foucault akzentuierten imaginativen Moment der *askesis* Rechnung: „Wir müssen uns vorstellen und konstruieren, was wir sein könnten."[83] So, wie sich laut Foucault nicht nur das Ich, sondern auch das literarische Werk[84] einer erschöpfenden Sinn- und Erkenntniserschließung entzieht, so vermögen die Erzähler entgegen ihrer hermeneutischen Programmatik weder den Freund zu *lesen* noch sich selbst zu *finden*.

---

82 Vgl. Stingelin 2004.

83 Foucault 2007: „Subjekt und Macht", S. 91.

84 Zwar lässt sich aus seinen Schriften keine systematische diskursanalytische Literaturtheorie ableiten. Vgl. für einen Überblick über Foucaults widersprüchliche Aussagen zu Schreiben und Literatur z. B. Eva Erdmann: „Die Literatur und das Schreiben. ‚L'écriture de soi' bei Michel Foucault." In: Dies./Rainer Forst/Axel Honneth (Hrsg.): *Ethos der Moderne. Foucaults Kritik der Aufklärung*. Frankfurt: Campus 1990, S. 260-279; Achim Geisenhanslüke: „Literaturwissenschaft." In: Kammler/Parr/Schneider 2014, S. 331-340. Doch wendet Foucault (*Die Ordnung der Dinge*. Frankfurt a. M: Suhrkamp 1997 [1966], S. 77) sich dezidiert gegen eine sowohl hermeneutische als auch strukturalistische Texttheorie: Literatur sei „das, was in keinem Fall ausgehend von einer Theorie der Bedeutung gedacht werden kann. Wenn man sie von der Seite des Bezeichneten her [...] oder von der Seite des Bezeichnenden her [...] analysiert, ergibt sich kaum ein Unterschied [...]."

3.6 Fazit

Die bisherigen Ausführungen haben gezeigt, dass Freundschaft nicht nur Gegenstand von Literatur ist, sondern auch seit jeher literarisch präformiert. Die Systematisierung von Alterität, Distanz und Projektion als wesentlichen Pfeilern des Freundschaftsdiskurses, die Engführung von Freund und Buch bzw. von Spurenlesen und literaturwissenschaftlich-hermeneutischen Interpretationsprozessen, die Eruierung einer Semantik und Poetologie des Freundesnekrologs, die Konzeptualisierung des Freundschaftsromans als Fallnarrativ sowie die Kontrastierung der sich in ihm überlagernden Subjektivierungsmodi der Selbsthermeneutik respektive Selbstsorge münden in folgende Forschungsfragen für die literarischen Analysen:

Inwiefern bestätigt bzw. unterläuft der zeitgenössische Freundschaftsroman die jahrtausendealte Rede von Literatur als einzig möglichem Ort ‚wahrer' Freundschaft? Auf welche Arten bedingen Freundschaft und Literatur einander auf intradiegetischer Ebene – etwa in Form der Motive vom Freund als Muse oder von Literatur als Stifterin der Freundschaft? Die Analyse der Rahmenerzählung bzw. ‚Schreib-Szene' fragt nach der Aktualisierung der von Moser und Koschorke identifizierten Praktiken der Imagination und Internalisierung sowie nach dem Zusammenhang zwischen der Entzifferung des Freundes und der Selbstentzifferung der Erzähler. Zudem sucht sie zu beantworten, mit welchen Mitteln und zu welchem Zweck der Freundschaftsroman an die für Detektivroman, Fallnarrativ und Nachruf charakteristische literarische Selbstreflexion anschließt. In diesem Zusammenhang ist auch zu diskutieren, ob Freundschaft, wie vonseiten der Forschung vielfach bekundet wurde, tatsächlich einer eigenen Sprache entbehrt oder der zeitgenössische Roman nicht vielmehr eine – an historische Texte anschließende oder spezifisch spätmoderne – Semantik der Freundschaft entwirft. Welche Funktionen erfüllt die Konzeption des Freundes als *Fall* auf extradiegetischer Ebene? Und wie gestalten die ‚Schreib-Szenen' das Spannungsverhältnis zwischen Selbsthermeneutik und Selbstsorge jeweils aus? Anders gefragt: Betreiben die schreibenden Freunde eine „Buchführung über das Selbst" oder eine „Selbstführung mit Hilfe eines Buches [CS: des Freundes]"[85]?

---

85 Martin Stingelin: „Foucault-Lektüren. Die Literatur im Denkraum der drei Dimensionen Wissen, Macht und Selbstverhältnis." In: Daniel Defert/François Ewald (Hrsg.) *Michel Foucault: Schriften zur Literatur*. Frankfurt a. M.: Suhrkamp 2003, S. 371-400, hier S. 400.

KAPITEL 4

Der geliebte Freund. Marion Poschmanns Wenderoman *Die Sonnenposition*

In Marion Poschmanns Roman *Die Sonnenposition* (2013) erinnert sich der Ich-Erzähler Altfried, frisch approbierter Arzt auf seiner ersten Stelle in einer ostdeutschen Psychiatrie, an den vor wenigen Wochen bei einem Autounfall verstorbenen Freund Odilo, und driftet dabei sukzessive selbst in Depression und Wahnsinn ab. Der kurz nach dem Mauerfall spielende Roman ist ein Wenderoman.[1] Über die Erfahrung von Entfremdung, Teilung und Verlust spiegelt die Freundschaft zwischen Altfried und Odilo zentrale Konstituenten dieses Genres,[2] sodass die von Poschmann gewählte zeitgeschichtliche Folie und die auf ihr entwickelte Handlung in eine dialogische Beziehung treten. Deren Kristallisationspunkt ist das Motiv der Grenze: In *Die Sonnenposition* entspricht die (zum Erzählzeitpunkt faktisch aufgehobene, die Verstehensmuster der Protagonisten aber nach wie vor strukturierende) topographische Grenze zwischen Ost und West der unüberwindbaren Distanz zwischen den Freunden.

Aufgrund der gegenseitigen Kommentierung von politisch-geographischen und zwischenmenschlichen Dynamiken kann die Analyse von Subjektivierungsprozessen nur unter Einbeziehung der Wahrnehmung, Reflexion und Darstellung von Zeit und Raum sowie des sich hierin manifestierenden

---

1 Hierunter versteht die Forschung Texte, die „sich stofflich auf die Zeit der Wende beziehen" (Astrid Herhoffer/Birgit Liebold: „Schwanengesang auf ein geteiltes Land. Der Herbst 1989 und seine Folgen in der Literatur." In: *Buch und Bibliothek* 45 (1993), H. 6/7, S. 587-604, hier S. 587) und „die Übergangszeit von 1989/1990 als Motiv, Allegorie, zentrale Metapher oder Plot gewählt haben" (Gerhard Sauder: „Erzählte ‚Wende': Formen und Tendenzen der ‚Wendeliteratur'." In: *Studia Niemcoznawcze – Studien zur Deutschkunde* XIX (2000), S. 291-305, hier S. 291). Vgl. für einen umfassenden und kritischen Überblick zu diesem Terminus Susanne Bach: *Wende-Generationen / Generationen-Wende. Literarische Lebenswelten vor dem Horizont der Wiedervereinigung*. Heidelberg: Winter 2017, S. 21 ff.

2 Dieses setzt sich „mit Fragen der deutschen Teilung, der Neu- und Wiederbegegnung der Menschen in Ost und West, der Entfremdungssymptome innerhalb Deutschlands und der Möglichkeit ihrer [...] Überwindung" auseinander (Ralf Schnell: *Geschichte der deutschsprachigen Literatur seit 1945*. Stuttgart: Metzler 2003, S. 529) und ist Zeugnis „eine[r] von diesem historischen Punkt ihren Ausgang nehmende[n] Verlusterfahrung, die noch längst nicht überwunden ist" (Gerhard Jens Lüdeker/Dominik Orth: „Zwischen Archiv, Erinnerung und Identitätsstiftung – Zum Begriff und zur Bedeutung von *Nach-Wende-Narrationen*." In: Dies. (Hrsg.): *Nach-Wende-Narrationen. Das wiedervereinigte Deutschland im Spiegel von Literatur und Film*. Göttingen: V&R unipress 2010, S. 7-20, hier S. 14).

 | DOI:10.30965/9783846766774_005

Welt- und Menschenbildes erfolgen. Auch die Wechselwirkung von Freundschaft und alternativen (vor allem familiären und beruflichen) Modellen der Identität bzw. Zugehörigkeit ist Untersuchungsgegenstand des folgenden Kapitels. Da Emotionen vom unzuverlässigen Erzähler Altfried eher *präsentiert* als *thematisiert* werden,[3] trägt die Decodierung des hochkomplexen Metaphernnetzes sowie der zahlreichen intertextuellen Referenzen zur Beantwortung der Frage bei, inwiefern Freundschaft die Subjektivierung von Altfried und Odilo befördert bzw. torpediert. Der Stellenwert, den die Freundschaft in *Die Sonnenposition* einnimmt, scheint, verglichen mit den übrigen in dieser Arbeit untersuchten Texten, eher gering zu sein. Gleichwohl ist der Freund Auslöser und Fixpunkt von Altfrieds Schreiben und, wie Sigrid Löffler registrierte und im Folgenden gezeigt werden soll, „das verschwiegene, nächtige Zentrum des Romans“[4].

4.1 Der Erzähler Altfried

> Frau Leonberger [Odilos Mutter] hatte […] mich gebeten, eine Rede zu halten. Rückblick, nannte sie das, Lebensrückblick, ich als *sein guter Freund*, zudem *Psychiater*, wisse doch sicher manches, was der Familie entgehe, eine tiefgründige Analyse und Würdigung erhoffte sie sich. (24, Hervorhebungen CS)

Eine solche *Analyse* ist Altfried in der Textsorte der Grabrede nicht zu leisten fähig bzw. gewillt: „[D]ann saß ich nächtelang vor dem weißen Blatt und fand keinen Anfang, überhaupt keinen Ansatz, ich wußte nichts über Odilo, gar nichts, und es lag mir nicht, die glänzende Fassade, an der er sein Leben lang gearbeitet hatte, […] nun meinerseits noch einmal nachzuarbeiten.“ (24) Stattdessen beginnt Altfried im Anschluss an die Beerdigung mit dem Schreiben eines Tagebuchs, „in dem ich versuche, mir über Odilo klarzuwerden“ (152). Sein bereits im Prolog formuliertes Erkenntnisinteresse steht dem Auftrag von Odilos Mutter insofern entgegen, als er gerade „die Nachtseite“ (16) des Freundeslebens für erinnerungs- und erzählenswert hält. Dabei blendet er die Rolle des Freundes und die des Psychiaters ebenso wie Odilos Mutter ineinander. So sei er „jemand, dem nichts Menschliches fremd ist, jemand, der […] in der Lage ist, […] ein differenziertes Spektrum an Empfindungen spielen zu lassen“ (71). Nach gleichem Muster analogisiert er die Rolle des Psychiaters

3 Vgl. für diese Differenzierung Simone Winko: *Kodierte Gefühle: Zu einer Poetik der Emotionen in lyrischen und poetologischen Texten um 1900*. Berlin: Schmidt 2003.

4 Sigrid Löffler: „Laudatio.“ In: Hubert Winkels (Hrsg.): *Marion Poschmann trifft Wilhelm Raabe. Der Wilhelm-Raabe-Literaturpreis 2013*. Frankfurt a. M.: Suhrkamp 2014, S. 21-30, hier S. 29.

mit der des Erzählers und schreibt sich eine analytisch-sezierende und gewissermaßen auktoriale Perspektive zu: „Allsehendes Auge des Arztes. Eine Position der Ferne, des generellen Überblicks." (16).

Über diesen wissenschaftlichen Tonfall, der sich auch in der Einflechtung psychologischer Exkurse manifestiert (212, 234, 316), reiht der „Seelenkundler" (179) Altfried sich in eine Genealogie erzählender Freunde ein, die – beispielsweise in Wilhelm Raabes *Die Akten des Vogelsangs*, Franz Werfels *Der Abituriententag*, Walter Jens' *Der Mann, der nicht alt werden wollte*, Uwe Timms *Rot*, Bodo Kirchhoffs *Eros und Asche* und Nina Bußmanns *Der Mantel der Erde ist heiß und teilweise geschmolzen* – ihr berufliches mit ihrem erzählerischen Selbstverständnis verquicken.[5] Die offensive Negierung von Trauer[6] sowie die wiederholte Adressierung seiner selbst in der dritten Person suggerieren professionelle Distanz und erzählerische Souveränität. Während Altfrieds ärztliche Programmatik wie eine Definition von Freundschaft anmutet – „Mit Großmut, Geduld, Festigkeit und Feingefühl gibt der Arzt dem Menschen in Krise und Not die Möglichkeit, sich an ihn anzulehnen, sich seiner Stärke, seinem Schutze anzuvertrauen" (124 f.) –, macht er den Freund zum Patienten: Odilo wird im Prolog zunächst als *Objekt* (16) bezeichnet und im Fortgang der Narration zum *Fall* (55, 315) erklärt. Dies versucht Altfried bereits zu Lebzeiten des Freundes, als er ihm bei dessen Besuch in der Psychiatrie die Rolle des Patienten überstülpen möchte. Die von Altfried imaginierte Choreographie[7]

5 „Aber pragmatisch, pragmatisch, Karl Krumhardt! Das heißt, referiere dir selber so werkmäßig als möglich, Oberregierungsrat Doctor juris Krumhardt." (AV 17); „Ich muß mich vor Willkürlichkeiten hüten. Nur keine falschen Kausalitäten in die Dinge tragen! Material, weiter nichts! Das feinere und feinste Tatsachenmaterial! Meine Aufgabe ist es nicht, eine Beichte abzulegen, um mich zu entlasten oder mich anzuklagen (ich bin nicht Staatsanwalt), meine Aufgabe ist es, mich zu verhören. Dann werden wir sehn ..." (AT 96); „Nein, wir Philologen sollten nicht rechten. Ist es nicht unsere geheime, menschlich-schlichte Aufgabe, die Dinge bestehen zu lassen, sie anzuschauen, zu beschreiben und dann weiterzugehen? Analyse, nicht Richterspruch ist unser Metier." (MA 96) Timms Erzähler in *Rot* insistiert, die Rede auf Aschenberger sei „so eine Gelegenheitsrede, verstehst du, eine Rede aus der Mappe. Ich sag dir Bescheid, wenn es einen ungewöhnlichen Fall gibt" (RO 370). Kirchhoffs Erzähler in *Eros und Asche* bezeichnet sich wiederholt als „der Autor"; und Bußmanns Erzählerin parallelisiert in *Der Mantel der Erde ist heiß und teilweise geschmolzen* die Gespräche mit Wegbegleitern der Freundin mit ihren soziologischen Leitfadeninterviews: „Man muss Geduld haben und abwarten. Darin habe ich Übung. Die Menschen mit Anteilnahme betrachten, als tränke ich ihre Worte, nachfragen nur, wenn sie stocken, damit es weitergeht, damit sie von allein auf etwas zu sprechen kommen, das mich wirklich interessiert." (ME 106)

6 „Meine Trauer hielt sich in vernünftigen Grenzen, ich hatte Odilo in den letzten Jahren seltener gesehen, in meinem Alltag spielte er keine Rolle, und sein Hinscheiden würde in meinem Leben kaum eine Veränderung bringen." (22 f.)

7 „Ich erwartete ein Bekenntnis, etwa in Hinblick auf sein stets virulentes Mutterproblem, ich erwartete etwas wie: Er fürchte sich vor sich selbst, vor einem Gewaltverbrechen, einer

wird allerdings dahingehend umgekehrt, dass Odilo *ihn* mit erbarmungsloser Härte zu sezieren beginnt. Im Medium der Schrift bzw. in Monologform forciert Altfried die im realen Leben gescheiterte Pathologisierung des Freundes, der sich dieser nun nicht mehr zu widersetzen vermag: Über die Erhebung Odilos zum Fall stilisiert Altfried implizit sich selbst zur Norm und verschleiert gleichzeitig seine Unsicherheit und Minderwertigkeitskomplexe dem Freund gegenüber.

Hintertrieben wird Altfrieds wissenschaftliche Schreibweise von ausschweifenden lyrisch-metaphorischen Exkursen und zahlreichen fiktiven Elementen:[8] Die minutiöse Rekapitulation von Odilos letztem Tag (54 ff.) und seiner Todesnacht (334) sowie die drei Kapitel über die Beziehung zwischen Odilo und Mila (179 ff.) sind als reine Fiktion markiert, die über Verweise auf sozialpsychologische Theorien zur narrativen Identität[9] sowie auf Erkenntnisse der modernen Gedächtnisforschung[10] allerdings ebenfalls ‚verwissenschaftlicht' wird. Die Signalisierung persönlicher Abgeklärtheit und professioneller Kompetenz bei gleichzeitiger Fiktionsexponierung stellen einander zuwiderlaufende Erzählstrategien dar, die die Frage nach der Integrität des Erzählers Altfried aufwerfen.

Die „Diskrepanz [...] zwischen seinen expliziten Äußerungen [...] und seiner impliziten Selbstcharakterisierung"[11] zielt jedoch nicht auf eine Manipulation des narrativen Adressaten ab, sondern ist das Resultat einer verzerrten

---

nicht wiedergutzumachenden Tat. Oder: Er leide unter dem Zwang, aus sich herausgehen zu wollen, es nicht zu dürfen, aufgrund der Entscheidung einer unbekannten Instanz. Oder: Die Durchschnittlichkeit der Verhältnisse, die unzureichende Ausstattung seiner Person, die Mangelhaftigkeit seiner charakterlichen Bildung wolle er nicht als Behinderung betrachten, sie sporne ihn an. Er wehre sich dagegen, dem inneren Sog nachzugeben und zu scheitern, Scheitern sei leicht. Ganz selbstverständlich *erwartete ich, daß er sich mir als Freund, als Psychiater anvertrauen würde.*" (317 f., Hervorhebung CS)

8 Bereits im Prolog kündigt Altfried an, dass er „sich gegebenenfalls auch künstlicher Beleuchtung zu bedienen [erlaubt]" (16).

9 „Der Patient ist angehalten, eine Erinnerung möglichst detailfreudig auszustaffieren, sie sich sinnlich zu vergegenwärtigen, um sich diesen verlorenen Teil seines Lebens mit der ganzen gesammelten Großartigkeit seiner Einbildungskraft wieder anzueignen. [...] Niemals, so die Theorie, ist das Leben so dürftig wie im nachhinein oft dargestellt. Und eine üppige Erinnerung ist dazu dienlich, aus einem als dürftig empfundenen Leben im nachhinein einen Erfolg zu machen." (234)

10 „Die eigene Vergangenheit stellt man sich ja auch nur vor. Modifiziert sie. Richtet sie neu aus." (149)

11 Ansgar Nünning: „*Unreliable Narration* zur Einführung: Grundzüge einer kognitiv-narratologischen Theorie und Analyse unglaubwürdigen Erzählens." In: Ders. (Hrsg.): *Unreliable Narration. Studien zur Theorie und Praxis unglaubwürdigen Erzählens in der englischsprachigen Erzählliteratur*. Trier: Wissenschaftlicher Verlag 1998, S. 3-39, hier S. 18.

(Eigen-)Wahrnehmung und eines Selbstschutzbedürfnisses. Theresa Heyd hat das aus der linguistischen Pragmatik stammende Kooperationsprinzip[12] auf das literarische Phänomen des unzuverlässigen Erzählers übertragen und stellt fest, dass Halbwahrheiten, Euphemismen und krude Interpretationen „a way, for the speaker, of saving face" seien.[13] Altfrieds Schreiben ist die Spiegelung bzw. Fortsetzung seiner Freundschaft zu Odilo, die ebenfalls durch einen Mangel an Offenheit gekennzeichnet ist und in der er sich aus Gründen des Selbstschutzes und der Gesichtswahrung häufig hinter der Rolle des Arztes zu verschanzen versucht.

‚Indizien' für Altfrieds mangelnde Vertrauenswürdigkeit liefern versteckte intertextuelle Referenzen auf Charlotte Perkins Gilmans Kurzgeschichte *The Yellow Wallpaper* (1892).[14] „Dissoziationserscheinungen verlaufen regelhaft, wie es im Buche steht" (145), verkündet Altfried im Zuge einer Patientenbeschreibung und sensibilisiert den narrativen Adressaten damit für den Subtext, der als Korrektiv seiner unzuverlässigen Erzählung fungiert: Wie Perkins Gilmans Ich-Erzählerin sitzt Altfried in einem vormals hochherrschaftlichen und nun maroden Haus in der Provinz (fest) und seziert in Tagebuchform das unmittelbare Umfeld und die eigene psychische Verfassung. Beide leiden unter Schlaflosigkeit und dem Gefühl der ständigen Beobachtung. Für beide bedarf es eines enormen Kraftaufwandes, um die von außen an sie herangetragenen Rollenerwartungen zu erfüllen. Wie die Entsubjektivierung von Perkins Gilmans Erzählerin vollzieht sich auch Altfrieds Ich-Verlust in statu nascendi. Abermals ist die Selbstentäußerung im Medium der Schrift ein nur leidliches Substitut für zwischenmenschliche Nähe: So beginnt auch Altfried, der bereits im Studium von der gelben Tapete im Haus des geisteskranken Komponisten Schumann fasziniert ist, nach Odilos Beerdigung „Tapeten abzureißen" (38). Doch während die Isolation der Erzählerin in *The Yellow Wallpaper* vom herrschsüchtigen Ehemann oktroyiert ist,[15] wird Altfrieds Subjektivierung nicht durch äußeren Zwang, sondern innere Lähmung verunmöglicht. Diese Internalisierung zeigt sich auch im lediglich *imaginierten* Tapetenabreißen, das an die Stelle eines beobachtbaren Aufbegehrens tritt.

12 Vgl. hierzu Paul H. Grice: „Logic and Conversation." In: Peter Cole/Jerry Morgan (Hrsg.): *Syntax and Semantics, Volume 3. Speech Acts*. New York: Academic Press 1975, S. 41-58.

13 Theresa Heyd: „Unreliability. The pragmatic perspective revisited." In: *Journal of Literary Theory* 5 (2011), H. 1, S. 3-17.

14 Vgl. Charlotte Perkins Gilman: *The Yellow Wallpaper*. New Brunswick: Rutgers UP 1993.

15 Bis zuletzt hält dieser am Glauben fest, dass man der Depression nur Willenskraft und Selbstbeherrschung entgegensetzen müsse – ebenso wie Altfrieds Eltern, die Geisteskrankheit für „ein egoistisches Querschießen, ein sich Hineinsteigern ins Negative, eine Mischung aus Faulheit, Grübeln, Wirklichkeitsferne" (213) halten.

Der allmächtig scheinende Andere existiert nurmehr im Kopf: Altfried wird von der Erinnerung an Odilo gefangen gehalten.

4.2 „Er verhielt sich nicht wie ein Freund“: Altfried und Odilo

Um die widersprüchlichen Erzählstrategien auf extradiegetischer Ebene einordnen zu können, werden im Folgenden die Beziehungsdynamiken auf Ebene der Analepse betrachtet. Die meisten der toten Freunde im zeitgenössischen Roman sind – Herman Meyers ‚Beerdigung‘ dieses literarischen Typus zum Trotz[16] – Sonderlingsfiguren: Über ihre geistige Autonomie und ihre Kompromisslosigkeit zeigen die „vorzüglich auf sich selbst gestellten“[17] Freunde den arrivierteren, normkonformen Erzählern wie schon bei Jean Paul, E.T.A. Hoffmann und Wilhelm Raabe Alternativen zu konventionellen Lebensentwürfen auf. Poschmanns Odilo teilt eine Reihe von Charakteristika mit dem Sonderling: Auch er ist eine Außenseitergestalt; eigenbrötlerisch, ausgestattet mit schrullig-skurrilen Zügen[18] und genialischen intellektuellen Fähigkeiten. Doch führt er die Funktion des Sonderlings insofern ad absurdum, als er die Verabsolutierung und mitunter Parodie dünkelhaften Bürgertums ist: Wie seine Mutter ist Odilo gänzlich eingenommen „von seiner unablässigen Bemühung, ein hohes Niveau zu verkörpern“ (185), und überträgt sein Prestigedenken auch auf den Freund: „Ja, er habe geglaubt, aus mir sei etwas geworden. Eine harmonische Persönlichkeit in verantwortungsvoller Tätigkeit, umgeben von Standbild, Ziervase, Formbusch.“ (324) Seine misanthropischen Monologe zeugen von enormer Hybris: „Odilo, der eine Person einfordert, die ihm gewachsen sei, die ihm Widerpart sein könne […]. Splendid isolation, das bedeute, daß er bewußt und gezielt nicht unter die Leute gehe. […] Er könne mit Menschen im Grunde nichts anfangen.“ (91 ff.) Die dem Menschenfeind inhärente Paradoxie liegt freilich darin, dass er der Menschen bedarf, um

16 Vgl. Meyers kanonische Studie zur Sonderlingsfigur in der Literatur von der Empfindsamkeit bis zum bürgerlichen Realismus: *Der Sonderling in der deutschen Dichtung*. Frankfurt a. M.: Fischer 1990 [1963]. Meyer begründet die These vom Aussterben der Sonderlingsfigur damit, dass die Überzeugung von der prinzipiellen Freiheit des Menschen Ende des 19. Jahrhunderts einem Determinismus weiche, der die gesteigerte Individualität und Innerlichkeit des Sonderlings verunmögliche (S. 291 f.).

17 Ebd., S. 291. Vgl. auch Elisabeth Frenzel: „Sonderling.“ In: Dies.: *Motive der Weltliteratur. Ein Lexikon dichtungsgeschichtlicher Längsschnitte.* Stuttgart: Kröner 2008, S. 631-644.

18 Er wohnt mit Anfang dreißig noch bei seiner Mutter, widmet sich vornehmlich nachts seiner Forschung, betrachtet Hobbies als „Zeitverschwendung“ (80) und ist ein „Mensch des alten Jahrhunderts, spießig, ordentlich, diszipliniert“ (286).

sich seiner (vermeintlichen) Imposanz zu vergewissern:[19] Die Funktion einer negativen Vergleichsgröße bzw. eines Steigbügelhalters für Odilos narzisstisches Ego[20] erfüllt Altfried.

Dessen Hoffnung, Odilo möge ihm das geben, „was [meine Eltern] mir nicht mehr zu geben vermochten: Unterstützung, Anerkennung und Absolution“ (312 f.), löst sich mithin nicht ein. Stattdessen zeigt der Freund unverhohlene Geringschätzung („Will man so leben? Von Versagern umringt?“, 324) und hintergeht Altfried zudem durch die geheim gehaltene Affäre mit dessen Schwester, von der Altfried erst nach Odilos Tod erfährt. Diese Triangulierung pervertiert gleich zwei beliebte Motive der Freundschaftsliteratur: Die Beziehung des einen mit der Schwester des anderen Freundes, ursprünglich Mittel zur Steigerung der freundschaftlichen Verbundenheit,[21] führt in *Die Sonnenposition* zur (posthumen) Entfremdung; das Motiv der Nebenbuhlerschaft[22] – das sich meist in Wohlgefallen auflösende und die Freundschaft ebenfalls stabilisierende Konkurrieren zweier Freunde um die Gunst der gleichen Frau – wird dahingehend abgewandelt, dass nun keine Frau, sondern einer der Freunde Objekt des Wettstreits ist. Sowohl die Tolerierung der zahlreichen Herabsetzungen durch Odilo als auch das Ausmaß der Bestürzung über dessen Beziehung zu Mila („Ein heimtückischer Übergriff, eine Zumutung.“, 50) indizieren, dass Altfried in Odilo verliebt war – eine Liebe, die er sich bis zuletzt nicht einzugestehen vermag.

Während homoerotische Freundschaftsdynamiken in den Adoleszenzromanen *Tschick* von Wolfgang Herrndorf und *Auerhaus* von Bov Bjerg unter dem Vorzeichen der experimentellen Selbstfindung[23] und in den Autofiktionen *Eros und Asche* von Bodo Kirchhoff und *Der Freund und der Fremde* von Uwe

19 Vgl. hierfür Frenzel 2008: „Menschenfeind“, S. 512-522.

20 Die mangelnde Symmetrie innerhalb der Freundschaft erfährt auch eine räumliche Metaphorisierung. So sieht Altfried Odilo in seiner Erinnerung „immer […] von hinten, als hätte ich mich stets hinter ihm anstellen müssen“ (196), und obwohl er beträchtlich größer ist als Odilo, gelingt es diesem stets, „den Eindruck zu vermitteln, daß ich zu ihm aufschauen müsse“ (76). Altfried steht also hinter oder unter Odilo; ebenbürtig sind sie nie.

21 Vgl. hierfür Frenzel 2008: „Freundschaftsbeweis“, S. 192-214.

22 Vgl. hierfür Frenzel 2008: „Nebenbuhlerschaft“, S. 564-577.

23 „Du hast gemerkt, dass du auch schwul bist, und hast dich in mich verknallt.“ (AH 93); „Ich wusste, dass Harry mich rumkriegen wollte. […] Ich sagte: ‚Ganz ehrlich, wenn ich schwul wäre, wärst du auf meiner Liste ganz oben.‘“ (AH 120); „[I]ch dachte einen Moment darüber nach, auch schwul zu werden. Das wäre jetzt wirklich die Lösung aller Probleme gewesen, aber ich schaffe es nicht. Ich mochte Tschick wahnsinnig gern, aber ich mochte Mädchen irgendwie lieber.“ (TK 214).

Timm unter dem der Koketterie[24] stehen, gestalten sie sich in *Die Sonnenposition* deutlich verkappter. Wie sein beginnender Wahnsinn äußert auch Altfrieds Begehren sich in einem die Narration durchziehenden *Subtext*.[25] Strukturbildend für diesen Subtext sind zwei spiegelbildlich angelegte Szenen: In einem mehrseitigen Traum vorverlegt Altfried das erste Treffen der Freunde in die Kindheit (61 ff.). Diese imaginierte Begegnung, bei der Odilo ihm im Keller seine Experimente mit Leuchtfischen demonstriert, etabliert nicht nur die Rollenverteilung innerhalb der Freundschaft – Odilo ist abgeklärt, überheblich, gönnerhaft; Altfried folgt seinen Anweisungen mit einer Mischung aus Argwohn und Bewunderung –, sondern trägt auch deutlich erotische Züge:

> Dann glitt die Tür [des Kellers] ins Schloß, es war finster, ich glaubte mich eingesperrt. Unter meinen Füßen fühlte ich eine Bastmatte, dann spürte ich seinen Körper neben mir, seine Schulter lehnte an meiner, sein Kopf mußte dem meinen relativ nah sein. Ich drehte das Gesicht weg, ohne die Berührung aufzugeben. (62)

Dieser Traumszene korrespondiert Altfrieds *tatsächlicher* Besuch in Odilos Labor zwanzig Jahre später. Abermals stellen Dunkelheit und Berührung die zentralen Motive dar:

> Ganz ruhig, Kleiner, sagte Odilo [zur Labormaus], er sagte es in einem zärtlichen Ton, den ich noch nie zuvor von ihm gehört hatte, [...] ich [...] spürte, wie seine tiefe, rauhe, beschwörende Stimme in meinen Körper drang [...]. Odilo schaltete die Neonröhre aus. Der Raum schlug finster über uns zusammen [...]. Odilo erwies sich als taktile Begabung. Mit welch sanfter Eleganz er die Maus hielt [...]. Ich hätte die Maus gern gestreichelt [...]. Ich hätte gern ihr noch kaum vorhandenes, eben erst sprießendes Körperhaar berührt [...], dabei vielleicht auch die Innenfläche von Odilos Hand gestreift, zu einem einfachen Vergleich der Wärme. (294 ff.)

Bevor es jedoch dazu kommen kann, tötet Odilo das potenzielle ‚Bindeglied' Maus. So muss Altfried, der auch an anderer Stelle das Bedürfnis nach einer Berührung des Freundes äußert („überlegte kurz, wie es wäre, den Arm um ihn zu legen, verwarf das sofort", 325), sich mit dem „Duft" Odilos begnügen, den er „mit geschlossenen Augen aus jeder Menschenmenge hätte herausfinden

---

24 Vgl. Kapitel 5.2.2.

25 Mit Detering (2002) kann von einer literarischen Camouflage im Sinne einer „*Differenz* zwischen (unanstößigem) *Oberflächentext* und (hier: homoerotischem) *Subtext*" (S. 30) gesprochen werden: „Der anstößige Inhalt wird durch Transponierung in einen nicht anstößigen Bereich und gleichzeitige Signalisierung des ursprünglich Gemeinten öffentlich formulierbar gemacht." (ebd.)

können" (77). Auch die Ausrichtung aller Pläne auf Odilo (300), die reliquienähnliche Aufbewahrung der von ihm erhaltenen Objekte (315) sowie eine Reihe klassischer Liebesmotive zeugen von Altfrieds uneingestandenen Gefühlen: So etwa fährt er nachts zu Odilo, um unter dessen Fenster – in der Literatur ein populäres Medium für das Zusammentreffen Liebender[26] – stehen zu können (149). Bei ihrem letzten Sehen überreicht Odilo ihm Thomas Manns Novelle *Tonio Kröger*. Die darin beschriebene Freundschaft parallelisiert Altfried zwar hinsichtlich der diametralen Figurenanlage mit seiner eigenen Freundschaft zu Odilo:

> Mir hatte Odilo von Anfang an die Rolle des Blonden und Blauäugigen zugewiesen, des Harmlosen, des Robusten; [...] selbstverständlich war ich keineswegs so dunkel in Habitus und Charakter wie er, nicht so sensibel, so selbstreflexiv, so melancholieumflort, ich schien keineswegs zu begabt für die frohsinnpralle, die oberflächliche Welt. (315 f.)

Unerwähnt lässt er indes die homoerotische Grundierung des Textes,[27] die dem literarisch bewanderten narrativen Adressaten allerdings bekannt sein dürfte. Über diese (ausnahmsweise explizite) Referenz erfolgt nicht nur die Sensibilisierung für Altfrieds uneingestandene Emotionen, sondern auch – ähnlich wie in Bov Bjergs *Auerhaus* und Lucy Frickes *Töchter*[28] – der Anschluss an eine literarische Genealogie der Freundschaft und damit die Herstellung einer zumindest intertextuellen Zu(sammen)gehörigkeit.

Auch das Motiv des Erlkönigs[29] dient als Subtext der unzuverlässigen Erzählung Altfrieds. Es verdichtet sämtliche Leitmotive des Romans – allen

---

26 Vgl. Horst S. Daemmrich/Ingrid Daemmrich: „Fenster". In: Dies.: *Themen und Motive in der Literatur*. Tübingen: Francke 1995 [1987], S. 154-157.

27 Vgl. hierzu Rudolf Radler: „Erlkönig." In: Ders.: *Hauptwerke der deutschen Literatur. Band 2. Vom Vormärz bis zur Gegenwartsliteratur*. Berlin: Kindler 1994, S. 472. Detering (2002) verweist auf den Stellenwert von Manns Œuvre für die homoerotische Literaturgeschichte: „Ginge die homoerotische Literatur von Winckelmann bis zu Herman Bang, von Andersen bis zu Whitman, von Platons *Phaidros* bis zu Gides *Corydon* verloren – aus Thomas Manns Werk ließe sie sich rekonstruieren. Auf erstaunlich weite Strecken setzt es sich auseinander mit der Literaturgeschichte der homoerotischen Camouflage." (S. 323).

28 Vgl. zur Intertextualität in *Auerhaus* Kapitel 6.2.1. In *Töchter* heißt es: „‚Was soll das eigentlich werden?', fragte ich. ‚*Thelma und Louise*?' ‚Die waren jung, sexy und unterdrückt', sagte Martha. ‚Guck uns an, wir sind nicht mal unterdrückt.' ‚*Tschick?*', probierte ich weiter. ‚Das waren Jungs. Wir sind Frauen kurz vor den Wechseljahren.'" (TÖ 87)

29 Hierbei handelt es sich um Prototypen von Automodellen, die deshalb nach Goethes wohl berühmtester Ballade benannt sind, weil sie meist nachts an entlegenen Orten getestet und ihre Konturen und Proportionen zudem durch Muster und Anbauten getarnt werden, um die Neuerungen eines Modells nicht schon vor Markteinführung

voran Tod[30] und Erotik. Im Tod wird Odilo, dessen Wagen bei einer nächtlichen Autobahnfahrt aufgrund der nicht eingeschalteten Scheinwerfer mit einem anderen Fahrzeug kollidiert, selbst zum Erlkönig. Dies ist der Kulminationspunkt einer Reihe von Analogien: So suchten sie, erklärt Altfried dem Freund bei der ersten gemeinsamen Tour, „nach einer verborgenen Schönheit, einer Schönheit, die sich nicht sofort erschloß“ (80) – ebenso wie die von Odilos „Gesicht, dessen Unausgegorenheit jedoch in Vergessenheit geriet, wenn er einen ansah“ (76). Zentrales Charakteristikum sowohl des Erlkönigs als auch des Freundes ist seine Unverfügbarkeit: „Die Abwesenheit des Erlkönigs ist eine grundsätzliche. Er hat keinen Ort“ (158), konstatiert Altfried, und auch Odilo ist – räumlich wie geistig – nicht fassbar:

> Odilo war der ortloseste Mensch, den ich kannte. Eigentlich wußte niemand, was er den ganzen Tag tat. [...] Er pflegte ein Leben in Zurückgezogenheit. Er machte sich rar. Wenn man ihn traf, vermauerte er sich in ein Gedankensystem, an dem man keinen Anteil hatte. Wenn man ihn traf, befand er sich in Gedanken anderswo. Eigentlich wußte man nie, wo er wirklich war. (285 f.)

Die dritte und zentrale Analogie besteht darin, dass nicht nur die Erlkönige wiederholt mit zu erbeutendem Wild gleichsetzt werden, während Altfried sich selbst als Jäger gebärdet (81 f, 116 ff.). Als Odilo beim letzten gemeinsamen Ausflug unangekündigt im Wald verschwindet, macht Altfried auch ihn zum Jagdobjekt: „Ich spürte ihm nach. Ich jagte ihn in Gedanken, er vermischte sich mit allem Abwesenden, mit der Formlosigkeit, mit dem Wind. Ich jagte ihn, wollte ihm Fallen stellen. Geräuschlose Fallen. Fotofallen. Tellereisen und Schlingen. Fallgruben, mit Zweigen getarnt.“ (289) Die Jagd, die seit der griechischen Mythologie zum Grundinventar der Liebesmetaphorik gehört,[31] kann als brachiale Sexualfantasie gelesen werden:

> Er [der Jäger] paßt sich [...] an das Wild an. Er muß dessen Wege vorausahnen, dessen Bewegungen wie seine eigenen kennen. Man muß dahin gelangen, mit dem Wild eins zu werden, man muß die Verletzung, die man ihm zufügt, am eigenen Körper spüren. Das Wild, das man schießt, stirbt einen stellvertretenden

---

preiszugeben. Bei zwei ihrer insgesamt fünf Treffen gehen die Freunde gemeinsam auf die Jagd nach Erlkönigen (vgl. 75 ff., 283 ff.).

30 Die Schilderung beider Ausflüge beinhaltet Vorausdeutungen auf den Unfall Odilos: „Ein trüber Tag, sprach ich beschwörend auf ihn [Odilo] ein, Rutschgefahr, minimale Sicht, die Bedingungen [für die Erlkönigjagd] seien die besten.“ (82); „Ich schaltete den Verkehrsfunk ein und lauschte dem Reden von Unfallstellen, Umleitungen, Krankenwagen und Stau [...]. Fast wünschte ich, daß ihm [Odilo, der sich abgesetzt hat] etwas passiert wäre, damit nicht alles auf die Mißachtung meiner Person hinausliefe.“ (288)

31 Vgl. Daemmrich/Daemmrich, „Jagd“. In: Dies. 1995, S. 208-211.

> Tod. Der Jäger stirbt mit ihm, aber der Jäger ersteht wieder auf und lebt weiter. Und zwar, wenn man so will, geläutert. Die Kraft der Beute ist auf ihn übergegangen, ihre Eleganz, ihre Schnelligkeit, ihre Macht. (81 f.)

In dieser Passage imaginiert Altfried die Verschmelzung mit („eins zu werden") bzw. Penetration von („Verletzung") Odilo; der gemeinsame Tod lässt sich als Orgasmus deuten.[32] Im Anschluss an den Akt der (Selbst-)Tötung erlebt Altfried eine Katharsis („geläutert") und eignet sich parasitär die Charaktereigenschaften des genialen, übermächtigen Freundes an.[33]

Der hier evozierte Konnex von Eros und Tod hat eine lange literatur- und kunstgeschichtliche Tradition.[34] Eine eindringliche Theoretisierung erfährt er bei Georges Bataille, der die Erfahrung von Ekstase und Exitus parallelisiert: „Im Übergang vom normalen Zustand zur Begierde wirkt die grundlegende Faszination des Todes."[35] Die strukturelle Ähnlichkeit bestehe in einer „Gewaltsamkeit, die erschreckt, aber fasziniert"[36], sowie in der Verbotsstruktur, die Sexualität und Tod gleichermaßen umgebe.[37] Die Verschmelzung mit dem Partner und die temporäre Auflösung seiner selbst gebe einen Vorgeschmack auf das Erlebnis des Todes:[38] „Der letzte Sinn der Erotik ist [...] die Aufhebung der Grenze."[39]

Der Grenze als entscheidender Denkfigur Batailles entspricht die Grenze als zentrales Motiv von Poschmanns Roman und von Freundschaftsliteratur überhaupt. Im imaginierten Geschlechtsakt vollzieht sich die von Altfried ersehnte Aufhebung der Grenze zwischen Odilo und ihm und zugleich eine Umkehrung des freundschaftlichen Machtverhältnisses. Die Jagd nach Odilo zu dessen Lebzeiten scheitert. Altfrieds Aufzeichnungen und damit der Roman

---

32 Vgl. z. B. die französische Metapher *La petite mort* für den Orgasmus.

33 Im Gegensatz zu seiner imaginierten Rolle als aggressives Agens zeichnet er seine Schwester und ‚Rivalin' Mila, die im tatsächlichen Leben deutlich resoluter und initiativer als Altfried ist: „Meine Schwester pflegte [...] die Methode der Ansitzjagd. Die Hortus-conclusus-Methode, die Geschlossener-Garten-Methode, die Diesseits-der-Hecken-hocken-Methode, es war die Methode einfachen Wartens. Meine Schwester, in sich ruhend, [...] allzeit bereit, [...] ungewisse Tiere bei sich aufzunehmen, solange diese sich mit ihrer Katze vertrugen, meiner Schwester gelang es zu warten, ohne zu wissen, worauf." (290)

34 Vgl. Theresia Heimerl: „‚Des Todes Entzückungen.' Überlegungen zum Verhältnis von Eros und Tod." In: quer*elles*-net 19 (2006).

35 Georges Bataille: *Die Erotik*. München: Matthes & Seitz 1994 [1957], S. 21.

36 Ebd., S. 52.

37 Gerd Bergfleth: „Leidenschaft und Weltinnigkeit. Zu Batailles Erotik der Entgrenzung." In: Bataille 1994, S. 315-415, hier S. 324.

38 Bataille 1994, S. 19 ff.

39 Ebd., S. 125.

als Ganzes können als Fortsetzung dieser Jagd gelesen werden; als Versuch, den sich entziehenden Freund wenigstens posthum auf dem Karopapier des Notizbuches zu fixieren. Aber auch dieses Vorhaben löst sich nicht ein: So, wie auf all den verschwommenen Fotos, die Altfried bei seinen nächtlichen Erlkönig-Touren gemacht hat, „nur Nebel" (116) zu sehen ist, so bleibt auch Odilo „ein blinder Fleck, eine Unschärfe" (185).

4.3 „Erinnerungsort" Schloss? Konzeptionen von Zeit und Raum

Das Schloss ist nicht nur alleiniger Schauplatz der Rekapitulation der Freundschaft, sondern auch ‚Zeuge' deutscher Geschichte: Vor seiner Umfunktionierung zur Psychiatrie hat es als Lazarett und Zwangsarbeiterunterkunft „Kriege, Besatzungen, Plünderungen, Ausverkäufe" (13) erlebt. Es ist Schnittstelle von individueller und kollektiver Geschichte und Erinnerung, deren Zusammenspiel Gegenstand dieses Kapitels ist. Von der Forschung ist eine Kausalität zwischen dem Mauerfall und dem ungefähr zeitgleich einsetzenden *Spatial Turn* attestiert worden. Die Neukonzeptualisierung von Raum als einem erst durch menschliche Wahrnehmung, Handlung und Aneignung erzeugten Konstrukt,[40] die die Vorstellung von Raum als Container und bloßer Kulisse ablöste, hat laut Jörg Döring „nicht zuletzt auch mit den politischen Ereignissen nach 1989 zu tun: dem Ende des kalten Krieges, der Verschiebung von Grenzen, der Globalisierung als raumbedingtem wie -veränderndem Geschehen"[41]. Analog hierzu bemerken Ines Detmers und Michael Ostheimer, dass derartige „Zeit-Zäsuren [...] neue Zeitvorstellungen [generieren], die den Betroffenen gleichsam adäquate Narrative und narrative

40 Vgl. z. B. Petra Ernst/Alexandra Strohmaier (Hrsg.): *Raum. Konzepte in den Künsten, Kultur- und Naturwissenschaften*. Baden-Baden: Nomos 2013; Jörg Dünne/Andreas Mahler (Hrsg.): *Handbuch Literatur und Raum*. Berlin: De Gruyter 2015; Martina Löw: *Raumsoziologie*. Frankfurt a. M.: Suhrkamp 2012; Gertrud Lehnert (Hrsg.): *Raum und Gefühl. Der Spatial Turn und die neue Emotionsforschung*. Bielefeld: transcript 2011.

Jörg Döring versteht unter dem *Spatial Turn* „die theoretische bzw. forschungspraktische Revalorisierung von Raum bzw. Räumlichkeit im Kategoriengefüge von Kultur- und Sozialwissenschaften". Ders.: „Spatial Turn." In: Stephan Günzel (Hrsg.): *Raum. Ein interdisziplinäres Handbuch*. Stuttgart: Metzler 2010, S. 90-99, S. 90. Döring bietet eine kritische und sehr lesenswerte Auseinandersetzung mit der Wort- und Ideengeschichte des *Spatial Turns* als wissenschaftlichem Großparadigma: Er zeichnet u. a. das „geschickte Begriffsmarketing" nach, stellt Edward Sojas weithin akzeptierte Rolle „als Schöpfer eines neues Raumdenkens" in Frage und beleuchtet dessen „Aneignung" sowohl durch Michel Foucault als auch Henri Lefebvre.

41 Ebd., S. 93.

Anpassungsleistungen abfordern"[42]. Ebendiese Narrative sollen unter der Annahme, dass „Raum als Formspender für die Zeit"[43] fungiert und „Zeit immer auch räumlich zu denken [ist]"[44], im Folgenden insbesondere im Hinblick auf die Historisierung von Raum und die Verräumlichung von Historie aufgeschlüsselt werden. Zwar moniert die Forschung bis heute ein mangelndes theoretisch-konzeptionelles Zusammendenken von Zeit und Raum;[45] es gab und gibt jedoch mannigfaltige Ansätze zur Überwindung eines solchen angeblichen Antagonismus,[46] die für die literarische Analyse produktiv gemacht werden können.

Altfrieds Bezeichnung des Schlosses als „Erinnerungsort" (319) verweist auf das gleichnamige Konzept des Historikers Pierre Nora, das zur gedächtnistheoretischen Leitkategorie avanciert ist. Erinnerungsorte sind

42 Ines Detmers/Michael Ostheimer: *Das temporale Imaginäre. Zum Chronotopos als Paradigma literaturästhetischer Eigenzeiten*. Hannover: Wehrhahn 2016, S. 10 f.

43 Michael Ostheimer/Dominik Schrage: „Raum als ästhetische Formung von Zeit. Bachtins Chronotopos-Begriff in Literatur und sozialer Wirklichkeit." In: Michael Gamper/Eva Geulen et al. (Hrsg.): *Zeiten der Form – Formen der Zeit*. Hannover: Wehrhahn 2016, S. 83-110, hier S. 83.

44 Claudia Öhlschläger: „Einleitung." In: Dies./Lucia Perrone Capano (Hrsg.): *Figurationen des Temporalen. Poetische, philosophische und mediale Reflexionen über Zeit*. Göttingen: V&R unipress 2013, S. 7-12, hier S. 7.

45 Edward Soja beklagte bereits 1989 das Primat des Historizismus und forderte eine stärkere Einbindung der Kategorie Raum. Vgl. Ders.: *Postmodern Geographies. The Reassertation of Space in Critical Social Theory*. New York: Verso 1989, S. 10 ff. Michael C. Frank et al. attestieren, dass sich das ‚Machtverhältnis' mittlerweile umgekehrt habe und sich „der *spatial turn* gegenwärtig insgesamt auf Kosten des Faktors ‚Zeit' durchzusetzen" scheine. Vgl. Ders./Bettina Gockel/Thomas Hauschild/Dorothee Kimmich/Kirsten Mahlke: „Räume – zur Einführung." In: *Zeitschrift für Kulturwissenschaften* 2008, H. 2, S. 7-16, hier S. 10. Stephan Günzel kritisiert den „überkommenen Dualismus Raum und Zeit" bzw. „das gegenseitige Ausspielen von Raum und Ort, das die Philosophie seit Platon bzw. Aristoteles betreibt": Vgl. Ders.: „Zeit. Philosophisches Scheinproblem und räumliche Figuration." In: Öhlschläger/Perrone Capano 2013, S. 65-76, hier S. 70.

46 So ist Raum vielfach als Speichermedium von Zeit konzeptualisiert worden, das über Erinnerung und Imagination (Gaston Bachelard: *Poetik des Raumes*. Frankfurt a. M.: Fischer 2001 [1958], S. 34 ff.) oder Handlung und Interaktion (Lefebvre) fortwährende Aktualisierungen erfahre. Bei Michel de Certeau ist Handlung Voraussetzung von Raumkonstitution (Michel de Certeau: „Praktiken im Raum." [1980] In: Jörg Dünne/Stephan Günzel (Hrsg.): *Raumtheorie. Grundlagentexte aus Philosophie und Kulturwissenschaften*. Frankfurt a. M.: Suhrkamp 2006, S. 343-353), während bei Jurij Lotman umgekehrt erst das Überschreiten geographischer Grenzen Handlung katalysiert (Jurij Lotman: „Künstlerischer Raum, Sujet und Figur." [1970] In: Dünne/Günzel (Hrsg.) 2006, S. 529-545).

Gleichwohl trifft Birgit Neumanns Aussage zu, dass „die Erzähltheorie für die Raumanalyse keine vergleichbar systematischen Analysekategorien entwickelt [hat] wie für die Untersuchung der Zeitdarstellung". Vgl. Dies.: „Raum und Erzählung." In: Dünne/Mahler (Hrsg.) 2015, S. 96-104, hier S. 96.

Kristallisationspunkte von bzw. Scharniere zwischen Vergangenheit und Gegenwart; sie verräumlichen eine neue Form der Geschichtsschreibung, die

> nicht mehr die Determinanten, sondern deren Auswirkungen [untersucht]; nicht mehr die Aktionen, die in Erinnerung bleiben oder deren sogar gedacht wird, sondern die Spuren dieser Aktionen und die Spielregeln dieser Formen des Gedenkens; nicht mehr die Ereignisse an sich, sondern deren Konstruktion in der Zeit, das Verschwinden und Wiederaufleben ihrer Bedeutungen; nicht die Vergangenheit, so wie sie eigentlich gewesen ist, sondern ihre ständige Wiederverwendung, ihr Gebrauch und Mißbrauch sowie ihr Bedeutungsgehalt für die aufeinanderfolgenden Gegenwarten; nicht die Tradition, sondern die Art und Weise, wie diese geschaffen und weitergegeben wird.[47]

Trotz seiner bewegten Historie und der „Fähigkeit zur Metamorphose“[48] unterminiert das Schloss die Idee eines Erinnerungsortes, der gekennzeichnet ist vom „Willen […], etwas im Gedächtnis festzuhalten“[49] und „der Arbeit des Vergessens Einhalt zu gebieten“[50]. Stattdessen „beschleunigen [die Patienten] den Verfall“ (9), „die Stuhlgerippe und versteinerten Schränke, die im Staub vergrabenen Heizkörper, die Tapetenfossilien“ (320) bilden ein kümmerliches Stillleben, Teile des Baus sind gar kontaminiert (146 f.). So verräumlicht das marode Barockschloss das für die Epoche charakteristische, an die Hinfälligkeit alles Irdischen mahnende Vanitas-Motiv. Altfried imaginiert „allnächtlich die fehlenden Teile“ (13 f.), worunter eben nicht nur das geplünderte Mobiliar, sondern auch der tote Freund fällt.

Das, was im Laufe der Jahrhunderte *nicht* entwendet wurde, ist gänzlich desemantisiert: Die Gemälde sind entweder so stark nachgedunkelt, dass man die Motive kaum noch identifizieren kann (10), oder sie zeigen mutmaßliche ehemalige Schlossbewohner, von denen „niemand mehr weiß, wer die Dargestellten sind“ (121). Auch das Denkmal im Schlossgarten bleibt eine Leerstelle: „Odilo umrundete es angewidert, […] erkundigte sich nach den Lebensdaten des Grafen. Nach seiner Bedeutung, seinen Aktivitäten, seiner historischen Wirkung. Ich wußte nichts darüber, der Graf war unbedeutend, es störte mich, daß Odilo sich überhaupt damit befaßte.“ (323) Die Enttäuschung von Odilos Erwartungshaltung an das Schloss als Erinnerungsort geht einher

---

47 Pierre Nora: „Wie läßt sich heute eine Geschichte Frankreichs schreiben?“ In: Ders. (Hrsg.): *Erinnerungsorte Frankreichs*. München: Beck 2005, S. 15-23, hier S. 16.

48 Pierre Nora: „Die Gedächtnisorte.“ [1984] In: Stephan Günzel (Hrsg.): *Texte zur Theorie des Raums*. Stuttgart: Reclam 2013, S. 84-89, hier S. 86.

49 Ebd., S. 85.

50 Ebd., S. 86.

mit einer abermaligen Degradierung Altfrieds, der hier als vermeintlicher Banause entlarvt wird.

Nicht nur die Barockzeit, auch die erst wenige Monate zurückliegende DDR-Zeit bietet keinerlei Anknüpfungspunkte für eine intellektuelle oder emotionale Auseinandersetzung mit der Vergangenheit: „Lenin ist abgehängt, im Keller" (125), bemerkt Altfried nonchalant, und die Bibliothek beinhaltet lediglich „*Wie der Stahl gehärtet wurde, Urania-Kompendium Technik*, solche Sachen" (208). Die Überbleibsel vergangener Epochen sind folglich keine ‚telling objects'[51] oder ‚Geschichtszeugen'[52], sondern gänzlich getilgt, nicht decodierbar oder zu Makulatur geworden. Die architektonische Gedächtnismetapher par excellence, die Bibliothek,[53] wird pervertiert, wenn die sedierten Patienten sich alternativ zum Kreuzworträtsellösen „mit [...] Erkenntniswut" (208) in überholte Fachbücher vergraben.

Das Schloss führt nicht nur Noras Theorie ad absurdum. So erklärt schon Michail Bachtin in seinem Konzept des Chronotopos – hierunter versteht er den „wechselseitigen Zusammenhang der in der Literatur künstlerisch erfaßten Zeit-und-Raum-Beziehungen"[54] – das Schloss zu *der* architektonischen Komprimierung von Vergangenheit schlechthin:

> Das Schloß ist der Ort, [...] an dem sich in sichtbarer Form die Spuren der Jahrhunderte und der Geschlechter abgelagert haben – in den verschiedenen Teilen seines Baues, im Mobiliar, in den Waffen, in der Ahnengalerie, in den Familienarchiven [...]. Schließlich sind es die Legenden und Überlieferungen, die mit den Erinnerungen an ferne Ereignisse alle Ecken und Winkel des Schlosses und seiner Umgebung mit Leben erfüllen.[55]

Bachtins bereits 1937 entstandenes Chronotoposkonzept nimmt die vom Historiker Reinhart Koselleck geprägte Metapher der „Zeitschichten", die auf die Koexistenz multipler, einander überlagernder diachroner Zeitebenen und

51 Mieke Bal: „Telling Objects: A Narrative Perspective on Collecting." In: John Elsner/Roger Cardinal (Hrsg.): *The Cultures of Collecting*. Cambridge: Harvard UP 1994, S. 97-115.

52 Ulrike Vedder: „Das Rätsel der Objekte: Zur literarischen Epistemologie von Dingen. Eine Einführung." In: *Zeitschrift für Germanistik* 22 (2012), H. 1, S. 7-16, hier S. 9.

53 Vgl. Aleida Assmann: *Erinnerungsräume: Formen und Wandlungen des kulturellen Gedächtnisses*. München: Beck 2010 [1999], S. 160: „Der Gedächtnis-Vorrat, der von der Bibliothek aufbewahrt wird, ist [...] die Kunde des Vergangenen, des durch die Zeit hindurch Geretteten. Verpflichtet der Tempel zum Andenken für die Zukunft, so ermöglicht die Bibliothek Zugang zum Wissen der Vergangenheit und Gegenwart."

54 Michail M. Bachtin: *Chronotopos*. Frankfurt a. M.: Suhrkamp 2017 [1937], S. 7. Vgl. vertiefend Michael C. Frank: „Chronotopoi." In: Dünne/Mahler (Hrsg.) 2015, S. 160-169.

55 Bachtin 2017, S. 183.

die dadurch entstehende Gleichzeitigkeit des Ungleichzeitigen verweist,[56] ebenso vorweg wie Henri Lefebvres sozialkonstruktivistisches Verständnis von Raum:

> In der Tat schreiben sich die Geschichte und ihre Folgen, die ‚Diachronie', die Etymologie der Orte, d. h. all das, was dort geschehen ist und dabei Orte und Plätze verändert hat, in den Raum ein. Die Vergangenheit hat ihre Spuren hinterlassen, ihre Inschriften, die Schrift der Zeit. Aber dieser Raum ist immer noch, heute wie früher, ein gegenwärtiger, als ein aktuelles Ganzes gegeben, mit seinen gerade wirksamen Verbindungen und Vernetzungen.[57]

In *Die Sonnenposition* lebt die Vergangenheit jedoch lediglich in Form einer diffusen „Versehrtheit […], die sich in diesen Räumen hält" (13), fort: Die „Last der Historie" (216) drückt auf die Bewohner, die von ihr „deformiert, um[ge]formt und auf[ge]löst" (11) werden. Die Desemantisierung der „Zeitschichten" und Geschichte(n) des Schlosses sowie die daraus resultierende Unmöglichkeit identitätsstiftender Erinnerung konterkariert mithin die aus Literaturwissenschaft (Michail Bachtin), Geschichtswissenschaft (Reinhart Koselleck) und Soziologie (Henri Lefebvre) stammenden kanonischen Raum-Zeit-Konzepte.

Während die Welt *außerhalb* des Schlosses nach dem Mauerfall in einer Um- und Aufbruchssituation ist, herrscht *innerhalb* des Schlosses eine allumfassende Lethargie und „Verfassung ohnmächtiger Müdigkeit" (154):

> [D]ie Kunst besteht darin, sich zu bewegen, als bewege man sich nicht. Wir befinden uns in einem Raum der Handlungslosigkeit. Alle Handlungen haben stattgefunden, viele hätten besser nicht stattgefunden, in diesem Raum bleibt nichts mehr zu tun. Nichts, als sich anzupassen. Manchmal kommt es mir so vor, als bestünde unsere Aufgabe darin, den sich rasend beschleunigenden Veränderungen durch unsere apathische Langsamkeit etwas entgegenzusetzen. (207)

So wird die strukturalistische Differenzierung zwischen sujethaften Texten, denen ein lineares Zeitverständnis zugrunde liege, und sujetlosen Texten, die Ausdruck eines zyklischen Zeitverständnisses seien,[58] obsolet. Stattdessen

---

56 Reinhart Koselleck: *Zeitschichten. Studien zur Historik*. Frankfurt a. M.: Suhrkamp 2000, S. 9 ff.

Hiermit korrespondiert auch das von Michel Serres entworfene Konzept einer „gefalteten Zeit". Ders.: *Aufklärungen. Fünf Gespräche mit Bruno Latour*. Berlin: Merve 2008 [1992], S. 88 ff.

57 Henri Lefebvre: „Die Produktion des Raums." [1974] In: Dünne/Günzel (Hrsg.) 2006, S. 330-342, hier S. 334.

58 Vgl. hierzu Cornelia Ruhe: „Semiosphäre und Sujet." In: Dünne/Mahler (Hrsg.) 2015, S. 170-177.

literarisiert *Die Sonnenposition* die Existenz synchroner, „parallel zueinander bestehende[r] Zeitformen“ bzw. die „Vielzahl der Zeiten in einer Gegenwart“, die der Historiker Achim Landwehr unter den Begriff der „Pluritemporalität“[59] fasst. Die statische bzw. zyklische Zeit innerhalb des Schlosses wird über die zirkelförmig angeordneten Gemeinschaftszimmer (13), das permanente Im-Kreis-Laufen aller Bewohner (330) und Altfrieds Empfindung eines um ihn rotierenden Schlosses (276) verräumlicht. Sein allnächtliches Rundendrehen kann als Nachstellung der Erlkönigjagden mit Odilo gelesen werden: „Wir fuhren im Kreis, es war ein [...] zielloses Kreisen, Schweifen, Streunen“ (83) mit dem „Wunsch, sich [...] zu entpositionieren. Nicht mehr als Einzelheit gelten [zu] müssen. Nie als Individuum.“ (113)[60] An einer Stelle lässt Altfried vergangene Jahrhunderte binnen nur einer Seite wie im Zeitraffer oder Daumenkino Revue passieren (209) und suggeriert damit zunächst eine historische Linearität, um gleich darauf iterative Elemente einzuflechten – „Vorhänge werden auf- und zugezogen. Tischtücher ausgebreitet, beschmutzt, gewaschen, zusammengelegt und in den Schrank geräumt.“ (211) – und in eine Endlos-Schleife umzuschalten. Sein zyklisches Zeitempfinden steht in unmittelbarem Zusammenhang mit dem Verlust des Freundes, übt Trauer laut Simone Winko doch einen „retardierenden Effekt [...] auf die subjektive Wahrnehmung von Zeit“[61] aus. Es resultiert auch aus Altfrieds transgenerationeller Traumatisierung,[62] die nach Angela Moré ebenfalls „das für die Sinnkonstruktion von Lebensgeschichte erforderliche subjektive Gefühl eines linearen Fortschritts der Zeit [zerstört]“[63].

Analog zur kollektiven läuft in *Die Sonnenposition* auch individuelle Erinnerung ins Leere. Altfrieds These, dass die „Schlösser der neuen Bundesländer [...] Gedächtnispaläste nach dem Vorbild antiker Memorierkunst“ (210) seien, bestätigt sich beileibe nicht. Während (imaginäre) architektonische Komplexe in der antiken Mnemotechnik die Funktion einer Erinnerungsstütze

---

59 Achim Landwehr: „Alte Zeiten, Neue Zeiten. Aussichten auf die *Zeit-Geschichte*.“ In: Ders. (Hrsg.): *Frühe Neue Zeiten. Zeitwissen zwischen Reformation und Revolution*. Bielefeld: transcript 2012, S. 9-40, hier S. 25 f.

60 Die für *Road Novels* bzw. *Road Movies* charakteristische Ziellosigkeit der Fahrt, die eine Emanzipierung und Subjektwerdung der Protagonisten ermöglicht (Vgl. hierzu David Laderman: *Driving visions. Exploring the Road Movie*. Austin: University of Texas Press 2002, S. 16; Knut Hickethier: „Auf dass einem was widerfährt. Road Movies im deutschen Film.“ In: Norbert Grob/Thomas Klein (Hrsg.): *Road Movies*. Mainz: Ventil 2006, S. 128-148, S. 139), erfährt bei Poschmann also eine Pervertierung.

61 Winko 2003, S. 371 f.

62 Vgl. Kapitel 4.5.

63 Angela Moré: „Die unbewusste Weitergabe von Traumata und Schuldverstrickungen an nachfolgende Generationen.“ In: *Journal für Psychologie* 21 (2013), H. 2, S. 1-34, hier S. 9.

haben[64] – „Man durchschreitet die Räumlichkeiten in der naheliegenden Abfolge und greift schön der Reihe nach auf, was vorzutragen ist." (210) –, ‚findet' Altfried beim allnächtlichen Stromern durch das Schloss keine ineinandergreifenden Versatzstücke, sondern verliert sich zunehmend selbst. Das Schloss affirmiert die von Walter Benjamin[65] über Gaston Bachelard bis Pierre Nora vertretene These, dass Zeit erst anhand von Raum erinner- und erzählbar wird, somit *ex negativo*. Als „haltloser Ort" (319)[66] verunmöglicht es identitätsstiftende Vergangenheitsbewältigung: „[J]e mehr ich versuche, mich [an Odilo] zu erinnern, desto mehr nimmt die Dunkelheit zu." (152).

4.4 Entgrenzung und Auflösung

Das Nicht-Durchdringen-Können zum Freund – sowohl zu dessen Lebzeiten als auch in der Erinnerung – erfährt über den Motivkomplex von Konturlosigkeit und Verschmelzung eine schmerzhafte Verdichtung. Zur Illustrierung dieser These kann zunächst abermals die Architektur der Heterotopie Schloss herangezogen werden.[67] Diese ist nach *außen* zwar hermetisch abgeriegelt,[68] *innerhalb* ihrer Mauern gibt es jedoch keine Grenzlinien.[69] Ihre Bauart erinnert an das im 18. Jahrhundert von Jeremy Bentham für Psychiatrien und Gefängnisse konzipierte und von Michel Foucault in *Überwachen und Strafe*[70]

64 Vgl. für eine ausführlichere Darstellung der antiken Mnemotechnik A. Assmann 2010, S. 158, sowie Harald Weinrichs wegweisenden Aufsatz: „Typen der Gedächtnismetaphorik." In: *Archiv für Begriffsgeschichte* 9 (1964), S. 23-26.

65 Walter Benjamin entwirft in seiner *Berliner Chronik* (1932) und der *Berliner Kindheit um neunzehnhundert* (1938) die Topographie seiner persönlichen Geschichte.

66 Die Nichtexistenz eines Ortes, anhand dessen Zeit sich materialisieren ließe, versucht Altfried über eine kleinteiligere Vergegenständlichung von Zeit zu kompensieren: „Wir alle können angesichts der durchsichtigen Strukturen [des Klinikessens], des eingekapselten Gestern wenigstens für die Dauer einer Mahlzeit etwas lockerlassen, denn eine Instanz außerhalb unserer selbst hat die Dinge, hat die Zeit im Griff." (101)

67 Heterotopien beinhalten das Andersartige, Querstehende, Überschüssige, das bei der Konstitution homogener gesellschaftlicher Systeme tabuisiert oder ausgeschlossen wird. Foucault definiert sie als „Gegenplatzierungen oder Widerlager". Vgl. Ders.: „Andere Räume." [1967] In: Karlheinz Barck et al. (Hrsg.): *Aisthesis. Wahrnehmung heute oder Perspektiven einer anderen Ästhetik*. Leipzig: Reclam 1992, S. 34-46, hier S. 39.

68 Die Fenster sind vergittert, Gäste haben nur an ausgewiesenen Besuchstagen Zutritt.

69 Die Gemeinschaftsräume sind ausnahmslos Durchgangszimmer (13), und aus dem Eindringen von Küchenaromen in seine Schlafkammer schließt Altfried, dass umgekehrt auch die eigenen Ausdünstungen („Bettgeruch", 271) durch das Schloss wabern.

70 Michel Foucault: *Überwachen und Strafen. Die Geburt des Gefängnisses*. Frankfurt a. M.: Suhrkamp 1976 [1975], S. 251 ff.

beschriebene Panoptikum: ein kreisförmiger Gebäudekomplex, in dessen Mitte ein Turm steht, von dem aus jedes Zimmer des äußeren Rings permanent einsehbar ist. Ob die Wächterposition besetzt ist, ist letztlich irrelevant, da eine sukzessive Verlagerung der Kontrollinstanz in die Insassen selbst erfolgt. Diese imaginieren eine Beobachtung von außen, sodass die *tatsächliche* Überwachung obsolet wird.

Eine solche Verräumlichung, Abstrahierung und Entindividualisierung von Macht findet auch in *Die Sonnenposition* statt, allerdings in entgegengesetzter Richtung: Hier zirkulieren die Patienten täglich um Altfrieds Schlafzimmer, das den Mittelpunkt des Gebäudes bildet (330). Die Machtverhältnisse des Panoptikums sind also insofern invertiert, als die Blickachse von außen nach innen verläuft und Altfried es ist, der sich einer permanenten Beobachtung und Überwachung durch die Patienten ausgesetzt fühlt. Die fehlende Privatsphäre[71] verunmöglicht auch eine geistige Grenzziehung: „Ich lege mich ins Bett und sehe schon von weitem Bilder auf mich einstürmen. […] Bilder, die mir fremd sind, als träumten mir die Tagesreste anderer, Erinnerungen vielleicht der Patienten, der Mitarbeiter, die sich täglich in diesem Gebäude aufhalten." (148)

Nicht nur die panoptische Schlossarchitektur, auch die von der Klinikleitung vertretene Programmatik einer „Partnerschaftlichkeit" (121) und „Gleichberechtigung" (157) von Therapeut und Patient begünstigt eine wechselseitige Überlagerung von professioneller und privater Sphäre. Nach dem Bann jeglicher Autoritätsinsignien beginnt Altfried, nachts den vormals als Distinktionsmerkmal fungierenden Arztkittel zu tragen (123), um sich seiner Identität als Arzt zu vergewissern. Gleichwohl setzt er sich zunehmend mit den Patienten gleich.[72] Auch die metadiegetisch eingeschobenen Fallgeschichten einzelner

71 Hypertrophiert wird der mangelnde Rückzugsraum in einem (Alp-)Traum Altfrieds, der eine Architektur ähnlich der einer IKEA-Ausstellungshalle entwirft, in der Mikro-Wohneinheiten nahtlos aneinander anschließen: „Zwischen den einzelnen Wohnbereichen gibt es nur ungesicherte Grenzen. Ein Kollege hat ein Bücherregal als Raumteiler aufgestellt, ein anderer mit einem Tischchen […] im Durchgang den Beginn seines Reichs markiert. […] Unklar bleibt allerdings, wie weit meine Wohnung reicht. […] Im Schlafzimmer hängt eine Plane von der Decke. Sie hängt so, daß sie meinen schmalen Streifen von dem größeren Raumteil abtrennt, in dem sich das Ehebett des Nachbarn befindet. […] Der Nachbar winkt mir vom Bett aus zu." (150 f.)

72 „Die roten Haare. Die leichenblasse, leicht teigige Haut: Ich gab, das ließ sich nicht schönreden, eine mitleiderregende, zumindest läppische Figur ab, […] man konnte mich ohne weiteres für einen meiner Patienten halten." (166) Er sei nicht imstande, wie von der Klinikleitung verlangt „einen Mittelpunkt zu manifestieren, einen einzigen Punkt aus *beliebigen gleichgültigen* Punkten [Schlossbewohnern] hervorzuheben" (277, Hervorhebung CS). Zugleich nimmt Altfrieds Bedürfnis nach Distinktion absurde Züge an: „Sie

Patienten (130 ff., 255 ff.) und das ausnahmslos neurotische Romanpersonal verweisen auf den schmalen Grat zwischen Ratio und Wahnsinn bzw. auf die Fragwürdigkeit einer solchen Dichotomie, deren Entstehung bezeichnenderweise mit der des Barockschlosses zusammenfällt[73] und die in der Heterotopie Psychiatrie zugleich „repräsentiert, bestritten und gewendet“[74] wird. In Bjergs *Auerhaus* und Bußmanns *Der Mantel der Erde ist heiß und teilweise geschmolzen* identifizieren sich die erzählenden Freunde ebenfalls mit Klinikinsassen („Es gab null Unterschied zwischen den Patienten und mir“, AH 39) und verwirrten Obdachlosen („wie schnell es gehen würde, bis uns nichts mehr von ihnen unterschied“, ME 219). Wie in *Die Sonnenposition* zeugen derlei Parallelisierungen von einem als bedroht empfundenen Subjektstatus bzw. von einer Prekarität des Ich, die viele der Erzähler mit der Selbstverwissenschaftlichung bzw. dem *Schreiben in Fällen* zu kompensieren versuchen.

Die Aufweichung der Grenzen zwischen Professionalität und Privatheit, Arzt und Patient, Vernunft und Wahnsinn lässt Altfrieds bis zuletzt uneingestandene freundschaftliche Bedürfnisse umso deutlicher hervortreten. Das Leben im Schloss, dessen detaillierte Schilderung im Vergleich zu den Passagen über Odilo deutlich überwiegt, ist ein Zerrspiegel der Beziehung zum Freund: Augenhöhe von Therapeut und Patient versus Asymmetrien und Machtgefälle, räumliche und geistige Durchlässigkeit versus Distanz und fehlende

---

[die Patienten] sehen weiße Labormäuse, sie sehen grüne Mäuse […]. Deshalb habe ich mich persönlich ganz auf Ratten festgelegt.“ (145)

Mit dem der Geisteskrankheit anheimfallenden Psychiater bzw. dem Rollentausch von Arzt und Patient greift *Die Sonnenposition* einen überaus produktiven literarischen Topos auf. Vgl. z. B. Edgar Allan Poes *The System of Doctor Tarr and Professor Fether* (1845), Charles Dickens' *A Tale of Two Cities* (1859), Robert Louis Stevensons *The Strange Case of Dr. Jekyll and Mr. Hyde* (1886), Anton Tschechows *Krankenzimmer Nr 6* (1892) und Hjalmar Söderbergs *Doktor Glas* (1905). Vgl. die Ausführungen von Dietrich von Engelhardt: *Medizin in der Literatur der Neuzeit. Band I: Darstellung und Deutung.* Hürtgenwald: Guido Pressler 1991, S. 116 und 280.

73 Michel Foucault datiert die ‚Erfindung‘ des Wahnsinns auf die 1650er Jahre (*Wahnsinn und Gesellschaft.* Frankfurt a. M.: Suhrkamp 1969 [1961], S. 71) Die aufklärerische Vernunft habe sich erst über die Markierung von Wahnsinn als Krankheit und seinen Ausschluss aus der Gesellschaft konstituieren können: „Einerseits besteht der Wahnsinnige *in Beziehung* zur Vernunft, oder zumindest in Beziehung zu den ‚anderen‘, die in ihrer anonymen Allgemeinheit die Aufgabe haben, die Vernunft zu repräsentieren und ihr fordernde Kraft zu geben; andererseits existiert er *für* die Vernunft, in dem Maße, in dem er im Blick eines idealen Bewußtseins erscheint, das ihn als Unterschied zu den anderen perzipiert. *Gegenüber* der Vernunft ist der Wahnsinn von doppelter Art; er ist zugleich *auf der anderen Seite* und *unter ihrem Blick*.“ (ebd., S. 76 f.)

74 Foucault 1992, S. 39.

Transparenz – dem *Zuviel* an Nähe zu den Patienten korrespondiert das *Zuwenig* an Nähe zum Freund.

Die Auflösungsprozesse enden freilich nicht an der Schlossmauer: Auch die das Schloss umgebende (Psycho-)Topographie ist – wie in Wolfs *Nachdenken über Christa T.*, Bußmanns *Der Mantel der Erde ist heiß und teilweise geschmolzen* und Ferrantes *Neapolitanischer Saga*[75] – permanent von Auflösung bedroht: Wege zerfließen (249), Sterne verwandeln sich in Schneeflocken (85), und sogar „[d]ie Sonne bröckelt" (7). Auch der Mensch selbst ist fragile Materie und wird über den Vergleich mit unbelebten Substanzen[76] und Tieren[77] wiederholt dehumanisiert. Seine „Grenzen [sind] verletzlich" (258) und die Gefahr einer Kontaminierung deshalb omnipräsent. So gibt es laut Altfried „Orte, an denen sich das Unglück festgesetzt hat, Orte, die es auf alle übertragen, die sich dort aufhalten" (223). Altfrieds Eltern fürchten, ihr Sohn ziehe durch die Arbeit mit psychisch Kranken deren Probleme „unweigerlich auf sich selbst" (212), und auch Odilo wähnt allerorts drohende Infektionen.[78] Tatsächlich übertragen sich sowohl die Schlaflosigkeit des Freundes (150) als auch das Kriegstrauma des Vaters[79] auf den Erzähler. Odilos tödlicher Autounfall, nach dem nur noch seine „zerquetschten Reste" (25) übrig sind, ‚belegt' auf grausame Weise Altfrieds These, der Mensch sei „nichts als eine zurückweichende Masse, seltsam inhaltslos, beliebig verformbar" (101).

Das Bedürfnis nach Struktur und Sicherheit in einer entgrenzten Welt manifestiert sich auf mannigfaltige Weise; etwa wenn die Patienten „in die Bettdecke gekrallt, ans Kissen geklammert" (217) schlafen, Mila beim Träumen „wie ein Kleinkind" nach Halt sucht (250), Altfried sein Plumeau kokonartig um sich feststopft (153) und den voluminösen Köper in zu enge Kleidungsstücke

75 „So dünn ist die Decke, auf der wir gehen, so dicht unter unseren Füßen die Gefahr, durchzubrechen in diesen Sumpf." (NC 41); „Mal war der Bahnhof an der Piazza Garibaldi überschwemmt, mal war die Galleria gegenüber dem Museum eingestürzt, mal gab es einen Erdrutsch" (NE III 20). Bei Bußmann wüten Stürme, Erdbeben und Überschwemmungen (ME 14, 48).

76 SP 101.

77 So ist Altfried einmal geblendetes und erlegtes Wild (117 f.), dann verwesender Fisch (158), ausgelieferte Labormaus (292) oder verwirrtes Insekt (319). Wenn ein „Tierzeichnungstest" als gängiges psychiatrisches Diagnoseverfahren verwendet wird (176), Odilo sich beim Betrachten der „Schweinemänner" und „Hundsdrachen" am Kölner Dom selbst als „Mischwesen" (246) empfindet und Mila ihre Modelle mit animalischen Masken auf den Laufsteg schickt (175), ist die Dehumanisierung allumfassend.

78 Vgl. z. B. seine Befürchtung, in den polnischen Heilstätten „alle Unpäßlichkeiten auf sich zu ziehen" (244), und seine Angst vor der Einschleppung tödlicher Keime durch Laborbesucher (295).

79 Vgl. Kapitel 4.5.

zwängt (110 f., 143). Auch das manische Nachzeichnen des karierten Papiers in dem Notizheft, in dem er nachts seine Reflexionen über Odilo festhält, sowie der Entwurf einer streng symmetrischen Architektur für den verwilderten Schlossgarten (152 ff.) können als ein Anzeichnen bzw. Anschreiben gegen die drohende (Selbst-)Auflösung gelesen werden. Paradoxerweise steht dem Gefühl des Verlorenseins das der Beklemmung in begrenztem Raum gegenüber: In geschlossenen Zimmern fühlt Altfried sich „lebendig begraben" (30), Autofahren verursacht ihm „Engegefühl" (38). Auch Odilo, der beim Anblick von Landschaftspanoramen „die Empfindung, ausgesetzt zu sein" und den „Eindruck der eigenen Nichtigkeit" (197) fürchtet, verspürt umgekehrt in der „Enge" der Stadt den „Drang, die eigenen Körperwände zu übersteigen" (92). Das Unwohlsein des Menschen ist somit ein universales und auswegloses.

4.5 Mnemotop Schlesien: Die Familiengeschichte

In Altfrieds Reflexionen über die Situation im Schloss und Odilo sind drei Kapitel zu seiner Familiengeschichte eingeschoben (219-251): Das erste schildert aus auktorialer Perspektive die Ermordung von Altfrieds schlesischen Großeltern durch russische Kommunisten und die Flucht seines damals sechsjährigen Vaters und dessen Schwester Sidonia. Im zweiten Kapitel kehren Altfried, Mila und Sidonia ein halbes Jahrhundert später erstmals zum Haus der Großeltern zurück. Im dritten Kapitel imaginiert Altfried, wie Mila gemeinsam mit Odilo ein weiteres Mal nach Schlesien reist. Vor allem das erste und zweite Kapitel zur Familiengeschichte muten zunächst wie ein dem eigentlichen Romanplot enthobener bzw. von diesem isoliert stehender Erinnerungsexkurs an. Wie die folgenden Ausführungen zeigen, gibt es jedoch zahlreiche Parallelen zwischen Familien- und Freundschaftshistorie. Insbesondere über die Motive der Übertragung und des Erbes, der Grenze und der Schuld spiegelt Altfrieds Genealogie zentrale Dynamiken der Beziehung zu Odilo.

Mit der Reise gen Osten greift Poschmann ein verbreitetes Motiv des Gegenwartsromans auf,[80] anhand dessen die seit den achtziger Jahren stattfindende Entwicklung Osteuropas zur „Gedenklandschaft"[81] literarisiert wird. Schlesien wird im Folgenden nicht als Erinnerungsort im Sinne Pierre Noras verstanden;

80 Brigid Haines: „Introduction: The Eastern European Turn in Contemporary German-Language Literature." In: *German Life and Letters* 68 (2015), H. 2, S. 145-153. Vgl. zum Reisemotiv auch die Beiträge von Sabine Egger und Anna C. Souchuk im gleichen Heft.

81 A. Assmann 2010, S. 327. So wird Vergangenheit zum Geschäftsmodell: „Das Busunternehmen, das meine Tante gewählt hatte, führte regelmäßig Heimwehreisen nach Schlesien durch." (232)

passender scheint der von Jan Assmann geprägte Begriff des *Mnemotops*, da dieser größere geographische Komplexe bezeichnet, die „als ganze in den Rang eines Zeichens erhoben, d. h. *semiotisiert* [werden]“[82] und so den „Vergangenheitsbezug einer Gruppe oder Kultur sichtbar machen bzw. [...] etablieren und aufrechterhalten“[83]. Wenn Altfried und Mila ihrer Reise zu den familiären Ursprüngen identitätsstiftendes Potenzial zuschreiben,[84] wird die Vergangenheit zur „Zuflucht, von der man mehr als je zuvor annimmt, daß sie die Geheimnisse nicht nur unserer ‚Geschichte‘, sondern unserer gesamten ‚Identität‘ birgt“[85]. Auf das utopische Moment einer solchen Programmatik hat Stuart Hall hingewiesen: „Who has not known [...] the surge of an overwhelming nostalgia for lost origins, for ‚times past‘. And yet this ‚return to the beginning‘ is like the imagery in Lacan – it can neither be fulfilled nor requited.“[86] Tatsächlich löst sich die Erwartungshaltung der Geschwister nicht ein: „Es waren lose hingeworfene Wiesen, an denen sich keine Erinnerung festmachen ließ. Es war [...] die Maßlosigkeit eines verwachsenen Grundstücks, das überall hätte sein können und unser Gefühl von Heimatlosigkeit verstärkte.“ (229) Der traumatische Ort ist hier keine Wunde, die nicht vernarben will, sondern gänzlich desemantisiert.

Das Unvermögen einer wie auch immer gearteten Identifikation lässt Altfried und Mila nach alternativen genealogischen Anknüpfungspunkten suchen: Mila trägt die alten Kleider ihrer Tante auf (167), Altfried tritt eine Stelle in einem zur Psychiatrie umfunktionierten ostdeutschen Schloss an, dessen Lage und Historie frappierende Ähnlichkeiten zu dem Schloss aufweisen, in dem Vater und Tante nach der Ermordung der Großeltern als Flüchtlinge

---

82 Jan Assmann: *Das kulturelle Gedächtnis. Schrift, Erinnerung und politische Identität in frühen Hochkulturen*. München: Beck 2013 [1992], S. 60.

83 Nicolas Pethes: „Mnemotop.“ In: Dünne/Mahler (Hrsg.) 2015, S. 196-204, hier S. 196.

84 „Wir hatten uns aus diesen Bildern neu zusammensetzen wollen; mit den Bildern eines alten Hauses, eines Gartens, einer Familienumgebung die Vision einer Zukunft grundlegen, hatten eine Vergangenheit herstellen wollen, die uns dabei hätte helfen können, Ziele zu verfolgen.“ (SP 238) Eine ähnliche Programmatik verfolgen die Protagonistinnen der Freundschaftsromane *Töchter* (2017) von Lucy Fricke und *Wohin wir gehen* (2019) von Peggy Mädler. Auch sie hoffen, die „Gegenwart mit den Bruchstücken der Vergangenheit rahmen“ (WG 30) zu können: „Ich litt unter dem Verlassenwerden, den abgebrochenen, nicht einmal gewagten Beziehungen, unter der Einsamkeit, unter mir selbst, ich fühlte mich lächerlich und glaubte, wenn ich zu dem allerersten Verlust zurückkehrte, wenn ich dieses Fundament der Erinnerung betrat oder wenigstens Spuren davon fand, könnte ich all das bannen wie einen Fluch. Eine Austreibung war das Mindeste, was ich mir vornahm.“ (TÖ 162).

85 Nora 2005, S. 19.

86 Stuart Hall: „Cultural Identity and Diaspora.“ In: Jonathan Rutherford (Hrsg.): *Identity. Community, Culture, Difference*. London: Lawrence & Wishart 1990, S. 222-237, hier S. 236.

aufgenommen worden waren. Wie wir gesehen haben, erfüllt sich seine Erwartungshaltung an das Schloss als „Erinnerungsort“ (319) jedoch ebenso wenig wie die an das Mnemotop Schlesien. Die Wahrnehmung Schlesiens als einem im Sinne Walter Benjamins *auratischen* Ort, „an dem die unnahbare Ferne und Entzogenheit der Vergangenheit sinnlich wahrgenommen werden kann“[87], spiegelt Maurice Blanchots These einer grundsätzlichen Unverfügbarkeit des Freundes:[88] Die familiäre Vergangenheit entzieht sich Altfrieds Bemühung um Nähe ebenso wie Odilo. Dieser bleibt wie Schlesien „ein Sehnsuchtsort, ein Ort, der von vornherein unerreichbar“ (229) ist.

Diese gleich doppelt verwehrte *Verbindung* bzw. die Unmöglichkeit eines *Durchdringens* wird nicht nur über die Aufhebung der Grenze zwischen Ost und West sowie die Grenzenlosigkeit innerhalb des Schlosses, sondern auch über die Grenzenlosigkeit innerhalb der Familie konterkariert: Die bereits erwähnte „Furcht vor Übertragung“ (212) und „Ansteckungsangst“ (213), die Altfrieds Eltern hinsichtlich seines Umgangs mit psychisch Kranken haben, externalisiert eine familiäre Problematik, die ich mithilfe des Konzepts der transgenerationellen Traumatisierung erschließen möchte. Ursprünglich aus der Psychoanalyse stammend – Sigmund Freud benutzt den Begriff der *archaischen Erbschaft*,[89] Jean Laplanche und Jean-Bertrand Pontalis den der *hereditären Erinnerungsspuren*[90] –, wird es in den Kultur- und Geschichtswissenschaften seit einigen Jahrzehnten für die Analyse von Übertragungsmechanismen zwischen Holocausttätern und -opfern und ihren Nachkommen fruchtbar gemacht.[91] Die Weitergabe psychischer Inhalte von einer Generation

87 A. Assmann 2010, S. 338.

88 Vgl. Kapitel 3.2.

89 Sigmund Freud: *Studienausgabe, Band IX. Fragen der Gesellschaft. Ursprünge der Religion.* Frankfurt a. M.: Fischer 1982, S. 546, 569.

90 Jean Laplanche/Jean-Bertrand Pontalis: *Urphantasie. Phantasien über den Ursprung, Ursprünge der Phantasie.* Frankfurt a. M.: Fischer 1992, S. 38.

91 Für einen genuin psychoanalytischen Zugriff vgl. Moré 2013. Für eine kulturwissenschaftliche Perspektive vgl. Aleida Assmann: „Vier Formen des Gedächtnisses.“ In: *Erwägen, Wissen Ethik* 13 (2002), H. 2, S. 183-190. Für eine literaturwissenschaftliche Analyse solcher Übertragungsprozesse vgl. Cornelia Blasberg: „Geschichte als Palimpsest. Schreiben und Lesen über die ‚Kinder der Täter‘.“ In: *Deutsche Vierteljahresschrift für Literaturwissenschaft und Geistesgeschichte* 76 (2002), H. 3, S. 464-495; Michael Ostheimer: „‚Monumentale Verhältnislosigkeit.‘ Traumatische Aspekte im neuen deutschen Familienroman.“ In: Judith Klinger/Gerhard Wolf (Hrsg.): *Gedächtnis und kultureller Wandel. Erinnerndes Schreiben – Perspektiven und Kontroversen.* Tübingen: Niemeyer 2009, S. 149-166.

zur nächsten wurde als *Telescoping*[92] und *vermitteltes Trauma*[93] bezeichnet; der am breitesten rezipierte Ansatz ist aber Marianne Hirschs Konzept der *Postmemory*:

> [P]ostmemory is [...] a *structure* of inter- and trans-generational transmission of traumatic knowledge and experience. [...] Postmemory describes the relationship that the generation after those who witnessed cultural or collective trauma bears to the experiences of those who came before, experiences that they ,remember' only by means of the stories, images, and behaviors among which they grew up. But these experiences were transmitted to them so deeply and affectively as to *seem* to constitute memories in their own right.[94]

Die für eine transgenerationelle Traumatisierung charakteristischen Schuldgefühle[95] artikulieren sich in *Die Sonnenposition*, wo das Schloss wie so häufig in der Literaturgeschichte Kulisse für die Auseinandersetzung mit einer alten oder verdrängten Schuld ist,[96] auf vielschichtige Weise. So ist Altfrieds Kindheit vom Gefühl dominiert, erlebtes Leid ,wiedergutmachen' und ,übertünchen' zu müssen:

> Im Raum stand die Forderung, glücklich zu sein, natürlich zu sein und normal. Wir kamen dieser Forderung klaglos nach, wir waren glückliche Kinder und bewiesen unseren Eltern Tag für Tag, daß unser aller Leben in den Bahnen der Normalität verlief. [...] Es sollte uns gut und besser gehen, und es ging uns besser. Wir verhielten uns artig. Uns fehlte nichts. Wir waren zufrieden. Und die Familie war ihrerseits mit uns zufrieden. Trotzdem nagte an uns ein Schuldgefühl: Es schien, daß wir die Forderungen, die an uns gerichtet waren, nie ganz erfüllen konnten. (36 f.)

Im Erwachsenenalter konkretisiert sich das hier noch diffuse Schuldgefühl und resultiert in einem, wie Hirsch es ausdrückt, „desire to repair“[97]: „Ich schließe daran an, [...], ich bemühe mich um Heilung, selbstverständlich kommt sie zu spät, Heilung im nachhinein, besser als nichts, aber das Geschehene ist nicht ungeschehen zu machen, ich [...] versage, ich kann nichts mehr tun.“ (228) Auch für Odilo kann Altfried nichts mehr tun. Doch während

---

92 Haydée Faimberg: „Die Ineinanderrückung (Telescoping) der Generationen. Zur Genealogie gewisser Identifizierungen.“ In: *Jahrbuch der Psychoanalyse* 20 (1987), S. 114-142.

93 Ilany Kogan: „Vermitteltes und reales Trauma in der Psychoanalyse von Holocaust-Überlebenden.“ In: *Psyche – Zeitschrift für Psychoanalyse* 44 (1990), S. 533-544.

94 Marianne Hirsch: „The Generation of Postmemory.“ In: *Poetics Today* 29 (2008), H. 1, S. 103-128, hier S. 106 f.

95 Moré 2013, S. 9.

96 Vgl. hierzu Frank 2015, S. 167 f.

97 Hirsch 2008, S. 112.

er die *vermeintliche* Schuld am Unglück seiner Eltern kleinteilig seziert, verdrängt er die *tatsächliche* (Mit-)Schuld am Unglück des Freundes,[98] dem er die bei einem unangemeldeten nächtlichen Besuch gemachte Entdeckung von dessen Schlafwandeln verschweigt.[99] So kann das Kaprizieren auf die familiäre Schuld auch als ein – abermals nicht auf den narrativen Adressaten, sondern das eigene Ich gerichtete – Ausweich- und Ablenkungsmanöver mit dem Ziel des Selbstschutzes gelesen werden.

Sowohl empirisch-psychoanalytische Arbeiten zu transgenerationeller Übertragung als auch die Forschung zu literarischen Bearbeitungen von Vertreibung und Flucht verweisen auf das Fiktionspotenzial, das charakteristisch für die Aufarbeitung der Nachkommen ist. So erfährt Freuds Konzept der Urphantasie, nach dem die Imagination das Scharnier zwischen autobiographischem und lückenhaftem, unverfügbarem, vor der eigenen Geburt verorteten Wissen ist,[100] eine Aktualisierung: „Postmemory's connection to the past is […] not actually mediated by recall but by imaginative investment, projection, and creation."[101] Jürgen Joachimsthaler konstatiert, dass in vielen zeitgenössischen Texten „nicht mehr nur die Suche nach einer unzugänglich gewordenen Wahrheit im Mittelpunkt steht, sondern der fiktionale Anteil an jeder Rekonstruktion derselben hervorgehoben wird"[102], und Janusz Golec und Irmela von der Lühe beobachten ebenfalls eine Zunahme von „inszenierte[n], konstruierte[n], aus Dokumenten und Fiktion montierte[n] Erinnerungsräume[n]"[103] in der Gegenwartsliteratur.[104] Um die Unmöglichkeit eigenen,

98 „Natürlich wäre es nötig gewesen, mich mehr um ihn zu kümmern. – Ein Satz, den ich innerlich testete, den mir meine Erziehung wie automatisch eingegeben hatte, den ich auf alle ähnlichen Fälle hätte anwenden können, auf Odilo nicht. Man kümmerte sich nicht um ihn." (23)

99 So heißt es an nur einer Stelle lapidar und ohne weitere Ausführungen des sonst so interpretationsfreudigen Altfried: „Ich nehme an, daß ich der einzige bin, der davon wußte. […] Und ich habe ihm nicht davon erzählt." (150)

100 Hierzu Laplanche/Pontalis 1992, S. 42: „[I]n ihrem Inhalt, in ihrem *Thema* […] verweisen die Urphantasien […] *auf die Ursprünge*. Ebenso wie die Mythen geben sie vor, eine Darstellung und eine ‚Lösung' dessen zu geben, was sich dem Kind als großes Rätsel darbietet; als Augenblicke der Emergenz, als Ursprung einer Geschichte dramatisieren sie das, was dem Individuum als eine Realität vorkommt, die nach Erklärung verlangt, nach einer ‚Theorie'."

101 Hirsch 2008, S. 107.

102 Joachimsthaler 2015, S. 187.

103 Golec/von der Lühe 2011, S. 10.

104 Altfrieds Beobachtung, dass sich beim Schlesienbesuch „nicht einmal ein Wiedererkennen aus Fernsehen und Film" (234) einstelle, korrespondiert mit der These Christoph Hennings, dass das Ziel des Reisens nicht die Fremdheitserfahrung, sondern das Wiederfinden kollektiv bekannter Szenarien in der materiellen Realität sei: Touristen

authentischen Erinnerns und Erlebens zu kompensieren, bedient sich auch Altfried der Fiktion – und zwar sowohl hinsichtlich der Familien- als auch der Freundschaftsgeschichte:

> Ich hatte mir vorgestellt, es gäbe im Garten [der schlesischen Großeltern] eine umzäunte Stelle. Ein Rechteck, etwa von der Größe zweier Personen, die nebeneinander liegen, von einem verschnörkelten Gitter eingefaßt, mit Tigerlilien oder Hortensien bepflanzt. Diese Umzäunung war nicht vorhanden, dennoch erinnere ich mich im nachhinein mit Vorliebe an sie, auch an die Tigerlilien, die es nicht gab. (234 f.)

> Ich erinnere mich an Odilos Zeit mit meiner Schwester, und was mich erstaunt, ist das Gefühl der Evidenz. […] Mila und Odilo: Ich sehe sie vor mir, als wäre ich dabeigewesen. […] Ich war nicht dabei, ich kann und darf mich nicht erinnern, aber ich, der ausgeschlossene Dritte, erinnere mich doch. Tertium non datur? Ich erinnere mich an alles ganz genau. Aus Trotz. (179)

Doch auch unter Zuhilfenahme der Imagination ist Altfried keine Aufbereitung und Integration seiner Vergangenheit möglich. Die für eine gelungene Identitätsarbeit konstitutive „Frage, ob […] die betreffende Figur in der Lage ist, Erinnerungen kontinuitatsstiftend zu ihrer augenblicklichen Situation in Bezug zu setzen“[105], muss somit verneint werden.

4.6 Fazit

Die Analyse konnte zeigen, dass Altfrieds Ausführungen zum Psychiatriebetrieb, zur Familienhistorie und zum zeitgeschichtlichen Hintergrund unmittelbar auf den *Fall* Odilo verweisen. Die durch den Tod verabsolutierte Distanz zum Freund erfährt über die sonstige *Nichtexistenz von Grenzen* – bedingt durch den Mauerfall, die Schlossarchitektur, die transgenerationelle Übertragung und das Verschwimmen von Wirklichkeit, Traum und Imagination – eine schmerzhafte Vereindringlichung. Der Verlust des Freundes wird durch eine regelrechte *Allgegenwart des Abwesenden* verdichtet – vom fehlenden Mobiliar im Schloss über die unauffindbaren Erlkönige bis hin zum Wunsch eines

---

suchten „die *sinnliche Erfahrung imaginärer Welten*, die Realität der Fiktion“ (S. 55). Vgl. hierzu Christoph Henning: *Reiselust. Touristen, Tourismus und Urlaubskultur*. Frankfurt a. M.: Suhrkamp 1999, v.a. S. 53 ff., 94 ff.

105 Marion Gymnich: „Individuelle Identität und Erinnerung aus Sicht von Identitätstheorie und Gedächtnisforschung sowie als Gegenstand literarischer Inszenierung.“ In: Astrid Erll/Ansgar Nünning (Hrsg.): *Literatur – Erinnerung – Identität. Theoriekonzeptionen und Fallstudien*. Trier: Wissenschaftlicher Verlag 2003, S. 29-48, hier S. 43.

eigenen Unsichtbarseins.[106] Altfrieds Entsubjektivierung resultiert aus einem Konglomerat der Nicht-Zugehörigkeiten: dem Scheitern einer genealogischen Verortung, dem Gefühl geographischer Fremdheit – in der rheinischen Heimat ist er „stets im Abseits" (63), in Ostdeutschland „Okkupator, Invasor, [...] Bourgeois" (125) –, dem durch Odilos Schikanen beschleunigten Verlust seiner professionellen Selbstwirksamkeit und der Entdeckung des Verrats durch die beiden einzigen ihm nahestehenden Menschen. Dabei spiegelt Altfrieds geistige Dissoziation Odilos im Unfalltod zerstückelten Körper, über den eine auch nur äußerliche Identität verweigert und das spätmoderne Konzept von Identität als „Patchwork"[107] pervertiert wird.

Poschmanns Roman zeichnet den Menschen als ein zwischen Aktionismus und Lethargie, Determinismus und Kontingenz gefangenes Wesen. Einerseits sind die Freunde direkte Produkte ihrer Sozialisation, insofern sie die Unzulänglichkeit (Altfried) bzw. den Dünkel (Odilo) ihrer Eltern ‚erben', deren Erwartungshaltungen sie selbst unter größter Anstrengung nicht zu erfüllen vermögen. Auch verweist Altfried immer wieder auf den „Druck" (153, 207)[108] bzw. die „Last" (216, 248), unter denen der spätmoderne Mensch zu leiden habe. Zugleich formulieren die metadiegetisch eingeschobene *Theorie des Ortes*[109] und *Theorie der Zeit*[110] ein allumfassendes Verlorensein in einer kontaminierten Welt.[111] „Heilen – wovon? Vom Aufgang und Untergang der

---

106 „Eine Pflastersteinreihe werden, eine Asphaltdecke, mit der Hauswand verschmelzen. [...] Chamäleon der Innenstädte. Parkbank werden. Telefonzelle werden. Verkehrsschild werden. [...] Neben einem Abfallkorb, wenn ich also Abfallkorb, Schatten des Abfallkorbs bin, werfen die Leute ihre Zigarettenschachteln und Plastikflaschen auf mich. [...] Es hat damit zu tun, die eigene Ausstrahlung zu drosseln." (74)

107 Vgl. den Titel des von Heiner Keupp et al. herausgegebenen Sammelbandes *Identitätskonstruktionen: Das Patchwork der Identitäten in der Spätmoderne.* Reinbek bei Hamburg: Rowohlt 2013. Identität muss auch nach Zirfas (2010, S. 13) „dezidiert im Plural" gedacht werden.

108 Altfried und Mila mutmaßen – und hier klingt das einzige Mal die Möglichkeit eines Suizids an –, dass Odilo „dem Druck nicht mehr standgehalten" (174) habe.

109 „Der Ort ist für denkende Menschen die reine Provokation. Zwar mag man mittels Landkarten und Wegweisern dem Impuls der Ortsbestimmung nachgeben wollen, [...] dies darf aber nicht darüber hinwegtäuschen, daß der Ort selbst bloße Relation ist. Der auf der Landkarte markierte Punkt bewegt sich schlingernd durchs Weltall. [...] Der Ort ist immer die Mitte in einem Gewirr von Bezügen. Aber Freud täuscht sich, wenn er glaubt, das Ich könne, bei aller Macht des Un- und Vorbewußten, hier verortet werden. Das Ich im Zentrum der Ortlosigkeit ist so ungewiß wie der Ort Gottes." (135 f.)

110 „Die Zeit existiert nicht. Wir stellen sie her, indem wir versuchen, uns zu erinnern. [...] Es heißt, die Zeit heilt alle Wunden, aber das Gegenteil ist der Fall. Wir erfinden die Zeit, und dann läßt sie uns sterben." (214 f.) Bezeichnenderweise entindividualisiert Altfried sich in diesen Exkursen, indem er die 3. Person Singular oder die 1. Person Plural verwendet.

111 Nicht nur, dass die Klinik nicht zu heilen vermag, sie macht sogar krank: So befördert mitunter erst die Einweisung eine Entstehung von Neurosen (9). Die über Altfrieds

Sonne […]?“ (10), fragt Altfried bereits im Prolog des Romans. Analog zur Konstituierung der Vernunft durch die Exklusion von psychischer Krankheit[112] und zum ‚Sieg‘ des Fieberwahns in Goethes *Erlkönig*[113] verabschiedet *Die Sonnenposition* über diese Universalpathologisierung menschliche Selbstbestimmung und Rationalität.

Das Schreiben über Odilo betrachtet Altfried als „von vornherein zum Scheitern verurteilt“ (152). Diese a priori formulierte Absage an (s)eine (zwischen-)menschliche Erkenntnisfähigkeit ist angesichts des im Roman entworfenen Bildes vom Menschen nur logisch: Wenn dieser „eine zurückweichende Masse, seltsam inhaltslos, beliebig verformbar“ (101) ist und „richtungslos, ziellos durchs All strebt“ (329) – wie soll Altfried dann des schon zu Lebzeiten „unerreichbar[en]“ (50) Freundes habhaft werden? Das Scheitern jeglicher Erkenntnis wird auch über das im Roman omnipräsente Motiv des Lichts angezeigt, das eben keinen „festen Orientierungspunkt auf der Suche nach ordnungsstiftenden Prinzipien“[114] mehr bietet. Diese Unterminierung der tradierten Motivfunktion klingt bereits bei Odilos Beerdigung an: „Auf den schwarzen Autos, den Lackschuhen, dem Sarg lag diese blendende Schicht, diese irritierende Spiegelung, ein Lichtermeer, ein Abglanz, etwas Helles, Grelles, das ich nicht ansehen konnte, ohne daß mir die Augen tränten.“ (24) Sie kulminiert im metaphorischen Erblinden Altfrieds im letzten Satz: „[A]lles glänzt zu sehr, blendet mich, immer gleißender, bis ich nichts mehr erkennen kann.“ (338) Nicht nur in Bezug auf Odilo, sondern auch und vor allem in Bezug auf sich selbst bleibt Altfried blind. So erfährt der Tod als „Grenze alles Verstehens und aller Rationalität“[115] und „Erkenntnisgrenze“[116] in *Die Sonnenposition* eine literarische Verabsolutierung.

Der Akt des Schreibens spielt in Poschmanns Roman eine integrale Rolle für die erzählerische (Ent-)Subjektivierung: Mit dem allnächtlichen Anfertigen

---

Schlafzimmer liegenden Räume sind durch hochtoxische Pestizide kontaminiert und verursachen – ebenso wie das „Heilwasser“ (245) in Polen – „Kopfschmerz, Schwindel, Konzentrationsstörungen, […] Übelkeit und Erbrechen“ (147). So werden institutionalisierte Heil(ung)sversprechen naturwissenschaftlicher und spiritueller Art gleichermaßen konterkariert.

112 Vgl. Fußnote 73.

113 Die meisten Interpreten lesen die Ballade als „Dialog zwischen dem den magisch-dämonischen Naturkräften zugänglichen Sohn und dem das Irrationale leugnenden, aufklärerisch-verstandesklaren Vater“ (vgl. Gero von Wilpert: „Erlkönig.“ In: Ders.: *Goethe-Lexikon*. Stuttgart: Kröner 1998, S. 281).

114 Daemmrich/Daemmrich: „Licht.“ In: Dies. 1995, S. 244-246, hier S. 246.

115 Macho 1987, S. 189.

116 Katrin Solhdju/Ulrike Vedder: „Das Leben vom Tode her. Zur Einleitung.“ In: Dies. (Hrsg.): *Das Leben vom Tode her. Zur Kulturgeschichte einer Grenzziehung*. Paderborn: Fink 2015, S. 7-16, hier S. 13.

von Notizen und manischen Nachzeichnen der Kästchen in seiner karierten Kladde (152 ff.) verfolgt Altfried das *Festschreiben* von Freund und Ich bzw. ein *Anschreiben* gegen die allseits drohende Auflösung.[117] Über den wissenschaftlichen Duktus der Narration und die Stilisierung des Freundes zum *Fall* will er sich als Souverän über den Text profilieren und betreibt zugleich eine Selbstnormalisierung; durch den wiederholten Rückgriff auf seine Imagination ist Altfried indes bestriebt, fehlendes Wissen und lückenhafte Erinnerung ‚wettzumachen'. Im Gegensatz zum Gros der erzählenden Freunde ist Altfried nicht im Literaturbetrieb tätig. Gleichwohl ist (das Erzählen über) Freundschaft in *Die Sonnenposition* durch die Problematisierung der ‚Schreib-Szene', das Ausstellen der Fiktion *als* Fiktion und das Einstreuen intertextueller Fährten (von Goethes *Erlkönig* über Charlotte Perkins Gilmans *The Yellow Wallpaper* bis zu Thomas Manns *Tonio Kröger*) literarisch präformiert. Mit der exponierten Fiktionalität greift die Ebene des *discourse* das für die *story* strukturbildende Motiv von Schein vs. Sein bzw. Illusion vs. Wirklichkeit auf, das sich in Odilos Erforschung von Fluoreszenzphänomenen, in der Jagd nach Erlkönigen, in Milas Faszination für Verkleidungen jeglicher Art[118] sowie in Altfrieds Aufenthaltsort[119] manifestiert. Die aus dieser Metafiktionalität resultierende Distanz zwischen Romangeschehen und narrativem Adressaten verwehrt letzterem das Aufgehen in Altfrieds Erzählung – so wie es auch Altfried verwehrt bleibt, in der (sich letztlich als Illusion entpuppenden) Freundschaft zu Odilo aufzugehen.

117 Vgl. zur Praktik des Festschreibens auch Kapitel 8.3.2.1.

118 Mila ist Modedesignerin und kostümiert auch ihre Katze regelmäßig (169).

119 Das Barockschloss als (einstiger) Ort der Oberflächlichkeit und des Scheins.

KAPITEL 5

Der fiktive Freund. Bodo Kirchhoffs Autofiktion *Eros und Asche*

In Bodo Kirchhoffs Autofiktion *Eros und Asche* (2007) rekapituliert der Erzähler, ein erfolgreicher Autor und Familienvater, seine vier Jahrzehnte währende Freundschaft zum enigmatischen M., den er als Internatsschüler kennenlernt und der nach einem exzessiven Leben verarmt und in Isolation stirbt. Während die Freundschaft und ihr Stellenwert für den Erzähler in Poschmanns *Die Sonnenposition* aus der konfusen und unzuverlässigen Narration *herausdestilliert* werden mussten, tritt in *Eros und Asche* an die Stelle von Verbrämung Freimütigkeit. Der Roman steht dem von Poschmann trotz zahlreicher Parallelen (der Zweiteilung in Rahmenerzählung und Analepse, dem Schreiben des toten Freundes als Fall,[1] den Praktiken der Distanz und Imagination sowie einer ausgeprägten Metaisierung) in mancherlei Hinsicht entgegen: Verwissenschaftlichung weicht Pathetik, die Distanz zwischen den Freunden *erzwingt* nicht mehr die Imagination des Erzählers, sondern *ermöglicht* sie, und das Scheitern von Selbsterkenntnis ist nicht einem *Zuwenig*, sondern einem *Zuviel* an erzählerischem Ichbewusstsein geschuldet.

Im ersten Teil dieses Kapitels stehen die Authentifizierungs- und Profilierungsstrategien bzw. die extradiegetische ‚Schreib-Szene' im Fokus, während ich mich im zweiten Teil den Dynamiken *vor* dem Tod des Freundes zuwende. Als (historische) Folie für die Analyse dienen die in Kapitel 3 vorgeschalteten Überlegungen zu Freundschaft und Schreiben als einander konditionierende Praktiken des Selbst. Deren Interdependenz gewinnt in *Eros und Asche* insofern eine besondere Virulenz, als der Erzähler die Darstellung der Freundschaft mit zahlreichen Ausführungen zu seinem schriftstellerischen Schaffen und seiner poetologischen Programmatik verquickt. Die Untersuchung des Nexus von Freundschaft und Schreiben rekurriert dabei vor allem auf die Ausführungen zu zwischenmenschlicher Nähe als einem Produkt imaginativer Aktivität (Albrecht Koschorke) sowie zum Trauertext als Exempel selbstreflexiver Literatur (Eva Horn, Jacques Derrida und Maurice Blanchot).

---

1 „[E]r war kein Arzt mehr, er war ein Fall für Ärzte." (121) Der kondensierte Lebenslauf des Freundes liest sich wie eine Krankenakte (216 f.), während die Sichtung von M.s Nachlass und die Kontaktaufnahme mit anderen Wegbegleitern einem kriminalistischen Impetus folgen.

 | DOI:10.30965/9783846766774_006

Die Analyse von *Eros und Asche* erfolgt unter Einbeziehung weiterer Romane, in denen der erzählende Freund ebenfalls Schriftsteller ist: Christa Wolfs *Nachdenken über Christa T.* (1968), Thomas Bernhards *Der Untergeher* (1983), Sten Nadolnys *Selim oder Die Gabe der Rede* (1990), Paul Austers *Leviathan* (1992), Saul Bellows *Ravelstein* (2000), Uwe Timms *Der Freund und der Fremde* (2005) und Elena Ferrantes *Neapolitanische Saga* (2011-2014). In Kirchhoffs Roman lassen sich zudem mannigfaltige Parallelen zu Michel de Montaignes kanonischem Freundschaftsessay identifizieren. Gemeinsame Motive und Rhetoriken beider Texte – u. a. (verhinderte) Autorschaft, Freundschaft und Weiblichkeit, die Dialektik von Erhöhung und Erniedrigung sowie von Nähe und Distanz und die Subjektivierung über den Rückgriff auf das kulturelle Gedächtnis bzw. im Spiegel der Literatur – sollen im Folgenden enggeführt bzw. kontrastiert werden.

5.1 Das Ich: Auto(r)fiktionen

Eros und Asche sendet schon auf den ersten Blick widersprüchliche Rezeptionssignale: Während der Untertitel *Ein Freundschaftsroman* die Fiktivität des Erzählten anzeigt,[2] suggerieren das Foto von Kirchhoff und M. auf dem Buchcover, der Paratext *Michael Päselt gewidmet* sowie die synonyme Verwendung von *Ich, Erzähler* und *Autor*,[3] dass es sich bei *Eros und Asche* um eine Autobiographie handelt, für die nach Philippe Lejeune die (Namens-)Identität ebenjener drei Instanzen sowie der daraus resultierende Wahrheitsanspruch des Erzählten konstitutiv sind.[4] *Eros und Asche* ist somit ein Hybrid, das „gefangen im Drehkreuz, im Zwischenraum der Gattungen" ist, da es „gleichzeitig und somit widersprüchlich den autobiografischen und den romanesken Pakt geschlossen hat"[5]. Mit Serge Doubrovsky kann es dem Genre der *Autofiktion* zugeordnet werden. Dieses verzeichnet seit der Jahrtausendwende eine Konjunktur,[6] die, so darf gemutmaßt werden, dem allgegenwärtigen Bedürfnis

---

2 Die Bezeichnung als Roman begründet mit Philippe Lejeune den *Romanpakt* zwischen Autor und Leser. Vgl. hierzu ders.: *Der autobiographische Pakt*. Frankfurt a. M.: Suhrkamp 1994 [1975], S. 29.

3 Vgl. die Eigenbezeichnungen „Autor" (24, 25, 31, 45), „schreibender Freund" (41, 77, 89, 100, 105, 150, 218, 276) und „Erzähler der Geschichte" (246).

4 Lejeune 1994, insbes. S. 13-54.

5 Serge Doubrovsky: „Nah am Text." In: *Kultur und Gespenster* 7 (2008), S. 123-133, hier S. 126.

6 Vgl. z. B. Thomas Glavinic' *Das bin doch ich* (2007), Felicitas Hoppes *Hoppe* (2012), Benjamin von Stuckrad-Barres *Panikherz* (2016), Thomas Melles *Die Welt im Rücken* (2016), die Romanzyklen von Karl Ove Knausgård (2011-2017), Andreas Maier (seit 2010) und Joachim Meyerhoff (seit 2011) sowie das Werk von Annie Ernaux oder Tove Ditlevsens *Kopenhagen-Trilogie* (2021).

nach Authentizität Rechnung trägt.[7] Autofiktionen sind in den letzten Jahren Gegenstand einer regelrechten Flut von Publikationen gewesen.[8] Laut Martina Wagner-Egelhaaf „werden unter dem Begriff […] ganz unterschiedliche ‚Mischungszustände' zwischen ‚Fiktion' und ‚Autobiographie' verstanden"[9]; Jürgen Pottbeckers prangert gar „eine Definitionspluralität mit der Tendenz zum Definitionsvakuum" an, die „den Begriff beinahe obsolet"[10] mache. Die Autofiktion wird im Folgenden als ein „Diskursmodell"[11], als ein „performatives Auftreten im öffentlichen Raum"[12] und als eine „Praktik der Subjektivierung"[13] aufgefasst: Im Fokus der Analyse steht nicht die letztlich müßige Frage nach der Echtheit, also der Referentialität respektive Fiktionalität der in *Eros und*

---

7 Vgl. Marshall Berman: *The Politics of Authenticity*. London: Verso 2009; Ansgar Kreutzer/Christoph Niemand: (Hrsg.): *Authentizität – Modewort, Leitbild, Konzept. Theologische und humanwissenschaftliche Erkundungen zu einer schillernden Kategorie*. Regensburg: Pustet 2016.

8 Vgl. z. B. Sonja Arnold/Stephanie Catani/Anita Gröger/Christoph Jürgensen/Klaus Schenk/Martina Wagner-Egelhaaf (Hrsg.): *Sich selbst erzählen. Autobiographie – Autofiktion – Autorschaft*. Kiel: Ludwig 2018; Robert Walter-Jochum: *Autobiographietheorie in der Postmoderne. Subjektivität in Texten von Johann Wolfgang von Goethe, Thomas Bernhard, Josef Winkler, Thomas Glavinic und Paul Auster*. Bielefeld: transcript 2016; Christian Klein: „‚Ist das wahr oder kann das weg?' Erzählen im autobiografischen Diskurs zwischen Faktualität, Fiktionalität und Fälschung." In: *Der Deutschunterricht* 4 (2016), S. 48-56; Brigitta Krumrey: *Der Autor in seinem Text. Autofiktion in der deutschsprachigen Gegenwartsliteratur als (post-)postmodernes Phänomen*. Göttingen: V&R unipress 2015; Nadine Jessica Schmidt: *Konstruktionen literarischer Authentizität in autobiographischen Erzähltexten. Exemplarische Analysen zu Christa Wolf, Ruth Klüger, Binjamin Wilkomirski und Günter Grass*. Göttingen: V&R unipress 2014; Uwe Baumann/Karl August Neuhausen (Hrsg.): *Autobiographie: Eine interdisziplinäre Gattung zwischen klassischer Tradition und (post)moderner Variation*. Göttingen: V&R unipress 2013; Martina Wagner-Egelhaaf (Hrsg.): *Auto(r)fiktion: Literarische Verfahren der Selbstkonstruktion*. Bielefeld: Aisthesis 2013; Jutta Weiser/Christine Ott (Hrsg.): *Autofiktion und Medienrealität. Kulturelle Formungen des postmodernen Subjekts*. Heidelberg: Winter 2013.

9 Martina Wagner-Egelhaaf: „Einleitung: Was ist Auto(r)fiktion?" In: Dies. (Hrsg.) 2013, S. 7-21, hier S. 9.

10 Jörg Pottbeckers: *Der Autor als Held. Autofiktionale Inszenierungsstrategien in der deutschsprachigen Gegenwartsliteratur*. Würzburg: Königshausen & Neumann 2017, S. 15. Vgl. für eine Begriffskritik auch Elio Pellin/Ulrich Weber: „Einleitung." In: Dies. (Hrsg.): *„... all diese fingierten, notierten, in meinem Kopf ungefähr wieder zusammengesetzten Ichs." Autobiographie und Autofiktion*. Göttingen: Wallstein 2012, S. 7-11; Jutta Weiser/Christine Ott: „Autofiktion und Medienrealität." In: Dies. (Hrsg.) 2013, S. 7-16.

11 Weiser/Ott 2013, S. 9.

12 Pottbeckers 2017, S. 14.

13 Sabine Kyora: „‚Ich habe kein literarisches Interesse, sondern bestehe aus Literatur.' Praxeologische Perspektiven auf Autorinszenierungen und Subjektentwürfe in der Literaturwissenschaft." In: Alkemeyer (Hrsg.) 2013, S. 251-274, hier S. 253.

Asche erzählten Freundschaftsgeschichte.[14] Vielmehr geht es um die Frage, wie und zu welchem Zweck die interdependenten Selbstpraktiken Freundschaft und Schreiben textuell *inszeniert* werden.[15]

5.1.1 *Die Authentifizierung des Ich*

Kirchhoffs Erzähler bedient sich einer breiten Palette von Strategien zur Herausstellung seiner Glaubwürdigkeit. Da ist zunächst die immer wieder demonstrierte Hoheit über die temporale Ordnung seiner Narration: Sowohl auf Ebene der vierzig Jahre umfassenden Analepse als auch auf Ebene der Rahmenerzählung, die aus einem über drei Monate geführten Tagebuch besteht, behält der Erzähler trotz zahlreicher Zeitsprünge stets die Souveränität über das Geschehen. Er ‚assistiert' dem Rezipienten bzw. beugt dessen Verwirrung mit zahlreichen Querverweisen vor; zudem bietet er eine zusätzliche Orientierungshilfe, indem er die bis zu M.s Tod verbleibende Zeit ‚runterzählt' (88, 112, 206) – eine Art des ‚Countdowns', der schon in Wolfs *Nachdenken über Christa T.* eine doppelte Funktion erfüllt: Der Countdown dient nicht nur als zeitliches Gerüst für den Rezipienten, sondern codiert zugleich den Wunsch des Erzählers, die Zeit ‚zurückdrehen' und versäumte Gelegenheiten nachholen zu können. In der exakten Datierung vieler Ereignisse[16] und dem Bestreben, das Früher vom Heute „sorgfältig [zu] trennen" (10)[17], manifestiert sich ein lineares Verständnis von Zeit, das im Kontrast zum Chronotopos der Simultanitäten in Poschmanns *Die Sonnenposition*[18] steht.

---

14 Lejeune (1994, S. 49) selbst konstatiert, dass man auf textimmanenter Ebene „vergeblich nach klaren Kriterien" zur Unterscheidung suche.

15 Die Selbstinszenierung von Autorfiguren ist in den letzten Jahren vielfach Gegenstand der Forschung gewesen. Vgl. z. B. Carolin John-Wenndorf: *Der öffentliche Autor: Über die Selbstinszenierung von Schriftstellern.* Bielefeld: transcript 2014; Sabine Kyora (Hrsg.): *Subjektform Autor. Autorschaftsinszenierungen als Praktiken der Subjektivierung.* Bielefeld: transcript 2014; Christoph Jürgensen/Gerhard Kaiser (Hrsg.): *Schriftstellerische Inszenierungspraktiken – Typologie und Geschichte.* Heidelberg: Winter 2011; Christine Künzel/Jörg Schönert (Hrsg.): *Autorinszenierungen. Autorschaft und literarisches Werk im Kontext der Medien.* Würzburg: Königshausen & Neumann 2007; Christopher F. Laferl/Anja Tippner (Hrsg.): *Künstlerinszenierungen. Performatives Selbst und biographische Narration im 20. und 21. Jahrhundert.* Bielefeld: transcript 2014; Julia Schöll: „Die Rückkehr des Autors als moralische Instanz. Auktoriale Inszenierung im 21. Jahrhundert." In: Caduff/Vedder (Hrsg.) 2017, S. 211-221.

16 Vgl. M.s Lebenslauf (216 f.) und die Chronologie des Sommers 2006.

17 Die Erzählerin in Wolfs *Nachdenken über Christa T.* reflektiert die Artifizialität und letztliche Unmöglichkeit einer solchen Programmatik: „Allein daß man trennen muß und hintereinanderreihen, um es erzählbar zu machen, was in Wirklichkeit miteinander vermischt ist bis zur Unlösbarkeit …" (NC 82)

18 Vgl. Kapitel 4.3.

Das mitunter stenographisch anmutende Schreiben im Präsens sowie Verweise auf das aktuelle Zeitgeschehen[19] suggerieren zudem den Eindruck großer Unmittelbarkeit. Die zahlreichen exakten Ortsangaben,[20] das Einflechten von Gesprächen mit etlichen Wegbegleitern und ‚Zeugen' von M.s Leben, der Verweis auf die *wörtliche* Wiedergabe der Äußerungen Dritter und das Einschieben weit zurückliegender Tagebucheinträge[21] tragen zur Authentisierung des Erzählten ebenso bei wie die Unkenntlichmachung sämtlicher Protagonisten durch die Verwendung von Initialen. Eine solche Anonymisierung trägt, wie Tamara Krappmann bemerkt, zum Eindruck der ‚Echtheit' bei: Denn „gerade, weil hier Namen verheimlicht werden, weiß der Leser, dass sie existieren müssen – welchen Sinn würde es sonst machen, sie zu verschweigen?"[22]

Die Problematisierung des produktionsästhetischen Moments bzw. der Mühseligkeit analogen Schreibens evoziert den Eindruck einer auch haptischen Nahbarkeit: „Die eigene Ungeduld ist so groß, dass sich kaum ein Wort lesbar zu Ende schreiben lässt, meine Gedanken sind flinker als die Hand." (23) Wiederholt verweist der unter einer Augenverletzung leidende Erzähler auf die Unmöglichkeit eines Arbeitens am Computer, weshalb er auf „ein Notizbuch" (14) bzw. „Stift und Papier" (99) zurückgreifen müsse. Die physische Verfassung des Erzählers spiegelt dabei die der Narration zugrundeliegende ‚traditionelle' Epistemologie: Zu Beginn seiner Aufzeichnungen ist er fast blind („Schreiben in verdunkelter Wohnung, ohne recht zu sehen, was da aufs Papier kommt", 10), während am Ende „beide Augen wieder mitmachen, so, wie es sein sollte" (277) – ein auffallender Kontrast zu Poschmanns Erzähler Altfried in *Die Sonnenposition*, der sich eingangs seines „allsehende[n] Auge[s]" (SP 16) rühmt, im letzten Satz jedoch „nichts mehr erkennen kann" (SP 338).

Zwar ist der Akt des Erinnerns und Erzählens in *Eros und Asche* durchaus Reflexionsgegenstand. Doch entbehrt der Text einer – für Autofiktion, Erinnerungsroman und relationale Autobiographie charakteristischen[23] – Transparentmachung erkenntnistheoretischer Probleme. Vielmehr betreibt er eine im Wesentlichen lineare und teleologische Rekonstruktion sowohl

19 Die Erzählzeit fällt mit der Fußball-Weltmeisterschaft 2006 zusammen.

20 Vgl. z. B. die Nennung der Straßen, in denen die Familienwohnung (31) und Arbeitswohnung (167) von Kirchhoffs Erzähler liegen, von M.s genauer Adresse (90) sowie von zahlreichen Plätzen in Lissabon und am Gardasee.

21 Vgl. z. B: „Oktober siebenundsechzig, […] Donnerstag, 5. 10., abends" (241).

22 Tamara Krappmann: *Die Namen in Uwe Johnsons ‚Jahrestage'*. Göttingen: V&R unipress 2012, S. 69.

23 Vgl. hierzu Neumann 2005; Rüggemeier 2018; Sonja Arnold/Anita Gröger: „Figurenentwürfe – Selbstentwürfe. Metagenres. Einführung." In: Dies. (Hrsg.) 2018, S. 117-121.

der Freundschaft als auch der eigenen Ichwerdung. Dieses nahezu ‚klassische' autobiographische Erzählen[24] und der Impetus des ‚Angekommenseins' unterscheidet *Eros und Asche* grundlegend von den übrigen Romanen des Korpus.

5.1.2 *Die Inszenierung des Ich*

Kurz vor seinem Tod bittet M. den Erzähler, ihre Freundschaft zu literarisieren: „Und M.s letzte Worte [...]: Pack unsere Dinge in einen Roman." (10) Der gleich doppelte, die Autofiktion in exakter Symmetrie rahmende Verweis auf den Auftrag des Freundes[25] weist den Erzähler als gewissermaßen offiziell eingesetzten „Chronist[en]" (217) aus, der mit dem Schreiben von *Eros und Asche* M.s letzten Willen vollstreckt. Auch die Erzähler in Paul Austers *Leviathan* („If and when the time comes, you'll know how to tell it [my story] to others", LE 236) und Saul Bellows *Ravelstein* („You could do a really fine memoir. It's not just a request, [...] I'm laying this on you as an obligation", RS 129) werden von ihrem Freund kurz vor dessen Tod zum Biographen bestimmt, während der Erzähler in Uwe Timms *Rot* testamentarisch zum Grabredner ernannt wird (RT 46). Ein solches ‚Erbe' enthebt die Erzähler der Problematik, mit der sich die schreibende Freundin in Christa Wolfs *Nachdenken über Christa T.* konfrontiert sieht:

> Hätte sie [CS: die verstorbene Freundin] es überhaupt gewollt? Die Frage ist untergeschlüpft, sie steht nicht im Konzept. Zu früh gestellt? Die heikelste Frage

---

24 Vgl. exemplarisch die gattungstheoretischen Ausführungen in Georg Mischs auflagenstarker Monographie *Geschichte der Autobiographie*. Leipzig: Teubner 1907. Christian Moser und Jürgen Nelles („Einleitung: Konstruierte Identitäten." In: Dies. (Hrsg.): *AutoBioFiktion. Konstruierte Identitäten in Kunst, Literatur und Philosophie*. Bielefeld: Aisthesis 2006, S. 7-19, hier S. 8) fassen zusammen: „Die ältere, geistesgeschichtlich orientierte Forschung bestimmte die (Auto-)Biographie als *Darstellung* und *Selbstdarstellung* einer Person: als Repräsentation eines vorgegebenen Selbst, dessen inneres Wesen auf dem Umweg über die Schilderung seiner Taten und Ansichten und des dadurch konstituierten Lebenszusammenhanges manifest wird." Doubrovsky (2008, S. 126) kritisiert in seinem Autofiktionskonzept: „Die klassische Autobiografie unterstellt ein Subjekt, das Zugang zu sich gewinnen kann über die Rückkehr zu sich, den inneren Blick, wahrhafte Introspektion, und eben dadurch ist es in der Lage, uns die Geschichte seiner Gedanken, Fakten und Gesten zu liefern, eine authentische Darstellung seines Lebens." Vgl. zum ‚alten' vs. ‚neuen' *Erschreiben des Ich* auch die Unterscheidung von Gedächtnis- und Erinnerungsroman, entlang derer Birgit Neumann ihre nicht nur in der Anglistik sehr einflussreiche Studie konzipiert hat. Für eine Kritik am Fortwirken des traditionellen Autobiographieverständnisses in der zeitgenössischen Forschung vgl. Moser 2006, S. 10 ff.

25 Der Erzähler verweist auf der je vierten Seite von vorne (10) bzw. hinten (275) auf diese Bitte.

> übrigens, die mir beim Nachdenken über Christa T. gekommen ist. Denn wenn man mich danach fragen wird – und man wird danach fragen, wie denn nicht! –, ich werde nichts vorzuweisen haben: Warum, wird man fragen, stellst du sie vor uns hin? (NC 109)

M.s Bitte steht das explizite Untersagen eines Schreibens über die Freundschaft in den Texten von Connie Palmen, Elena Ferrante und Susann Sitzler entgegen:[26]

> Du sagst, du willst nicht, daß ich über Dich, über uns schreibe, daß Du nicht mit mir befreundet seist, um als Gegenstand einer Untersuchung zu dienen oder Adressatin eines Briefes zu sein, der an jedermann gerichtet sei. [...] *Meine* Geschichte über uns gehört Dir nicht. Das ist genauso wie mit den Briefen, die ich Dir geschickt habe: Die vielen Bögen Papier gehören Dir, der Inhalt bleibt mein Eigentum. (DF 327 ff.)

> Es gibt diese Anmaßung bei denen, die sich zur Kunst und besonders zur Literatur berufen fühlen: Man arbeitet, als wäre man mit einem Amt betraut worden, aber eigentlich hat uns niemand je mit irgendetwas betraut, wir selbst haben uns ermächtigt, Autoren zu sein, und dennoch sind wir bekümmert, wenn andere sagen: ‚Was du da geschrieben hast, interessiert mich nicht, es ärgert mich sogar. Wer hat dir das Recht dazu gegeben.' [...] Sie [Lila] hatte mir ausdrücklich verboten, über sie zu schreiben. (NE IV 601 f.)

> ‚Ich will nicht, dass du noch einmal über mich schreibst', hatte sie [...] gesagt. ‚Ich weiß, dass unsere Freundschaft das nicht überleben wird.' [...] Und doch muss ich jetzt eine Grenze ziehen. Zwischen ihren Regeln und mir. (FR 134 f.)

Während die männlichen Freunde nach einer (posthumen) Würdigung und Öffentlichkeit verlangen, oktroyieren die weiblichen Freundinnen dem Alter Ego Verschwiegenheit. Sei es ein Schreib*auftrag* oder ein Schreib*verbot*: Gemein ist den Texten, dass sie von der ungebrochenen Legitimationsnotwendigkeit zeugen,[27] der sich ein (vor allem autofiktionales) Schreiben über Freundschaft offenbar stets ausgesetzt sieht. Während Palmen, Ferrante und Sitzler ihren Vertrauensbruch als ein *Freischreiben* und längst überfälliges Aufbegehren gegen die übermächtige Freundin rechtfertigen, scheint Kirchhoffs Erzähler bestrebt, über den mehrfachen Verweis auf den Auftrag eines *Festschreibens* den Vorwurf der Selbstprofilierung a priori zu entkräften. Hiermit

26 Bei Sitzler alternieren autobiographische Passagen und wissenschaftliche Reflexionen über Freundschaft.

27 Vgl. die Ausführungen in Kapitel 3.3.

korrespondiert auch der beinahe devote Gestus bei Auster und Bellow:[28] „[I]t won't be possible for me to tell his story without telling each of our stories at the same time. […] As much as Sachs himself, I'm the place where everything begins." (LE 51), heißt es in *Leviathan*, und der Erzähler in *Ravelstein* ‚entschuldigt' sich: „[S]ince I can't depict him without a certain amount of self-involvement my presence on the margins will have to be tolerated." (RS 129) Sowohl derlei Bescheidenheitstopoi als auch die Programmatisierung einer Emanzipation bei Palmen, Ferrante und Sitzler verweisen auf die mit der Legitimationsnotwendigkeit zusammenhängende (Gefahr einer) Egologik, die schon Jacques Derrida und Maurice Blanchot in ihrer Poetologie des Nekrologs problematisieren.[29]

M.s ‚Vermächtnis' mutet insofern befremdlich an, als es seinem Lebenscredo gänzlich zuwiderläuft. So hat er der Diskretion sowohl gegenüber Dritten („Die Gesetze des Schweigens galten für M. […] mehr als alles andere in einer Freundschaft", 117) als auch gegenüber sich selbst („Das Beste behält man für sich.", 212) stets größten Wert beigemessen. Er, der sich sein Leben lang einer „elementaren Zuschauerhaltung" (94) verschrieben hat, wird posthum in die Rolle des Hauptdarstellers katapultiert. Oder – so die Leitfrage der folgenden Betrachtungen – übernimmt die nicht vielleicht doch der Erzähler selbst?

Dieser gibt auf Ebene der Rahmenerzählung detaillierte Einblicke in seinen Alltag als Schriftsteller: In der dreimonatigen Zeit der Aufzeichnungen absolviert er zahlreiche Lesungen,[30] hält Schreibseminare in Warschau (89 f.) und am Gardasee (133 f.), und wird als Ehrengast auf die Feier eines prominenten Intendanten nach Venedig eingeladen (51 f.). Zudem erwähnt „der Autor", wie Kirchhoffs Erzähler sich wiederholt selbst bezeichnet, diverse eigene Werke[31] und nimmt Bezug auf Interpretationshypothesen und Kritiken

28 Dieser findet sich auch schon in Raabes *Die Akten des Vogelsangs* („Ich werde mir die möglichste Mühe geben, nur als Protokollist des Falls aufzutreten. Wenn ich dann und wann an dem Federhalter nage, meiner Privatgefühle, Stimmungen, Meinungen und so weiter wegen, so bitte ich die geehrten Herren und Damen […], nicht darauf zu achten.", AV 10) und Manns *Doktor Faustus* („Mit aller Bestimmtheit will ich versichern, daß es keineswegs aus dem Wunsche geschieht, meine Person in den Vordergrund zu schieben, wenn ich diesen Mitteilungen über das Leben des verewigten Adrian Leverkühn […] einige Worte über mich selbst und meine Bewandtnisse vorausschicke.", DF 7).

29 Vgl. Kapitel 4.3.

30 Z. B. in Hannover (47), Graz (114 f.), Hamburg (202 f.) und am Goethe-Institut Lissabon (67 f.).

31 Vgl. die Verweise auf *Die kleine Garbo* (51), *Wo das Meer beginnt* (69), *Nach zwanzig Seiten waren alle Helden tot* (82), *Infanta* (100), *Die Einsamkeit der Haut* (115), *Ohne Eifer, ohne Zorn* (119), *Parlando* (124) sowie die mittlerweile abgesetzte Literatursendung des Erzählers (46).

des Feuilletons.[32] Dabei zeugen seine Ausführungen – etwa der Kommentar, dass die von M. und ihm herausgegebene Schülerzeitung „sich immer noch sehen lassen könnte" (17), der Vergleich seiner Lesung mit einer „abendlichen Messe" (47) oder die implizite Einreihung in eine Genealogie Prominenter[33] – mitunter von einem an Saturiertheit grenzenden (schriftstellerischen) Selbstverständnis. Die „Schreibwohnung" (24), in die sich der Erzähler zum Arbeiten zurückzieht, der mehrmalige Verweis auf die Unkonventionalität seiner Ehe (51, 246), der allgegenwärtige Zigarettenrauch oder die Äußerung, dass Wohlbefinden „de[n] für Schriftsteller kritischste[n] Zustand" (55) darstelle, zeichnen mit teils erstaunlicher Plakativität das Bild eines intellektuellen Freigeistes. Diese klischierte Selbstinszenierung ist keine Ausnahmeerscheinung, wie Jürgen Pottbeckers gezeigt hat: Er attestiert den Schriftstellerfiguren in zeitgenössischen Autofiktionen einen „geradezu eklatanten Mangel an Originalität"[34]. Der häufige Rückgriff auf ein „identische[s] Arsenal von tradierten Künstlertypen und -stereotypen"[35] dürfe jedoch nicht mit Einfallslosigkeit gleichgesetzt werden, sondern entspringe vielmehr einem strategischen Kalkül, das auch mit *Konventionalität zwecks Authentizität* umschrieben werden kann: So würden die schablonenhaften Figuren beim Rezipienten ein Wiedererkennen auslösen und zum Eindruck der Glaubhaftigkeit beitragen.[36] Auf *Eros und Asche* trifft Pottbeckers' ebenso plausible wie wohlwollende These jedoch kaum zu, ist die Manieriertheit des Erzählers doch nirgends auch nur ansatzweise Gegenstand einer Brechung oder Ironisierung.

Kirchhoffs Roman ist nicht der einzige, in dem das Schreiben über Freundschaft zum Anlass einer nur schlecht verhohlenen erzählerischen Selbstdarstellung avanciert. In Uwe Timms zwei Jahre vor *Eros und Asche* erschienener Autofiktion *Der Freund und der Fremde*, die eine fast irritierende Fülle von Parallelen zu Kirchhoffs Roman aufweist,[37] erklärt der Erzähler sein langes

32 „Nicht selten heißt es – und etwas Geringschätziges schwingt darin mit –, meine Romane seien Filmvorlagen. Falsch, eher sind es Filme, die einem beim Lesen vor Augen stehen, eine Verfilmung erübrigt sich, und es kam bisher auch noch nie so weit, trotz manch gezahlter Option." (73) Vgl. auch das Aufklären von „Missverständnissen über die Sexualität des Autors" (31).

33 Z. B. S. 124, 140.

34 Pottbeckers 2017, S. 245.

35 Ebd.

36 Ebd., S. 247 ff.

37 Vgl. z. B. die Buchcover-Fotos von Kirchhoff und M. bzw. Timm und Ohnesorg in Badehose, die Charaktere der toten Freunde – Ohnesorg ist wie M. introvertiert, einzelgängerisch, an Politik nicht interessiert–, die nachträglichen Selbstvorwürfe der Erzähler (FF 173) und die gemeinsame Liebe der Freunde zur Literatur. Auch das Leben Ohnesorgs wird als *Fallgeschichte* erzählt: So arbeitet Timm sich durch die Akten des Braunschweig-Kollegs und

Zögern hinsichtlich einer literarischen Aufarbeitung des Freundeslebens und das Scheitern der ersten Schreibanläufe mit einer Scheu vor dem Sich-selber-Zeigen: „Es blieb aber der Vorsatz, mehr noch, die Verpflichtung, über ihn [CS: Benno Ohnesorg] zu schreiben. Ein Erzählen, das nur gelingen konnte – und diese Einsicht mußte erst wachsen –, wenn ich auch über mich erzählte." (FF 13) Diese Scheu hat Timms Erzähler offenbar abgelegt. In seitenlangen Passagen schildert er Erlebnisse, die in keinem Zusammenhang mit dem Erkenntnisinteresse an der Causa Ohnesorg stehen. Werden seine detailreichen Ausführungen zur eigenen Jugendzeit (FF 20 ff.) noch punktuell mit der Vita des Freundes verknüpft, so stehen etwa die extensiven Erinnerungen an diverse Liebschaften (FF 100 ff.) völlig isoliert von der Freundschaftsgeschichte. Zwar ist die Inszenierung der eigenen (Autor-)Person bei weitem nicht so omnipräsent wie in *Eros und Asche*, doch wird die Freundschaft auch bei Timm zum Vehikel der Selbstprofilierung. In beiden Autofiktionen ‚erfüllt' sich somit die von Jacques Derrida mehrfach geäußerte Befürchtung einer Aneignung des Freundes:

> Was ich aber auch vermeiden wollte, war die Hommage in Form eines persönlichen Bekenntnisses, das immer ein wenig zur Vereinnahmung tendiert und immer Gefahr läuft, da auf indezente Weise ‚wir' oder, schlimmer noch, ‚ich' zu sagen, wo der erste Wunsch darin bestünde, Jean-Francois selbst das Wort zu überlassen, ihn zu lesen und ihn zu zitieren, ihn allein, und sich selbst zurückhalten […].[38]

Die Selbstprofilierung des erzählenden Ich geht bei Kirchhoff mit einem kulturpessimistischen Gestus einher, der die Freunde zu den letzten Vertretern einer vom Aussterben bedrohten intellektuellen Avantgarde stilisiert. So moniert der Erzähler z. B. den „Firlefanz des Heutigen" (52) und „allgemeinen Schwund des Geistigen" (111) und gedenkt wehmütig „M.s strenge[m] Kulturprogramm", dem sie sich achtzehnjährig „unterworfen hatten, wie man sich heute einer Soap unterwirft" (34). Der Erzähler inszeniert sich als *last man standing* und tapferes Relikt einer vergangenen Epoche: als einer, der „weiter Bücher schreibt, als sei's noch die Zeit vor den Fernseh-Events und den Rankings […], […] als man auf Umschlagfotos noch grimmig dreinschauen und sogar rauchen durfte wie Cortázar" (77); als einer, der sich der „Komfortsprache, die viele auch schon von den Autoren erwarten: Bücher mit kurzen Sätzen und viel Dialog" (125), verweigert. Auch das mangelnde Interesse an einer seiner

---

des Berliner Landesarchivs (FF 121 f.), liest den Obduktionsbericht des Freundes (FF 167) und befragt dessen Angehörige und ehemalige Weggefährten.

38 Jacques Derrida: „Lyotard und wir." In: Ders. 2007, S. 274.

Lesungen führt er auf den oberflächlichen Zeitgeist und die Eventisierung des Buchmarktes zurück, angesichts derer „ein Abend aus dem zwanzigsten Jahrhundert […] heute keine rechte Chance mehr“ (76) habe. Dieser Kulturpessimismus kulminiert in Klagen über den Niedergang der Freundschaft, die „immer mehr aus[stirbt]“ (45), sodass „die Freunde von damals doch die einzigen und wahren“ (170) seien. Und so reihen die Protagonisten sich abermals in eine Genealogie berühmter Männer ein, die schon seit Jahrhunderten den Abgesang der Freundschaft betreiben.[39] Der Roman ist daher ein gleich doppelter Abschied: Von M., mehr noch aber von einer (angeblich) untergehenden Welt, für die M. stellvertretend steht.

5.2 Das Wir

Prämisse eines Schreibens über die Freundschaft ist in *Eros und Asche* (abermals) der Tod des Freundes: Zum einen, da „man nicht von Dingen reden kann, die noch andauern, schon gar nicht, wenn man selbst in den Dingen steckt“ (26); zum anderen, weil „Romane […] ja immer, wenn sie uns weiterbringen, eine Beschwörung des Abwesenden sind“ (31 f.). Distanz und Unverfügbarkeit sind in *Eros und Asche* freilich nicht nur Voraussetzung für das *Schreiben*, sondern auch für das *Leben* von Freundschaft.

5.2.1 *Der imaginierte Freund*

Die Freundschaft ist über knapp vierzig Jahre eine Fernbeziehung: M. lebt in Berlin, der Erzähler in Frankfurt am Main. Lediglich ein einziges Mal besucht er den Freund, während dieser umgekehrt nie nach Frankfurt kommt. Weder die Hochzeit des Erzählers noch M.s runde Geburtstage werden gemeinsam begangen. Der Bodensee – der „gemeinsame See“ (65), den die Freunde in ihrer Jugend durchschwimmen (270 f.) – findet zwar ein jeweils ‚erwachsenes‘ Pendant: Der Erzähler besitzt ein Haus am Gardasee, M. eine (lange vor dem

39 Montaigne (2000, S. 286) erklärt, dass sich für eine Freundschaft vom Kaliber der seinen „in der Vergangenheit gewiß kaum ein Beispiel […] finden läßt – und unter heutigen Menschen schon gar nicht“ (S. 286). 1758 konstatiert Helvétius (1973), dass man „[m]it dem Wort ‚Freund‘ […] jetzt nicht mehr dieselben Ideen wie früher [verbindet]“ (S. 318) und niemand mehr „zu solchen Taten […], wie sie die Freundschaft einst die Skythen und Griechen vollbringen ließ“ (S. 395), fähig sei. 1849 schreibt Gottfried Keller (Vgl. Jakob Baechtold (Hrsg.): *Gottfried Kellers Leben. Seine Briefe und Tagebücher*. Band I. Berlin: Hertz 1895, S. 394 f.): „[E]s mag eine Zeit gegeben haben, wo die großen leidenschaftlichen und idealen Freundschaften gerechtfertigt waren; jetzt aber, glaube ich, sind sie es nicht mehr.“

Freund geheim gehaltene) Hütte an einem namentlich nicht genannten See. Doch bleiben diese Refugien dem je Anderen unbekannt. Die seltenen Treffen der Freunde finden kurzfristig und auf Durchreise statt: am Bahnhof Zoo (47), auf Autobahnraststätten (71 f., 144) oder in touristischen Schnellcafés (88). Die schäbige Flüchtigkeit dieser Nicht-Orte[40] steht in denkbar großem Kontrast zu den Sehnsuchtsorten, die die Freunde immer wieder beschwören: Allen voran das italienische Städtchen Ravello, von dem M. bereits bei der ersten Begegnung schwärmt (9), das die Freunde einige Jahre später tatsächlich gemeinsam besuchen und das zur Chiffre für den sie verbindenden Ästhetizismus wird. Zahlreiche weitere Reisen – nach Havanna (39), Lissabon (68) und Kolumbien (148) – bleiben unrealisiert. Nur in Träumen

> haben wir alle möglichen Orte besucht, Pamplona, wenn sie dort die Stiere loslassen, oder Segesta, wo wir allein zwischen den Säulen saßen, um uns die verbrannte Erde Siziliens; wir waren auf dem Ätna und sind durch Tanger gelaufen, wir haben in Bolivien Che Guevara gesehen, in Träumen, die nach M.s Tod einfach ausblieben. (14)

Auf den vielen Reisen, die der Erzähler ohne den Freund unternimmt, ist dieser gedanklich jedoch stets präsent. Hiervon zeugen die (unbeantworteten) Briefe von den Philippinen, aus den USA und Somalia (184 f.), die M. über Jahrzehnte aufbewahrt. Diese Briefe indizieren ebenso wie die nur am Telefon gewährten Inneneinsichten,[41] dass freundschaftliche Nähe lediglich unter der Voraussetzung räumlicher Ferne möglich ist. Hingegen sind die raren, hastigen Treffen von abstrakten Diskussionen[42] und Altherren-Potenzgebaren[43] dominiert: Weder der familiäre Alltag des Erzählers noch M.s immer prekärer werdende gesundheitliche und finanzielle Situation werden thematisiert. Beides gleichermaßen würde das zu Schulzeiten entworfene Ideal des unabhängigen Intellektuellen ins Wanken bringen oder gar zerstören. Der nur sporadische Kontakt erlaubt es den Freunden, dieses Ideal (sowohl vom Anderen als auch von sich selbst) vor der Realität zu bewahren. Hingegen legt beispielsweise M.s konventionelle Berufswahl oder auch die Bemerkung, dass „Autoren [...] wie Autoren aussehen [müssen]" (157), nahe, dass seine immer wieder beschworene Subversion vermutlich seit jeher mehr Wunsch denn Wirklichkeit ist. Sie kann nur um den Preis einer sowohl räumlichen als

---

40 Marc Augé: „Nicht-Orte." [1991] In: Stephan Günzel (Hrsg.): *Texte zur Theorie des Raums.* Stuttgart: Reclam 2013, S. 94-98.

41 Vgl. z. B. S. 21, 262 f.

42 Vgl. z. B. das Gespräch beim letzten Treffen der Freunde (88).

43 Vgl. Kapitel 5.2.2.

auch zeitlichen Entfernung – denn die meisten Erinnerungen liegen Dekaden zurück – aufrechterhalten werden: Der Freund in *Eros und Asche* gleicht einer Fata Morgana, die mit zunehmender Nähe an Imposanz verlieren würde.

Distanz als Prämisse für freundschaftliche Ichkonstitution ist, wie in Kapitel 3 deutlich wurde, ein in Philosophie und Literatur seit jeher äußerst produktives Motiv. Während die getrennten Freunde in der Antike – etwa bei Plutarch und Seneca – als objektivierende Instanz und Korrektiv für die Subjektivierung des jeweils anderen fungierten,[44] betreiben sie in *Eros und Asche* nicht die Infragestellung, sondern die Bestätigung des Ich, insofern der Erzähler und M. in den zu Jugendzeiten etablierten Rollen verharren. Während das Moment der Distanz z. B. bei Michel de Montaigne und Siegfried Kracauer als freundschaftsfördernd akzentuiert wird,[45] bedauert Kirchhoffs Erzähler wiederholt, nicht auf einem regelmäßigen Kontakt insistiert und M. häufiger gesehen zu haben[46] – ein Wunsch, der die die Freundschaft begründenden Dynamiken völlig verkennt. Denn Freundschaft in *Eros und Asche* konstituiert sich über das, was *noch nicht* bzw. *nicht mehr* ist: Ähnlich wie im Gleim'schen Kreis[47] entfaltet sie ihre volle Wirkmächtigkeit erst im Herbeisehnen oder Erinnern des Anderen, dessen Absenz im Tod verabsolutiert wird.[48]

---

44 Vgl. Moser 2006, S. 266 ff.

45 Montaigne („Über die Eitelkeit." In: Ders. 2000, S. 254-341, hier S. 302) pflegte zum verstorbenen la Boétie eine Brieffreundschaft: „Und über seine Abwesenheit [...] freue ich mich weitaus mehr als über seine Anwesenheit [...]. Ich habe damals sogar Gewinn und Vorteil daraus gezogen, daß wir fern voneinander weilten." Kracauer (1990, S. 60) postuliert, dass „räumliche Ferne [...] das Freundschaftsgefühl [erhöht]", da „man in der Ferne die störenden Nebengeräusche nicht mehr mithört" und erst so die Konzentration auf das Wesentliche ermöglicht werde: „So gelingt es denn häufig erst in Briefen, frei von Seele zu Seele zu reden."

46 „Das Versäumte, oder was zu tun wäre, wenn sich M.s Zeit zurückdrehen ließe. Ihn zu einer Reise bewegen, alles bezahlen. Einen Blick in seine Arbeitswelt werfen [...]. Einen Telefontermin vereinbaren, einmal im Monat. Eine Einladung nach Frankfurt aussprechen, ihn mit dem Auto holen; den Sohn durch M.s Berliner Räume führen." (125 f.) Vgl. auch S. 74, 88, 142.

Über dieses Bedauern ergibt sich eine weitere Parallele zu den wehmütigen Selbstvorwürfen der Erzählerin in Wolfs *Nachdenken über Christa T.*: „Unsere kurzen Begegnungen – Vorgaben, nichts als Vorgaben auf die Zeit, die man einmal haben wird, um sich wirklich zu treffen." (NC 180); „[W]ir verabredeten ein Wiedersehen und schoben wie immer das richtige Gespräch auf das nächste Mal." (NC 194 f.)

47 Vgl. Koschorke 1999, S. 238 ff.

48 Jean Starobinski (*Montaigne. Denken und Existenz*. München: Hanser 2001, S. 85) kommt in seiner Analyse der Freundschaft zwischen Montaigne und la Boétie zu einem ähnlichen Schluss: „Der Dialog der Freundschaft vollzog sich aus und in der Ferne. War das nicht bereits eine vorbereitende Übung für die endgültige Entfernung?"

Von dieser Beziehungslogik zeugt nicht nur die Romantopographie, sondern auch der ausgeprägte Imaginationsgehalt der Freundschaft. Bereits zu Schulzeiten wird sie aus dem eintönigen Internatsalltag in eine fiktive Exotik verlegt:

> Früher war er immer wieder mit solchen Parabeln gekommen [...] – wir beide im Spanischen Bürgerkrieg, gefangen von den Faschisten, wir beide im zusammengebrochenen Prager Frühling, unter dem Druck der Sowjets: Wer hätte was für wen getan und ertragen? Also die Frage, bis zu welchem Grad man befreundet war; das Internat konnte in M.s Augen darauf keine ausreichende Antwort geben. (154)

Der Freundschaftsbeweis, eines der verbreitetsten Motive der Freundschaftsliteratur überhaupt,[49] bleibt auf die Imagination beschränkt: In der Realität unterstützt der Erzähler M. in dessen prekärer Situation weder finanziell, noch hätte er sich zur Spende einer benötigten Niere bereiterklärt (168). Als M., bereits im Krankenhaus liegend, den Wunsch nach einem letzten Treffen äußert, malen die Freunde sich am Telefon eine gemeinsam durchzechte und durchfahrene Nacht aus, um es dann aber „bei der Idee von dieser Nacht [zu] belassen“ (21) – und so das in ihrer Freundschaft herrschende Primat der Imagination über die (vermutlich ernüchternde) Wirklichkeit zu besiegeln.

Wie Poschmanns Roman *Die Sonnenposition* betreibt auch *Eros und Asche* die Ausstellung und Programmatisierung von Fiktion, allerdings in umgekehrter Richtung: Bei Poschmann erfolgt sie durch den Erzähler auf Ebene der Rahmenerzählung, bei Kirchhoff durch den toten Freund auf Ebene der Analepse. Dabei wird M.s notorisches Lügen[50] und seine Prahlerei vom Erzähler zur Universalpoetik erhoben: „Die wahre, nicht erfundene Wahrheit kannte nur er, wie der Romancier, und was er über sich verbreitet hat, besaß auch den Gehalt eines guten Romans.“ (266) Hier wird erstens abermals deutlich, dass der Erzähler die aufpolierte Version der profanen Wirklichkeit vorzieht. Zweitens deutet er anhand des Vergleichs von Freund und Autor an, dass M.s Lebenscredo – „Wenn man die Wahl hat zwischen der Wahrheit und einer Geschichte, sollte man sich für die Geschichte entscheiden.“ (150) – durchaus auch auf die dem narrativen Adressaten vorliegende Autofiktion bezogen werden kann; ein mit den widersprüchlichen paratextuellen Fährten auf dem Buchcover korrespondierender Hinweis.

---

49 Vgl. hierfür Frenzel 2008: „Freundschaftsbeweis“, S. 192-214.

50 Vgl. z. B. „wenn man ihm glauben wollte, und ich wollte es in dieser Nacht“ (44); „eine Geschichte, so schön, dass ich sie glauben möchte“ (75); „erzählte unterwegs wieder von Polen, bis ich das Gefühl bekam, dass er womöglich nie dort war“ (91); „Palermo, wo er vor kurzem gewesen sein wollte“ (117); „keine ganz wahre Geschichte, aber eine ganz gute“ (146).

Auch in Sten Nadolnys *Selim oder die Gabe der Rede*, das wie *Eros und Asche* Schreibtagebuch, Manuskript und Roman in einem ist, beruft der Erzähler sich auf die Ideologie des toten Freundes („Selim liebt die Wahrheit, aber er begegnet ihr als freier Mann.", SG 418) und adaptiert sie für das eigene Schreiben („Erfinden statt Wissen hieß die Devise, sich selbst inszenieren!", SG 311); im Gegensatz zu Kirchhoffs Erzähler nimmt er allerdings eine deutliche Markierung der Fiktion innerhalb der Fiktion vor (SG 474 ff.). Diese ist bei Nadolny ebenso wie in Bjergs *Auerhaus* ein Trost für den Verlust des Freundes, während sie in Wolfs *Nachdenken über Christa T.* und Poschmanns *Die Sonnenposition* vor allem als Behelf für nicht vorhandenes Wissen dient. Bei Kirchhoff erfüllt die Imagination – wie die (die Imagination ja begünstigende) Distanz – hingegen eine ähnliche Funktion wie in den Dichterfreundschaften des 18. Jahrhunderts:

> Das Glück findet nicht in der Realzeit statt, sondern in seinen schriftstellerischen Präformationen und Rekonstruktionen. […] Präsenz […], so aufgefaßt, ist keine Seinsweise des Realen – oder dessen, was innerhalb einer Fiktion als reales Dasein erscheint –, sondern eine Seinsweise des Imaginären. […] Sie kommt zustande, wenn das Zeichengeschehen ein supponiertes referentielles Geschehen in sich aufsaugt und *überblendet*.[51]

Sowohl räumliche und zeitliche Ferne als auch die von M. initiierte und vom Erzähler befeuerte Legendenbildung machen den Freund in *Eros und Asche* zu einer Projektionsfläche, die je nach Bedürfnis *beschrieben* werden kann: Mal „gehörte [M.] zu den wenigen, die ihr Leben vollständig auf eigene Art leben" (30), mal „war [er] dieser Junge, der ein anderer sein wollte, lebenslang" (277). Im Gegensatz zu Timms Erzähler in *Der Freund und der Fremde*, der sich zu seinem „inzwischen vielleicht verklärten Bild" (FF 63) von Ohnesorg bekennt, oder dem Protagonisten in A. D. Millers *The Faithful Couple*, der darüber nachsinnt, ob ohne „all the made-up stuff, all the mutual invention" überhaupt „anything true and real" von seiner Freundschaft übrig bliebe (FC 152 f.), reflektiert Kirchhoffs Erzähler den Aspekt der Stilisierung nicht.

5.2.2 *Der geliebte Freund?*

Seit der Antike ist Freundschaft vielfach mit Brüderlichkeit verglichen oder gleichgesetzt worden.[52] Kirchhoffs Erzähler wählt eine andere Semantik,

---

51 Koschorke 1999, S. 256 ff.

52 Vgl. Andreas Kraß: „Im Namen des Bruders. Fraternalität in Freundschaftsdiskursen der Antike, des Mittelalters und der Frühen Neuzeit." In: *Behemoth. A Journal on Civilisation* 4 (2011), H. 3, S. 4-22. Das Motiv findet sich auch in Dirk Kurbjuweits Novelle *Zweier Ohne* (2001) und Jackie Thomaes Roman *Brüder* (2019).

um die Intensität seiner Beziehung zu M. zu beschwören:[53] Er verleiht dem Freund die Züge eines Liebhabers. So findet das erste Treffen der beiden in der Abenddämmerung am offenen Fenster statt (8).[54] Einige Jahre später tanzen die Freunde „die Hände um den Nacken des anderen, [...] mit geschlossenen Augen“ (63), auf einem Schulball. Und als sich ihre Wege zu Beginn des Studiums trennen, bricht der Erzähler zusammen und wird von Fieberschüben heimgesucht (151). Wenn Kirchhoffs Erzähler sich an das „dunkle Gefühl“, das „Verlangen nach Einheit um jeden Preis, auch dem des Verschwindens im Freund“ (147) erinnert, ist dies sogar deutlich homoerotisch konnotiert.

Gleichzeitig weist der Erzähler wiederholt und mit großer Emphase darauf hin, dass er keine *tatsächlichen* Intimitäten mit M. ausgetauscht habe und *nicht wirklich* homosexuell sei.[55] Wie zum Beweis zeichnet er den Freund und sich selbst als Schwerenöter und Frauenhelden. Das gemeinsame Verführen zweier erzkatholischer Schwestern zur Abiturzeit (18 f.), M.s zahlreiche Affären im Berliner Nachtleben (44) und seine Ménage-à-trois (98), die an den Erzähler gerichteten Avancen einiger Seminarteilnehmerinnen in Warschau (103) und der imaginierte Sex mit einer Fremden auf Kuba (220) haben dabei zweierlei gemeinsam: die Ergebenheit und stets akzentuierte Jugend der Frauen. Dem weiblichen Lustobjekt wird der männliche Intellektuelle gegenübergestellt:

> [O]ft lagen wir [...] nackt und bis zum Koller erregt auf den Betten, und ich musste für ihn [M.] Geschichten erfinden, [...] Geschichten vom Ficken, und keinem wäre auch nur entfernt die Idee gekommen, im anderen ein Ziel zu sehen. Denn jeder sah den anderen, bei allem Koller, immer und in erster Linie als Denkenden; man sah ihn denken statt begehren. (244 f.)

Die hier implizierte Unvereinbarkeit von *Körper* und *Geist* wird an anderer Stelle von einer weiteren Opposition, nämlich *Emotion* und *Männlichkeit*, ergänzt und affirmiert: „Je mehr und klarer man die Abwesenheit des anderen ausspricht, je öfter und deutlicher man dessen Fehlen beklagt und sich mit dem Abwesenden befasst, desto mehr bringt man die weibliche Seite in sich zum Vorschein.“ (31)[56] Die Kombination dieser geschlechtsspezifischen Zu-

---

53 Vgl. z. B. „eine lang zurückliegende, unerledigte Liebe“ (10); „Jugendliebe“ (87); „Momente von Liebe zwischen M. und mir“ (159); „Liebesbriefe“ (208); „Verliebtheit“ (245).

54 Daemmrich/Daemmrich: „Fenster:“ In: Dies. 1995, S. 154-157.

55 So bedauert er, dass es in der Vergangenheit zu „Missverständnissen über die Sexualität des Autors“ (31) gekommen sei; er betont, dass M. „mit keiner [Faser] homosexuell“ (158) war und es in der Freundschaft „nie zur vollzogenen Liebe kam“ (245).

56 Tatsächlich ist die öffentliche Artikulation von Trauer in den meisten Kulturen weiblich konnotiert. Vgl. hierzu z. B. den von Gisela Ecker herausgegebenen Sammelband, der in exemplarischen Einzellektüren kulturelle Leitvorstellungen und -praktiken von Trauer

schreibungen läuft auf einen Ausschluss des Weiblichen aus der Sphäre des Geistes und damit auch aus der Sphäre der Freundschaft hinaus,[57] die Kirchhoffs Erzähler ja als durch und durch vergeistigt konzeptualisiert.

Hierin zeigt sich eine erste Parallele zu Michel de Montaignes Freundschaftsessay. Dabei ist es gerade die historische Alterität und insbesondere die Diskrepanz zwischen frühneuzeitlichem und spätmodernem Subjektverständnis,[58] die die anachronistische Weltsicht von Kirchhoffs Erzähler entlarven: Montaigne diskreditiert „die unzüchtige Freundesliebe der Griechen" als „abscheulich";[59] und auch er glorifiziert die Geistesfreundschaft zur Bastion des (heterosexuellen) Mannes, sei doch „das geistige Vermögen der Frauen gewöhnlich den Anforderungen des engen Gedankenaustauschs und Umgangs nicht gewachsen [...], aus denen der heilige Bund der Freundschaft hervorgeht"[60]. Wenn Kirchhoffs Erzähler knapp fünfhundert Jahre nach Erscheinen von Montaignes Essay (in wenn auch verbrämter Form) ähnlich homophobe und misogyne Tendenzen zeigt, dann führt er damit seine im Text betriebene Profilierung als anti-heteronormativer Freigeist selbst ad absurdum.

5.2.3 *Der schreibende Freund*

Im Zuge der Sichtung von M.s Bibliothek – M. vererbt dem Erzähler ebenso seine Bücher wie la Bóetie einst Montaigne[61] – heißt es in *Eros und Asche*: „Eine kaum versteckte Sehnsucht spricht für den schreibenden Freund aus all diesen Vermerken, die Sehnsucht, selbst zu schreiben und das eigene Erleben dadurch auf die Füße zu stellen oder überhaupt auf die Füße zu kommen." (212) Das Motiv vom Freund als verhindertem Schriftsteller, der sein Potenzial nicht auszuschöpfen bzw. einzulösen vermag, findet sich in fast allen Romanen, deren Erzähler selbst Autoren sind. Schon Montaigne rahmt seinen Freundschaftsessay mit Ausführungen zu einer Abhandlung von la Boétie, deren Qualität zunächst weit über die der eigenen Werke gestellt wird, um sie gleich darauf mit jovialer Geste als „eine Übung" herabzusetzen, die ein „allbekannt[es] und in den Büchern an tausend Stellen bereits abgedroschen[es]"[62] Thema verhandele. Sie stelle „bei weitem noch nicht das Beste dar, was ihm möglich

auf ihre geschlechtsspezifischen Codierungen und Normierungen untersucht: *Trauer tragen – Trauer zeigen. Inszenierungen der Geschlechter*. München: Fink 1999.

57 Vgl. zum Ausschluss der Frau aus der Sphäre der Freundschaft Kapitel 1.3.3.

58 So stand Homosexualität zu Montaignes Zeit unter Todesstrafe, weshalb das Leugnen erotischer Gefühle für la Boétie (auch) schlichte Überlebensstrategie gewesen sein dürfte.

59 Montaigne 2000, S. 291.

60 Ebd., S. 290.

61 Ebd., S. 286.

62 Ebd., S. 303.

gewesen wäre […] – kenne ich doch vor allem hinsichtlich seiner Naturbegabung niemanden, der sich mit ihm vergleichen ließe“[63].

„Schreib doch, Krischan. Warum schreibst du nicht?“ (NC 217), ermuntert die Erzählerin in Wolfs *Nachdenken über Christa T.* ihre Freundin erfolglos. In Ferrantes *Neapolitanischer Saga* lässt das Ausnahmetalent Lila seine schriftstellerische Begabung ebenfalls verkümmern. In Timms *Der Freund und der Fremde* widmet Ohnesorg sich dem Schreiben nur im Verborgenen (FF 85) und stellt es dann ganz ein, wie der Erzähler bei seinen Recherchen enttäuscht feststellen muss (FF 168). In Austers *Leviathan* gibt Sachs nach einem äußerst vielversprechenden Romandebut das belletristische Schreiben auf (LE 48). Und in Bernhards *Der Untergeher* arbeitet Wertheimer vor seinem Suizid an einem Buch, das er so lange redigiert, bis davon nurmehr der Titel übrig ist (UG 79).

Es scheint, als könne immer nur *einer* der Freunde – nämlich der Chronist – als Autor reüssieren.[64] Bei Wolf, Ferrante und Kirchhoff, deren Erzähler früh literarische Erfolge feiern, suchen die Freunde sich eine ‚eigene', vom Schreiben denkbar weit entfernte Domäne: Christa T. gebiert binnen kürzester Zeit drei Kinder und wird Hausfrau, Lila lernt autodidaktisch das Programmieren, und M. wird Arzt.[65] Zwar spornen die Erzähler ihre Freunde zur literarischen Betätigung an; nicht selten aber fürchten sie sich gleichzeitig vor potenzieller Konkurrenz. So herrscht in *Eros und Asche* schon während des allabendlichen Schreibens zu Internatszeiten „ein ständiges leichtes Misstrauen, ein ständiger leichter Neid“ (242). In Ferrantes *Neapolitanischer Saga* ängstigt die Erzählerin sich noch als renommierte Bestseller-Autorin vor einem späten schriftstellerischen Schaffen der Freundin, die sie zuvor immer wieder zum Schreiben animiert hatte:

> Ich ertappte mich dabei, dass ich mich fragte: ‚Und wenn nun aus ihren Dateien irgendwann eine Erzählung entsteht, die bei weitem besser ist, als meine es sind? […] In diesem Fall wäre ihr Buch – und wenn auch nur für mich – zu einem Beweis für mein Scheitern geworden, und ich hätte bei seiner Lektüre erkannt, wie ich hätte schreiben müssen, doch nicht gekonnt hatte. […] Nun hoffte ich nicht mehr, sondern fürchtete, fürchtete, dass sie zu mir sagte: ‚Willst du lesen,

63 Ebd., S. 286.

64 Ausnahmen bilden Saul Bellows *Ravelstein* und Sigrid Nunez' *The Friend*, in denen *beide* Freunde Autoren sind.

65 Bei Bernhard schwört der Erzähler in Anbetracht der herausragenden pianistischen Fähigkeiten seines Freundes einer eigenen Musikerlaufbahn ab: „Hätte ich Glenn Gould nicht kennengelernt, ich […] wäre ein Klaviervirtuose geworden und vielleicht sogar einer der besten Klaviervirtuosen der Welt.“ (UG 15)

> was ich geschrieben habe, ich arbeite schon seit Jahren daran, ich schicke es dir per Mail.' […] Aus der plötzlichen Umkehrung der Schicksale wäre ich vernichtet hervorgegangen. (NE IV 595 ff.)

Die Schrift wird nicht erst im Zuge der Rekapitulation des Freundeslebens zum Medium der Ichkonstitution, sondern ist es bereits auf Ebene der Analepse. Die Verquickung der Subjektivierungspraktiken von Freundschaft und Schreiben wird besonders deutlich, wenn Timms Erzähler die einstweilige Trennung vom Freund zur „literarische[n] Bewährungsprobe" (FF 113) stilisiert; zu einem Wettbewerb darum, wer von den beiden als erster „durch sein Schreiben von sich reden machen" würde (FF 14). Kirchhoffs Erzähler mutmaßt indes, dass seine Autoridentität die des Freundes torpediert habe: „Ich schrieb wie wild, und er versuchte mitzuhalten. Und hätte ich nicht wie wild geschrieben, wäre das unter Umständen sein Part gewesen […]; wären wir uns aber nie begegnet, hätte er womöglich gar nicht geschrieben. […] Hat also mein Schreiben sein Schreiben […] verhindert?" (240) Seine Berufswahl begründet M. mit dem Hinweis auf die Notwendigkeit eines *Handelns* (28); eine Begründung, die angesichts der Politikindifferenz des in seiner Phantasie lebenden Eremiten wenig plausibel erscheint. Seine – und die der anderen Freunde – Abkehr vom Schreiben verweist vielmehr auf das berühmte Diktum Pierre Bourdieus: „Identität gewinnt Kontur und bestätigt sich in der Differenz."[66]

In der Nichtexistenz eines schriftlichen Nachlasses – Kirchhoffs M. vernichtet wie Wolfs Christa T. (NC 33) sämtliche Tagebücher, Bernhards Wertheimer verbrennt in Vorbereitung auf seinen Suizid „Hunderte und Tausende Zettel" (UG 242) und entscheidet sich wie der Protagonist in Sigrid Nunez' *The Friend* gegen einen Abschiedsbrief (TF 121), Ferrantes Lila sorgt dafür, dass „nichts von ihr […] mehr zu finden" ist (NE I 19) – manifestiert sich ein elementarer Unterschied zum zeitgenössischen Generationenroman bzw. zur relationalen Autobiographie, in denen der Erzähler sich häufig auf die Fährte eines (verstorbenen) Familienangehörigen begibt.[67] Denn während diese Genres „die Eindimensionalität und Ergänzungswürdigkeit der autobiographischen Perspektive durch die dialogische Interaktion mit anderen Texten und Medien […] in den Mittelpunkt [stellen]"[68], kommt eine solche Interaktion aufgrund der sorgfältigen Tilgung jeglicher Schriftspuren im

66 Pierre Bourdieu: *Die feinen Unterschiede*. Frankfurt a. M.: Suhrkamp 2006 [1979], S. 279.

67 Vgl. hierzu z. B. Roger J. Porter: *Bureau of Missing Persons. Writing the Secret Lives of Fathers*. Cornell: Cornell UP 2011; Rüggemeier 2018.

68 Ebd., S. 83 f.

zeitgenössischen Freundschaftsroman nicht zustande. So gewinnen die Erzähler die alleinige und unangefochtene Deutungshoheit über die Freundschaft.

Diese Asymmetrie wird nicht nur in *Eros und Asche* („man kann natürlich über Tote alles Mögliche sagen“, 89) thematisiert. So räsoniert etwa Wolfs Erzählerin: „Da ich am Leben bin und sie [Christa T.] nicht, kann ich bestimmen, worüber gesprochen wird, worüber nicht. Das ist die Rücksichtslosigkeit der Lebenden gegenüber den Toten.“ (NC 58) Auch Bellows Erzähler reflektiert seine Interpretationsmacht über das Leben des Alter Ego: „And when he asked me to write a ‚Life of Ravelstein‘, it was up to me to interpret his wishes and to decide just to what extent I was freed by his death to respect the essentials – or the slant given by my temperament and emotions to those essentials, my swirling version of them.“ (RS 59 f.) In Bernhards *Der Untergeher* vollzieht sich die Selbstfindung bzw. -profilierung des erzählenden Freundes auf Kosten des schweigenden Anderen, der sich nicht mehr gegen Negativzuschreibungen und Verleumdungen wehren kann:

> Wir beuten den Nachlaß aus, um den, der ihn uns hinterlassen hat, noch mehr zu vernichten, den Toten noch mehr zu töten, und hat er uns nicht den entsprechenden Vernichtungsnachlaß hinterlassen, erfinden wir einen solchen [...]. Wir suchen nach Zeugnissen gegen ihn, für uns, dachte ich. Wir plündern alles, was gegen ihn verwendet werden kann, um unsere Lage zu verbessern, dachte ich, das ist die Wahrheit. (UG 80)

Bernhards Erzähler erhebt sich mit dem Schreiben des Romans *Der Untergeher* über seinen ewigen Konkurrenten Wertheimer, indem er dessen gescheitertes, gleichnamiges Buchprojekt realisiert. Auch Austers Erzähler benennt die Biographie seines Freundes Sachs, der ihn sowohl in künstlerischer („Language has never been accessible to me in the way that it was for Sachs.“, LE 49) als auch amouröser Hinsicht stets überflügelt hat, nach dessen (durch den Tod vereitelten) letztem Romanvorhaben: „ [T]he book is no more than the promise of a book [...]. To mark what will never exist, I have given my book the same title that Sachs was planning to use for his: *Leviathan*.“ (LE 142) Was bei Bernhard unverhohlene Machtdemonstration ist, wird bei Auster zum Tribut an den toten Anderen erklärt.

Gegen ihn, für uns – diese Bernhard'sche Dialektik gestaltet sich auch in *Eros und Asche* wesentlich subtiler. Wenn Kirchhoffs Erzähler M.s Kettenrauchen zu einer literarischen Ausdrucksform erhebt – „M. war ein Leben lang damit befasst, einen Zigarettenroman in hunderttausenden von kurzen Kapiteln zu schreiben [...], Raucher und Autor in einem, jemand, der sein Leben in die Luft schrieb, in Ellipsen, die sich nach und nach auflösten“ (266 f.) –, dann verweist er implizit auf die Unvergänglichkeit der eigenen, *echten* Schrift. Während M.s

,Schreiben' ihn tötet,[69] machen die Romane des Erzählers[70] ihn unsterblich. Das Preisen der (vermeintlichen) Genialität M.s – dessen Wohnung wird zum „beredte[n] Zeugnis einer geistigen Existenz im ausgehenden letzten Jahrhundert" (101) deklariert und auf eine Stufe mit Mauermuseum und preußischen Kulturschätzen gestellt – bei gleichzeitigem Beklagen seines uneingelösten Potenzials erinnert an die Rhetorik der eingangs zitierten Montaigne-Passage. So erhöht sich Kirchhoffs Erzähler auf gleich dreifache Weise selbst: Schließlich ist *er* es, der schon im frühen Jugendalter M.s Talent erkannte. *Er* ist es, der von diesem Ausnahmemenschen zum Wegbegleiter und Chronisten auserkoren wurde. Und *er* ist es, der im Gegensatz zu dem in Internatszeiten tonangebenden und als Fall[71] endenden Freund literarisch reüssiert hat.

5.3 Fazit

Sowohl in *Eros und Asche* als auch in den von Autorfiguren erzählten Freundschaftsromanen von Christa Wolf und Thomas Bernhard, Paul Auster und Saul Bellow, Uwe Timm und Elena Ferrante nimmt Literatur einen eminenten Stellenwert für die Subjektivierung der Protagonisten ein. Freundschaft konstituiert sich in sämtlichen in diesem Kapitel untersuchten Texten maßgeblich über die gemeinsame Liebe zu Literatur und das literarische Gespräch. Der Freund, der zunächst Muse,[72] Adressat[73] und potenzieller Rivale des schriftstellerischen Schaffens der Erzähler ist, wird nach seinem Tod selbst zum literarischen Sujet. Zu Lebzeiten des Freundes oszilliert das Schreiben nicht nur bei Kirchhoff zwischen Ergänzung und Konkurrenz, Inspiration und Bedrohung. Ebenso wie in *Eros und Asche* scheint es auf dem literarischen Parkett auch in Wolfs *Nachdenken über Christa T.*, Bernhards *Der Untergeher*, Austers *Leviathan*, der *Neapolitanischen Saga* von Elena Ferrante

---

69 M. kokettiert mehrfach mit der Möglichkeit eines Suizids (180, 196, 213), stirbt aber eines natürlichen, wenn auch durch permanentes Rauchen forcierten Todes.

70 Vgl. Fußnote 31.

71 Vgl. S. 121, 216 f.

72 M. dient dem Erzähler als Vorlage für literarische Figuren (82).
Vgl. zum Motiv des Freundes als Muse auch SG 318 f.; NE III 361; FS 279; ME 223.

73 M. wird vom Erzähler als „ein Gutteil meiner Leserschaft" (136) bezeichnet. In Nadolnys *Selim oder Die Gabe der Rede* heißt es: „Wer das lesen soll? Selim! Selim soll es lesen!" (SG 162). In der *Neapolitanischen Saga* redigiert Lila schon zu Schulzeiten die Artikel der Erzählerin (NE I 382 f.) und liest im Erwachsenenalter als erste deren Manuskripte. Auch in Palmens *Die Freundschaft*, Timms *Der Freund und der Fremde* und Nunez' *The Friend* sind die Freunde die für die Erzähler wichtigsten Leser und Kritiker.

und Uwe Timms *Der Freund und der Fremde* lediglich Platz für *einen* der Freunde zu geben: den Erzähler, der sich (mit Ausnahme des Bernhard'schen Protagonisten) zum Zeitpunkt seines Schreibens über die Freundschaft bereits als Autor etabliert hat. Er betreibt die Rekonstruktion des Freundeslebens nicht wie im Familienroman in dialogischer Auseinandersetzung mit Dokumenten des toten Anderen, sondern aufgrund eines fehlenden schriftlichen Nachlasses in Monologform – und wird somit zum alleinigen Exegeten der Freundschaft.

„Freundschaft? Ich weiß es jetzt nicht mehr" (SG 403), heißt es in Nadolnys *Selim oder die Gabe der Rede*, und Bußmanns Erzählerin in *Der Mantel der Erde ist heiß und teilweise geschmolzen* räsoniert: „Eine Freundin, ich dachte über den Begriff nach, *amiga, companera*, Freundin, Genossin, Kameradin, auch auf Deutsch hätte ich keine gute Bezeichnung gehabt für das, was wir vielleicht einmal voneinander gewollt hatten." (ME 72 f.) In Poschmanns *Die Sonnenposition* und Marlene Streeruwitz' *Der Abend nach dem Begräbnis der besten Freundin.* prangern die Erzähler gar die Amoralität ihrer toten Freunde an („Er verhielt sich nicht wie ein Freund.", SP 285; „Man könnte unser Verhältnis auch ausnützerisch nennen.", AB 39). Das Urteil von Kirchhoffs Erzähler steht in denkbar großem Kontrast zu diesen relativierenden und mitunter abkanzelnden Freundschaftsdiagnosen: Er erhebt die Freundschaft zu M. zu einer „Freundschaft von absurder Tiefe" (10) und zum „Original einer Freundschaft" (69). Diese normative Absolutheit stellt die Klimax eines an (Selbst-)Stilisierungen reichen Romans dar, der die schriftstellerische Programmatik seines Erzählers konterkariert – nämlich den Willen, „alle[s], was einem den Boden unter den Füßen wegzieht oder Dinge tun lässt, für die man keine Zeugen will", zum Gegenstand zu machen, auch wenn „vieles davon peinlich" ist (136 f.).

Eros und Asche ist nicht wie Poschmanns *Die Sonnenposition* das Protokoll einer scheiternden *Ich-Suche*, sondern präsentiert sich als Rückschau auf eine gelungene *Ich-Findung*. Hierin liegt die zentrale Parallele zum ‚Paten' Montaigne, der sich in seinen *Essais* ebenfalls „nicht selbst [formt], sondern [...] die Form auf[zeigt], die sein Selbst bereits besitzt [...]"[74]. Während das Leben und Schreiben der Freundschaft bei Poschmann von den Minderwertigkeitsgefühlen des Erzählers geprägt ist, verstellt in *Eros und Asche* umgekehrt die Hybris des Erzählers eine kritische Introspektion oder gar Selbsterkenntnis. Dabei werden seine exaltierten (Eigen-)Stilisierungen wie schon in der geschriebenen Freundschaft des 18. Jahrhunderts[75] mitunter zum Gegenstand unfreiwilliger Komik.

74 Moser 2006, S. 737.

75 Vgl. Kapitel 2.

Die für den historischen Freundschaftsdiskurs strukturbildenden Praktiken der Distanz und Projektion, die auch in den übrigen Primärtexten fortwirken, erfahren in *Eros und Asche* die wohl eindrücklichste literarische Aktualisierung. M. wird posthum zur Inkarnation dessen gemacht, was der (mittlerweile durch und durch arrivierte) Erzähler selbst einmal gewesen zu sein glaubt: ein gegen das Establishment opponierender Querdenker. Dabei vereitelt das die Freunde verbindende Streben nach Exzeptionalität ein wahrhaftiges *Sich-Zeigen*. Nicht das gemeinsame Erleben, sondern das Imaginieren identitätsstiftender Momente bildet das Fundament der Freundschaft, die mit M.s Tod gänzlich der Realität enthoben wird und ihr Potenzial damit vollends ausbildet.

KAPITEL 6

Der reale Freund. Bov Bjergs Adoleszenzroman *Auerhaus*

In Bov Bjergs von der Kritik euphorisch aufgenommenen Debutroman *Auerhaus* (2015) rekapituliert der Ich-Erzähler Höppner die Geschichte seiner Freundschaft zu Frieder. Die beiden Abiturienten gründen in der schwäbischen Provinz der 80er Jahre eine Wohngemeinschaft, deren erklärtes (und letztlich scheiterndes) Ziel es ist, Frieder nach einem Freitodversuch und anschließenden Psychiatrie-Aufenthalt vom Suizid abzuhalten. Im Folgenden analysiere ich zunächst die Dynamiken und Funktionen der Wohngemeinschaft Auerhaus, die als „Gegenplatzierung“[1] und „Antithese“[2] zu den Sozialisationsinstanzen Familie, Schule und Militär fungiert und mithin als Foucault'sche Heterotopie und spätmoderne Aktualisierung der empfindsamen Freundschaftsbünde gelesen werden kann.

Wie die Freunde bei Poschmann und Kirchhoff sehen sich auch Bjergs Protagonisten mit einer Welt konfrontiert, die den eigenen Werten und Bedürfnissen zuwiderzulaufen scheint. Während die Erzähler in *Die Sonnenposition* und *Eros und Asche* dem Gefühl des Nicht-(Mehr)-Zugehörigseins und ihrer durch den Freundestod verstärkten Orientierungslosigkeit mit Weltflucht und Selbsttäuschung (Poschmann) bzw. Vergangenheitsverklärung und Selbststilisierung (Kirchhoff) begegnen, stehen die Freundschaft und die erzählerische Subjektivierung in *Auerhaus* unter dem Vorzeichen der Selbstfindung. Wie der zweite Teil dieses Kapitels zeigen wird, erfolgt das Leben und Schreiben von Freundschaft dabei auch bei Bjerg unter Rückgriff auf bzw. im Spiegel von Literatur.

Auerhaus ist häufig als ‚Nachfolger‘ von Wolfgang Herrndorfs Erfolgsroman *Tschick* (2010) apostrophiert worden.[3] Auch *Auerhaus* avancierte zur beliebten

1 Foucault 1992, S. 39.

2 Rasch 1936, S. 13.

3 „Könnte zu einem zweiten ‚Tschick‘ werden“, prophezeit Gerrit Bartels („Schule aus.“) im *Tagesspiegel* vom 30.11.2015; vgl. auch Hans Hütts Rezension („Bewährungshelfer fürs eigene Leben.“) in der *taz* vom 11.12.2015.

 | DOI:10.30965/9783846766774_007

Schullektüre[4] und wurde mehrfach für die Theaterbühne adaptiert.[5] Bemerkenswerter noch als die zahlreichen Parallelen zu *Tschick*, auf die punktuell einzugehen sein wird, sind allerdings die zu den Adoleszenztexten der Jahrhundertwende: Mit Freundschaft, dem Wunsch nach einer Emanzipation von bürgerlichen Lebensläufen, Schülersuizid und Schuld greift *Auerhaus* zentrale Motive von Frank Wedekinds *Frühlings Erwachen* (1891), Emil Strauß' *Freund Hein* (1902) und Hermann Hesses *Unterm Rad* (1906) auf, anhand derer im dritten Teil des Kapitels das Spannungsverhältnis von Tradition und Alterität vermessen wird, innerhalb dessen *Auerhaus* sich bewegt. In einem Brückenschlag vom Fin de Siècle über die Texte *Abituriententag* (1928) von Franz Werfel und *Katz und Maus* (1961) von Günter Grass bis hin zu *Auerhaus* untersuche ich abschließend das Motiv der Schuld und die Evolution des Prinzips des moralischen Erzählens im Freundschaftsroman.

6.1 Heterotopie Auerhaus

Nach seiner Entlassung aus der Psychiatrie überredet Frieder den Erzähler Höppner, in einem maroden, leerstehenden Bauernhof eine Wohngemeinschaft zu gründen: „Ich würde ausziehen, um Frieder davon abzuhalten, sich umzubringen." (52) Bald wird der Hof zum Auffangbecken, Refugium und Familienersatz für orientierungslose Jugendliche: Neben dem suizidalen Frieder und dem vor Wehrdienst und cholerischem Stiefvater fliehenden Höppner ziehen sukzessive die polyamouröse Vera, die wohlstandsvernachlässigte Cäcilia, der homosexuelle Harry und die Pyromanin Pauline ein. Zu besonderen Anlässen versammeln sich gar „sämtliche Irren aus dem Schwarzen Holz [CS: Psychiatrie] […] und alle Schwulen zwischen München und Paris" (123 f.) im Auerhaus. Ihre Bezeichnung verdankt die Wohngemeinschaft den mangelnden Englischkenntnissen eines Nachbarn, der den zum Einweihungsumtrunk laufenden Song *Our House*[6] zu *Auerhaus*, einem in doppelter Hinsicht sprechenden Namen, macht: Nicht nur visualisiert die graphemische Verschmelzung von Mensch und Raum die identitätsstiftende Funktion des Ortes; die deutsche Schreibweise verweist auch auf den seelischen und physischen Schmerz, dem die Bewohner durch ihren Einzug ins Auerhaus

4 Es gibt mittlerweile auch diverse Lektürehilfen zum Roman, z. B. von Klett (2016), Königs Erläuterungen (2017) und Reclam (2018).

5 2017 feierten Inszenierungen u. a. am Deutschen Theater Berlin und am Thalia Theater Hamburg Premiere. Ein gleichnamiger Film von der Produktionsfirma Constantin Film lief 2020 im Kino.

6 Der Song wurde 1982 von der Band *Madness* veröffentlicht.

zu entfliehen versuchen – so etwa Cäcilia, die sich bei ihren Eltern „das Herz [erfroren]“ (108) hat, oder Harry, der nach seinem Coming-out brutal vom Vater zusammengeschlagen wurde (111). Während Höppner sich vor seinem Einzug in fiktive Fernsehwelten und „Heile-Familie-Kram in Schwarzweiß“ (12) flüchtet, empfindet er im Auerhaus ebenso wie die anderen Jugendlichen erstmals ein Gefühl der Zugehörigkeit: „Am 24. Dezember war ich zuhause. Das heißt, ich war bei meiner Familie. Zuhause war ich eigentlich im Auerhaus. Aber das verstanden bloß die, die auch im Auerhaus zuhause waren.“ (99)

Das Auerhaus ist Antithese zur bieder-saturierten Dorfgemeinschaft der 80er Jahre, zu Kaltem Krieg, Konsumwut und Kohl-Ära. Feste Regeln oder Zuständigkeiten existieren nicht, jeder steuert das ihm Mögliche zur Haushaltskasse bei, und die Mahlzeiten werden überwiegend aus selbstangebauten oder vom Supermarkt ausrangierten Nahrungsmitteln zubereitet. Seine Bewohner stellen das als unbefriedigend empfundene Schema von „Birth, school, work, death“ (67) in Frage:

> Hätte man sie [die Mitschüler] vor einer Klausur gefragt: ‚Wozu lebst du eigentlich?‘, hätten sie geantwortet: ‚Das kommt nicht dran, das müssen wir nicht wissen.‘ Sie waren auf der Oberschule zuhause. Sie verpuppten sich, machten Abi und studierten, und wenn der Kokon platzte, sahen sie aus wie ihre Eltern. Sie übernahmen die Praxis, die Kanzlei, das Ingenieurbüro. Sie erbten von ihren Eltern das Abitur und das Leben. (69)[7]

Das Experiment Auerhaus ist einer jener „wirkliche[n] Orte, wirksame[n] Orte, die in die Einrichtung der Gesellschaft hineingezeichnet sind, sozusagen Gegenplatzierungen oder Widerlager, tatsächlich realisierte Utopien, in denen die wirklichen Plätze innerhalb der Kultur gleichzeitig repräsentiert, bestritten und gewendet“[8] werden – und folglich einer jener Orte, die Michel Foucault als *Heterotopien* bezeichnet. Dabei differenziert er zwischen zwei möglichen Heterotopieformen:[9] *Krisenheterotopien* setzen sich aus Individuen

---

7 Analog hierzu entwirft Pavel, der beste Freund des Ich-Erzählers in Ralf Rothmanns Roman *Milch und Kohle* (2000), eine Dystopie im Schnelldurchgang: „Guck dir doch meine Alten an. Oder deine. Wenn das das Leben ist – gute Nacht. Und wir sind auch bald soweit. Im nächsten Jahr mach ich meine Gesellenprüfung. Dann den Führerschein, Klasse drei. Dann kaufe ich mir ein Auto, auf Raten. Dann kommt die große Liebe oder so’n Stuß, und schließlich quäken die Babys, und man ist endgültig erwachsen. Man braucht ein größeres Auto, und die Frau will eine Tiefkühltruhe und einen Zimmerspringbrunnen, auch alles auf Raten. Vor lauter Verzweiflung werde ich Meister, und wir bauen uns ein Haus, obwohl wir uns eigentlich schon nicht mehr ausstehen können. Und wenn es abbezahlt ist, kriegen wir Krebs und kacken in die neuen Betten.“ (MK 113)

8 Foucault 1992, S. 39.

9 Ebd., S. 40 f.

zusammen, die sich in einem zwar prekären, zeitlich jedoch begrenzten Zustand befinden; es sind Schwellen- und Übergangsräume, die auch zu Räumen des Widerstandes werden können. *Abweichungsheterotopien* hingegen sind Disziplinierungsräume. Das Auerhaus ist ein Hybrid beider Formen: Seine Bewohner befinden sich in der Interimsphase der Adoleszenz,[10] doch verweisen ihre Geisteskrankheiten (Frieder, Pauline) und kriminellen Aktivitäten (Harry, Vera) gleichzeitig auf Psychiatrie und Gefängnis als *die* Abweichungsheterotopien par excellence.[11] Indem das Auerhaus die Charakteristika beider Heterotopieformen vereint, verabsolutiert es die Idee eines Ortes, der „solchen Heterogenitäten oder Abweichungen Raum [gibt], für die in einem gegebenen Raumgefüge kein Platz vorgesehen ist"[12], und der damit auch die Möglichkeit der Dynamisierung oder Untergrabung etablierter (Macht-)Ordnungen aufscheinen lässt.

Entfremdung von der Gesellschaft, selbst gewählter Rückzug und die Erprobung alternativer Lebensweisen: Diese Komponenten weisen die Heterotopie Auerhaus als ‚Erben' der empfindsamen Freundschaftsbünde aus.[13] So ist das Bürgertum des 18. Jahrhunderts zwar dazu aufgerufen, sich von der Vormundschaft des absolutistischen Staates und den Zwängen der Ständegesellschaft zu emanzipieren; es sieht sich jedoch mit einer politisch-gesellschaftlichen Wirklichkeit konfrontiert, die seinem neu erwachten Bewusstsein von Individualität kaum Genüge zu leisten vermag. Diese Diskrepanz wird über die Etablierung und Inszenierung tugendhafter Intimfreundschaft abgefedert: Freundschaft wird im 18. Jahrhundert zum Scharnier zwischen Fremd- und Selbstbestimmung und zum Laboratorium neuer, sich in

10 Vgl. z. B. „Jungs in meinem Alter, oder Männer, oder wie man das nennen sollte, was wir waren" (151) sowie den Ausruf der Polizisten bei der Razzia im Auerhaus: „Verdammte Scheiße, das sind ja alles Kinder!" (174)

11 Vgl. Foucault 1969 und 1976.

Mit dem regelmäßigen Stehlen von Lebensmitteln, Harrys Drogengeschäften, dem Diebstahl von Höppners Musterungsakte und der lebensgefährlichen Autofahrt, während derer Frieder die Polizei mit einer Schreckschusspistole bedroht, greift *Auerhaus* den Gesetzesbruch als produktives Motiv literarischer und filmischer Freundschaftsnarrative auf: In Wolfgang Herrndorfs *Tschick* (2010) geraten zwei Neuntklässler auf einem abenteuerlichen Brandenburg-Trip im gestohlenen Lada wiederholt mit der Polizei in Konflikt, und in Lucy Frickes *Töchter* (2018) werden die Freundinnen Martha und Betty auf einer Fahrt nach Italien und in die Vergangenheit ihrer Väter ebenfalls mehrfach straffällig. Auch in Jack Kerouacs Roman *On the Road* (1957) und dem Road Movie *Thelma & Louise* (1991) erfüllt der gemeinsame Gesetzesbruch eine strukturbildende Funktion und katalysiert ein Gefühl von ‚Wir gegen den Rest der Welt'.

12 Tobias Klass: „Heterotopie." In: Kammler/Parr/Schneider (Hrsg.) 2014, S. 263-266, hier S. 265.

13 Vgl. hierzu Rasch 1936, S. 90 ff.

Abgrenzung zur höfischen Kultur konstituierender Subjektformen. Es wird zur Aufgabe von Freundschaft,

> die Kluft zwischen Seele und Wirklichkeit zu überbrücken, die Enge eines beschränkenden Lebenskreises zu erweitern. Sie wird vor allem zur Stätte für die Entfaltung der Innerlichkeit und des individuellen Lebens. [...] Das Bürgertum empfand den Herrschaftsanspruch der privilegierten Adelsschicht nicht mehr als gültig und verpflichtend und setzte dem Herrschaftsgebilde der Gesellschaft seine Form der Gemeinschaft entgegen, in der es ‚Herrschaft' in diesem Sinne nicht gab.[14]

Auch die Freundschaft im Auerhaus ist eine „Inselbildung"[15] – und dabei sowohl Antithese zur umgebenden Welt als auch politisch aufgeladene Gemeinschaftsutopie.[16] Indem der Roman die Aktualisierung der Formationslogiken empfindsamer Freundschaft mit der Bearbeitung spezifisch spätmoderner Subjektproblematiken wie Depression und queerer Sexualität verbindet, widerlegt er Eckhardt Meyer-Krentlers und Jost Hermands These, der zufolge zeitgenössische (literarische) Freundschaft keine sozialethisch-politischen Komponenten mehr beinhaltet.[17]

Ob in Wilhelm Raabes *Die Akten des Vogelsangs*, Franz Werfels *Der Abituriententag*, Hermann Hesses *Unterm Rad* und *Demian*, Thomas Manns *Doktor Faustus*, Fred Uhlmans *Der wiedergefundene Freund*, Günter Grass' *Katz und Maus*, Christa Wolfs *Nachdenken über Christa T.*, Connie Palmens *Die Freundschaft*, Andrea De Carlos *Zwei von zwei*, Dirk Kurbjuweits *Zweier Ohne*, Ralf Rothmanns *Milch und Kohle*, Uwe Timms *Der Freund und der Fremde*, Bodo Kirchhoffs *Eros und Asche*, Wolfgang Herrndorfs *Tschick*, Elena Ferrantes *Neapolitanischer Saga*, Claire Messuds *The Burning Girl*, Lene Albrechts *Wir, im Fenster* oder Matthias Brandts *Blackbird*: Das Gros der in dieser Arbeit untersuchten Freundespaare lernt sich – wie Frieder und Höppner – zu Schulzeiten kennen, während die Protagonisten in Erich Kästners *Fabian*, Patricia Highsmiths *The Talented Mr. Ripley*, Thomas Bernhards *Der Untergeher*, Uwe Timms *Rot*, Marion Poschmanns *Die Sonnenposition*, Lucy Frickes *Töchter*, Nina Bußmanns *Der Mantel der Erde ist heiß und teilweise geschmolzen* und

---

14 Ebd., S. 95 ff. Vgl. z. B. die Programmatik der Freunde in Gellerts Roman *Das Leben der Schwedischen Gräfinn von G**** (1748): „Wir lebten, ohne zu befehlen, und ohne zu gehorchen. Wir durften niemanden von unsern Handlungen Rechenschaft geben, als uns selbst." Zitiert nach Christian Gottlieb Schmieder (Hrsg.): *Gellerts Briefe und Leben der schwedischen Gräfinn*. Karlsruhe 1774, S. 289.

15 Rasch 1936, S. 90.

16 Vgl. zur politischen Aufladung der Freundschaftsbünde Meyer-Krentler 1984, S. 20.

17 Ebd., S. 287 f.; Hermand 2006, S. 7 f.

Michel Houellebecqs *Serotonin* sich (erst) zu Beginn ihres Studiums begegnen. Diese Beobachtung ist durchaus „verblüffend"[18]. Aussagekräftig wird sie freilich erst, wenn man die frappierend ähnlichen Dynamiken der Annäherung[19] und des Auseinanderdriftens betrachtet.

So nehmen die meisten der literarischen Freundschaften einen Verlauf, der – oft im Anschluss an das Preisen von Jugendfreundschaft als innigster und ‚wahrhaftigster' Form von Freundschaft[20] – bereits häufig Anlass zur Klage gegeben hat: Sören Kierkegaard etwa bedauert, dass Freundschaft im Erwachsenenleben häufig „ganz und gar verbleicht"[21], und laut Siegfried Kracauer tendiert sie ebenfalls dazu, „im Mannesalter eine Form anzunehmen, die man als Feiertagsfreundschaft bezeichnen kann. Man [...] führt ein getrenntes Vordergrundsleben, in das der Freund wenig oder gar nicht eingreift"[22]. Auch in Michel Houellebecqs Roman *Serotonin* stellt der Erzähler ernüchtert fest, dass „Jugendfreundschaften, [...] die im Grunde die einzig wahren Freundschaften sind, nie den Eintritt ins Erwachsenenalter überleben, man vermeidet, seine Jugendfreunde wiederzusehen, um nicht zum Zeugen ihrer enttäuschten Hoffnungen, ihrer eigenen Vernichtung werden zu müssen" (SE 143).

Tatsächlich entzweien sich die Wege der meisten literarischen Freunde, die wie Frieder und Höppner über Jahre in engem, mitunter symbiotischem Kontakt standen, nach Verlassen der gemeinsamen Bildungsinstitution, und der von Kierkegaard und Kracauer skizzierte Prozess schleichender Entfremdung setzt ein. Einem solchen ‚Schicksal' entgeht die Freundschaft in *Auerhaus* (auch) aufgrund von Frieders frühem Tod, der die Freundschaft im Jugendalter ‚konserviert'. Zwischen der Hochphase und der Vergegenwärtigung der Freundschaft liegen bei Bjerg somit nicht – wie in den meisten anderen

---

18 Anhand der Freundschaften in Alfred Tennysons *In Memoriam A. H. H.*, Patricia Highsmiths *The Talented Mr. Ripley*, Uwe Timms *Der Freund und der Fremde* und Wolfgang Herrndorfs *Tschick* stellt Andreas Kraß (2016, S. 319) fest: „In verblüffender Häufigkeit umkreisen die philosophischen Essays und literarischen Freundschaftsdichtungen der Moderne das Motiv der befreundeten Schüler, Studenten und Gelehrten."

19 Vgl. Kapitel 9.1 und 9.2.

20 Siegfried Kracauer (1990, S. 26) zufolge tritt die Freundschaft in der Jugend in ihrer „kräftigsten und reinsten" Form auf, und Friedrich Tenbruck (1964, S. 446) glaubt ebenfalls, dass die „Idee und Wirklichkeit der emphatischen Freundschaft" am ehesten bei der Jugend zu finden seien. Igor S. Kon (*Geschichte und Sozialpsychologie der Freundschaft als soziale Institution und individuelle Beziehung*. Reinbek bei Hamburg: Rowohlt 1979, S. 62) weist darauf hin, dass auch nahezu alle literarischen ‚idealtypischen' Freundschaften – sowohl in der Antike als auch in der Neuzeit – Jugendfreundschaften sind.

21 Sören Kierkegaard: *Entweder – Oder. Zweiter Teil*. Düsseldorf: Eugen Diederichs 1957, S. 339.

22 Kracauer 1990, S. 73.

Texten – Jahre oder gar Jahrzehnte des lediglich sporadischen Kontakts. Diese für das Korpus ungewöhnliche zeitliche Nähe von Rahmenerzählung und Analepse, die *Auerhaus* mit den Adoleszenzromanen *Tschick* von Wolfgang Herrndorf und *Blackbird* von Matthias Brandt teilt, manifestiert sich auch in der nahbaren und jeglicher Sentimentalität und Stilisierung entbehrenden Sprache des Romans, die Gegenstand des folgenden Kapitels ist.

6.2 Literarische Freundschaft

„Literatur, das ist das Klopapier, mit dem sich jedes Arschloch putzt." (68) Diese Äußerung seines Protagonisten Frieder ‚widerlegt' der Roman: Denn sowohl für die Weltaneignung der Freunde auf der Ebene der Analepse als auch für das Schreiben von Freundschaft auf der Ebene der Rahmenerzählung nimmt Literatur die Rolle eines konstitutiven Subjektivierungsmediums ein.

6.2.1 *Die ‚Simulationsräume' Literatur und Auerhaus*

Der Stellenwert der Subjektivierungspraktiken des *Lesens* und *Schreibens* wird bereits von der intertextuellen Exposition der beiden Leitmotive des Romans angezeigt: Höppner diskutiert im Deutsch-Leistungskurs Goethes *Werther* und erfährt – ebenso wie der narrative Adressat – im Zuge dessen vom Suizidversuch seines Freundes Frieder am Tag zuvor (20 ff.).[23] Diese Verzahnung und Parallelisierung von Literatur und Leben verweist auf ein weiteres essenzielles Motiv des Romans: das Verhältnis von Fiktion und Realität, das über die einige Monate später gestellte Abiturklausur theoretisch gerahmt wird (167 ff.). In dem hierin zu analysierenden – und von Höppner mit einer äußerst kruden Interpretation versehenen – Textauszug vergleicht Dieter Wellershoff Literatur mit in der Weltraumforschung eingesetzten Flugsimulatoren: Auch Literatur sei ein „Simulationsraum, Spielfeld für ein fiktives Handeln, in dem man als Autor und als Leser die Grenzen seiner praktischen Erfahrungen

23 Auch in Wedekinds *Frühlings Erwachen* erfahren die zentralen Konflikte eine intertextuelle Exposition: Während bei Bjerg Goethes *Werther*, also *der* Prototyp des Adoleszenzromans schlechthin, den Suizid Frieders vorwegnimmt, verweist bei Wedekind der *Faust* über „die Geschichte mit Gretchen" (FE 32) auf Wendlas spätere Schwangerschaft und ihren Tod. Dabei könnte die Rezeption der beiden bekanntesten Goethe-Werke unterschiedlicher nicht ausfallen: Während Melchior den *Faust* zur höchsten Literatur erhebt („Ich kenne kein Buch, […] in dem ich so viel Schönes gefunden.", FE 31), findet Höppner den *Werther* „langweilig" (21).

und Routinen überschreitet, ohne ein wirkliches Risiko dabei einzugehen"[24]. Die hier behauptete Funktion von Literatur als ‚Übungsschauplatz' bestätigt sich in *Auerhaus*: Höppner und Frieder verarbeiten neue Situationen nicht primär auf der Basis eigener (noch begrenzter) lebensweltlicher Erfahrungen, sondern analogisieren und kontrastieren ihre Erlebnisse – wie die Freunde in Herrndorfs *Tschick*[25] – permanent mit aus Literatur[26] sowie Kino und Fernsehen[27] vertrauten Narrativen. Höppner, der ein „eifriger Leser" (205) und ausdauernder Fernsehgucker (12) ist, hat den fiktionalen Modus derart verinnerlicht, dass nicht erst das erzählende Ich der Rahmenerzählung den *Protagonisten* Höppner kreiert, sondern auch das Ich auf Ebene der Analepse sich wiederholt als Hauptdarsteller dramatischer Szenen imaginiert bzw. erlebt.[28] Nicht nur die zahlreichen Literatur- und Filmreferenzen, auch die Songs

---

24 Dieter Wellershoff: *Literatur und Veränderung. Versuche zu einer Metakritik der Literatur.* Köln: Kiepenheuer & Witsch 1969, S. 22. In *Auerhaus* werden die hier wiedergegebenen Passagen nicht wörtlich zitiert.

25 Vgl. z. B. „Das ist ein bisschen wie in Mafiafilmen, wo einen die Gangster immer eine Minute schweigend angucken, bevor sie antworten." (TK 15); „Alles war größer, die Farben satter, die Geräusche Dolby Surround" (TK 104); außerdem die Referenzen auf *Tatort* (TK 19), *Gute Zeiten, schlechte Zeiten* (TK 92), *Independence Day* (TK 111), *Harry Potter* (TK 132) und *Winnetou* (TK 176).

26 „Sie hieß Pauline, wie die Brandstifterin im Struwwelpeter. Paulinchen war allein zu Haus, die Eltern waren beide aus." (38); „Frieder holte jeden Freitag vom Bäcker einen riesigen Laib Brot, den seine Eltern mit Getreide bezahlten. Das kam mir irgendwie bekannt vor, aus einem Märchen oder so, aber mir fiel nicht ein, aus welchem." (63); „Wie bei Michel aus Lönneberga: Dass dieser Junge Gemeinderatspräsident wurde, als er groß war, gehört zu den Wundern dieser Welt." (203)

27 „In den amerikanischen Filmen sagten die Leute immer, wenn die Gesprächspausen peinlich wurden: ‚Willst du was trinken?' Dann ging einer an die Hausbar, warf Eiswürfel in Gläser und kippte Whiskey hinterher." (27); „Wenn im Film ein Polizeikommando eine Wohnung stürmte, dann war das immer wahnsinnig laut." (172); „Dieser Sorbas, der lebte in den Tag hinein und machte sich nicht besonders viele Gedanken. Das gefiel Frieder." (55)

28 „Ich stellte mir vor, die Geschlossene und dieser neblige Park, das wäre jetzt meine Welt. Ich war mit einem Strick auf einen Baum geklettert, aber der Förster hatte mich dabei gesehen und auf mich eingeredet, wieder herunterzukommen, und jetzt war ich in der Klapse." (39); „Ein junger Mann erfror an Heiligabend allein im Straßengraben, während andere sich unterm Weihnachtsbaum im Kreise ihrer Liebsten wärmten. [...] Die Titelseite vom Lokalteil war mir sicher. Vielleicht sogar mit Foto." (101 f.)

In *Tschick* hat der Erzähler Maik, der kurz vor Antreten der eigenen Reise bezeichnenderweise die Autobiographie des jugendlichen Abenteurers Grad Luckner liest (TK 79), den narrativen Modus derart verinnerlicht, dass er sich während seiner zehntätigen Fahrt fortwährend als Figur einer Geschichte imaginiert, deren Rezipientin sein Schwarm Tatjana ist: „Auf der ganzen Reise hab ich mir immer vorgestellt, dass sie uns sehen kann." (TK 8)

Our House und *Birth, School, Work, Death*,[29] die dem Roman über die einander gegenübergestellten (Anti-)Motti einen gleich doppelten identitätsstiftenden ‚Soundtrack' verleihen, tragen zur populärkulturellen Grundierung des Romans bei. Das Leben und Schreiben von Freundschaft ist in *Auerhaus* somit literarisch, aber auch cineastisch und musikalisch gerahmt bzw. präformiert.

Nicht nur die Literatur ermöglicht Bjergs Protagonisten ein „Probehandeln"[30] und eine „Stellvertretererfahrung"[31]: Das Auerhaus löst die Fiktion als „‚geschützten Raum des als ob'"[32], innerhalb dessen „Bedürfnisse nach mehr Leben, nach weiteren und veränderten Erfahrungen [bedient]"[33] werden, ab. Erst retrospektiv realisiert Höppner das der Wohngemeinschaft inhärente utopische Moment, das diese nicht nur mit der Heterotopie[34] und der tugendempfindsamen Freundschaft des 18. Jahrhunderts,[35] sondern auch und zuallererst mit der Literatur teilt: „Wir hatten immer so getan, als ob das Leben im Auerhaus schon unser richtiges Leben wäre [...]." (214) Schließlich wird die Freundschaft durch eine gleich dreifache Überführung in das Medium der Schrift selbst zu Literatur: In Form eines Ordners, in dem Höppner sämtliche Briefe der Bewohner sammelt (223), in Form des von Frieder geführten Tagebuchs (231)[36] – und in Form des uns vorliegenden Romans.

Das intertextuell eingeführte Motiv des Verhältnisses von Leben und Literatur wird mit dem Einschub eines nachträglich als ‚falsch' entlarvten Endes (202 ff.) abermals aufgegriffen. Höppner ist nicht der erste erzählende Freund, der mit einem alternativen Romanausgang liebäugelt. „Ach, hätte ich die schöne freie Wahl erfundener Eindeutigkeit ..." (NC 57), räsoniert schon die Erzählerin in Wolfs *Nachdenken über Christa T.*: „Wenn ich sie [die Freundin] erfinden müßte – [...]. Ich würde sie leben lassen [...]." (NC 222)

---

29 Der Song wurde 1988 von der Band *The Godfathers* veröffentlicht.

30 Ralf Klausnitzer: „Kulturen des Wissens, Wissen der Literatur. Kreuzungen auf theoretischer Ebene." In: Christine Magerski/Svjetlan Lacko Vidulić (Hrsg.): *Literaturwissenschaft im Wandel. Aspekte theoretischer und fachlicher Neuorganisation*. Wiesbaden: Verlag für Sozialwissenschaften 2009, S. 97-135, hier S. 99.

31 Sexl 1996, S. 189.

32 Hartwig 2008, S. 81.

33 Wellershoff 1969, S. 23. „Das [CS: die Reise der Freunde] ist noch viel besser als Fernsehen" (TK 120), stellt auch der Erzähler in *Tschick* fest.

34 Foucault (1992, S. 39) bezeichnet Heterotopien als „tatsächlich realisierte Utopien".

35 Diese ist nach Meyer-Krentler (1984, S. 194) „eine aufs Individuum ausgerichtete Utopie des ‚ganzen Menschen', und, davon ausgehend, eine gesamtgesellschaftliche Utopie".

36 Frieder ist der einzige Freund, der ein schriftliches Erbe hinterlässt, das als Ergänzung und Korrektiv der Erinnerungen des Erzählers dienen kann. Auch dies zeugt von der Ebenbürtigkeit und Dialogstruktur, die die Freundschaft in *Auerhaus* von jenen abhebt, die Gegenstand der alleinigen Deutungshoheit der Erzähler sind (vgl. hierzu Kapitel 5.2.3).

Die Option einer ‚Vereitelung' des Todes verharrt hier im Konjunktiv, wodurch die (von zahlreichen als fiktiv markierten Einsprengseln durchzogene) Narration eine nachträgliche Authentifizierung erfährt. Hingegen beschließt der Ich-Erzähler in Nadolnys *Selim oder Die Gabe der Rede*, nachdem er den narrativen Adressaten über den tragischen Tod des besten Freundes aufgeklärt hat, seine Geschichte mit einem märchenhaften Wiedervereinigungsszenario (SG 476 ff.). Bjergs Höppner kehrt diese Reihenfolge um: In einer Art „Abspann" (202 ff.) überrascht er mit sehr konventionellen und dem so verhassten *Birth, School, Work, Death* erstaunlich nahekommenden Lebensläufen,[37] über die die teleologische Struktur des klassischen Bildungsromans[38] aufgerufen wird, der einen versöhnlichen Ausgleich zwischen dem Protagonisten und der zunächst als feindlich wahrgenommenen Welt vorsieht.

Doch revidiert Höppner dieses Happy End gleich darauf: „So hätte von mir aus alles ausgehen können. [...] Ich hatte es versucht. [...] Im wahren Leben waren die Landungen härter." (205) Mit diesem Kommentar greift der Erzähler die Wellershoff'sche Metaphorik auf und schlägt zugleich einen Bogen zur intertextuellen Exposition des Suizidmotivs: Denn während Höppner den Ausgang des *Werther* zu Beginn des Romans als Effekthascherei abgetan hatte – „Das ist ja Literatur, also ausgedacht. Den Selbstmord am Schluss hätte Goethe auch weglassen können. Den hat er [...] bloß hingeschrieben, damit das Ende gut knallt." (21 f.) –, profiliert er die eigene Erzählung über den Verweis auf die *Un*möglichkeit eines alternativen Endes ex negativo als *echt*.

6.2.2 *„Reden zum Frühstück und Reden am Mittag und Reden am Abend": Das freundschaftliche Gespräch*

Zwar ist, wie wir gesehen haben, das Leben und Schreiben von Freundschaft auch in *Auerhaus* literarisch präformiert. Gleichwohl herrscht in Bjergs Roman das Primat des *Sprechens*, und zwar auf sowohl intra- als auch extradiegetischer

---

37 Pauline macht das Abitur nach, Cäcilia wird Richterin, Vera Lehrerin, Frieder Professor und Anwärter auf den Physik-Nobelpreis. Sowohl Frieder und Pauline als auch Höppner und Vera gründen eine Familie.

Auch in Claire Messuds *The Burning Girl* imaginiert die Erzählerin auf der letzten Romanseite eine rosige Zukunft für ihre verschwundene Freundin: „In the film, Cassie begins again, in a high school in Stamford, Connecticut, or in Atlanta, Georgia, or in Portland, Oregon, a new chapter, in which she can be anyone she wants to be, popular and successful and undamaged and free, heading to her immaculate future." (BG 213)

38 Vgl. Jürgen Jacobs/Markus Krause: *Der deutsche Bildungsroman. Gattungsgeschichte vom 18. bis zum 20. Jahrhundert*. München: Beck 1989; Gerhart Mayer: *Der deutsche Bildungsroman. Von der Aufklärung bis zur Gegenwart*. Stuttgart: Metzler 1992; Rolf Selbmann: *Der deutsche Bildungsroman*. Stuttgart: Metzler 1994.

Ebene. Der „Hauptanreiz“[39] und das „Ferment“[40] der Freundschaft zwischen Frieder und Höppner ist das vertrauliche Gespräch, das seit Jahrhunderten den Kern philosophischer Freundschaftskonzepte bildet. Innerhalb des Korpus bekleiden die beiden allerdings insofern eine Sonderstellung, als fast alle übrigen Freundschaften von den Praktiken des Schweigens und Lügens durchdrungen sind[41] und damit die gegenseitige Selbstoffenbarung als Essenz von Freundschaft ad absurdum führen. Hingegen eignet dem freundschaftlichen Gespräch – unter anderem über sensible Sujets wie sexuelle Initiationserlebnisse, Depression und Einsamkeit – in *Auerhaus* eine integrale Funktion für die (gemeinsame) Subjektivierung. So beichtet Höppner dem Freund, nachdem dieser ihm seine Liebe zu Pauline offenbart hat, seine Jungfräulichkeit: „Frieder hatte schon so viel von sich verraten, da war es eigentlich richtig, wenn ich auch was zugab.“ (93) Ein solcher ‚Geheimnistausch‘ rahmt die Freundschaft der Protagonisten in Herrndorfs *Tschick*: Maiks unerwiderte Gefühle für den Klassenschwarm sind Auslöser eines gemeinsamen Roadtrips (TK 87 f.), der von Tschicks Coming-out beschlossen wird: „‚Weil, soll ich dir auch noch ein Geheimnis verraten?‘, […] und er meinte, dass er es beurteilen könnte, weil es ihn nicht interessieren würde. Mädchen.“ (TK 213 f.) Beide Freundschaften etablieren bzw. konsolidieren sich folglich über den Mechanismus der reziproken Selbstenthüllung, der Vertrauen gleichermaßen voraussetzt und herstellt.[42]

Während die Rekapitulation der Freundschaft in den meisten Primärtexten ein posthumes *Festschreiben* des Alter Ego bzw. ein *Anschreiben* gegen das Vergessen ist, erfüllt das Gespräch bei Bjerg zu Lebzeiten die Funktion eines *Anredens* gegen den Tod, „mit Reden zum Frühstück und Reden am Mittag und Reden am Abend, und das ganze Reden bedeutete: Aufpassen auf einen von uns, der mal versucht hatte, sich umzubringen“ (61). Nach dem Auszug aus dem Auerhaus und dem Wiedererstarken von Frieders Depression pointiert der Erzähler das Gespräch als freundschaftlichen Rettungsversuch:

---

39 Kracauer 1990, S. 56.

40 Bovenschen 2007, S. 138.

41 Vgl. u. a. Odilos geheime Beziehung mit Mila in Poschmanns *Die Sonnenposition*, die Lügenkonstrukte von M. und Nelly in Kirchhoffs *Eros und Asche* und Bußmanns *Der Mantel der Erde ist heiß und teilweise geschmolzen*, den zu Aschenbergers Berufsverbot führenden mutmaßlichen Verrat in Timms *Rot*, den unbegründeten Kontaktabbruch in Timms *Der Freund und der Fremde* oder das Schweigen über die Familiengeheimnisse in Zieglers *Und jetzt du, Orlando!* und Messuds *The Burning Girl*. Vgl. auch den Verrat der Freunde in Werfels *Abituriententag* und Grass' *Katz und Maus* sowie die Affäre der Titelfigur mit dem Mann der besten Freundin in Morrisons *Sula*.

42 Maik stellt fest, dass er sich „wirklich noch nie so gut unterhalten“ habe wie mit Tschick (99).

„Samstagmorgen redeten wir weiter, wo wir am Freitagabend aufgehört hatten. [...] Wir redeten den Samstag durch, bis wir müde waren. Am Sonntagmorgen redeten wir weiter, wo wir am Samstagabend aufgehört hatten. Eigentlich war es uns beiden klar: Wir redeten um sein Leben.“ (222)

Auch anhand des – in fast allen Romanen strukturbildenden – Motivs der Distanz lässt sich die von den übrigen Freundschaften deutlich abweichende Kommunikationskultur des Auerhauses exemplifizieren. So stellt Frieder fest: „Auf einmal seid ihr alle wieder hinter Glas. So ein ganz dickes Glas. Ihr seht aus, als ob ihr ganz nah seid, aber in Wirklichkeit ist das Glas total dick, und ihr seid total weit weg.“ (185) In Poschmanns *Die Sonnenposition* artikuliert der Erzähler die Unmöglichkeit eines Durchdringens zum Freund mit einer ganz ähnlichen Metapher: „Odilo sprach zu mir wie hinter Glas. Ich jedoch flog unaufhörlich auf ihn zu, flog mottenhaft gegen die Scheibe, ein dummes kleines Insekt [...].“ (SP 319) Dieses *Schreiben über* den Freund steht dem *Sprechen mit* dem Freund entgegen: Bei Bjerg manifestiert sich Nähe und Vertrauen paradoxerweise gerade in der offenen Adressierung freundschaftlicher Entfremdung. Auch nach Frieders Tod reißt das Gespräch nicht ab. Wenn etwa Höppner Frieders ebenso scharfsinnige wie anrührende Argumentationslogik – „Ich wollte mich nicht umbringen. Ich wollte bloß nicht mehr leben. Ich glaube, das ist ein Unterschied.“ (65)[43] – auf die eigene Situation ummünzt – „Ich wollte nicht durchfallen. Ich wollte bloß nicht weiter so rumeiern. Das war ein Unterschied.“ (210) –, dann setzt er die eigene Ich-Wahrnehmung mit der des Freundes in Dialog. Das freundschaftliche Gespräch verlagert sich in das Innere des Erzählers:

> Eine ganze Weile dachte ich noch, ich könne mich in Gedanken mit Frieder unterhalten. [...] Aber irgendwann merkte ich, dass ich in Wirklichkeit bloß mit meiner Vorstellung von Frieder sprach, mit meiner Erinnerung an ihn. Also, quasi mit mir selber. Da ließ ich es bleiben. Jedenfalls für ein paar Tage. Dann begann ich wieder mit ihm zu sprechen. (236)

In *Auerhaus* vollzieht sich somit die von Christian Moser[44] dargelegte Verschiebung vom (realen) freundschaftlichen Gespräch zum internalisierten und imaginierten Dialog mit dem Alter Ego in kondensierter Form.

---

43 In Kirchhoffs *Eros und Asche* heißt es analog hierzu, dass auch „M. kein Überläufer zum Tod [war], er war nur ein Wegläufer vor dem Leben“ (EA 259).

44 Vgl. Kapitel 3.1.

6.2.3 *Der Erzähler Höppner*

Der Dialog dominiert nicht nur die intradiegetische Ebene des Romans. Die Rahmenerzählung – und hierin liegt eine weitere Analogie zu Herrndorfs *Tschick* – ist durch eine konzeptionelle Mündlichkeit bzw. eine *Mimesis des Erzählens*[45] charakterisiert, durch die der narrative Adressat oftmals den Eindruck gewinnt, auch er befinde sich in einer Unterhaltung mit dem erzählenden Ich. Zu dieser Erzählillusion und dem Eindruck eines ungefilterten, authentischen Erinnerns tragen zahlreiche Anleihen an Umgangssprache und Jugendjargon sowohl auf Ebene der Lexik[46] als auch auf der der Syntax[47] und Grammatik[48] bei. Zudem mahnt Höppner sich wiederholt zu einer kohärenten, adressatenfreundlichen Darstellung der Ereignisse.[49] „Labern konnte ich ganz gut" (160), bekundet er an einer Stelle des Romans. *Labern* – im Sinne von „viele überflüssige Worte machen" oder „faseln, palavern, schwafeln"[50] – tut Höppner jedoch keineswegs. Denn er ist nicht nur ein „eifriger Leser" (205), sondern auch ein versierter Erzähler: So wird der nonchalante Duktus seiner Narration durch die Einflechtung zahlreicher Sprachreflexionen[51] und Kommentare zum Romanaufbau[52] gebrochen. Zentrale handlungskatalysierende Ereignisse, z. B. Frieders Suizid, Höppners Durchfallen im Abitur und die Verfolgungsjagd mit der Polizei, werden über die Erzähltechniken der Vorausdeutung und Aussparung strukturiert,[53] sodass trotz des von vornherein feststehenden Erzählausgangs – bereits auf den ersten Seiten erfährt der narrative Adressat

---

45 Vgl. Nünning 2001. Charakteristisch für eine solche Mimesis des Erzählens sind laut Nünning der Gebrauch von „phatischen und appellativen Äußerungen", „kolloquiale Elemente und Merkmale mündlichen Erzählens" sowie die „Thematisierung des Akts des Erzählens durch metanarrative Äußerungen" wie „Regiebemerkungen, Vor- und Rückverweise" (S. 29 ff.).

46 Vgl. „bescheuert" (20), „Klapse" (24), „Spasti" (46), „wie Sau" (74), „Arschloch" (170).

47 Vgl. das häufige Einleiten von Hypotaxen mit „weil", z. B. S. 20, 29, 39.

48 Vgl. z. B. die Dativkonstruktion „Wegen dem F2M2" (12).

49 So bricht Höppner Erzählexkurse wiederholt mit dem Einschub „Egal." ab (vgl. z. B. S. 11, 17, 33, 37, 52, 54, 93, 99, 107, 126, 229), um mit einem „Jedenfalls" (vgl. z. B. S. 11, 17, 19, 20, 28, 52, 70, 102, 145, 169) zur ‚eigentlichen' Narration zurückzukehren.

50 Vgl. www.duden.de/rechtschreibung/labern. Zuletzt am 01.03.2020.

51 Vgl. exemplarisch das Ersetzen kolloquialer durch bildungssprachliche Ausdrücke in seinem Abituraufsatz (170).

52 „Wenn ich später irgendwem vom Auerhaus und von Frieder erzählte, begann ich immer damit, wie Frieder den großen Weihnachtsbaum umgehauen hatte, mitten im Dorf. Ich hätte auch mit der Beerdigung anfangen können. Aber irgendwie fand ich es falsch, von Frieder zuerst das Ende zu erzählen." (221)

53 „Jedenfalls, als die Sache [Frieders Suizid] passierte, da war ich gar nicht da. Und hatte auch nichts mitbekommen, logisch." (11); „Zum Deutsch-Abi kam ich zu spät. Das war der eine Grund dafür, dass ich es versemmelte. Der andere: falsche Strategie." (159); „Und da, an der Ampel, endete der Abend fast in einer Katastrophe. Und wir waren selbst daran

von Frieders letztlich ‚gelingendem' Suizid – ein konstanter Spannungsbogen generiert wird. Die wiederholte Verwendung solcher *Cliffhänger* trägt zu einem mitunter cineastisch anmutenden Erzählmodus bei, der mit Höppners Realitätsaneignung auf intradiegetischer Ebene korrespondiert.

Höppners *Unter*schätzung der eigenen Erzählkompetenz steht der Selbst*über*schätzung der schreibenden Freunde in *Die Sonnenposition* und *Eros und Asche* gegenüber. Ebenso wie die von diesen beschworene Objektivität (Poschmann) bzw. Originalität (Kirchhoff) entpuppt sich Höppners Unbedarftheit als eine nur vermeintliche: So, wie der einsetzende Realitätsverlust bei Poschmann und die klischierte Ich-Stilisierung bei Kirchhoff die Eigenbeurteilung der Erzähler in Frage stellen, so zeugt umgekehrt Höppners nie zerfasernde oder in Pathos abdriftende Narration von seinem erzählerischen Können. Allen drei Romanen wohnt somit eine Doppelbödigkeit inne, die aus der Hintertreibung des erzählerischen Selbstverständnisses durch die tatsächliche Schreibweise resultiert.

6.3 Höppner und Frieder: Auf den Spuren von Wedekind, Strauß und Hesse?

Die im Zentrum stehenden „Ablösungs-, Selbstfindungs- bzw. Identitätsprobleme"[54] und die „Darstellung des Spannungsverhältnisses zwischen Individuum und Sozialisation"[55] weisen *Auerhaus* als geradezu prototypischen Adoleszenzroman aus. Seine Leitmotive Freundschaft und Schülersuizid dürften bei den meisten Rezipienten Assoziationen an die „klassische[n] Adoleszenztexte"[56] der Jahrhundertwende wecken. Diese bilden „eine relativ

---

schuld. Wir hätten alle tot sein können. Jedenfalls Frieder. Wir beschlossen, nicht darüber zu reden. Mit niemandem." (183)

Die Erzählstruktur sowohl in *Auerhaus* als auch in *Tschick* ähnelt der des analytischen Dramas, das in der Exposition häufig den vorübergehenden Abschluss einer Handlung präsentiert und dann die „Aufklärung eines abgeschlossenen, aber noch wirksamen Geschehenszusammenhangs" betreibt. Vgl. hierzu Uwe Spörl: „Analytisches Drama." In: Ders.: *Basislexikon Literaturwissenschaft*. Paderborn: Schöningh 2004, S. 230-231, hier S. 231.

54 Hans-Heino Ewers: „Der Adoleszenzroman als jugendliterarisches Erzählmuster." In: *Der Deutschunterricht* 6 (1992), S. 291-297, hier S. 291.

55 Annette Wagner: *Postmoderne im Adoleszenzroman der Gegenwart*. Frankfurt a. M.: Peter Lang 2007, S. 16.

56 Vgl. Carsten Gansel: „Der Adoleszenzroman." In: Reiner Wild (Hrsg.): *Geschichte der deutschen Kinder- und Jugendliteratur*. Stuttgart: Metzler 2008, S. 359-379, hier S. 367.

konsistente Gattung mit invarianten Strukturelementen"[57]: So erzählen etwa Frank Wedekinds *Frühlings Erwachen* (1891), Emil Strauß' *Freund Hein* (1902) und Hermann Hesses *Unterm Rad* (1906) jeweils die Geschichte eines introvertiert-zartbesaiteten Jugendlichen, der an den in Schule und Elternhaus propagierten wilhelminischen Werten – Disziplin, Untertänigkeit und Leistungsorientierung – zerbricht und sich in den Freitod flüchtet. Diesem sensiblen Jüngling ist jeweils ein draufgängerisch-charismatischer, hochbegabter Freund zur Seite bzw. gegenübergestellt, worin sich abermals jene antithetische Figurenkonstellation manifestiert, die seit Wilhelm Raabes *Die Akten des Vogelsangs* das Gros der deutschsprachigen Freundschaftstexte bestimmt.[58] Ich lese die Freundespaare des Fin de Siècle im Folgenden als literarische ‚Vorfahren' von Frieder und Höppner und beleuchte anhand der Motive von Norm und Abweichung sowie Nähe und Distanz die Kongruenzen und Divergenzen der Texte, um die Frage nach spezifisch spätmodernen Erzählmustern und Innovationspotenzialen des Adoleszenzromans *Auerhaus* beantworten zu können.

Die sterbenden Jünglinge des Adoleszenzromans um 1900 werden sowohl auf Ebene der Diegese als auch vonseiten der Forschung zum *Fall* erklärt: Wenn ihr Scheitern unisono als „allgemeine Diagnose des Zeitalters"[59] und „Kulturkritik"[60] interpretiert wird, als Folge der „tradierte[n] ‚männliche[n]' Rollenerziehung"[61] und „Unterdrückung des einzelnen durch die Gesellschaft"[62], dann affirmiert die Sekundärliteratur die von den Erzählinstanzen und/oder Figuren vertretene These der *krankmachenden* Sozialisationsinstitutionen Elternhaus und Schule.[63]

---

57 Jan Ehlenberger: *Adoleszenz und Suizid in Schulromanen von Emil Strauss, Hermann Hesse, Bruno Wille und Friedrich Torberg*. Frankfurt a. M.: Peter Lang 2006, S. 400.

58 So ist es dem Lehrer Knochenbruch in *Frühlings Erwachen* „unbegreiflich, [...] wie sich der beste [s]einer Schüler gerade zum allerschlechtesten so hingezogen fühlen kann" (FE 22). In *Unterm Rad* stellt der Erzähler fest: „Es gab auch ungleiche Paare. Für das ungleichste galten Hermann Heilner und Hans Giebenrath." (UR 91)

59 Ariane Martin: „Die modernen Leiden der Knabenseelen. Schule und Schüler in der Literatur um 1900." In: *Der Deutschunterricht* 2 (2000), S. 27-36, hier S. 30.

60 Joachim Noob: *Der Schülerselbstmord in der deutschen Literatur um die Jahrhundertwende*. Heidelberg: Winter 1998, S. 122.

61 Birgit Dahlke: *Jünglinge der Moderne: Jugendkult und Männlichkeit um 1900*. Köln: Böhlau 2006, S. 78.

62 Noob 1998, S. 154.

63 So heißt es in *Unterm Rad*, dass „die Schule den natürlichen Menschen zerbrechen, besiegen und gewaltsam einschränken" (UR 57) wolle und „die alljährlich auftauchenden paar tieferen und wertvolleren Geister an der Wurzel zu knicken" (UR 117) versuche. Karl macht in *Freund Hein* „diese fürchterliche Gymnasialfolter" (FH 192) für den Freitod des Freundes verantwortlich.

Einer derart einmütigen Interpretation entziehen sich Lebensmüdigkeit und Suizid bei Bjerg. Während der Freitod bei Wedekind, Strauß und Hesse zur „radikale[n] Verweigerung des Individuums lebensfeindlichen Ansprüchen […] gegenüber“[64] und „Mittel der Anklage“[65] wird, ist die Zuschreibung einer Kausalität oder gar Schuld in *Auerhaus* nicht (mehr) möglich: „Warum hatte Frieder sich damals umbringen wollen, beim ersten Mal? Je mehr ich darüber mit ihm geredet hatte, desto blasser war die Frage geworden.“ (228) Wird der Akt der Selbsttötung und die Bergung des Leichnams in den Adoleszenztexten der Jahrhundertwende noch aus nächster Nähe geschildert,[66] so bleiben die Umstände und der Zeitpunkt von Frieders Tod eine Leerstelle: „Frieder hatte ein paar Tage tot in seinem Bett gelegen, als die Vermieterin ihn fand. […] Ein Sterbedatum stand nicht dabei. Das hatte der Arzt nicht mehr feststellen können.“ (228) Über dieses Informations- und damit Deutungsvakuum wird die Möglichkeit eines diagnostischen Zugriffs oder die Ableitung grundsätzlicher Einsichten negiert. Frieders Antagonisten entspringen nicht der ihn umgebenden Welt,[67] sondern dem eigenen Inneren. Sie sind keine klar umrissenen Feindbilder, sondern unkonturierte Schatten. Eine intersubjektive Beurteilung seiner Handlung – so postuliert etwa Theodor Karst, dass „der Freitod des Protagonisten in *Freund Hein* nicht zwingend notwendig [erscheint]“[68], während Joachim Noob zufolge „keine Alternative zu ihrer [CS: Moritz', Heinrichs, Hans'] Tat [existiert]“[69] – erscheint folglich ebenso anmaßend wie müßig.

Die Absage an eine wie auch immer geartete Kausalität und damit Schuld wirkt sich auch auf den Akt des Erzählens aus. Der auktoriale, mitunter in den personalen Modus wechselnde Erzähler in Strauß' *Freund Hein* und Hesses *Unterm Rad* wird von einem Ich-Erzähler abgelöst, der per se keine Objektivität oder Deutungshoheit für sich beanspruchen kann. Während, wie Birgit Dahlke attestiert, „[w]eder Strauß noch Hesse noch andere Autoren von Adoleszenzromanen wie Alfred Döblin oder Leonhard Frank […] das Problem

64 Theodor Karst: „Nachwort.“ In: *Freund Hein*. Stuttgart: Reclam 1995, S. 201-215, hier S. 215.

65 Martin 2000, S. 31.

66 Vgl. FE 49 f.; FH 195 f.

67 Die Lehrer in *Auerhaus* sind zwar ähnlich wie im Adoleszenzroman um 1900 durchgängig typisiert, aber eher mitleiderregend denn tyrannisch. Der Lehrstoff ist Höppner zufolge ebenfalls „in Ordnung. Alles dabei, was wir später brauchen würden: Blutkreislauf, Rechtsstaat, Bruttosozialprodukt. Sogar ein bisschen Kunst kam dran, und Literatur.“ (68) In Herrndorfs *Tschick* wird gerade nicht die den Einzelnen unterjochende Schule angeprangert, sondern ganz im Gegenteil didaktische ‚Weichspülerei‘, das Postulat der Chancengleichheit und eine Natur- und Erlebnispädagogik karikiert (vgl. TK 34, 38, 52).

68 Karst 1995, S. 209 f.

69 Noob 1998, S. 242.

des Erzählens [reflektieren]"[70], tut Höppner dies gerade im letzten Teil des Romans. So verweist der Einschub eines alternativen Endes (202 ff.) auf die Kontingenz nicht nur des diegetischen Geschehens, sondern auch des Erzählaktes selbst. Während bei Bjerg die Handlungsmotive des toten Freundes an Eindeutigkeit verlieren, gewinnt der überlebende Freund an Kontur. Diese Entwicklungen bedingen einander: Melchior, Karl und Hermann sind Ankläger ebenjener Autoritäten, die den schwächeren Freund in den Suizid treiben. Diese Typisierung hat zur Folge, dass paradoxerweise gerade sie, die doch die Rolle des eigensinnigen Querdenkers innehaben (sollen), weitestgehend eines eigenen Profils entbehren. Im Zuge der Verabschiedung von Ursache-Folge-Attributionen und einem moralischen Erzählen in *Auerhaus* erfährt der überlebende Freund eine Entfunktionalisierung – und kann damit die Forderung seiner literarischen ‚Vorfahren' nach mehr Individualität einlösen.

6.4 Das Motiv der Freundesschuld im Spiegel der Literaturgeschichte

Wen oder was trifft eine (Mit-)Schuld am Scheitern des Freundeslebens? Diese Frage, deren Beantwortung nicht unterschiedlicher ausfallen könnte als in den Adoleszenztexten der Jahrhundertwende (einhellige Schuldzuweisung vonseiten der Erzählinstanz, Protagonisten und Sekundärliteratur) und in *Auerhaus* („Manche Leute brachten sich um. Blöde Sache. Aber warum? Das wusste kein Mensch.", 21), zieht sich wie ein roter Faden durch die Freundschaftsliteratur. Anknüpfend an die Untersuchung der Attributionsmuster bei Wedekind, Strauß und Hesse sowie Bjerg wende ich mich nun der Thematisierung der Schuldfrage in den übrigen Texten des Korpus zu.

So sind die Protagonisten des Fin de Siècle nicht die ersten Freunde, die sich mit einer Diskrepanz zwischen gesellschaftlichen und persönlichen Idealen bzw. der Entscheidung zwischen Unterordnung und Ausbruch konfrontiert sehen: Dieser Konflikt wird bereits im Bildungsroman des 18. Jahrhunderts verhandelt, in dem der nach Selbstverwirklichung strebende ‚Ausbrecher' jedoch von seinem bürgerlichen Freund in die Gesellschaft zurückgeführt werden kann.[71] Eine solche Synthese gelingt in Raabes *Die Akten des Vogelsangs* nicht mehr: Velten will sich den wilhelminischen Werten und einem Erklimmen der sozialen Leiter ebenso wenig verschreiben wie die Freunde bei Wedekind, Strauß und Hesse. Gleich der Titelheldin in Christa Wolfs *Nachdenken über*

70 Dahlke 2006, S. 85.
71 Vgl. hierzu Meyer-Krentler 1984, S. 203 ff.

Christa T., die an den vom sozialistischen System geforderten Anpassungsleistungen zerbricht, zieht er sich zurück und stirbt einen frühen Tod.

Im zeitgenössischen Roman hadern die Freunde mit dem Druck des Funktionieren-Müssens in der spätkapitalistischen Leistungsgesellschaft. Sie reagieren wie schon bei Raabe und Wolf mit der Flucht ins Eremitendasein: Poschmanns Odilo flüchtet sich in *Die Sonnenposition* in sein Kellerlabor, Kirchhoffs M. in *Eros und Asche* an einen abgelegenen See. Timms Aschenberger verlässt in *Rot* kaum noch seine Wohnung, und Bußmanns Nelly taucht in *Der Mantel der Erde ist heiß und teilweise geschmolzen* im nicaraguanischen Niemandsland ab. Auch in *Auerhaus* ist der Erzähler über Monate Frieders einzige Verbindung zur Außenwelt, bevor dieser wie die unter dem neoliberalen Leistungsdruck leidenden Freunde in Poschmanns *Die Kieferninseln*, Milena Michiko Flašars *Ich nannte ihn Krawatte* und Michel Houellebecqs *Serotonin* Suizid begeht.

Doch suchen die Erzähler die Verantwortlichkeit für den einsamen Tod des Freundes mindestens ebenso sehr im Privaten wie im Politischen: nämlich bei sich selbst. In Timms *Der Freund und der Fremde* resultiert das Gefühl der Schuld aus dem abrupten Kontaktabbruch, in Smiths *Swing Time* und Ferrantes *Neapolitanischer Saga* aus dem Zurücklassen der Freundin im ärmlichen Milieu der gemeinsamen Kindheit, in Wolfs *Nachdenken über Christa T.*, Bernhards *Wittgensteins Neffe*, Kirchhoffs *Eros und Asche*, Streeruwitz' *Der Abend nach dem Begräbnis der besten Freundin.* und Brandts *Blackbird* aus der mangelnden Unterstützung des kranken Anderen in dessen letzten Lebenswochen. In Poschmanns *Die Sonnenposition* und Bußmanns *Der Mantel der Erde ist heiß und teilweise geschmolzen* quält die Erzähler der Gedanke, sich „zu wenig" (SP 171) bzw. „nicht rechtzeitig [...] gekümmert" (ME 88) und damit zum tragischen Ende der Freunde ‚beigetragen' zu haben. Auch in Ulf Erdmann Zieglers *Und jetzt du, Orlando!* und Claire Messuds *The Burning Girl* werfen die Erzähler sich mangelnde Geistesgegenwärtigkeit und Courage vor: „Hätte ich geahnt, was kommen würde, ich hätte ihn gerettet. [...] Ich hatte Ahnungen, gewiss, nur die richtige Ahnung hatte ich nicht." (JO 208)

In zwei der Romane stellen die Erzähler gar eine implizite Kausalität zwischen dem eigenen (Nicht-)Handeln und dem Tod des Freundes her: In Nadolnys *Selim oder Die Gabe der Rede* verunglückt die Titelfigur während der überstürzten Flucht nach einem Streit, und Odilos Autounfall in Poschmanns *Die Sonnenposition* hätte womöglich durch eine größere Offenheit des Erzählers verhindert werden können. Und selbst in *Auerhaus*, wo, wie wir gesehen haben, jedwede Ursache-Folge-Relation negiert wird, fürchtet Höppner sich vor einem Verrat seiner freundschaftlichen (Aufsichts-)Pflicht: „Stell dir vor, er [Frieder] kommt morgens nicht zum Frühstück. Du lässt ihn schlafen, vielleicht fällt ja bei ihm die erste Stunde aus. [...] Der Notarzt sagt, du hättest ihn retten können, wenn du schon morgens nach ihm gesehen hättest. Du bist schuld!" (50)

Einen herausragenden Stellenwert nimmt das Motiv der Schuld in zwei Freundschaftsromanen des 20. Jahrhunderts ein, die abschließend etwas ausführlicher betrachtet werden sollen.[72] In Franz Werfels *Abituriententag* (1928) und Günter Grass' *Katz und Maus* (1961) schreibt jeweils ein Ich-Erzähler über die Adoleszenzfreundschaft zu einem ebenso bewunderten wie verachteten Ausnahmemenschen. Bei Werfel macht sich der Untersuchungsrichter Sebastian selbst den Prozess, nachdem er den ehemaligen Mitschüler und Freund Adler, den er zwanzig Jahre zuvor mit grausamer Systematik schikaniert hatte, in einem Häftling zu erkennen glaubt und sein lange verdrängtes Vergehen wieder hervorbricht. Mit „Besessenheit" (AT 61) habe er damals ein „Vernichtungswerk" (AT 75) betrieben, dessen letzter Streich Adler zur Flucht zwang und Sebastian nun zum Büßer macht: „Ich bekenne, was du auch getan hast, *ich*, nur *ich* bin verantwortlich dafür. Ich bekenne, daß ich dein Leben zerstört habe." (AT 171) Im Akt des Schreibens,[73] der Prozess und Therapieversuch zugleich ist, schreitet Sebastian die „unendliche Skala von Schuld und Unschuld" (AT 167) ab.

Auch Grass' Erzähler Pilenz, der der Aufforderung seines Beichtvaters nachkommt („schreiben Sie sich frei", KM 106), verfolgt mit der Vergegenwärtigung seiner Freundschaft zu Mahlke die Ziele der Erkenntnis und Katharsis. Dieser Mahlke – wie Adler mit herausragenden Fähigkeiten ausgestattet, aber äußerlich entstellt – versteckt sich in den letzten Tagen des zweiten Weltkrieges in einem entlegenen Schiffswrack. Der Erzähler verrät ihn durch die Unterschlagung eines lebenswichtigen Dosenöffners und das anschließende

72 Die Analogien zwischen Werfels *Der Abituriententag* und Grass' *Katz und Maus* sind bislang erstaunlicherweise unbemerkt geblieben, während jene zwischen Raabes *Die Akten des Vogelsangs* und Manns *Doktor Faustus* die Forschung mehrfach beschäftigt haben. Vgl. hierzu Erkme Joseph: „Thomas Manns *Doktor Faustus*. ‚Variationen über ein Thema von Wilhelm Raabe.'" In: *Thomas Mann Jahrbuch*. Frankfurt a. M.: Klostermann 1998, S. 155-170; Hans Hilgers: *Serenus Zeitblom. Der Erzähler als Romanfigur in Thomas Manns Doktor Faustus*. Frankfurt a. M.: Peter Lang 1995, S. 92 ff.; Rosemarie Haas: „Einige Überlegungen zur Intertextualität in Raabes Spätwerk. Am Beispiel der Romane ‚Das Odfeld' und ‚Die Akten des Vogelsangs'." In: *Jahrbuch der Raabe-Gesellschaft*. Berlin: de Gruyter 1997, S. 103-122; Sven Meyer: „Narreteien ins Nichts. Intertextualität und Rollenmuster in Wilhelm Raabes ‚Die Akten des Vogelsangs'." In: *Jahrbuch der Raabe-Gesellschaft*. Berlin: de Gruyter 1999, S. 95-111; Walter Windisch-Laube: „Ein faustdicker Raabe?! Noch einmal: ‚Die Akten des Vogelsangs' als ‚geheime Quelle' von Thomas Manns ‚Doktor Faustus'." In: *Jahrbuch der Raabe-Gesellschaft*. Berlin: de Gruyter 2008, S. 114-142.

73 Die Anlage dieser ‚Schreib-Szene' birgt nicht nur Parallelen zu *Katz und Maus*. Der verbeamtete Jurist, der über die Erinnerung an seinen genialischen, aber gescheiterten Jugendfreund in eine Identitätskrise gerät, findet sich auch in Raabes *Die Akten des Vogelsangs*.

‚Vergessen' des Freundes im Wrack. „Gibt es Geschichten, die aufhören können?" (KM 113) – diese Frage Pilenz' muss insofern verneint werden, als er sich durch den Akt des Schreibens ebenso wenig wie Sebastian von der quälenden Schuld („mea culpa", KM 86) am willkürlich herbeigeführten Untergang des Freundes zu befreien vermag.

In Raabes *Die Akten des Vogelsangs* und den Adoleszenztexten der Jahrhundertwende liegt die scheiternde Subjektivierung des Freundes primär im rigiden Normenkorsett der bürgerlichen Gesellschaft begründet. In Werfels *Der Abituriententag* und Grass' *Katz und Maus* wird die Schuld internalisiert und der Erzähler vom Ankläger zum Angeklagten. Zwar erwägt Sebastian, auf das bewährte ‚Rezept' des Adoleszenzromans zurückzugreifen, um sich aus der Verantwortung für die Vernichtung seines jüdischen Freundes zu ziehen: „Schülerselbstmord! [...] Alle Schuld fällt auf die Lehrer. Die Zeitungen werden sich unser annehmen. [...] Man wird an unserem Grabe Reden halten. Wir sind zu Helden geworden, zu blutigen Opfern der Tyrannei." (AT 144) Doch so einfach ist es nicht mehr. Damit greifen die Romane die in den 1920er und 1960er Jahren stattfindende Debatte über Schuld und Verantwortung für die Gräueltaten der Weltkriege auf und fokussieren sie anhand der Freundschaftskonstellation wie unter einer Lupe. Der zeitgenössische Freundschaftsroman schließlich – allen voran Bjergs *Auerhaus* – verweigert sich den Kategorien der Anklage und Moral.

6.5 Fazit

In *Auerhaus* lassen sich zahlreiche Motive des literaturhistorischen Freundschaftsdiskurses identifizieren, die der Roman ebenso raffiniert wie leichtfüßig ins 21. Jahrhundert ‚übersetzt'. So folgt die Etablierung der Heterotopie Auerhaus ähnlichen Logiken wie die Entstehung der empfindsamen Freundschaftsbünde: Die Infragestellung von Autoritäten und der Wunsch nach einem Ausbruch aus als überholt wahrgenommenen Lebenskonzepten bei gleichzeitiger Einsicht, dass der Wunsch nach persönlicher Autonomie und gesellschaftlicher Partizipation in der Realität (noch) nicht umsetzbar ist, sind nicht nur kennzeichnend für das Bürgertum des 18. Jahrhunderts, sondern auch für Bjergs jugendliche Protagonisten. Abermals wird die Kluft zwischen realem und erwünschtem Sein von der Freundschaft abgefedert, die wie Literatur „Räume der Reflexion und hypothetischen Erprobung"[74] bereitstellt

74 Ehlenberger 2006, S. 343. Ehlenberger bezieht sich hier auf die didaktische Funktion des Genres Adoleszenzroman und damit auf die rezeptionsästhetische Ebene.

und damit ganz im Zeichen der Foucault'schen Selbstpraktik Freundschaft steht, die das Individuum „eine Lebensart erfinden [...] läßt, die noch unwahrscheinlich scheint"[75].

Gleichzeitig ‚bedient' der Roman sich mit den Motiven von Freundschaft und Suizid im Arsenal des Adoleszenzromans der Jahrhundertwende. Er verweigert sich jedoch der Kategorie der Schuld, die auch dem Versuch einer schreibenden Subjektivierung in Franz Werfels *Abituriententag* und Günter Grass' *Katz und Maus* zugrunde liegt: In diesen – auf der zeithistorischen Folie einer kritischen Auseinandersetzung mit dem Ersten bzw. Zweiten Weltkrieg entstandenen – Romanen ist der Freund nicht mehr (nur) Opfer des Systems, sondern in erster Linie Opfer des Erzählers, sodass die Rekapitulation der Freundschaft aus ‚Täter'-Perspektive erfolgt. In *Auerhaus* wird das im Adoleszenzroman des Fin de Siècle mitunter schablonenhafte, bei Werfel und Grass klug psychologisierte Prinzip des moralischen Erzählens verabschiedet.[76]

Sowohl in Poschmanns *Die Sonnenposition* als auch in Kirchhoffs *Eros und Asche* wird eine Nähe zum Freund erst über den Akt des *Schreibens* heraufbeschworen, während die Erzähler in Timms *Rot* und Bußmanns *Der Mantel der Erde ist heiß und teilweise geschmolzen* durch die *Lektüre* der Freundesspuren identitätsstiftende Berührungspunkte herzustellen versuchen. In *Auerhaus* hingegen ist der Freund – und hierin liegt ein Alleinstellungsmerkmal des Romans innerhalb des Primärkorpus – keine Projektionsfigur, sondern reale Bezugsperson: Er entfaltet seine Wirkmächtigkeit nicht erst posthum, sondern bereits zu Lebzeiten, und zwar nicht im Modus des Schreibens oder Lesens, sondern im vertraulichen Gespräch. Das Gespräch ‚verliert' jedoch gegen Frieders Depression, die in seinen letzten Lebensmonaten den Zugang

75 Foucault 1984, S. 88.

76 Von der anhaltenden Dominanz dieses Prinzips zeugen die Beiträge des Schwerpunktes *Kinder- und Jugendliteratur und Pädagogik* in: Hans-Heino Ewers/Ulrich Nassen/Karin Richter/Rüdiger Steinlein (Hrsg.): *Kinder- und Jugendliteraturforschung 1999/2000*. Stuttgart: Metzler 2000. Hier prangern führende Literaturdidaktiker die pädagogische Indienstnahme und Funktionalisierung von Kinder- und Jugendliteratur an. Hans-Heino Ewers stellt fest, dass „sich in weiten Bereichen des kinder- und jugendliterarischen Feldes ein Erziehungsbegriff und eine Literaturpädagogik gehalten haben, die in ihren Grundlinien dem 18. Jahrhundert entstammen". Ders.: „Kinder- und Jugendliteratur ‚zwischen Pädagogik und Dichtung'. Über die Fragwürdigkeit einer angeblichen Schicksalsfrage.", S. 98-114, hier S. 112 f. Vgl. für aktuelle Beispiele moralisierenden Erzählens Volker Ladenthin: „Poetik und Autorität.", S. 86-98.

Auch die Forderung der Jugendjury des Jugendbuchpreises der Leipziger Buchmesse 2019 – „Ich will selber denken dürfen und keine vorgekaute Moral konsumieren!" – zeugt von der ungebrochenen Präsenz einer Literatur des ‚erhobenen Zeigefingers'. Vgl. www.jugendliteratur.org/deutscher-jugendliteraturpreis/c-62.

zur Welt, zum Ich und zum Freund blockiert. So steht auch die – die philosophischen Freundschaftsideale am ehesten inkorporierende – Beziehung zwischen Frieder und Höppner im Zeichen der Fremdheit des Freundes.

Weshalb aber wird ausgerechnet Frieder – seiner schwerwiegenden und diagnostizierten Depression zum Trotz – *nicht* zum *Fall* gemacht? Weder verquickt Höppner sein (freilich noch nicht existentes) berufliches Selbstverständnis mit der Rolle des Chronisten und Freundes,[77] noch bedient er sich des für fallförmige Schreibweisen charakteristischen ‚Erzählens vom Ende her', bei dem das Scheitern des beschriebenen Lebens Dreh- und Angelpunkt der Darstellung ist: „Ich hätte auch mit der Beerdigung anfangen können. Aber irgendwie fand ich es falsch, von Frieder zuerst das Ende zu erzählen. Als ob das Ende das Wichtigste wäre." (221) Wenn die anderen Erzähler die Freundesgeschichte als Fallgeschichte präsentieren, dann kehren sie die zu Lebzeiten wirksamen Dominanzverhältnisse um: Über das Stilisieren des Freundes zum (Erkenntnis-)Objekt betreiben sie die eigene Subjektivierung. Obwohl das Gefälle zwischen Frieder und Höppner weit größer ist als das zwischen den anderen genialischen Sonderlingen und ihren Biographen,[78] ist die Freundschaft weitestgehend frei von Asymmetrien und Rivalitäten. Die Ebenbürtigkeit der Freunde macht eine posthume Pathologisierung, über die die übrigen Erzähler ihre Minderwertigkeitsgefühle zu kompensieren und übertünchen versuchen, obsolet.

Frieders Kunstverständnis – „Im Programmheft stehen zwei Filme. Ein guter um acht und ein anspruchsvoller um zehn." (173) – pointiert eine der Qualitäten von *Auerhaus* ex negativo. Denn Bjergs Roman ist seinen Protagonisten insofern voraus, als er die hier anklingende Distinktion von Unterhaltungs- und Hochkultur aufweicht; er zeichnet sich dadurch aus, dass er – in Frieders Worten – gut *und* anspruchsvoll ist. So unbedarft und kolloquial Höppners Narration daherkommt: Auf den zweiten Blick offenbart sich – über den raffinierten Romanaufbau, die zahlreichen Selbstreflexionen hinsichtlich Struktur und Stilistik, die Metaisierung des Verhältnisses von Realität und Fiktion sowie die Inkorporierung etlicher Motive kanonischer Freundschaftsliteratur – eine von sprachlicher Profanität ummantelte Doppelbödigkeit, die *Auerhaus* u. a. mit Herrndorfs *Tschick* und Ferrantes *Neapolitanischer Saga* teilt und die maßgeblich zum großen Erfolg der Romane beigetragen haben dürfte.

---

77 Wie die Erzähler bei Raabe und Mann, Werfel und Jens, Grass und Bernhard, Nadolny und Ferrante, Poschmann und Kirchhoff, Timm und Bußmann es tun.

78 Bauernsohn Frieder, der als Kind das Ernteverfahren seiner Eltern revolutioniert hat (150), hätte laut Erzähler „ohne Probleme Matheprofessor oder Atomphysiker oder so was" werden können (95), während Höppner selbst durch das Abitur fällt und im Anschluss als Reinigungskraft arbeitet.

KAPITEL 7

Der politische Freund. Uwe Timms 68er-Roman *Rot*

Wie die übrigen Texte des Primärkorpus ist auch Uwe Timms Roman *Rot* (2001) in zwei diegetische Ebenen aufgespalten. Auf Ebene der Rahmenerzählung wird Thomas Linde, Alt-68er und Beerdigungsredner, von einem Auto angefahren. Sterbend – die Erzählzeit umfasst nur wenige Minuten zwischen Aufprall und Bewusstseinsverlust[1] – lässt er die Affäre mit der jungen Lichtkünstlerin Iris, sein kommunistisches Engagement und die sukzessive Desillusionierung bezüglich seiner früheren politischen Ideale Revue passieren. Auf Ebene der Analepse stirbt zwei Wochen zuvor Lindes ehemaliger Freund und Genosse Aschenberger, der Linde nach Jahrzehnten der Kontaktlosigkeit testamentarisch zu seinem Grabredner bestimmt hatte (46). Im Zuge seiner Recherchen entdeckt Linde, dass Aschenberger sich radikalisiert und ein – nur durch seinen Tod vereiteltes – Attentat auf die Berliner Siegessäule als Symbol für Krieg und Kapitalismus geplant hatte. Als Linde vom Auto erfasst wird, befindet er sich gerade auf dem Weg zu letzten Absprachen für die am nächsten Tag stattfindende Beisetzung Aschenbergers.

Während die meisten der dieser Arbeit zugrundeliegenden Primärtexte (noch) kein Gegenstand der Literaturwissenschaft gewesen sind, stellt *Rot* ein beliebtes Forschungssujet dar. Dabei dominiert eine politische und oftmals biographisch grundierte Lesart. So ist *Rot* als eine „Auseinandersetzung mit der eigenen [CS: Timms] politischen Vergangenheit“[2], als ein „68er-Generationenroman“[3] und „Beitrag zur Historiographie der Studentenbewegung“[4] interpretiert worden, der „ein vielschichtiges, häufig ironisches Porträt der deutschen Nachkriegs- und Gegenwartsgesellschaft“[5] entwerfe und

1 Dieser wird über den wiederholten Einschub „Ich verliere mich.“ auf Ebene der Rahmenerzählung indiziert. Vgl. S. 87, 111, 269, 353, 363, 393, 395, 396, 397, 403, 427, 429.

2 Oliver Jahraus: „Totenrede und Roman. Zu Medientheorie und Erzähltechnik in Uwe Timms *Rot*.“ In: Friedhelm Marx (Hrsg.): *Erinnern. Vergessen. Erzählen. Beiträge zum Werk Uwe Timms*. Göttingen: Wallstein 2007, S. 173-188, hier S. 181.

3 Andrea Albrecht: „‚Kalzium gegen das Absurde‘: Uwe Timms poetischer Existenzialismus.“ In: *Gegenwartsliteratur. Ein germanistisches Jahrbuch* 11 (2012), S. 34-54, hier S. 35.

4 Susanne Rinner: „Der Tod des Erzählers – Ein Nachruf auf die Erinnerung und das Vergessen der Studentenbewegung in Uwe Timms *Rot*.“ In: Frank Finlay/Ingo Cornils (Hrsg.): *„(Un)erfüllte Wirklichkeit.“ Neue Studien zu Uwe Timms Werk*. Würzburg: Königshausen & Neumann 2006, S. 72-91, hier S. 91.

5 Monika Shafi: „Farbe bekennen. Zur Bedeutung von Farben in Uwe Timms Roman *Rot*.“ In: Finlay/Cornils (Hrsg.) 2006, S. 45-54, hier S. 46.

© BRILL FINK, 2021 | DOI:10.30965/9783846766774_008

„eine subversiv-transzendentale Perspektive auf die deutsche Einheit“[6] bereitstelle. Diese Deutung fügt sich in die Interpretation von Timms Gesamtoeuvre ein, das „sich in seiner Gesamtheit [...] als kritische Chronik der Bundesrepublik lesen [lässt]“ und „den Mythisierungsprozess kollektiver Erinnerung revidiert und fortwährend reflektiert“[7]. Als Freundschaftsroman ist *Rot* indes noch nicht gelesen worden. Hinsichtlich der Figuren- bzw. Beziehungsebene hat die Forschung dem Verhältnis zwischen Linde und seiner jungen Geliebten wesentlich mehr Aufmerksamkeit zuteilwerden lassen als dem Verhältnis zwischen Linde und Aschenberger. Dabei, so meine These, spielt letzterer eine weitaus gewichtigere Rolle für die Subjektivierung des Erzählers: Weder die Beziehung zu Iris noch der eigene Tod sind es, die Lindes Erinnerungs- und Narrationsprozess auslösen. Den eigentlichen Anlass seiner Selbstinventur stellt vielmehr das Ableben bzw. Wiederauftauchen des (ehemaligen) Freundes und Sonderlings Aschenberger dar.

Der Roman weist zwei Besonderheiten auf. Zum einen sind am Ende der Narration beide Freunde tot. So ist *Rot* ein gleich doppelter Nekrolog: auf Aschenberger und auf Linde selbst. Zum anderen ist die Rahmenerzählung nicht wie im Gros der übrigen Texte als ‚Schreib-Szene‘ angelegt, sondern steht ganz unter dem Vorzeichen der Mündlichkeit. Aus diesen Spezifika leitet sich der Aufbau der Analyse ab. Zunächst werden die sowohl intra- als auch extradiegetischen ‚Sprech-Szenen‘ des Romans auf ihre Funktion für die (Re-) Konstruktion beider Freundesleben und die Subjektivierung des sterbenden Erzählers befragt. Als historische Referenztexte, unter deren Einbindung wie schon in den vorhergehenden Kapiteln eine Verortung zwischen Tradition und Innovation erfolgt, dienen Wilhelm Raabes *Die Akten des Vogelsangs* (1896) sowie Thomas Manns *Doktor Faustus* (1947), da die Freundespaare Krumhardt/Velten und Zeitblom/Leverkühn in mannigfacher Hinsicht als literarische Vorläufer von Linde und Aschenberger gelesen werden können. Zuletzt wende ich mich der von Linde entworfenen Poetologie der Trauerrede zu. Dabei verzichte ich auf eine die Forschung bislang dominierende biographische Lesart[8] und frage stattdessen, inwiefern Lindes Poetologie nicht nur in *Rot*, sondern auch von den übrigen Freundschaftsromanen ‚eingelöst‘ wird.

---

6 Gerhard Friedrich: „Rot wie tot. – Zur Symbolik im Uwe Timms Roman *Rot*.“ In: Finlay/Cornils (Hrsg.) 2006, S. 31-44, hier S. 38.

7 Kerstin Germer: *(Ent-)Mythologisierung deutscher Geschichte. Uwe Timms narrative Ästhetik*. Göttingen: V&R unipress 2012, S. 12.

8 Vgl. z. B. Jahraus 2007; Inez Müller: „Autobiographisches Schreiben in *Rot* – Anfang und Ende einer Autorschaft.“ In: Christoph Parry (Hrsg.): *Grenzen der Identität und der Erinnerung*. München: Iudicium 2007, S. 202-217.

7.1 ‚Sprech-Szenen'

„[A]lles, was ich denke, spricht eine innere Stimme deutlich aus. Das ist gut, denn das Reden gehört zu meinem Beruf" (9), konstatiert Thomas Linde gleich auf der ersten Romanseite. Während die meisten Korpustexte über die in statu nascendi präsentierte ‚Schreib-Szene' eine *Duplizität des Textes*[9] suggerieren, ist die extradiegetische Ebene in *Rot* als ‚Sprech-Szene' angelegt und durch eine *Duplizität der Rede* charakterisiert. Im Unterschied zur Schrift zeichnet die Rede sich durch die Merkmale der Reziprozität und Gleichzeitigkeit aus. Und so erfolgt die (Re-)Konstruktion von Freund und Ich in *Rot* konsequenterweise nicht in Monolog-, sondern in Dialogform – und zwar gleich dreifach: Die *Spurensuche* im *Fall Aschenberger* ist auf Ebene der Analepse in das Gespräch mit Iris eingebettet. Die Subjektivierung des Chronisten Linde vollzieht sich auf Ebene der Rahmenerzählung im imaginierten Gespräch mit dem auf der Siegessäule thronenden Engel. Zuletzt trägt auch die wiederholte Ansprache des narrativen Adressaten als „verehrte Trauergemeinde"[10] zur performativen Dimension von Timms Roman bei, dessen dialogische Struktur – insbesondere die Verschiebung vom Frage- in den Anklagemodus – Gegenstand des folgenden Unterkapitels ist.

7.1.1 *Die Analepse*

Die Analepse des Romans besteht in weiten Teilen aus einem (im Sterben vom Erzähler rekapitulierten) Gespräch mit Iris. Dessen Löwenanteil bestreitet allerdings Linde, weshalb der dialogische Charakter seines Bewusstseinsstroms erst auf den dritten Blick offenbar wird: Nahezu sämtliche Äußerungen Lindes sind Antworten auf intermittierende Fragen seiner Freundin,[11] die ihn „zwingt, die Erinnerung genauer werden zu lassen" (76) und ihn durch „hartnäckig[es]" (356) Nachhaken zum Sprechen animiert. Die Lichtinstallateurin Iris überträgt ihre Profession auf die Liebesbeziehung, indem sie Linde bei der ‚Ausleuchtung' seiner Vergangenheit assistiert. „Das Erinnern [...] arbeitet wie ein Scheinwerfer, [...] es soll ja etwas aufgehellt, entdeckt werden" (56 f.), räsoniert Linde ausgerechnet, während er Iris erstmals von Aschenberger erzählt, und auch seine Poetologie der Grabrede rekurriert auf das Lichtmotiv: „Es hängt davon ab, was das für ein Leben gewesen war und in welchem Licht

9 Vgl. hierzu Löschnigg 1999.

10 Vgl. Lindes Anrede des narrativen Adressaten auf S. 19, 41, 45, 60, 78, 87, 129, 138, 163, 215, 232, 274, 296, 315, 330, 359 sowie seine Antizipation etwaiger Widersprüche auf S. 316, 318, 379.

11 Vgl. z. B. „Was? Was hast du gesagt." (111); „Und was wolltest du erzählen?" (353); „Wer ist denn das, fragte Iris." (377); „Und was dann?" (415).

man es zeigt.“ (31) Für die Selbstinventur des Erzählers nimmt Iris nicht nur die Rolle der Beleuchterin, sondern auch die der Regisseurin ein: „Du sollst mir alles erzählen“ (136), fordert sie. Ihr nur wenige Minuten vor Lindes Unfall geäußerter Appell – „Halte deine Rede auf diesen Aschenberger, und vor allem auf dich selbst.“ (302) – wird mit dem Roman und insbesondere mit den diesen beschließenden kondensierten Nekrologen auf Aschenberger und Linde realisiert.

Wie die Erzähler in Poschmanns *Die Sonnenposition* und Bußmanns *Der Mantel der Erde ist heiß und teilweise geschmolzen* leugnet Linde zunächst den Einfluss, den der Tod des ehemaligen Freundes auf ihn hat. Schon die mehrfach betonte Souveränität hinsichtlich der Auswahl seiner ‚Klienten‘ („ich übernehme nur Fälle, die mich interessieren“, 21; „ich kann mir die Trauerfälle aussuchen“, 91) wird dadurch unterlaufen, dass er von Aschenberger zum Grabredner *bestimmt* wird. Noch am Tag seines eigenen Todes insistiert Linde – hierin zeigt sich abermals die von fast allen Erzählern vorgenommene ‚Professionalisierung‘ ihrer Rolle als Freund und Chronist –, die Rede auf den „Klient[en]“ (8) Aschenberger sei lediglich „eine Gelegenheitsrede, verstehst du [Iris], eine Rede aus der Mappe. Ich sag dir Bescheid, wenn es einen ungewöhnlichen Fall gibt.“ (370) Dieser Bagatellisierung ist bislang auch die Forschung aufgesessen. An deren Priorisierung der Romanze[12] schüren allerdings schon Lindes erste Gedanken nach dem Unfall Zweifel: Diese gelten dem toten Freund und nicht etwa der jungen Geliebten. Wenn Alexander Honold festhält, die Narration sei das Ergebnis „freien Assoziierens“[13] und erfolge „jenseits eines chronologischen oder kausalen Zeitstrahls“[14], dann verkennt er ebenso wie Oliver Jahraus, dem zufolge erst Lindes Unfall als Erzählauslöser fungiert,[15] den eminenten Einfluss, den der Tod des Freundes auf Linde hat.

Die angebliche Indifferenz des Erzählers wird über eine Spurensuche in Frage gestellt, deren Intensität weit über die einer ‚regulären‘ Fallbearbeitung hinausgeht: Fünf Mal in zwölf Tagen sucht er die Wohnung des Freundes auf,[16] liest Iris aus dessen Nachlass vor (350 ff.), begutachtet den Leichnam in der

---

12 Vgl. exemplarisch: „Thomas Linde bewegt sich auf dieser Strecke in einer Spirale: von der Arbeit als Beerdigungsredner hin zu seiner Partnerin und zurück zu dieser Arbeit auf einer höheren Ebene, also vom Tod zur Erotik, die in dem Fall sogar über die Schwangerschaft mit neuem Leben korreliert wird, und wieder zurück zum Tod.“ (Jahraus 2007, S. 178)

13 Alexander Honold: „Freies Spiel. Improvisation als Lebensgefühl und Schreibhaltung in Uwe Timms ‚Rot‘.“ In: *Text + Kritik. Zeitschrift für Literatur* 195 (2012), S. 54-66, hier S. 62.

14 Ebd., S. 58.

15 Oliver Jahraus: „Mnemosyne und Prosopopoiia: Erinnerung, Tod und Stimme bei Uwe Timm.“ In: *Gegenwartsliteratur. Ein germanistisches Jahrbuch* 11 (2012), S. 14-33.

16 Vgl. S. 46 ff., 69 ff., 175 ff., 277 ff., 310 f.

Pathologie (419 ff.), initiiert das Gespräch mit ehemaligen gemeinsamen Weggefährten (208 ff.,328 ff.), sucht einen Sprengmeister auf (372 ff.) und besteigt mehrmals das Ziel von Aschenbergers Attentat, die Berliner Siegessäule (104 ff., 391). Nicht zuletzt seine Schreibblockade – Linde hat das Verfassen einer Rede „[noch nie] so lange hinausgeschoben" (10) – zeugt von der uneingestandenen Macht, die der Freundestod auf ihn ausübt.

In diesem Zusammenhang zeigt sich die zweite Rolle Iris': Nicht nur strukturiert und dirigiert sie Lindes Erinnerungs- und Narrationsprozess durch zahlreiche Fragen und erfüllt damit eine primär erzähltechnische Funktion. Indem sie seine sukzessive Absorbierung durch die Causa Aschenberger kommentiert, dient sie zudem als Korrektiv für die unzuverlässigen Selbstdeutungen: „Weißt du, daß du dich verändert hast, in den letzten Tagen." (403) Aschenbergers Tod markiert eine gleich doppelte Zäsur in der Gesprächskultur mit Iris: Einerseits begründet er eine neue Substantialität – „Mit dem Tod Aschenbergers begann ein anderes Erzählen. Vorher hatte ich Iris mit Anekdoten unterhalten" (228) –, zugleich löst er jedoch eine Aufmerksamkeitsverschiebung aus. So moniert Iris mehrfach, Linde sei „mit den Gedanken ganz woanders" (74, 403) – nämlich nicht (mehr) bei ihr, sondern beim toten Freund.

7.1.2 *Die Rahmenerzählung*

Vollumfänglich offenbart sich die Wirkmacht von Aschenbergers Ableben bzw. Wiederauftauchen allerdings erst im Dialog mit dem Engel, den Linde auf Ebene der Rahmenerzählung imaginiert und der mit fortschreitendem Bewusstseinsverlust an Gewicht gewinnt, um den intradiegetischen Dialog mit Iris schließlich ganz abzulösen.

7.1.2.1 Zwischen Alterität ...

Im Gegensatz zum Dialog mit Iris steht das Zwiegespräch mit dem Engel, das Züge einer christlich geprägten Hermeneutik des Ich trägt,[17] nicht (mehr) unter dem Primat der Frage, sondern dem der Anklage. Der Untersuchungs- weicht dem Urteilsmodus; die Straßenkreuzung wird zum Totenbett und Jüngsten Gericht, wenn der Engel die Lebensbeichte Lindes abnimmt.

> [D]u, sagte der Engel, hast dich gedrückt, mein Lieber, du, sagte der Engel, wirst nicht erhoben, du, sagte der Engel, bist immer den Weg gegangen, der dir lag, *anders als er, der den Weg der Empörung ging, der nein sagte, sich ganz ausgesetzt hat*, du hast auf die leichte, die ganz bequeme Art, wenn du ehrlich bist, das nie riskiert, bist immer dieser peinlich Berührte gewesen, der Distanz wahrt, ein

17 Vgl. Kapitel 3.5.

> bißchen protestiert, aber eben immer nur ein bißchen, hast dich nie wirklich ausgesetzt, und im Alter diese interessante ironische Melancholie. Meine Güte, was bist du für ein Weichei. *Nee, denk an ihn, der in seinem Eisfach liegt und auf dich wartet.* (380 f., Hervorhebungen CS)

Wie die kursiv markierten Passagen verdeutlichen, wird Linde der tote Freund antithetisch gegenübergestellt, wodurch der Roman abermals die bewährte Konstellation von verhaltenem Beobachter und wagemutigem Macher zu ‚bedienen' scheint: „Du nicht, mein Lieber, hast nicht das Zeug dazu, nix Radikales. Hast dich so recht und schlecht durchgeschlagen. Du nicht, der andere hatte das Zeug zu ner großen Tat. Der ja." (397) Der unter Paranoia leidende Eremit und Terrorist Aschenberger wird – ähnlich wie M. in Kirchhoffs *Eros und Asche* – zum Relikt einer ‚besseren' Epoche und zu einem sich dem oberflächlichen Zeitgeist entziehenden Widerständler verklärt.[18] Im Gegensatz zu Kirchhoffs Erzähler verschränkt Linde die Erhöhung des toten Alter Ego jedoch nicht mit der Stilisierung, sondern der Erniedrigung des Ich. In seiner Selbstanklage kulminiert eine Reihe von Vorwürfen, mit denen er sich in der Realität konfrontiert sieht. So urteilt sein Freund Edmond wenige Tage vor Lindes Unfall: „Du bist von Geburt Relativist. Ich kenn dich, privat, politisch, du bist immer der, der sich raushält. Der sich nie ausliefern kann. Nie." (212) Edmonds Frau Vera belächelt, dass Linde ohnehin nur Teil des „kommunistischen Weichwasch-Gang[s]" gewesen sei und dann „still und leise ne Mücke gemacht" (249 f.) habe.

Die Verzagtheit, den Opportunismus und das „Einerseits-andererseits" (379)[19] teilt Linde mit zahlreichen erzählenden Freunden der zeitgenössischen Literatur. Die namenlose Erzählerin in Streeruwitz' *Der Abend nach dem Begräbnis der besten Freundin.*, Altfried in Poschmanns *Die Sonnenposition* und Lenù in Ferrantes *Neapolitanischer Saga* können durch eine regelrechte Gefallsucht charakterisiert werden und sind stets darauf erpicht, es allen recht zu machen und nicht anzuecken.[20] Bußmanns Erzählerin gesteht sich in *Der Mantel der Erde ist heiß und teilweise geschmolzen* ein, sie habe „die meiste

18 Dem narrativen Adressaten wird jedoch eine Reihe alternativer Deutungen und damit ein Korrektiv zu Lindes Erhöhung von Aschenberger angeboten. Iris etwa unterstellt Aschenberger „etwas Fanatisches" (307) und bezeichnet ihn als „wahnhaft" (350), sein Sohn hat ihn als „verbiestert" (368) erlebt.

19 Es gebe stets „[z]wei verschiedene Blicke auf denselben Gegenstand, und keiner ist falsch" (347).

20 Poschmanns Altfried gibt sich seit seiner Kindheit „Mühe, nicht hervorzustechen" und ist „demonstrativ angepaßt" (SP 36); Ferrantes Lenù bewegt sich unter ihren Kommilitonen „stets mit der Angst […], etwas Falsches zu sagen oder zu tun" (NE II 533), obwohl sie „geübt [hatte], wie sie alle zu sein" (NE III 27). Diesen Charakterzug teilt auch Streeruwitz'

Zeit meines Lebens [...] Dinge getan, die sich als Nächstes ergaben, an mich herangetragen wurden von anderen, mit denen ich es mir nicht verderben [...] wollte. [...] Ich brauchte jemanden, der mich an die Hand nahm und mitzog." (ME 186) In Herrndorfs *Tschick* bezeichnet Maik sich als „größte[n] Langeweiler und [...] Feigling unter der Sonne" (TK 212), und Höppner bemerkt in Bjergs *Auerhaus*: „Hopp oder topp, entweder oder, ganz oder gar nicht. Irgendwie war ich neidisch auf Leute, die das konnten." (AH 128) Auch Aschenberger kritisiert Linde zur Zeit des gemeinsamen politischen Engagements dafür, dass er „viel zu sehr nach außen [denkt], also: Wie stehe ich da, wie sieht mich der andere" (69), und bezichtigt ihn beim Abschied gar der Feigheit: „Du verdrückst dich einfach, sagte Aschenberger, du schleichst dich weg. Ja, hab ich gesagt. Wenn du so willst, ja. Kein Abgang wie bei Wagner. Danach haben wir uns nicht mehr getroffen." (110)

Lindes schonungslose Selbstabrechnung beschließt einen Dreischritt, der sich vom freundschaftlichen Gespräch mit Aschenberger über den von Iris' Fragen strukturierten Monolog bis zum imaginierten Zwiegespräch mit dem Engel erstreckt. Deutlicher noch als in Bjergs *Auerhaus* vollzieht sich in *Rot* mithin die von Christian Moser nachgezeichnete Internalisierung des dialektischen Gesprächs[21] in kondensierter Form. Sie wird freilich dahingehend aktualisiert, dass der freundschaftliche Dialog bei Timm nicht mehr in das Medium der Schrift ‚übersetzt' bzw. von diesem substituiert wird, sondern dem Selbst*gespräch* im wörtlichen Sinne weicht: Während die Beziehung zu Aschenberger im Zeichen einer gemeinsamen Arbeit am Ich stand – „Rede und Gegenrede, warum man so war, wie man war, und wie man ein anderer werden könnte" (78) –, ist Iris zwar Impulsgeberin und Korrektiv für Lindes Ichinventur, steuert aber einen lediglich minimalen Dialoganteil bei. Der Engel ebenso wie der tote, idealisierte Freund schließlich sind nurmehr imaginierte Gegenüber.

7.1.2.2 ... und Verschmelzung

Einerseits steht der Dialog mit dem Engel durch die Kontrastierung der eigenen Zuschauerhaltung mit Aschenbergers Radikalität folglich ganz in der Tradition der Figurenanlage, die seit dem 18. Jahrhundert charakteristisch ist für literarische Freundschaft.[22] Zugleich findet in den ineinandergreifenden Nekrologen eine Identifikation mit dem toten Alter Ego statt, die sich bereits

---

Erzählerin: „Dressiertes Kind, das ich bin [...]. Die Meinung der anderen für mich gewinnen. [...] Ich habe ja doch nur Angst, nicht zu genügen." (AB 44)

21 Vgl. Moser 2006 bzw. die Ausführungen in Kapitel 3.1.

22 Vgl. Meyer-Krentler 1984 bzw. die Ausführungen in Kapitel 1.3.1.

in den Tagen vor Lindes Unfall abzeichnet: Etwa wenn dieser die Berufe beider Männer analogisiert („Stadtführungen haben mit Grabreden viel gemein, es geht ja auch da hauptsächlich um Tote", 102), wenn er bei seinen wiederholten Besuchen der Freundeswohnung „auf der Suche nach Gemeinsamkeiten, auf der Suche nach mir" (69) ist, oder er sich Aschenberger beim Angucken einer Videoaufnahme „plötzlich nah und vertraut" (309) fühlt.

Am eindrücklichsten manifestiert sich die sukzessive Identifikation mit dem Freund im Motiv des Erbes. So wird Linde von Aschenberger zum gleich doppelten Testamentsvollstrecker ernannt, indem dieser ihn nicht nur zum Beerdigungsredner, sondern auch zum posthumen Komplizen macht: „[I]ch glaubte, er wollte den Sprengstoff an mich weiterreichen [...] – ich sollte seinen Plan ausführen." (77) Der pars pro toto für Aschenberger stehende Explosivkörper wird zur Reliquie, die Linde in den Tagen vor seinem Tod stets bei sich trägt und die auch seine eigene Vergangenheit symbolisiert: „[A]uf ihre [Iris'] Frage, was das denn sei [...]: Sprengstoff. Und [...] ein Stück Biographie." (232) Zuletzt liebäugelt Linde, dessen Einstellung bezüglich der ehemaligen Agenda der Freunde – „Wir wollten doch die Welt aus den Angeln heben [...], wir wollten das Gravitationsgesetz des Kapitalismus aufheben" (207) – noch kurz zuvor zwischen ungläubiger Distanz[23] und leiser Melancholie angesichts des Verlusts seiner früheren Unbedingtheit[24] schwankt, tatsächlich mit der Ausführung von Aschenbergers Plan (419). Im Sterben verschreibt sich Linde endgültig der terroristischen Agenda des Freundes: „[U]nd es wäre auch mein Wunsch gewesen, diese Säule [...] in die Luft zu sprengen [...]." (425) Es ist diese Solidarisierung, die als Scharnier zwischen den Nekrologen auf Aschenberger und auf Linde selbst fungiert. Sie werden absatzlos ineinander übergeblendet, sodass die inhaltliche Antithetik auch formal hintertrieben wird.

Linde verabschiedet im Sterben nicht nur seine politische Indifferenz, sondern auch seine persönliche Bindungslosigkeit. Bezeichnenderweise tut er dies jedoch nicht über ein wie auch immer geartetes Bekenntnis zur schwangeren Iris und zu seinem ungeborenen Kind, sondern über die imaginierte Verschmelzung mit Aschenberger. Auch diese wird auf Ebene der Analepse vorausgedeutet. So taucht Monate vor Lindes Unfall ein (vermeintlich) Fremder während einer seiner Beerdigungsreden auf: Aschenberger. Er, der aufgrund eines langen weißen Mantels die „Erscheinung eines Engels"

23 „Woran liegt es, daß das alles so hohl klingt? Jetzt, heute? Warum lachen Sie?" (80); „Heute kann ich kaum noch beschreiben, was mich dazu getrieben hat, ich meine diese intellektuelle Empfindung, diese Unbedingtheit." (76); „Wie weit entfernt das alles war. Ein Leben vor dem Leben." (243).

24 „Und wo ist die Empörung – meine – geblieben?" (155); „Wo ist denn der geblieben, sag mal, dieser heilige Zorn? Diese Ungeduld? Gibt's das noch?" (389).

(99) hat, verschmilzt am Romanende nicht nur mit der auf der Siegessäule thronenden Galionsfigur, sondern auch mit Linde. Die Trias von Freund, Engel und Selbst evoziert einen religiösen Topos – die Dreifaltigkeit –, der Lindes letztem Nekrolog ebenso wie die diesen beschließende Himmelfahrt („ich fliege, endlich, […] Erlösung, endlich, […] Allgegenwart, Gewölk, sanftes Grau und darüber das Licht. Licht.", 430) eine transzendentale Grundierung verleiht. So wird sein Atheismus („Dies bißchen Erde. Das ist alles. Hier, hier, hier. Jetzt, jetzt, jetzt. Sonst nichts.", 145) und seine Profession als säkularer Trauerredner unterlaufen. Der Dreifaltigkeit, *dem* Symbol für unauflösbare Zusammengehörigkeit bei gleichzeitiger Autonomie schlechthin, eignet dabei ebenjene Dialektik, die laut Kracauer charakteristisch für die Freundschaft ist, nämlich „zur Einheit zu verschmelzen und doch getrennt für sich bestehen zu bleiben"[25].

Es ist diese Dialektik von Identität und Alterität, die seit jeher im Zentrum der sowohl philosophischen als auch literarischen Beschäftigung mit Freundschaft steht und die in *Rot* anhand der diametral angelegten, dann aber ineinandergreifenden Totenreden am Romanende in besonders dichter Form verhandelt wird. Doch auch die übrigen Erzähler imaginieren ein Aufgehen ihres verzagten Selbst im kompromisslosen Freund: In Poschmanns *Die Sonnenposition* malt Altfried sich in homoerotischen Fantasien aus, mit Odilo „eins zu werden" (SP 82), in Kirchhoffs *Eros und Asche* erinnert der Erzähler sein „Verlangen nach Einheit um jeden Preis, auch dem des Verschwindens im Freund" (EA 147), in Bjergs *Auerhaus* imaginiert Höppner sich wiederholt *als* Frieder (AH 39), in Ferrantes *Neapolitanischer Saga* beschwört Lenù, die Freundin und sie seien „eine in beiden, beide in einer" (NE II 603), und Bußmanns *Der Mantel der Erde ist heiß und teilweise geschmolzen* ist im Grunde die Chronik einer Ineinanderblendung der Identitäten von Erzählerin und Freundin. Eine solche Verschmelzung mit dem extraordinären Alter Ego, das für Linde das repräsentiert, „was hätte sein können, was ich hätte sein können" (188), erlaubt den Erzählern – und hierin blitzt das Erbe der sowohl Verheißung als auch Gefahr symbolisierenden romantischen Doppelgänger auf, die eine dem Ursprungs-Ich zwar immanente, aber zensierte Seite repräsentieren[26] – die zumindest temporäre bzw. imaginäre Verwirklichung der eigenen Universalität.

---

25 Kracauer 1990, S. 54.

26 Vgl. hierzu Birgit Fröhler: *Seelenspiegel und Schatten-Ich. Doppelgängermotiv und Anthropologie in der Literatur der deutschen Romantik*. Marburg: Tectum 2004, S. 336 ff.; Aglaja Hildenbrock: *Das andere Ich: Künstlicher Mensch und Doppelgänger in der deutsch- und englischsprachigen Literatur.* Tübingen: Stauffenburg 1986, S. 272 ff.

Voraussetzung hierfür ist auch in *Rot* die durch den Tod verabsolutierte Distanz zum Freund.

7.2 Linde und Aschenberger: Auf den Spuren von Raabe und Mann?

> Wie hat dies alles mich aus mir selber herausgehoben, mich mit sich fortgenommen und mich aus meinem Lebenskreise in die Welt des toten Freundes hineingestellt, nein, -geworfen! (AV 96)

> Nur in seltenen stillen Augenblicken gelangt wohl ein und der andere dazu, sich vor die Stirn zu schlagen: ‚Ja, wie ist denn das eigentlich? War das sonst nicht anders um dich her und in dir? Wie kommst du zu allem diesem, und gehörst du wirklich hierher, und ist das nun Ernst oder Spaß, was du jetzt hier treibst oder treiben mußt? Und wem zuliebe und zum Nutzen?‘ (AV 127)

Obige Zitate stammen von Karl Krumhardt, dem Erzähler in Wilhelm Raabes *Die Akten des Vogelsangs* (1896), könnten aber ebenso gut Linde in den Mund gelegt werden. Denn wie schon in Raabes *Akten* und Thomas Manns *Doktor Faustus* (1947) „geht es um das plötzliche Aufbrechen eines anderen Lebens im eigenen, das man als festen Besitz wähnte“[27], und auch Linde wird sich im Zuge seiner Beschäftigung mit dem kompromisslosen Aschenberger nach und nach der eigenen Unzulänglichkeit bewusst. In *Rot* werden im Modus der „aufarbeitenden Erinnerung an einen verstorbenen Freund“[28] abermals die „großen gesellschaftlichen Zielvorstellungen und [...] die tatsächlichen Bedingungen alltäglicher Realisierung“[29] verhandelt. Wie Raabes Krumhardt und Manns Zeitblom[30] lebt Linde in Zeiten des Umbruchs, nämlich der Studentenrevolte der späten 60er Jahre bzw. der noch jungen Berliner Republik kurz nach der Wiedervereinigung.[31] Wie Krumhardt und Zeitblom redet auch dieser „Zeuge einer radikalen Lebensalternative“[32] sich zunächst ein, nüchterner „Chronist“

---

27 Windisch-Laube 2008, S. 142.

28 Meyer-Krentler 1984, S. 286.

29 Therese Hörnigk: „Nachdenken über Christa T.“ In: Carola Hilmes/Ilse Nagelschmidt (Hrsg.): *Christa Wolf Handbuch. Leben – Werk – Wirkung.* Stuttgart: Metzler 2016, S. 90-97, hier S. 94.

30 Bei Raabe ist es die beginnende Industrialisierung, bei Mann der ausgehende Zweite Weltkrieg.

31 „Mein Vater ist wie ein Fisch an Land geschleudert worden, 89, die Wende, das war für ihn das Ende“ (53), bemerkt Aschenbergers Sohn. Aschenberger plante, die Siegessäule am Tag des Reichstagsumzugs nach Berlin zu sprengen.

32 Wolfgang Preisendanz: „Nachwort.“ In: Wilhelm Raabe: *Die Akten des Vogelsangs.* Stuttgart: Reclam 2013, S. 225-240, hier S. 235.

(425) zu sein (verzichtet dabei allerdings auf die affektierte Bescheidenheit seiner literarischen Vorgänger[33]), um schließlich ganz von der Beschäftigung mit dem toten Freund absorbiert zu werden. Auch Lindes Selbstverständnis als Erzähler ist auf das Engste mit seinem beruflichen Selbstverständnis verquickt.

Alle drei Freundschaftsromane sind von metanarrativen Reflexionen über die angemessene *Form* der Darstellung durchzogen, und ebenso wie Krumhardt und Zeitblom[34] tritt Linde in einen direkten Dialog mit dem narrativen Adressaten und mahnt sich wiederholt zu einer kohärenten Darstellung: „Ich muß mich konzentrieren, zusammenreißen, nicht abstürzen, fest, fest, fest." (390)[35] Die „Tradition des sich im peripheren Erzählen vollziehenden Realitätsverlusts"[36] wird in *Rot* über das Sterben des Erzählers Linde gar verabsolutiert. Indes teilt Aschenberger mit Raabes Velten und Manns Leverkühn die Rolle des Eigenbrötlers und Sonderlings und zeichnet sich durch dieselbe Unbedingtheit aus. Auch seine kommunistische Gesinnung ist bereits in der (noch nicht explizit politisch motivierten) Besitzlosigkeit der literarischen Vorfahren angelegt.

Diesen mannigfaltigen Fortschreibungen zum Trotz findet in *Rot* eine abermalige Evolution des von Eckhardt Meyer-Krentler herausgearbeiteten Dreischritts[37] statt, der um ein spätmodernes Paradigma erweitert wird. Die Invertierung des im 18. Jahrhundert wurzelnden freundschaftlichen Mentorats, die sich bei Raabe und Mann anbahnt, wird nun endgültig eingelöst: Denn auch wenn Krumhardts bürgerliche Identität und sein Leben mit „dem Überdruß, der Enttäuschung, der Langeweile" (AV 138) durch die Beschäftigung mit dem außergewöhnlichen Velten existenziell erschüttert wird und er sich der eigenen Unterlegenheit im vom Freund „siegreich gewonnenen Prozeß gegen meine, gegen *unsere* Welt" (AV 87) bewusst wird, so beruft er sich doch

33 „Ich werde mir die möglichste Mühe geben, nur als Protokollist des Falls aufzutreten. Wenn ich dann und wann an dem Federhalter nage, meiner Privatgefühle, Stimmungen, Meinungen und so weiter wegen, so bitte ich die geehrten Herren und Damen auf dem Richterstuhle des Erdenlebens [...], nicht darauf zu achten." (AV 10); „Mit aller Bestimmtheit will ich versichern, daß es keineswegs aus dem Wunsche geschieht, meine Person in den Vordergrund zu schieben, wenn ich diesen Mitteilungen über das Leben des verewigten Adrian Leverkühn [...] einige Worte über mich selbst und meine Bewandtnisse vorausschicke." (DF 7).

34 Vgl. „die geehrten Herren und Damen auf dem Richterstuhle des Erdenlebens" (AV 10); „Ich tue gut, die Kritik dem Leser vom Munde zu nehmen." (DF 468 f.).

35 „Aber pragmatisch, pragmatisch, Karl Krumhardt! Das heißt, referiere dir selber so werkmäßig als möglich, Oberregierungsrat Doctor juris Krumhardt." (AV 17). „Material, weiter nichts! Das feinere und feinste Tatsachenmaterial!" (AT 96), heißt es auch bei Werfel.

36 Meyer-Krentler 1984, S. 290.

37 Vgl. die Ausführungen in Kapitel 1.3.1.

über geradezu mantra-artige Selbstaffirmationen auf seine Rolle als Staatsbeamter und Familienvater.[38] Linde hingegen, zunächst völlig konsterniert angesichts der Entdeckung von Aschenbergers geplantem Attentat, durchläuft binnen zwölf Tagen eine Radikalisierung und bekennt sich im Sterben zur terroristischen Agenda des Freundes. Eine solche Identifikation wird in den *Akten* lediglich angedeutet, etwa wenn Krumhardts Frau sich vor dessen Inbesitznahme durch den ihr hochgradig suspekten Velten fürchtet[39] oder Krumhardt den Freund im Schreibprozess als „latente Möglichkeit"[40] seiner selbst entdeckt.

Die Introspektion und Selbstinventur gestaltet sich in *Rot* gerade deshalb als ein so krisenhafter Prozess, weil die Freunde – entgegen der antithetischen Rhetorik des Engel-Dialogs – eben nicht (mehr) als strikt gegensätzliche Charaktere angelegt sind. Der durch den Tod des Alter Ego neu entflammende Konflikt zwischen bürgerlicher und nichtbürgerlicher Welt wird bei Timm in den Erzähler selbst transponiert. So hat Linde sich sowohl materiell[41] als auch zwischenmenschlich[42] der gleichen Bindungslosigkeit wie Raabes Velten, Manns Leverkühn und Aschenberger verschrieben. Sein Selbstappell – „Bleib kalt, bleib kalt und überlegen. Behalte diese Fassung. Dieses dich schützende Maß an Gleichmut, an Überlegenheit." (65) – spiegelt Veltens Lebenscredo, das die *Akten* in Form eines Goethe-Zitats leitmotivisch durchzieht:

> Sei gefühllos!
> Ein leichtbewegtes Herz
> Ist ein elend Gut
> Auf der wankenden Erde.[43]

38 „Bin ich nicht heute der einzige [...], der seine gesunden fünf Sinne exakt und werkmäßig beieinandergehalten und es nach bürgerlichen Begriffen (sehr wohl berechtigten!) zu einer soliden Existenz in der schwankenden Erdenwelt gebracht hat?" (AV 16); „Als ein wohlgeratener Sohn, als ein älterer, verständiger Mann, als wohlgestellter Familienvater, als ‚angesehener', höherer Staatsbeamter erzähle ich heute weiter vom Vogelsang." (AV 35).

39 „Wie kann ich mich beruhigen, wenn solch ein Unhold dich mir unter den Händen austauscht und allmählich zu einem andern macht?" (AV 168)

40 Hans Jürgen Meinerts: *„Die Akten des Vogelsangs": Raabestudien auf Grund einer Sprachuntersuchung.* Berlin : Junker & Dünnhaupt 1940, S. 8.

41 „Ein Koffer und eine Tasche, das ist mein Hausstand. Ich kann jederzeit weiterziehen." (14)

42 Linde hat sich einen „Gleichmut [...] antrainiert" (253) und schätzt es „unverbindlich, keine Ansprüche, keine Forderungen nach Nähe" (331).

43 Vgl. AV 146, 151, 159, 184, 188, 194.

Die Aufweichung der Binarität bzw. Exemplarität geht mit der Verabschiedung des Prinzips des moralischen Erzählens einher, dem der klassische Bildungsroman und auch der Adoleszenzroman des Fin de Siècle verpflichtet sind, in denen ein meist auktorialer Erzähler anhand eines Freundespaares reale versus utopische Gesellschaftsentwürfe verhandelt. Bei Raabe ebenso wie in Christa Wolfs Autofiktion *Nachdenken über Christa T.* (1968) wird eine Instanz zwischengeschaltet, anhand derer der didaktische Impetus gewissermaßen ‚privatisiert' wird: die Kinder der Ich-Erzähler. So möchte Krumhardt durch das Festhalten von Veltens Lebensgeschichte „bei [s]einer Nachkommenschaft irgendeinen Nutzen stiften" (AV 24 f.) und eine „Warnung" (AV 199) aussprechen, während Wolfs Erzählerin gemeinsam mit der bereits todkranken Freundin das eigene Leben als Lehrstück konstruiert: „Wir arbeiteten an einer Vergangenheit, die man seinen Kindern erzählen kann [...]." (NC 211) Im zeitgenössischen Freundschaftsroman tritt an die Stelle eines genealogischen Selbstverständnisses eine allumfassende Individualisierung: Linde ist wie die meisten der erzählenden Freunde kinderlos,[44] während der Sohn von Aschenberger indifferent auf dessen Tod reagiert und partout nichts aus dem spärlichen Nachlass haben möchte. Die Statuierung des aus der Leitgesellschaft ausscherenden Freundes als abschreckendes Beispiel wird also zunächst von der rezeptionsästhetischen auf die innerdiegetische Ebene bzw. ins Familiäre verlagert, um dann ganz zu verschwinden. In *Rot* wird das Prinzip des moralischen Erzählens von einer spätmodernen Kontingenz abgelöst: „Die bestehende Gesellschaft ist nicht die beste, die ihr entgegengesetzte auch nicht, und die gute künftige hat sich nie beweisen müssen." (333)

7.3 Die Poetologie des Geheimnisses

Wie in den vorangegangenen Kapiteln ausgeführt, problematisieren und metaisieren die Erzähler in Poschmanns *Die Sonnenposition*, Kirchhoffs *Eros und Asche* und Bjergs *Auerhaus* auf extradiegetischer Ebene den Akt der Verschriftlichung der Freundschaft. Dabei beschränken sie sich allerdings auf die spezifische ‚Schreib-Szene', innerhalb derer sie die (Re-)Konstruktion des

44 Vgl. z. B. die namenlosen Erzählerinnen in Streeruwitz' *Der Abend nach dem Begräbnis der besten Freundin.*, Bußmanns *Der Mantel der Erde ist heiß und teilweise geschmolzen* und Smiths *Swing Time*, Kit in Palmens *Die Freundschaft*, Altfried in Poschmanns *Die Sonnenposition*, Betty in Frickes *Töchter*, Johanna in Bánks' *Schlafen werden wir später* sowie die Erzähler in Houellebecqs *Serotonin*, Kampmanns *Wie hoch die Wasser steigen* und Nunez' *The Friend*. Lindes Unfall ereignet sich bezeichnenderweise wenige Minuten, nachdem Iris ihm von ihrer Schwangerschaft erzählt hat.

toten Anderen betreiben. Hingegen entwirft Timms Erzähler eine über ‚seine' ‚Sprech-Szene' hinausgehende Poetologie des Nekrologs – der Textsorte, unter die das Gros der Freundschaftstexte subsumiert werden kann. Damit knüpft Linde an eine literarische Tradition an, in der ausgehend vom Einzelfall die diskursiven, rhetorischen und ethischen Bedingungen trauernden Schreibens reflektiert werden.[45] Lindes poetologische Ausführungen haben die Forschung dazu veranlasst, ihn als Alter Ego seines Autors zu deuten[46] und so die (Selbst-) Interpretation Uwe Timms zu reproduzieren, der in seinen Frankfurter Poetikvorlesungen Analogien zwischen der Arbeit des Totenredners und der des Schriftstellers herausarbeitet.[47] Aufschlussreicher als das Fahnden nach derartigen Kongruenzen ist für mein Erkenntnisinteresse die Untersuchung des Verhältnisses von Poetologie und Performanz (in Form des uns vorliegenden Romans) sowie des Wechselspiels der Identitäten als Trauerredner und Freund.

So stößt Aschenbergers Tod nicht nur Lindes kritische Auseinandersetzung mit seiner Vergangenheit als Freund und Aktivist an, sondern auch die mit seiner Profession. Abermals fällt das Urteil negativ aus. Während Aschenberger mit seinem Anschlag habe aufdecken und wachrütteln wollen, bezichtigt Linde sich selbst der Verbrämung und Schönfärberei: „Hast du gesagt, wie die gestrandet sind, die Entwürfe, die Träume, die kühnen Vorsätze, wie das alles geschreddert wurde? […] Deine Reden sind am Ende die schöne Verpackung des Schreckens, der Verzweiflung, des Sinnlosen." (383 f.) Neben dem Vorwurf der Euphemisierung ist es vor allem die Einsicht in die Unmöglichkeit einer adäquaten Verbalisierung des Lebensendes, die Linde in eine existenzielle Krise manövriert:

45 Vgl. Kapitel 3.3.

46 Vgl. exemplarisch Jahraus 2007, S. 181: „Und ohne große Schwierigkeiten kann man die Überlegungen, die Thomas Linde anstellt, wenn es darum geht, eine verantwortungsvolle Beerdigungsrede zu halten und den Toten angemessen in Erinnerung zu rufen, auch als poetologische Reflexionen des Autors über seine eigene Literatur lesen. Diese Überlegungen fungieren damit als implizite Poetik."

47 Uwe Timm: *Von Anfang und Ende. Über die Lesbarkeit der Welt. Frankfurter Poetikvorlesung*. Köln: Kiepenheuer & Witsch 2009, S. 57 ff.: „Für den Beerdigungsredner, wenn er denn seine prekäre Aufgabe ernst nimmt, gilt, eine Sprache zu finden, in der das gelebte Leben seine einmalige Bedeutung bekommt. Die Parallele zu der Arbeit des Schriftstellers […] ist offensichtlich, auch seine Zeit ist das Präteritum. […] Wie deutet man ein gelebtes Leben in einer Sprache, die nicht glättet, keine vorgestanzten Formulierungen benutzt, nicht den Kanon der gängigen Tröstungen in Anspruch nimmt, in einer Sprache, die das Besondere hervorhebt, ohne sich anzubiedern? Sie merken, es geht auch um handwerkliche Probleme, die sich jedem Schriftsteller stellen."

> Was für ein beschissener Versuch, immer wieder etwas Tröstliches herauszufiltern, sehr verehrte Trauergemeinde, diese Ratlosigkeit, diese Hilflosigkeit, das ist nicht durch Reden zuzudecken. [...] Ein schwarzes Loch, in das alles zusammenstürzt, eine Implosion des Sinns, nichts, nichts, nichts. Schweigen. Verzweiflung, meinetwegen. [...] Kein Trost. Keine Worte. Jedenfalls nicht so oft mißbrauchte, so daß sie gar nicht mehr den Schrecken, das Entsetzen beschreiben können, und nirgendwo eine Sprache, die das neu fassen könnte. Nichts. Das zu verschönern, das zurechtzubiegen in kleinere Sinneinheiten, das war das Unerträgliche, und unerträglich erschien mir der Gedanke, das getan zu haben und weiter tun zu müssen. (165 f.)

Damit greift *Rot* die Topoi der fehlenden Worte bzw. der Abgedroschenheit auf, die schon Jacques Derridas Trauertexte durchziehen.[48] Während, wie ich gezeigt habe, die Erzähler in Poschmanns *Die Sonnenposition* und Kirchhoffs *Eros und Asche* unter Selbst*über*schätzung leiden, sitzt Linde ähnlich wie der Erzähler in Bjergs *Auerhaus* einer *Unter*schätzung seiner Kompetenz auf: Von der Güte seiner Arbeit als Trauerredner zeugen die in den Roman eingelassenen, äußerst sorgfältig recherchierten und eloquenten Reden, die keineswegs an der von Linde angeprangerten Heuchelei und Stereotypik kranken. So ist es nicht zuletzt die außergewöhnliche Qualität dieser Trauerreden, die sowohl Iris als auch Aschenberger Lindes Nähe suchen lassen.[49] Mit dem Nekrolog auf Aschenberger und sich selbst löst Linde seinen Anspruch auf Authentizität und Integrität vollends ein, indem er seine ursprüngliche Agenda – „Du wirst auf der Beerdigung nicht von dem reden, woran er zuletzt gearbeitet hat, was ihn umtrieben, was ihn beschäftigt hat" (390) – verabschiedet.

Linde ist von Beruf Spurensucher. Bei seinen Recherchen befragt er Hinterbliebene, besucht die Räumlichkeiten des Verstorbenen, sichtet Dokumente und versucht, aus den einzelnen Puzzleteilen ein großes Ganzes zu formen: „Es ist für mich jedesmal wieder erstaunlich, wie aus den Erzählungen, den Fotots, den Zeugnissen langsam eine Person hervortritt, faßbarer wird und immer vertrauter [...]." (21 f.) Dabei stelle vertrauliches Wissen eine ebenso wertvolle wie sensibel zu handhabende ‚Zutat' dar, die seinen Reden Doppelbödigkeit verleihe:

---

48 Vgl. z. B. den Nachruf auf Paul de Man („*In memoriam*: über die Seele.", S. 103-107) in Derrida 2007, hier S. 103: „Wir wissen, wie schwer es ist, in einem solchen Moment zu sprechen, wenn ein angemessenes, dezentes Wort sich untersagen müßte, irgendeiner Gewohnheit oder all den unerträglichen oder leer erscheinenden Konventionen nachzugeben."

49 „Ihre Rede hat mir gefallen" (26), eröffnet Iris das Gespräch mit Linde, und Aschenberger beauftragt ihn, nachdem er inkognito einer Grabrede von ihm zugehört hat (99 f.).

> [E]s sind meist die Erzählungen, die in die Beerdigungsreden kaum Eingang finden […], die aber die eigentlich spannende Grundierung liefern, nein, man muß es konstruktiv sagen, sie, diese Geheimnisse, sind das Fundament, man sieht es nicht, und doch trägt es das ganze Gebäude einer Grabrede, die sich nicht anbiedert oder gar schlicht lügt. […] Es sind diese Blindstellen des Verstehens in einer Rede, die das Publikum, die Trauergemeinde zum Nachdenken zwingen […].“ (48 ff.)

Diese Poetologie des Geheimnisses, die mit literaturtheoretischen Ansätzen enggeführt werden kann,[50] läuft im Fall Aschenberger ins Leere: Denn Linde verfügt über keine Informationen, die er (dem narrativen Adressaten) nach eigenem Gutdünken preisgeben oder unterschlagen könnte. So zwingen die „Blindstellen des Verstehens“ diesmal *ihn* zum Nachdenken – über den Freund, aber primär über sich selbst.

Es sind im Wesentlichen drei Geheimnisse, die Linde trotz umfangreicher Spurensuche nicht aufzudecken vermag. Da sind zunächst die Umstände, die 25 Jahre zuvor zum Bruch der Freunde führen: Damals wird der angehende Lehrer Aschenberger im Rahmen des Radikalenerlasses auf seine politische Gesinnung geprüft und ihm der Eintritt in den Schuldienst schließlich verweigert. Dem Verfassungsschutz war eine Kopie seines Parteiausweises zugespielt worden (323 ff.), der sich in der Wohngemeinschaft befand, in der Aschenberger mit Linde und drei weiteren Freunden lebt, die alle als Denunzianten in Frage kommen: „[V]on da an war das Mißtrauen zwischen uns. Niemand sprach es aus. […] Einer von uns mußte der Verräter sein.“ (326) Wenig später zieht Aschenberger aus und bricht den Kontakt zu Linde ab. Das zweite Geheimnis Aschenbergers stellt seine späte Radikalisierung dar: Er, der jahrelang für den Pazifismus eingetreten war,[51] plant kurz vor seinem Tod die Sprengung der Siegessäule, einem in seinen Augen toxischen Symbol für Imperialismus und Kapitalismus (103 ff.). Das letzte Rätsel schließlich besteht für Linde in der Frage, weshalb Aschenberger nach dem Zerwürfnis von damals und jahrzehntelanger Funkstille ausgerechnet *ihn* zum Beerdigungsredner auserkoren hat.[52]

---

50 Vgl. die Konzepte der Unbestimmtheitsstellen (Roman Ingarden) bzw. Leerstellen (Wolfgang Iser).

51 Aschenberger hatte in den 60er und 70er Jahren „gegen jede Form von Gewalt argumentiert“ (71): „Es ist nur diese Lücke, wie kommt er dazu. Früher war er gegen Gewalt. Konsequent.“ (241).

52 „[W]arum [hatte] dieser Kauz mich gewählt?“ (67); „Woher wußte Aschenberger, daß ich Beerdigungsredner war? Wie war er ausgerechnet auf mich gekommen?“ (89); „Ich frage mich, wie er auf mich gekommen ist.“ (328).

Wie das Gros der Freundschaftsromane ist demnach auch *Rot* eine Literarisierung der Spurentheorie Emmanuel Lévinas',[53] insofern die Freundesspuren abermals zur „Chiffre [...] für die *Unmöglichkeit von sicherem Wissen und definiter Erkenntnis*"[54] werden. „Ich bin eben in seinem Leben über nichts im Dunkel geblieben als – über ihn [den Freund Velten] selber" (AV 111), wird in Raabes *Die Akten des Vogelsangs* schon Krumhardt gewahr. Die Titelfigur in Hesses *Demian* ist „von Gerüchten und Geheimnissen umgeben" (DE 62). Mann notierte in seinem Tagebuch, die Figuren in *Doktor Faustus* hätten nichts Geringeres als „das Geheimnis ihrer Identität"[55] zu verbergen. Und auch Wolfs Christa T. hat „mit [...] allen Versteck gespielt" (70). Ob Odilos Liebesleben und die Umstände seines Todes in Poschmanns *Die Sonnenposition*, M.s Lügenkonstruktionen in Kirchhoffs *Eros und Asche*, Frieders Suizidmotive in Bjergs *Auerhaus*, Nellys Sinneswandel und Verschwinden in Bußmanns *Der Mantel der Erde ist heiß und teilweise geschmolzen* oder der Verbleib Lilas in Ferrantes *Neapolitanischer Saga*: Geheimnisse sind, um es mit Lindes Worten auszudrücken, in der Tat „die Grundierung" bzw. „das Fundament" (48) zeitgenössischer Freundschaftsnarrative.

7.4 Fazit

Wie in Poschmanns *Die Sonnenposition* nimmt der Freund in *Rot* eine quantitativ verhältnismäßig kleine Rolle ein, stellt aber das „verschwiegene, nächtige Zentrum des Romans"[56] dar. Wie bei Poschmann verdrängt der Erzähler zunächst seine Betroffenheit, verschanzt sich hinter einer professionellen Fassade und macht den Freund zum Fall, um dann umso heftiger von der Beschäftigung mit ihm vereinnahmt zu werden. Wie der Chronist in Kirchhoffs *Eros und Asche* hält der mit dem Altern hadernde[57] und vermutlich krebskranke[58] Linde nicht nur eine Abschiedsrede auf den Freund,

53 Vgl. Lévinas 1992.

54 Krämer 2007, S. 156.

55 Thomas Mann: *Die Entstehung des Doktor Faustus*. Amsterdam: Fischer 1949, S. 82.

56 Löffler 2014, S. 29.

57 „Meist kann ich das Bild, das in einem Augenblick vorbeigeht, nicht mit dem zusammenbringen, das ich von mir im Kopf habe. Meine innere Zeit hinkt gut acht Jahre hinterher." (45); „und ich dachte jedesmal, wer ist das, der ältere Herr da im Spiegel" (59); „Manchmal, morgens, sah ich mich und dachte, das ist nicht der, der du bist, das ist ein anderer, der du sein wirst, keiner, den man aus der Erinnerung mit sich vergleichen könnte." (214)

58 Der lediglich zweifache Verweis auf die Möglichkeit einer bereits fortgeschrittenen Prostata-Erkrankung (213, 341) und Lindes Sich-Sträuben gegen (weitere) Untersuchungen zeugen von einer immensen Verdrängungsleistung.

sondern auf eine ganze Ära, für die der Freund stellvertretend steht. Zwar ist auch *Rot* von der Opposition *Damals – Heute* und der Identitätskategorie der Generation[59] durchzogen, unterscheidet sich durch den weitestgehenden Verzicht auf eine Glorifizierung der Vergangenheit bzw. auf einen Kulturpessimismus hinsichtlich der Gegenwart jedoch deutlich von *Eros und Asche*. Im Gegensatz zu Kirchhoffs Erzähler betreibt Linde keine Legendenbildung, sondern -dekonstruktion, keine Selbstinszenierung, sondern -sezierung. Mit Bjergs *Auerhaus* schließlich teilt *Rot* das Primat der Mündlichkeit und die dialogische Struktur, wobei der erzählerische Habitus des promovierten Philosophen Linde der naiv-unbedarften Realitätsaneignung und Sprache Höppners gegenübersteht. Dass das freundschaftliche Gespräch in beiden Romanen von einem internalisierten Dialog mit dem imaginierten Alter Ego substituiert wird, zeugt von der konstitutiven Rolle des Freundes für die Subjektivierung der Erzähler auch über den Tod hinaus.

Rot wartet innerhalb des Korpus mit der wohl raffiniertesten Konstruktion auf. Der Roman verabsolutiert den für Autobiographien charakteristischen Topos eines ‚Erzählens vom Ende her', indem er den sterbenden Beerdigungsredner Linde einen gleich doppelten Nekrolog halten lässt. Die nur wenige Minuten umspannende Erzählzeit bzw. ‚Sprech-Szene', die Linde als „Zeit-Limbus" (57) erlebt, steht dabei im Kontrast zu den als ‚Schreib-Szenen' angelegten übrigen Romanen. *Rot* hintertreibt realistische Erzählkonventionen: Lindes Tod stellt keine scharfe Zäsur dar, sondern eine Art transzendental gefärbte Passage, welche die für die Moderne charakteristische Vorstellung einer absoluten Todes*grenze*[60] unterläuft. Die Metapher vom Tod als „Grenze alles Verstehens und aller Rationalität"[61] und „Grenze des Sagbaren"[62] ebenso wie das von Eva Horn konstatierte „Ausschließungsverhältnis von Sprache und Tod"[63] erfährt in *Rot* also insofern eine Negierung, als der Tod gleich *beider* Freunde Voraussetzung für ein Erinnern und Erzählen ist. Der Tod bedingt nicht die Trennung, sondern die Wiederannäherung (durch den Tod Aschenbergers) und schließlich Verschmelzung (im Tod Lindes) der Freunde.

Ob Thomas Manns *Tonio Kröger* in *Die Sonnenposition*, Michel de Montaignes Freundschaftsessay in *Eros und Asche*, der Adoleszenzroman des Fin de Siècle in *Auerhaus* oder Walter Jens' *Der Mann, der nicht alt werden wollte* und Christa

59 Vgl. z. B. S. 34, 121, 174.

60 Vgl. Solhdju/Vedder 2015.

61 Macho 1987, S. 189.

62 Isabelle Stauffer: „Jenseitserzählungen in der Gegenwartsliteratur. Eine Einführung." In: Dies. (Hrsg.): *Jenseitserzählungen in der Gegenwartsliteratur*. Heidelberg: Winter 2018, S. 9-44, hier S. 9.

63 Horn 1998, S. 211.

Wolfs *Nachdenken über Christa T.* in *Der Mantel der Erde ist heiß und teilweise geschmolzen*: In sämtlichen Romanen des Primärkorpus lassen sich Spuren kanonischer Freundschaftstexte identifizieren. Auch Timms *Rot* ist insofern literaturhistorisch präformiert, als der Roman zahlreiche Analogien zu Raabes *Die Akten des Vogelsangs* und Manns *Doktor Faustus* aufweist. Dabei ist, wie wir gesehen haben, die ‚Übersetzung' der Figurenkonstellation und Motivik ins 21. Jahrhundert abermals durch die Aufweichung von Oppositionen sowie die Tendenzen der Internalisierung und Ent-Moralisierung gekennzeichnet. So diskreditiert sich der Erzähler in seiner an die christlich geprägte Hermeneutik des Ich erinnernden Selbstanklage zwar als feiger Bourgeois, doch sind die Rollen von Spießbürger und Freigeist längst nicht mehr so klar zu trennen wie noch bei Raabe und Mann: Lindes „Wiedergänger" (111) und Alter Ego Aschenberger ist, mit Giorgio Agamben gesprochen, „eine der Selbstheit immanente Andersheit, ein Ein-Anderer-Werden seiner selbst"[64].

Während viele Erzähler ihren Schreibprozess zwar metanarrativ problematisieren und die Gefahren der Indiskretion sowie der Vereinnahmung und Instrumentalisierung des toten Freundes reflektieren, entwirft Timms Erzähler eine über die spezifische ‚Sprech-Szene' hinausgehende Poetologie des Nekrologs. In dieser setzt er sich mit dem Verhältnis von Sprache und Tod auseinander und identifiziert das Geheimnis als unabdingbare ‚Ingredienz' einer gelungenen Grabrede. Damit benennt er eine Essenz der von mir untersuchten Texte, in denen der Freund – ganz im Sinne von Emmanuel Lévinas und Maurice Blanchot – stets der undurchdringliche Andere bleibt: Lindes Poetologie ‚bewahrheitet' sich nicht nur hinsichtlich des Falls Aschenberger, sondern kann als programmatisch für das Genre Freundschaftsroman gelesen werden.

64 Giorgio Agamben: *Das Abenteuer. Der Freund.* Berlin: Matthes & Seitz 2018, S. 84.

KAPITEL 8

Die verschwundene Freundin. Nina Bußmanns Detektivroman *Der Mantel der Erde ist heiß und teilweise geschmolzen*

Der Mantel der Erde ist heiß und teilweise geschmolzen (2017) von Nina Bußmann stellt sowohl hinsichtlich seines Erscheinungsdatums als auch hinsichtlich der Chronologie der vorliegenden Arbeit den letzten Text des Primärkorpus dar. Der Roman ist der Report einer (erfolgslosen) Suche, zu der die namenlose Ich-Erzählerin nach dem mutmaßlichen Tod ihrer Freundin Nelly aufbricht, die während eines Forschungsaufenthaltes in Nicaragua spurlos verschwindet. Als historische Referenztexte dienen im Folgenden *Nachdenken über Christa T.* (1968) von Christa Wolf sowie *Sula* (1973) von Toni Morrison; zwei der wenigen vor 1989 publizierten Werke – hierin manifestiert sich die bisherige Marginalisierung des Sujets[1] –, in deren Zentrum eine die Subjektivierung der Protagonistinnen maßgeblich konstituierende Frauenfreundschaft steht.

Dieses Kriterium erfüllen auch Connie Palmens *Die Freundschaft* (1995), Marlene Streeruwitz' *Der Abend nach dem Begräbnis der besten Freundin.* (2008), Elena Ferrantes *Neapolitanische Saga* (2011-2014), Zadie Smiths *Swing Time* (2016), Claire Messuds *The Burning Girl* (2017), Zsuzsa Bánks *Schlafen werden wir später* (2017), Lucy Frickes *Töchter* (2018), Peggy Mädlers *Wohin wir gehen* (2019) und Lene Albrechts *Wir, im Fenster* (2019), die die Analyse von Bußmanns Roman kursorisch flankieren. Die hohe Aktualität der Texte zeugt von der gerade erst einsetzenden Konjunktur literarischer Frauenfreundschaft. Eine stärkere Berücksichtigung auch nicht-deutschsprachiger Romane in diesem Kapitel, das sich aufgrund der Nichtexistenz germanistischer Sekundärliteratur zu spätmoderner Frauenfreundschaft[2] als Grundlagenforschung versteht, ist dem Anspruch geschuldet, repräsentative Erzählmuster und Motivkomplexe herausarbeiten zu wollen. Entgegen der in der Einleitung begründeten Absage an einen differenztheoretischen Ansatz verhandle ich Frauenfreundschaft im zeitgenössischen Roman in einem separaten Kapitel. Dies ist insofern plausibel, als die induktive Analyse eine Reihe spezifisch weiblicher freundschaftlicher Subjektivierungspraktiken zutage förderte, die

---

1 Vgl. Kapitel 1.3.3.

2 Vgl. ebd., Fußnote 136.

 | DOI:10.30965/9783846766774_009

im Folgenden mit der ihnen gebührenden Gründlichkeit dargelegt werden sollen.

Gleichwohl weisen die Romane eine Vielzahl von Kongruenzen zu den bereits untersuchten Texten von Poschmann, Kirchhoff, Bjerg und Timm auf: Auch *Der Mantel der Erde ist heiß und teilweise geschmolzen* ist als *Fallgeschichte* konstruiert und wird von einer ihrem beruflichen Selbstverständnis verpflichteten Erzählerin präsentiert, die als Zeugin, Protokollantin und Biographin auftritt. Die dichotome Figurenanlage sowie die in der Absenz des Alter Ego kulminierende Dialektik von Trennung und Verbindung ist nicht nur bei Bußmann, sondern auch bei Wolf, Morrison, Streeruwitz, Ferrante, Smith und Messud strukturbildend. Die weiblichen Narrative rekurrieren also auf tradierte Topoi der bislang männlich dominierten Freundschaftsbelletristik, unterlaufen bzw. variieren diese jedoch zugleich.

Denn die meisten der literarischen Freundinnen sterben nicht, sie verschwinden. Dem jähen Tod der Freunde bei Poschmann, Kirchhoff, Bjerg und Timm[3] steht das qualvolle Dahinsiechen der krebskranken Protagonistinnen in Wolfs *Nachdenken über Christa T.*, Morrisons *Sula* und Streeruwitz' *Der Abend nach dem Begräbnis der besten Freundin.* gegenüber, deren allmähliches Weniger-Werden in den Romanen von Bußmann und Ferrante, Messud und Albrecht von der *tatsächlichen* Auflösung der Freundinnen hypertrophiert wird: In *Der Mantel der Erde ist heiß und teilweise geschmolzen* verschwindet Nelly während eines Rundflugs in der Karibik. In der *Neapolitanischen Saga* ist Lila, nachdem sie sämtliche Spuren ihrer sechzigjährigen Existenz getilgt hat, unauffindbar.[4] In *The Burning Girl* und *Wir, im Fenster* verschwinden die Teenager Cassie und Laila nach einem mutmaßlichen Missbrauch durch den Stiefvater bzw. Spielkameraden. Zurück bleiben die Erzählerinnen, die die Spuren

3 Die männlichen Freunde des Primärkorpus sterben durch Autounfall (Poschmann), Suizid (Bjerg), Lungenembolie (Kirchhoff) und Herzinfarkt (Timm). Auch die Freunde des erweiterten Korpus sterben einen plötzlichen – durch Suizid häufig selbst herbeigeführten – Tod, z. B. in Hesses *Unterm Rad*, Strauß' *Freund Hein*, Wedekinds *Frühlings Erwachen*, Kästners *Fabian*, Jens' *Der Mann, der nicht alt werden wollte*, Highsmiths *The Talented Mr. Ripley*, Uhlmans *Der wiedergefundene Freund*, Bernhards *Der Untergeher*, Nadolnys *Selim oder Die Gabe der Rede*, Austers *Leviathan*, De Carlos' *Zwei von zwei*, Kurbjuweits *Zweier Ohne*, Timms *Der Freund und der Fremde*, Zieglers *Und jetzt du, Orlando!*, Flašars *Ich nannte ihn Krawatte*, Rothmanns *Im Frühling sterben*, Houellebecqs *Serotonin* und Nunez' *The Friend*. Die einzigen männlichen Freunde, die krankheitsbedingt ebenfalls ‚dahinschwinden', sind Velten Andres in Raabes *Die Akten des Vogelsangs*, Adrian Leverkühn in Manns *Doktor Faustus*, die Titelfigur in Bellows *Ravelstein* und Bogi in Brandts *Blackbird*.

4 Die Autorin der *Neapolitanischen Saga*, deren ‚wahre' Identität das Feuilleton seit Jahren beschäftigt, schreibt unter dem Pseudonym Elena Ferrante: Wie Nelly und Lila, Cassie und Laila kann bzw. will sie nicht aufgespürt werden.

der Freundinnen zu lesen, ihr Verschwinden aufzuklären und die Leerstellen mit ihrer Erinnerung zu füllen versuchen.

So neu die Figur des – oder vielmehr der – Verschwundenen im Freundschaftsroman ist, so ubiquitär ist sie in der aktuellen Literatur: Jochen Schimmang sieht im Verschwinden „eine der signifikantesten Bewegungsformen des 20. Jahrhunderts“[5], Sascha Seiler erklärt „die Postmoderne zur Epoche des Verschwindens“[6], Rüdiger Görner stellt fest, das Verschwinden gehöre zum „Repertoire jedes Postmodernisten“[7], und laut Sascha Verna „[handelt] es sich bei der Jagd nach Phantomen um ein Lieblingsmotiv der Postmoderne“[8]. Doch welche Ursachen und Funktionen liegen dem Verschwinden der zeitgenössischen Freundinnen – sei es in Form eines Krebsleidens, einer plötzlichen physischen Abwesenheit oder einer sukzessiven Ich-Diffusion – zugrunde? Für die Beantwortung dieser Frage scheint die Herstellung eines Nexus zur kulturgeschichtlichen Unsichtbarkeit der Frau[9] vielversprechend. Das Lesen des Verschwindens und Suchens als spielerische Formen der Subjektivierung[10] eröffnet indes neue Perspektiven auf die epistemologischen und identitätsstiftenden Potenziale bzw. Grenzen von literarischer Freundschaft.

8.1 Vom Verschwinden und Suchen: Die Rahmenerzählung

Die Analyse geht gewissermaßen achronologisch vor, da der Fokus zunächst auf die Rahmenerzählung und die Dynamiken der Verwissenschaftlichung, Verschiebung und Veräußerlichung der Suche gelegt wird. Anschließend frage ich danach, inwiefern die sich im Akt des Suchens manifestierenden

5 Jochen Schimmang: „Verschwinden. Ein rhapsodischer Literaturbericht.“ In: *Merkur: Deutsche Zeitschrift für europäisches Denken* 57 (2003), S. 118-126, S. 118.

6 Sascha Seiler: *Zwischen Anwesenheit und Abwesenheit*. Stuttgart: Metzler 2016, S. 14.

7 Rüdiger Görner: *Wortwege. Zugänge zu spätmoderner Literatur*. Tübingen: Klöpfer 1997, S. 103.

8 Sascha Verna: „Die überlebenswichtige Todesangst.“ www.deutschlandfunk.de/das-buch-der-woche-die-ueberlebenswichtige-todesangst.700.de.html?dram:article_id=269870. Zuletzt am 30.01.2020.

9 Vgl. Bovenschen 2016; Inge Stephan/Sigrid Weigel: *Die verborgene Frau. Sechs Beiträge zu einer feministischen Literaturwissenschaft*. Hamburg: Argument-Verlag 1988; Peter Bürger: *Das Verschwinden des Subjekts*. Frankfurt a. M.: Suhrkamp 1998.

10 Vgl. Christian Moser/Regine Strätling (Hrsg.): *Sich selbst aufs Spiel setzen. Spiel als Technik und Medium von Subjektivierung*. Paderborn: Fink 2016; Thomas Anz/Heinrich Kaulen (Hrsg.): *Literatur als Spiel. Evolutionsbiologische, ästhetische und pädagogische Konzepte*. Berlin: de Gruyter 2009; Regine Strätling (Hrsg.): *Spielformen des Selbst. Das Spiel zwischen Subjektivität, Kunst und Alltagspraxis*. Bielefeld: transcript 2012.

Beziehungsdynamiken und Subjektivierungspraktiken bereits auf Ebene der Analepse bzw. *vor* dem Verschwinden der Freundin angelegt sind: Stellt das Verschwinden – analog zur Verabsolutierung der männlichen Freundschaftsdynamiken durch den Tod – den konsequenten, ‚logischen' Endpunkt der Freundschaft dar?

8.1.1 *Spuren lesen: Die Erzählerin als Detektivin*

Nelly, Anfang dreißig und gerade zur Juniorprofessorin der Seismologie berufen, bricht während eines Forschungsaufenthaltes in Nicaragua zum Ausflug in einer kleinen Propellermaschine auf, von dem sie nicht zurückkehrt. Unfall? Suizid? Oder der Ausbruch einer ihrer alten Existenz überdrüssigen Vagabundin? Diese Fragen stellt sich Bußmanns Erzählerin, eine Soziologin, die das Leben der verschwundenen Freundin zu rekonstruieren beginnt und, als sie vom Fund eines Wrackteils erfährt, nach Nicaragua reist. Denn – und hiermit benennt sie die beiden den Roman konstituierenden Bewegungen: „Wer verschwindet, will gesucht werden." (24, 27)

So durchforstet die Erzählerin zunächst Nellys Computer und handschriftliche Notizen, liest Zeitungsartikel zum Absturz und arbeitet sich in die Forschungsprojekte der Freundin ein. Die Rolle des „Detektiv[s]" (43) lehnt sie allerdings vehement ab, sei sie doch „unfähig, selbst den einfachsten Krimihandlungen zu folgen, viel zu leicht verlor ich mich in nebensächlichen Details" (ebd.). In der Tat mangelt es ihren zwischen Lethargie und konfusem Aktionismus changierenden Recherchen an Systematik und Stringenz. „Fetzchen zusammensuchen. Viel mehr erhoffte ich mir nicht" (42), stapelt sie zu Beginn ihres Nicaragua-Aufenthaltes tief, und so besteht denn auch ihre Narration aus Fetzchen bzw. einem Konglomerat aus ‚Zeugen'-Gesprächen, geophysischen Exkursen und eigenen Erinnerungen.

Wie fast alle erzählenden Freunde beruft auch Bußmanns Protagonistin sich auf ihr professionelles Selbstverständnis, um der Narration Seriosität zu verleihen. So erhält die Suche nach der verschwundenen Freundin den Charakter einer Forschungsexpedition: Nellys Kollegen und Bekannte werden zu Interviewpartnern, die die Erzählerin wiederholt mit den für ihre Dissertation befragten Probanden vergleicht.[11] Auch sich selbst verobjektiviert die Erzählerin, indem sie beispielsweise auf die retrospektiven Modifikationen, Glättungen und Sinnzuschreibungen in Selbsterzählungen verweist: „Ganz

11 „Fast alle, mit denen ich sprach, hatten mit Erinnerungslücken und Erzählbarrieren zu kämpfen. Daran bin ich gewöhnt, auch bei meinen Forschungsinterviews bin ich immer wieder auf solche Widerstände gestoßen […]." (32); „Man muss Geduld haben und abwarten. Darin habe ich Übung." (106)

sicher habe ich einiges, was ich jetzt aufschreibe, mit eigenen Erinnerungen und Bildern angereichert, nachträglich den Handlungen Motivationen zugeschrieben." (150) Neben der Verwissenschaftlichung bedient sie sich einer weiteren Strategie zur Verschleierung ihrer erzählerischen Inkompetenz: Sie buhlt um die Sympathie des narrativen Adressaten, indem sie dessen Lektüreerlebnis mit den eigenen Recherchen analogisiert. So sei es „nicht leicht", im Zuge ihrer Nachforschungen „bei den verschiedenen Zeitebenen nicht durcheinanderzukommen" (114). Die gleiche Verwirrung stellt sich unweigerlich auch beim Leser ein, der in der fragmentierten, zwischen zwei Kontinenten hin- und herspringenden Erzählung um Überblick ringt. So, wie der Erzählerin „eine ordentliche Chronologie [fehlt], ich habe nur diese Inselchen, was dazwischenliegt, muss ich mir zusammenreimen" (218), so muss auch der narrative Adressat die zahlreichen Leerstellen ihres zunehmend erratischen Berichts mit Mutmaßungen füllen.

Die Figur der Abwesenden wird im Laufe der Narration sukzessive von der der Suchenden überlagert. Diese auch für die übrigen Primärtexte typische Dynamik ist zugleich ein Charakteristikum des Familienromans und der ‚relationalen Autobiographie'.[12] Dabei stellt die Aufmerksamkeitsverschiebung vom erzählten auf das erzählende Ich im Freundschaftsroman weder ein zeitgenössisches Phänomen dar, noch ist sie von dem bei Publikum und Literaturwissenschaft äußerst populären Familienroman ‚abgeguckt'. Vielmehr kann der Freundschaftsroman insofern als dessen Vorläufer betrachtet werden, als in ihm bereits seit Raabes *Die Akten des Vogelsangs* (1896) „[der erzählende Freund] selbst [...] zum heimlichen Mittelpunkt des Romans"[13] avanciert. Auch in Werfels *Abituriententag* (1928), Manns *Doktors Faustus* (1947) und Grass' *Katz und Maus* (1961) wird der Versuch einer Durchdringung des enigmatischen Anderen von der krisenhaften Subjektivierung der Erzähler überlagert. Stets ist der Freundestod Anlass bzw. Voraussetzung dafür, „sich selber zu suchen, in sich fest zu werden, den eigenen Weg vorwärts zu tasten" (DE 150), wie es in Hesses *Demian* (1919) heißt.

Als paradigmatisch für diese Dynamik kann Christa Wolfs Antwort auf die Frage, ob ihre Autofiktion *Nachdenken über Christa T.* als „posthume[r] Lebenslauf" der Titelfigur zu lesen sei, firmieren: „Das dachte ich zuerst. Später merkte

12 Diese „inszenieren ihre Handlung zumeist in der Form einer Suche, deren vermeintliches Ziel typischerweise die Erforschung der Lebensgeschichte einer nahestehenden Person ist. Dabei ist jedoch die Geschichte des autobiographischen Ichs keineswegs nur ein Nebenprodukt dieser biographischen *quest*, sondern es entwickelt gerade durch das Erforschen und Erzählen der anderen Lebensgeschichten seine eigenen Konturen." (Rüggemeier 2018, S. 88.)

13 Meyer-Krentler 1984, S. 203.

ich, daß das Objekt meiner Erzählung gar nicht so eindeutig sie, Christa T., war oder blieb. Ich stand auf einmal mir selbst gegenüber, das hatte ich nicht vorhergesehen."[14] In Ferrantes *Neapolitanischer Saga* reflektiert die Erzählerin Lenù die Abhängigkeit der eigenen Subjektivierung von der sich entziehenden Freundin: „Je mehr ich nach Möglichkeiten suchte, mit denen ich mir über mich selbst klar werden konnte, umso mehr versteckte sie sich." (NE III 397) In Nadolnys *Selim oder Die Gabe der Rede* wird der Freund hingegen nicht zur Prämisse, sondern zum Produkt der erzählerischen Ich-Konstitution erklärt: „Es handelt sich bei Alexander und Selim um ein und dieselbe Person! Alexander, das bist du als Unfertiger, Suchender, und Selim, das bist du als gestandener Mann." (SG 321) Timms Erzähler erhebt die Suche in *Rot* zum Lebensmodus, wenn er sich als „Sinnsucher" (RO 426) bezeichnet; und in Bjergs *Auerhaus* erfährt das Motiv eine Persiflierung: „Ihr [Frieder und Höppner] sucht doch dauernd nach dem Sinn. Hier, Suchscheinwerfer. Könnt ihr überall suchen damit." (AH 119)

Ob sie innerhalb einer ‚Schreib-Szene', ‚Sprech-Szene' oder in der nicaraguanischen Peripherie betrieben wird: Die zunächst bzw. vorgeblich auf den Freund gerichtete Suche wird im Freundschaftsroman zur Suche nach dem Ich und zur Daseinsmetapher schlechthin. Bußmanns Erzählerin verkennt diese egologische Struktur, wenn sie sich fragt, ob „Nelly das Gleiche für dich tun [würde]" (35), und damit auf das Motiv des Freundschaftsbeweises[15] und Ideale wie Reziprozität und Fürsorge abhebt. *Tatsächlich* stellen das Verschwinden der Freundin und die daran anschließenden Recherchen für sie eine willkommene Sinnverheißung inmitten einer als inhaltslos wahrgenommenen Existenz und phlegmatischer Zerstreuungsversuche dar.[16] Die Funktion der absenten Freundin als Katalysator einer Selbstexploration manifestiert sich am wohl eindrücklichsten in den zahlreichen E-Mails, die die Erzählerin während ihrer Suche an Nelly adressiert (102): Das Wissen, dass eine Lektüre und erst recht eine Resonanz äußerst unwahrscheinlich ist, gestattet ihr eine im realen Gespräch nie dagewesene Offenheit. Der Brief wird zuvor bereits für Nelly zum Medium der Selbsterkundung, schreibt sie der Erzählerin aus Nicaragua doch

---

14 Christa Wolf: „Selbstinterview." In: Dies.: *Gesammelte Werke. Band IV. Essays/Gespräche/Reden/Briefe 1959-1974*. Hrsg. und kommentiert von Sonja Hilzinger. München: Luchterhand 1999, S. 139-144, hier S. 140. „Die Hauptrolle spielt die Nachdenkende" (S. 91), stellt auch Hörnigk 2016 fest.

15 Vgl. Frenzel 2008: „Freundschaftsbeweis", S. 192-214.

16 Dies reflektiert sie an einer Stelle selbst: „Im Großen und Ganzen machten wir weiter wie bisher, […] ein müdes Gezappel, mit dem ich mich von Nellys möglichem Tod ablenken wollte, obwohl ich nicht weiß, ob ich mich nicht manchmal auch ganz gern mit dem Nachdenken über ihren Tod ablenkte von der Vergeblichkeit dieses Gezappels." (99)

wiederholt von ihrer zunehmenden Ich-Entfremdung und ihren Zukunftswünschen. Bezeichnenderweise bleiben auch diese Briefe unerwidert – die Erzählerin glaubt nämlich nicht, dass es Nelly „überhaupt um eine Antwort zu tun war, ein Gespräch, einen Widerstand“ (21). An die Stelle eines freundschaftlichen Gedanken*austausches* tritt die in einen pseudo-dialogischen Rahmen eingebettete schriftliche Introspektion.

Damit aktualisiert der Roman eine seit der Antike produktive und insbesondere für die Freundschaftsliteratur des 18. Jahrhunderts charakteristische Subjektivierungspraktik. So lässt sich Christian Mosers Auslegung der *Epistulae morales* auf den versetzten ‚Schriftwechsel‘ zwischen Bußmanns Protagonistinnen übertragen: „Der Freund, mit dem er sich in seinen Briefen unterhält, ist eine fiktive Figur, eine imaginäre Projektion. […] Wenn Seneca in seinen Episteln mit Lucilius spricht […], spricht er tatsächlich in erster Linie mit sich selbst.“[17] In Connie Palmens Roman *Die Freundschaft* zeugt Aras Rechtfertigung für ihre ausbleibende Antwort auf die Briefe, die die Erzählerin ihr über zwanzig Jahre hinweg schickt, von der Einsicht in ebendiese Dynamik: So habe sie „nicht den Eindruck gehabt, ich würde ihr […] um ihretwillen schreiben, sondern daß ich auch schreiben würde, um zu schreiben, daß ich einfach Spaß hätte, am Schreiben an sich. Das konnte ich nicht leugnen.“ (FS 270) Die Analogie zwischen freundschaftlichem Dialog und schriftlichem Selbstgespräch wird pointiert, wenn die Erzählerin sich erinnert: „Du [Ara] hast gelegentlich zu mir gesagt, daß Dein einziger Rivale mein Notizbuch sei, und in gewisser Hinsicht stimmt das auch.“ (FS 326)

Patricia Highsmiths Roman *The Talented Mr. Ripley* (1955) variiert das Motiv des in der Schrift aufgehenden Freundes geschickt: Ripley schreibt nicht *an*, sondern *als* Dickie, nachdem er diesen ermordet hat. Im Gegensatz zu Seneca und den Protagonistinnen von Bußmann und Palmen möchte die hochstapelnde Titelfigur das eigene Ich nicht finden, sondern verabschieden. Im Akt des Schreibens – hiervon zeugen die zahlreichen Briefe, die Ripley im Namen des Freundes verfasst – erfolgt die Aneignung der Freundesrolle und die genuine Identifikation mit dieser.[18] Das Alter Ego wird bei Highsmith also nicht von der Schrift, sondern vom Schreibenden selbst ersetzt. Doch zurück zu Bußmanns Roman: Die Tatsache, dass sich hier zeitversetzt gleich *beide* Protagonistinnen der jeweils anderen als nurmehr fiktiver Adressatin bedienen, entlarvt die Freundin als (letztlich austauschbare) Projektion: Nellys

17 Moser 2006, S. 296 f.

18 Ripley forciert „the real annihilation of his past and of himself, […] and his rebirth as a completely new person“ (MR 112): „Now, from the moment when he got out of bed and went to brush his teeth, he was Dickie […].“ (MR 121)

Befürchtung, dass „man selbst [...] nur die Figur war, die ein anderer sich gerade ausdachte oder erträumte" (20), muss daher bejaht werden.

Während sowohl die *Verwissenschaftlichung* der Narration als auch die *Verschiebung* des erzählerischen Erkenntnisinteresses seit Ende des 19. Jahrhunderts konstitutiv für das Genre Freundschaftsroman sind, erfolgt die *Veräußerlichung* der Suche – innerhalb des Primärkorpus ein Alleinstellungsmerkmal von Bußmanns Text – erstmals in Walter Jens' Roman *Der Mann, der nicht alt werden wollte* (1955). Hier wird die Suche nach Freund und Ich nicht nur – wie zuvor bei Raabe, Werfel und Mann und danach bei Grass, Wolf und Bernhard – am heimischen Schreibtisch betrieben, sondern veranlasst den Erzähler zu einer Reise, die frappierende Parallelen zur Schnitzeljagd von Bußmanns Erzählerin aufweist: Zwei Jahre lang widmet sich Jens' Erzähler, der emeritierte Literaturprofessor Jacobs, ausufernden Recherchen über das Leben seines ehemaligen, außergewöhnlich begabten Studenten Bugenhagen, der kurz zuvor Suizid begangen hat.[19] Wie Bußmanns Roman besteht auch der von Jens aus einem Potpourri von Tagebucheinträgen, Gesprächsprotokollen und Briefen. Wie Bußmanns Erzählerin verleiht Jacobs seinen Nachforschungen einen kriminalistischen Anstrich[20] und verquickt die Rolle des Detektivs mit der des Wissenschaftlers,[21] und wie Bußmanns Erzählerin gibt er nur rudimentäre, primär auf seine Forschungstätigkeiten bezogene Informationen über die eigene Person preis.

Doch wird die von Jens' Erzähler heraufbeschworene Nähe zum toten Anderen in *Der Mantel der Erde ist heiß und teilweise geschmolzen* von einer allumfassenden Distanz abgelöst: Können Todesart, -zeitpunkt und -ort für Bugenhagen exakt bestimmt werden, ist bei Nelly nicht einmal sicher, ob es sich bei ihrem Verschwinden um einen Unfall, einen Suizid oder eine Flucht handelt. Die wiederholte Bezeichnung Bugenhagens als „Freund"[22] steht im Gegensatz zu den Wortfindungsschwierigkeiten von Bußmanns Erzählerin, der „keine gute Bezeichnung [...] für das, was wir [Nelly und ich] vielleicht

19 Stationen von Jacobs' Reise sind u. a. Paris, Hamburg, Stuttgart, Freiburg und der Gardasee.

20 Vgl. die Suche nach „Spuren" (MA 60, 69, 78, 96) und die „Zeugen"-Befragungen (MA 74, 91, 97, 113). Jacobs benutzt die Terminologie eines Detektivs („Aussagen", S. 92; „Tatbestand", S. 113; „beweisen", S. 164) und fertigt schließlich sogar „Protokolle" seiner Gespräche an (MA 153 ff.).

21 Jacobs bezeichnet sich mehrfach als „Forscher" (MA 24, 100) und „erfahrenen Philologen" (MA 67, 117) und überträgt sein berufliches Selbstverständnis auf den *Fall* Bugenhagen: „Nein, wir Philologen sollten nicht rechten. [...] Analyse, nicht Richterspruch ist unser Metier." (MA 96)

22 Vgl. MA 14, 27, 39, 54, 153, 188. Diese Bezeichnung ist insofern irreführend, als der einzige persönliche Kontakt ein kurzes Gespräch über Fachinhalte ist (MA 77).

einmal voneinander gewollt hatten“ (72 f.), einfällt. An die Stelle von Jacobs’ teleologisch aufgeladenen Nachforschungen tritt in *Der Mantel der Erde ist heiß und teilweise geschmolzen* die Verabschiedung von Kausalzusammenhängen zugunsten einer allumfassenden Kontingenz. Damit literarisiert der Roman die „Grundannahme“ der von Bußmanns Erzählerin betriebenen Sozialforschung, dass „Akteure [...] über ihre Motive selbst am wenigsten Bescheid [wissen]“ (221).

Während Jacobs jeden seiner Schritte akribisch plant und dokumentiert, Wert auf eine streng chronologische Darstellung legt (MA 14) und seine Reise einem linearen Impetus folgt („Er [Bugenhagen] war es, der mich leitete, er führte meinen Weg von Stufe zu Stufe, von Station zu Station“, ebd.), verheddert Bußmanns Erzählerin sich zunehmend. Zwar ist Jacobs zu Beginn seiner Recherchen irritiert, dass ihn „aus jedem Spiegel ein anderes Gesicht [Bugenhagens] anblickte“ (MA 60); er beruhigt sich aber sogleich damit, „daß erst das vollkommene Mosaik Wert und Bedeutung der Teile enthüllt“ (ebd.). Von einer solchen Epistemologie, nach der die verschiedenen Facetten des Freundes-Ich sich wie die Teile eines Puzzles zusammensetzen lassen und schließlich ein kohärentes Ganzes ergeben, ist bei Bußmann nichts mehr übrig. Während Jacobs durch seine Suche nicht nur die Existenz des Freundes, sondern auch die eigene mit Sinn anreichert („Hab Dank, daß Du [Bugenhagen] den letzten Jahren meines Lebens die Aufgabe schenktest, die ich seit meiner Jugend erflehte.“, MA 188), eignet der Suche in *Der Mantel der Erde ist heiß und teilweise geschmolzen* keine identitätsstiftende, sondern -zersetzende Wirkung. Eine Art Interimsposition zwischen den Romanen von Jens und Bußmann nimmt Nadolnys *Selim oder Die Gabe der Rede* (1990) ein. Hier wird die Freundessuche zumindest teilweise veräußerlicht: Der Ich-Erzähler möchte seinen besten Freund in dessen Heimat Anatolien ausfindig machen, erfährt aber bereits zu Beginn seines Aufenthaltes von Selims Tod. Diese Nachricht und die Rückkehr des Erzählers in ein eigenes, vielversprechendes Leben in Deutschland gewähren eine doppelte *closure*, die Bußmanns Erzählerin versagt bleibt.[23]

8.1.2 *Mimesis und Verschmelzung: Das Verschwinden der Erzählerin*

Der Mantel der Erde ist heiß und teilweise geschmolzen ist nicht nur die Chronik einer erfolglosen Suche, sondern auch die eines (zweiten) Verschwindens. Der Roman, der mit der Schnitzeljagd in exotischen Gefilden Erzählmuster sowohl

23 Ihr Beruf verursacht ihr nurmehr „großen Selbstekel“ (221). In Deutschland scheint sie auch nach dreimonatigem Nicaragua-Aufenthalt niemand zu vermissen oder sich gar Sorgen zu machen.

des Kriminal- als auch Abenteuerromans aufruft, unterläuft diese zugleich: Nicht der Fall Nelly, sondern die Spurenleserin selbst löst sich auf. Dies klingt in Poschmanns *Die Sonnenposition* und Timms *Rot* bereits an: Altfried fürchtet, sich „in den Details [zu] verlieren" (SP 124); Lindes Bewusstseinsstrom ist vom wiederholten Einschub „Ich verliere mich."[24] unterbrochen. Die bei Bußmann nicht mehr innerhalb der ‚Schreib-Szene' (Poschmann) bzw. ‚Sprech-Szene' (Timm) betriebene, sondern physische Suche mündet im nicht lediglich metaphorischen, sondern *tatsächlichen* Verlorengehen der Erzählerin.

Ihre Identität wird – hierin liegt eine weitere Parallele zu Jens' Roman *Der Mann, der nicht alt werden wollte*[25] – sukzessive mit der der verschwundenen Freundin ineinander geblendet: Nach dem Flugzeugabsturz behält die Erzählerin wie selbstverständlich den Schlüssel zu Nellys Wohnung, wo sie deren Lebensgefährten regelmäßig „bis spät in die Nacht" Gesellschaft leistet (68) und mit ihm schläft (100). In Nicaragua angekommen, bezieht sie Nellys ehemaliges Zimmer (53) und freundet sich ebenfalls mit deren Vermieterin Esperanza an. Sie beginnt eine Affäre mit dem Cousin von Nellys ehemaligem Liebhaber (259), unternimmt die gleichen Ausflüge wie Nelly (180) und geht dazu über, regelmäßig deren Kleidung zu tragen (110, 175).[26] Vonseiten Dritter erfolgt mehrfach die Identifikation beider Frauen: „Alle […] hier erinnern sich bei meinem Anblick von allein an sie und fangen zu erzählen an" (56), bemerkt die Erzählerin, und ihr Liebhaber unterstellt sogar eine über die Physiognomie hinausgehende Ähnlichkeit der Freundinnen: „Aber ja, das Lächeln […] und diese bestimmte Art, sich zu bewegen, […] ihr könntet Schwestern sein." (110)[27]

24 Vgl. RO 87, 111, 269, 353, 363, 393, 395, 396, 397, 403, 427, 429.

25 Allerdings mit dem Unterschied, dass Jacobs sich dieser Verschmelzung vollauf bewusst ist und sie – ähnlich wie Highsmiths Protagonist Ripley – zunehmend forciert. So strebt er an, „einen Tag lang vom Aufstehen bis zum Schlafengehen […] den Rhythmus meines Freundes nachzuleben" (MA 154), und freut sich, dass „am Ende die Spur seines Lebens mit meiner eigenen zusamenfiel, ja, daß mein Leben aufhörte, mir zu gehören, und ich in seinem Namen weiterlebte. Schreibe ich also die Geschichte Wolfgang Bugenhagens, so schreibe ich damit auch meine eigene […]." (MA 14)

26 Der freundschaftliche Kleidertausch findet sich auch in Robert Louis Stevensons Novelle *The Strange Case of Dr. Jekyll and Mr. Hyde* (JH 53) und in Highsmiths *The Talented Mr. Ripley*.

27 Nellys Gestik und Mimik sind nicht nur auf die Erzählerin übergegangen, sondern auch auf ihre ehemalige Assistentin; „das Fingerschnipsen, selbst die Stimmlage erinnerte […] an Nelly, die Angewohnheit, auch Aussagesätze wie Fragen zu intonieren" (192). Ein solch ‚ansteckendes' Charisma teilt Nelly mit den Freundinnen in der *Neapolitanischen Saga* und *Swing Time*: Ferrantes Erzählerin Lenù glaubt, „immer mehr von ihr [Lila] in allen Menschen zu erkennen, die ihr nahegestanden hatten oder nahestanden" (NE IV 158), und auch Smiths Ich-Erzählerin ertappt sich beim Machen einer „borrowed gesture" (ST 405).

Zuletzt empfindet Bußmanns Erzählerin gar Nellys Gedanken nach, etwa wenn sie das Aufgehen im Kreis ihrer neu gewonnenen Freunde schildert: „Ich setze mich hin, und es ist, als ob ich nicht da wäre [...], aber es ist ein schönes Gefühl, schrieb Nelly mir in einer ihrer letzten Nachrichten" (274). Hier sind Eigen- und Fremdwahrnehmung bzw. Erlebnisbericht und Zitat nicht mehr unterscheidbar. Die Mimesis wird auf formaler Ebene aufgegriffen und gespiegelt: Den Roman durchziehen doppelte Leitsätze, die ebenfalls dem Prinzip der Wiederholung bei lediglich marginaler Abwandlung folgen und zentrale Freundschaftspraktiken verdichten.[28]

Mimesis und Verschmelzung sind auch für die Freundschaft in Elena Ferrantes *Neapolitanischer Saga*, die mit dem Verschwinden der exzentrischen Lila öffnet, strukturbildend. Der Motivkomplex wird bei Ferrante wesentlich expliziter ausbuchstabiert als bei Bußmann und manifestiert sich bereits auf Ebene der Analepse, beispielsweise im kindlichen Spiel[29] oder im Wunsch nach einer parallelen Erfahrung von Entjungferung und Verlobung.[30] Wiederholt imaginiert die Erzählerin Lenù die Symbiose beider Frauen,[31] sehnt sich zugleich aber nach einer Emanzipation von der hochbegabten Freundin. Verdichtet wird diese Ambivalenz im Akt des Schreibens. So möchte Lenù sich als Jugendliche „von meinem künstlichen Ton, von meinen allzu steifen Sätzen [...] befreien und einen flüssigen, mitreißenden Stil [...] finden, ähnlich dem von

---

28 Vgl. z. B. die folgenden Leitsätze zu Verschwinden und Suche (1.), Diffusion (2.), Nähe und Distanz (3.) sowie zur Beziehungsdynamik (4.):

1. „Wer verschwindet, will gesucht werden." (24, 27)
2. „Die Erde würde nicht verschwinden, war ein Spruch von ihr, als hätte sie sich allein aus diesem praktischen Grund für die Geophysik entschieden." (134)
   „Die Erde würde nicht verschwinden. Ich hörte es Nelly noch sagen." (324)
3. „Erst seit sie weg ist, habe ich sie richtig kennenlernen können." (35)
   „[...] wie ich überhaupt erst nach Nellys Verschwinden angefangen habe, sie kennenzulernen, meine Freundin und die Menschen um sie herum." (93)
4. „Das ist ja immer mein Problem gewesen, viel zu viel Zeit in meinem Leben habe ich damit verbracht, abzuwarten und dann mitzumachen bei dem, was jemand mir vorschlug, was sich eben ergab." (119)
   „Wahrscheinlich die meiste Zeit meines Lebens habe ich so zugebracht und die Dinge getan, die sich als Nächstes ergaben, an mich herangetragen wurden von anderen." (186)

29 Vgl. schon die Eröffnung der Analepse im ersten Band der Tetralogie: „Lila steckte ihre Hand und den ganzen Arm in den schwarzen Schlund eines Gullylochs, und ich tat es kurz darauf auch, [...] Lila kletterte bei Signora Spagnuolo im Erdgeschoss am Fenster hoch, [...] und ich tat es kurz darauf auch [...]." (NE I 25)

30 NE I 320 und NE II 30 f.

31 Beispielsweise, wenn ihre Köpfe beim Verfassen eines gemeinsamen Artikels „zu einem einzigen [verschmolzen]" (NE IV 400) oder Lila Lenù so fest umarmt, „als wollte sie mich in sich hineinziehen" (NE IV 57).

Lila" (NE I 350). Ihr wenige Jahre später gefeierter Debütroman ist im Grunde das Plagiat einer von Lila als Kind geschriebenen Erzählung (NE II 602 ff.); und auch die im zweiten Band der Tetralogie geschilderten Ereignisse basieren größtenteils auf den Notizbüchern Lilas, die diese der Erzählerin unter der (missachteten) Auflage, sie nicht zu lesen, zur Aufbewahrung anvertraut hatte (NE II 530).

Als alternde Frau schließlich intendiert Lenù, sich durch das Schreiben *über* die Freundin *von* der Freundin zu emanzipieren: „*Mein Etwas-Werden hatte sich in ihrem Fahrwasser vollzogen*. Ich musste noch einmal von vorn beginnen, *etwas* zu *werden*, aber für mich, als erwachsene Frau, außerhalb von ihr." (NE III 445) Dies scheint ihr zunächst zu gelingen: „Endlich war klar, dass das, was ich war, sie nicht war, und umgekehrt. Ich brauchte ihre Autorität nicht mehr, ich hatte meine eigene." (NE IV 331) Doch wird die vermeintlich gewonnene Autonomie dadurch konterkariert, dass Lenù die verschwundene Lila – diese hatte ihr mehrfach ausdrücklich verboten, über sie zu schreiben[32] – als Co-Autorin der in statu nascendi präsentierten Geschichte imaginiert.[33] Ihre Programmatik erfüllt sich letztlich also nicht: Sie möchte Lila und sich selbst auf dem Papier zu eigenständigen Konturen verhelfen, vermag am Ende ihrer Aufzeichnungen aber weniger denn je zwischen beider Identitäten zu differenzieren: Sie kann „nicht mehr unterscheiden [...], was von mir ist und was von ihr" (NE IV 609).[34]

Bei Bußmann kulminiert das Prinzip der Mimesis in der Spiegelung von Nellys Verschwinden *über* dem Meer im Verschwinden der Erzählerin *im* Meer. Sie schwimmt an einer gefährlichen Stelle so weit hinaus, dass sie vom Ufer aus nicht mehr gesehen werden kann – und kokettiert so mit dem endgültigen Nachvollziehen von Nellys Auflösung: „Nach ein paar Schritten hatte ich keinen Boden mehr unter den Füßen. [...] Es hat keinen Sinn, gegen einen solchen Sog anzustrampeln." (327 f.) Die Suche in *Der Mantel der Erde ist heiß und teilweise geschmolzen* entwickelt sich folglich nicht mehr wie in den von

---

32 Vgl. NE IV 436, 602.

33 „Seit Wochen schreibe ich nun schon fieberhaft, ohne Zeit damit zu verlieren, meine Sätze erneut durchzulesen. Wenn Lila noch lebt – überlege ich gerade, während ich an meinem Kaffee nippe und auf das Wasser des Po schaue [...] –, wird sie nicht widerstehen können und kommen, um in meinem Computer herumzuschnüffeln, sie wird lesen [...], sie wird sich einmischen wollen, wird korrigieren, wird ergänzen und wird ihren Drang vergessen, sich aufzulösen." (NE III 25)

34 Wie schon in Wolfs *Nachdenken über Christa T.* „verschwinden die Grenzlinien zwischen derjenigen, die nachdenkt über Christa T. – und dem Objekt ihres nachdenkenden Erinnerns" (Mayer 1984, S. 245).

Monica Fröhlich und Sascha Seiler analysierten Texten zum „positiven Wert“[35] und „Mittel zur Selbsterkenntnis“[36] für die Erzähler, sondern mündet im ‚Verlorengehen‘ der Suchenden selbst.

8.2 Die (Un-)Sichtbarkeit der Frau oder Der Nexus von Verschwinden und Weiblichkeit

„[E]inem selbst könnte zustoßen, was gang und gäbe war: spurlos zu verschwinden.“ (NC 43) – diese Befürchtung von Wolfs Christa T. ‚erfüllt‘ sich ein halbes Jahrhundert später für die Protagonistinnen der weiblichen Freundschaftsromane, in denen die Gefahr des Verschwindens omnipräsent ist und die physische Auflösung an die Stelle des Todes tritt. „Körper […] verschwanden nicht – niemand verschwindet einfach so, nicht wirklich“ (WF 133), beruhigt sich die Erzählerin in Lene Albrechts *Wir, im Fenster* als Kind, um dann eines Besseren belehrt zu werden: „Sie [ihre beste Freundin Laila] verschwand an einem Dienstag. Ich weiß nicht, warum ich mich genau an den Wochentag erinnere […].“ (WF 43) Auch Cassie in Claire Messuds *The Burning Girl* ist eines Tages einfach verschollen und gehört damit zu den „armies of vanished girls and women, inevitably traceless“ (BG 173).[37] Zuvor hatte die Erzählerin, ihre beste Freundin, noch räsoniert: „I felt that growing up and being a girl was about learning to be afraid. Not paranoid, exactly, but always alert and aware […]. On TV, in the papers, in books and movies, […] it's going on all the time, all around you.“ (BG 92) In *Der Mantel der Erde ist heiß und teilweise geschmolzen* bläut Esperanza der Erzählerin ein, sie solle bei ihren Ausflügen trotz rückläufiger Straftaten „aufpassen“, denn „für uns Frauen […] sieht sowieso alles anders aus“ (49). Auch eine gemeinsame Bekannte äußert die Sorge, die Erzählerin könne „sich verlieren“ (149). Nellys Verschwinden wird wie das der Erzählerin durch eine Vielzahl von Vorausdeutungen angekündigt.[38]

---

35 Monica Fröhlich: *Literarische Strategien der Entsubjektivierung. Das Verschwinden des Subjekts als Provokation des Lesers in Christoph Ransmayrs Erzählwerk.* Würzburg: Ergon 2001, S. 29.

36 Seiler 2016, S. 64.

37 In den Romanen *Schlafen werden wir später* von Zsuzsa Bánk, *Töchter* von Lucy Fricke und *Wohin wir gehen* von Peggy Mädler verschwinden die Freundinnen zwar nicht physisch, kämpfen aufgrund ihres unerfüllten Kinderwunsches aber mit der Angst vor einer genealogischen Spurenlosigkeit.

38 Schon als Jugendliche ist Nelly „manchmal tagelang verschwunden“ (294), wie sich ihre Mutter erinnert. Während ihres Studiums trainiert Nelly Fährtenhunde (137), und in Nicaragua verfolgt sie gemeinsam mit Esperanza, die vom Verschwinden bedrohte

Bei Ferrante ist der Vorgang des Verschwindens zunächst positiv konnotiert. „Etwas Großes ist im Gange, das alle alten Lebensweisen auflösen wird, und ich bin ein Teil dieser Auflösung" (NE III 540), heißt es recht diffus, doch pointiert bzw. politisiert die Erzählerin Lenù ihre Gedanken einige Jahre später: „‚Na bitte', sagte ich mir, ‚die Ehe verschwindet, die Familie verschwindet, jeder kulturelle Zwang verschwindet, [...] und gleichzeitig versucht alles gewaltsam neue, bislang ungeahnte Formen anzunehmen [...], vor allem [...] das unvorhergesehene Subjekt, die Frau, ich.'" (NE IV 60 f.) Statt patriarchaler Strukturen verschwindet jedoch erst Lilas Tochter – ein mutmaßlicher Racheakt der männerbündischen Camorra (NE IV 582), gegen die die Freundinnen seit ihrer Kindheit opponiert hatten – und schließlich die am Verlust zerbrochene Lila selbst.

Was aber sind die Charakteristika, die das Verschwinden vom Tod unterscheiden? Wer verschwindet, befindet sich in einem Vakuum, einem Limbus zwischen Anwesenheit und Abwesenheit, Sein und Nicht-Sein. Das Verschwinden impliziert, wie Sascha Seiler bemerkt, „gerade aufgrund der Unabgeschlossenheit des Prozesses [...] eine Absentierung, ein Vergessen, ein ‚Nicht-Fortleben' in der Erinnerung der Mitmenschen"[39] – und ist damit durch ebenjene Merkmale gekennzeichnet, die über Jahrhunderte den Subjektstatus der Frau dominiert bzw. verunmöglicht haben. Dem Verschwinden und der daraus resultierenden Unsichtbarkeit der Freundinnen in den Romanen von Bußmann, Ferrante, Messud und Albrecht ist mithin insofern ein (geschlechts-)politisches Moment inhärent, als das Motiv auf die weibliche Kulturgeschichte als die Geschichte „eines Verschweigens, einer Aussparung, einer Absenz"[40] und die historische Spurenlosigkeit der Frau[41] verweist. Peter Bürger resümiert in seiner Analyse, dass das

> Verschwinden [...] die große Erfahrung der Frauen seit dem Beginn der Moderne [ist]. Es ist vielleicht ihre eigenste Erfahrung. Auch wenn sie sterben, erleiden sie weniger einen Tod, als daß sie verschwinden. Der Tod läßt sich allemal mit Sinn besetzen als Tod *für* etwas. Der Mann verwandelt noch das eigene Sterben in einen Akt, der ihm seine Gestalt gibt. [...] Oder er läßt aus der Angst vor dem Tode das zu sich selbst entschlossene Ich entspringen. Die Frau schwindet dahin: Schwindsucht, Clorosis.[42]

Meeresschildkröten erforscht (78), fasziniert Fernsehberichte über „verlorene Fischkutter" (13).

39 Seiler 2016, S. 59.

40 Bovenschen 2016, S. 10.

41 Vgl. ebd.; Weigel 1995; Andrea Maihofer/Klaus Theweleit: „Das moderne männliche Subjekt im Anschluss an Adorno, Horkheimer und Foucault." In: *Freiburger GeschlechterStudien* 21 (2007), S. 329-367.

42 Bürger 1998, S. 245.

Wenn man „die Ausführung/Aufführung der Subjekthaftigkeit" als nicht nur mentalen Prozess, sondern auch als „eine Frage der körperlichen Performanz"[43] denkt – und den Körper entsprechend „als Medium und Schauplatz der Subjekt-*Werdung*"[44] –, dann indiziert das beinahe inflationär häufige Verschwinden der Freundinnen eine nicht nur historische, sondern eine im 21. Jahrhundert offenbar an neuer Virulenz gewinnende Schwierigkeit weiblicher Subjektivierung.

Für die Protagonistinnen verheißt Freundschaft (zunächst) eine Bastion, innerhalb derer sie ihr als fragil empfundenes Ich im Spiegel der jeweils anderen *sichtbar* zu machen und gleichzeitig sich selbst zu *erkennen* hoffen. Hiervon zeugt auf Ebene der Analepse die häufige Verwendung des Augen-Motivs: In Wolfs *Nachdenken über Christa T.* möchte die Erzählerin „von ihr [der Freundin] erkannt werden" (NC 33), in Morrisons *Sula* finden die Freundinnen „in each other's eyes the intimacy they were looking for" (SU 52), in Messuds *The Burning Girl* stechen die ununterscheidbaren Augen der äußerlich sonst gegensätzlichen Freundinnen hervor (BG 169), und in Streeruwitz' *Der Abend nach dem Begräbnis der besten Freundin.* sehnen die Protagonistinnen, deren Väter sie „nicht sehen konnten" (AB 37), sich ebenso nach einer Sichtbarwerdung wie die Freundinnen in *Der Mantel der Erde ist heiß und teilweise geschmolzen* und der *Neapolitanischen Saga*, die sich im männlich dominierten Wissenschaftsbetrieb (Bußmann) bzw. im archaischen Sozialgefüge Süditaliens (Ferrante) behaupten müssen.

Auch nach ihrem Verschwinden bleiben Nelly und Lila, Cassie und Laila auf die Erzählerinnen angewiesen, um nicht der Unsichtbarkeit und damit dem Vergessen anheimzufallen. Denn – hierin liegt ein eklatanter Unterschied zur Ontologie des Todes – die Spur bedarf der Detektivin bzw. die Verschwundene der Suchenden, um überhaupt erst in den ‚Status' der Spur bzw. der Verschwundenen erhoben zu werden. So lässt sich die Detektivarbeit der Erzählerinnen mit der von Inge Stephan und Sigrid Weigel formulierten Programmatik einer feministischen Literaturwissenschaft engführen, die gegen die kulturhistorische Unsichtbarkeit der Frau *anliest* bzw. *anschreibt*. Es ist eine Programmatik, die durchaus als Prolog für Bußmanns Roman und weibliche Freundschaftsnarrative überhaupt firmieren könnte:

> Die Suche nach der verborgenen Frau ist Arbeit, mühsame Spurensuche in Archiven und in der Erinnerung, beschwerliche Rekonstruktion weiblicher Geschichte aus den gefundenen Mosaiksteinchen, wachsame Deutungsarbeit

43 Andreas Reckwitz: „Subjektivierung." In: Robert Gugutzer/Gabriele Klein/Michael Meuser (Hrsg.): *Handbuch Körpersoziologie. Band 1.* Wiesbaden: Springer 2017, S. 125-130, hier S. 127.

44 Alkemeyer et al. 2013, S. 19.

> mit der Bereitschaft zum Mißtrauen gegenüber bereitstehenden Erklärungen und Lösungen, aber auch Trauerarbeit am Verlust trügerischer Hoffnungen.[45]

Indes ist zu hoffen, dass die auf den (literatur-)geschichtlichen Kanon gerichtete Spurensuche ertragreicher ist als die der Erzählerinnen. Die von ihnen verfolgte Agenda, „[der Freundin] eine Gestalt zu geben, deren Konturen sich nicht auflösen" (NE IV 605), und dafür zu sorgen, dass man „sie sehen kann" (NC 156), scheitert: Zum einen verschwimmen, wie ich gezeigt habe, die Grenzen zwischen Alter und Ego vor allem in *Der Mantel der Erde ist heiß und teilweise geschmolzen* und der *Neapolitanischen Saga*. Zum anderen – diese These ist Gegenstand der folgenden Ausführungen – bleibt die Freundin bei Wolf und Streeruwitz ebenso wie bei Bußmann und Ferrante, Messud und Albrecht ein für die Erzählerin und den narrativen Adressaten nicht zu fassendes Schemen.

8.3 Vom Verschwinden und Suchen: Die Analepse

Bislang stand die Spurensuche der Erzählerinnen im Vordergrund. Nun möchte ich einen Schritt zurücktreten und fragen, inwiefern die auf Ebene der Rahmenerzählung essenziellen Dynamiken des Verschwindens und Suchens sowie der Mimesis und Verschmelzung bereits auf Ebene der Analepse angelegt sind. Als ‚Scharnier' dient dabei der Begriff des Spiels, unter den sich die Selbsttechniken der Protagonistinnen subsumieren lassen. Während viele männliche Erzähler – allen voran in Nadolnys *Selim oder Die Gabe der Rede*, Poschmanns *Die Sonnenposition* und Bjergs *Auerhaus* – über eine exponierte Metafiktionalität auf den Spielcharakter von Literatur verweisen,[46] stellt das Spiel in den Texten von Wolf, Bußmann, Ferrante, Smith und Messud *die* Subjektivierungspraktik schlechthin dar. Damit aktualisieren die weiblichen Freundschaftsromane einen seit dem 18. Jahrhundert produktiven Nexus von reflexiver Identitätsgenese und ludischen Praktiken.[47]

---

45 Stephan/Weigel 1988, S. 5.

46 Vgl. hierzu auch Stefan Neuhaus: „Das Subversive des Spiels. Überlegungen zur Literatur der Postmoderne." In: Thomas Anz/Heinrich Kaulen (Hrsg.): *Literatur als Spiel. Evolutionsbiologische, ästhetische und pädagogische Konzepte*. Berlin: de Gruyter 2009, S. 371-390.

47 Regine Strätling: „Einleitung." In: Dies. (Hrsg.) 2012, S. 9-21. Die zentrale Funktion des Spiels für eine gelingende Subjektkonstitution heben schon Kant und Schiller hervor. Vgl. hierfür A. Corbineau-Hoffmann: „Spiel." In: Joachim Ritter/Karlfried Gründer (Hrsg.): *Historisches Wörterbuch der Philosophie*, Band 9, S. 1384-1390.

8.3.1 *Fluide Identitäten: Das Spiel mit dem Ich*

Die kruden Geschichten über ihre Herkunft (33), das Ausweichen auf selbst unverfänglichste Fragen (140), die fluchtähnliche Rastlosigkeit und das bewusste Suchen von Gefahren (20): Bereits vor ihrem Verschwinden ist Nelly geheimnisumflort. Die totale Lethargie ihrer Jugendzeit (297) verkehrt sich während des Studiums in Umtriebigkeit und Vagabundentum. Mit Antritt ihrer Professur weichen Provisorien und Anspruchslosigkeit einem arrivierten Lebensstil inklusive Verlobtem und Eigenheim (224 ff.). In Nicaragua durchlebt Nelly eine abermalige Verwandlung: Sie, die bisher keinerlei Interesse an Politik gezeigt hatte, beginnt mit dem Versenden von „Pamphleten, Aufrufen und Manifesten, Informationen über Protestbewegungen, Essays zur Theologie der Befreiung" (15). Sie plant, ihre hart erkämpfte Stelle an der Universität aufzugeben (133) und in Nicaragua ein Kind zu adoptieren (304), während sie kurz zuvor noch der Meinung war, Menschen bekämen Kinder, „damit es etwas zu reden gibt oder niemandem mehr auffällt, dass es nichts mehr zu reden gibt" (163 f.). Die von der Erzählerin betriebenen Recherchen münden in „das Bild einer schizoiden Persönlichkeit" (36); ein Vexierbild, das zwischen „einer Jugendlichen, einer Irren, einer Heiligen" (56) schwankt, zwischen Vergnügungssucht und Eremitendasein.[48]

Die Lust an der Metamorphose teilt Nelly mit Wolfs Christa T., die „sich vor den Festlegungen scheute" (NC 213) und anstrebte, „immer wieder neu zu sein" (NC 215), und mit Ferrantes Lila, die ebenfalls mehrfach „die Faszination der Selbstauslöschung [erlebte]: Schluss mit allem, was gewesen war" (NE II 471).[49] Streeruwitz' Protagonistin Lydia in *Der Abend nach dem Begräbnis der besten Freundin.* exploriert die Rollen der Mutter, Geschäftsfrau und promiskuitiven Liebhaberin hingegen nicht nacheinander, sondern in einer Art Doppelleben gleichzeitig. Der endgültigen (physischen) Auflösung der Freundinnen geht also die immer wieder forcierte Lösung vom alten Leben bzw. von Teilen der Persönlichkeit voraus: Identitäten werden wie Masken oder Kostüme anprobiert, um gleich darauf wieder abgelegt zu werden.

Dies veranlasst die Erzählerinnen dazu, auch das Verschwinden der Freundin zunächst als (nun dialogisches) Spiel zu interpretieren. Die bereits von Wolfs Erzählerin bemühte Metaphorik – Christa T. habe stets „Versteck gespielt" (NC 70) und sei nur „schwer zu fangen" (NC 147) gewesen – wird

---

48 „Sie schlief bis in den Mittag, traf sich mit verschiedenen Männern, verbrachte Abende in Bars, sie spielte Karten und trank gern" (56), um sich dann wieder tagelang in ihrem Zimmer zu verbarrikadieren (57).

49 Ferrantes Lila entwickelt sich von der mittellosen Schusterstochter zur wohlhabenden, gelangweilten und abhängigen Ehefrau, ‚zurück' zur Fabrikarbeiterin und schließlich zur erfolgreichen Unternehmerin.

zur Realität: Bußmanns Erzählerin unterstellt, Nelly halte sich irgendwo „versteckt“ (81) und habe ihre persönlichen Habseligkeiten so zurückgelassen bzw. arrangiert, „als legte sie es gerade darauf an, dass jemand sie fand“ (22). Hat Nelly – eine Liebhaberin von „Rätsel[n] und Geheimnisse[n]“ (11), Vorabendserien (56) und Klatschmagazinen (136) – sich nur einen makabren Scherz erlaubt und ihr Verschwinden im Stil eines Prominentenschicksals inszeniert? Eine ähnliche Hypothese verfolgt Messuds Erzählerin in *The Burning Girl*: „We were playing a game, the kind of pretend game that we'd played for years [...]. Where was she? Where were we playing? What was our ill-fated game? “ (BG 183 f.) Das Verschwinden konstituiert einen Zwischen- oder Schwellenraum, in dem die Grenzen zwischen Sein und Schein, Realität und Fiktion verschwimmen – ähnlich wie im kindlichen Spiel der Freundinnen, in dem die sich im Akt der Suche vollziehende Mimesis antizipiert[50] und das freundschaftliche Machtgefälle im Erwachsenenalter etabliert[51] wird.

Das Spiel eröffnet seit jeher „Möglichkeitsräume für alternative Formen von Subjektivierung“[52]; in ihm artikuliert sich die „Hoffnung auf ein unentfremdetes Leben“[53] und der Wunsch, „ganz stark man selbst [zu] werden“ (NC 188), wie es in *Nachdenken über Christa T.* heißt. Der zeitgeschichtliche Hintergrund, auf dem sich die Subjektivierung der Freundinnen im Gegenwartsroman vollzieht, ist freilich ein ganz anderer als bei Wolf – immerhin könnten Bußmanns Protagonistinnen die Enkelinnen von Christa T. sein[54] und haben Zugriff auf eine nie zuvor dagewesene Palette weiblicher Identitätsangebote. Dies reflektiert die Erzählerin in Lucy Frickes Freundschaftsroman *Töchter*:

> Ich ging davon aus, dass wir die erste Generation von Frauen waren, die machen konnte, was sie wollte. Das hieß aber auch, dass wir machen mussten, was wir wollten, und das wiederum bedeutete, dass wir etwas wollen mussten. Dafür hatten unsere Mütter gekämpft. Wir sollten unsere Träume verwirklichen, wir mussten welche haben, das Scheitern wurde uns zugestanden, aber erst nachdem alles, wirklich alles versucht worden war auf dem Weg zum Glück, Psychoanalyse eingeschlossen. Nur Aufgeben war nicht vorgesehen, auch nicht, dass wir uns mit weniger zufriedengaben. Bei unseren Möglichkeiten! Davon hatte

---

50 Vgl. z. B. NE I 29; BG 17 f., 46 f.

51 Vgl. z. B. NE I 61 f.; NE IV 613 ff.; BG 53; ST 46.

52 Christian Moser/Regine Strätling: „Sich selbst aufs Spiel setzen. Überlegungen zur Einführung.“ In: Dies. (Hrsg.) 2016, S. 9-27, hier S. 14.

53 Jörg Neuenfeld: *Alles ist Spiel. Zur Geschichte der Auseinandersetzung mit einer Utopie der Moderne.* Würzburg: Königshausen & Neumann 2005, hier S. 13.

54 Wolfs Protagonistinnen sind in den 1920er Jahren, Ferrantes Protagonistinnen 1944 und Bußmanns Protagonistinnen in den 1980er Jahren geboren.

> zumindest meine Mutter immer gesprochen, von diesen unvorstellbaren Möglichkeiten, die ich hätte. (TÖ 104 f.)

Hier wird die Mannigfaltigkeit weiblicher Lebensformen im 21. Jahrhundert durchaus ambivalent bewertet, geht sie doch mit dem Druck einher, die neue Potenzialität auch auszuschöpfen. Kehrseite der schier endlos scheinenden Möglichkeiten der Selbstkonstruktion und -entfaltung sind Aktionismus und Versagensangst: In *Der Mantel der Erde ist heiß und teilweise geschmolzen* schreibt die Erzählerin ihre Dissertation über eine „Welt, in der sich aufputschen muss, wer mithalten will" (220). Nelly realisiert in Nicaragua, dass sie „keine Zeit gehabt [hat], neben sich zu treten und zu ergründen, ob all dies Erarbeiten wirklich ihrem Wesenskern entsprungen oder ihr nur suggeriert worden war" (20). Die Freundinnen von Bußmann und Ferrante haben die von Streeruwitz' Protagonistinnen empfundene „Angst, nicht zu genügen" (AB 44), noch immer nicht ablegen können: Nelly „[kam] gerade, wenn es wie am Schnürchen lief, […] alles wie ein Schwindel vor, […] jeden Moment konnte alles auffliegen" (226). Ferrantes Erzählerin Lenù, die aus einer Familie von Analphabeten stammt, sich ein Stipendium für die elitärste Universität des Landes erarbeitet und dort mühevoll den bürgerlichen Habitus aneignet,[55] verliert auch als renommierte Schriftstellerin nicht die Angst davor, sich „eine Blöße zu geben, in einem Moment der Unaufmerksamkeit die Maske des Anstands fallen zu lassen" (NE II 198). Bußmanns hochqualifizierte Erzählerin fürchtet den sozialen Abstieg und identifiziert sich zunehmend mit den in ihrem Universitätsgebäude campierenden Obdachlosen.[56]

Die beinahe ausnahmslose Beschäftigung der literarischen Freundinnen im Wissenschafts-[57] und Kulturbetrieb zeugt in besonderem Maße von der (anhaltenden) Prekarität gerade weiblicher Identitäten: Die Erzählerinnen in Palmens *Die Freundschaft* und Albrechts *Wir, im Fenster* promovieren wie Bußmanns Erzählerin, während die Protagonistinnen in *Schlafen werden wir später* von Zsuzsa Bánk, *Töchter* von Lucy Fricke und *Wohin wir gehen* von Peggy Mädler sich mit befristeten, schlecht bezahlten Verträgen durchzuschlagen versuchen. Ihre nicht abreißenden Selbstzweifel und die Furcht vor einem Auffliegen oder Enttarnt-Werden laufen dabei der saturierten Zurschaustellung

---

55 Sie bemüht sich, „verkleidet als das Mädchen aus gutem Hause" (NE II 615), „die Stimmen […] nachzuahmen" (NE II 531) und „wie sie alle zu sein" (NE III 27).

56 „Wir rissen ängstliche Witze darüber, wie viel es brauchte, wie schnell es gehen würde, bis uns nichts mehr von ihnen unterschied." (219)

57 In Deutschland ist nur knapp jede vierte Professur mit einer Frau besetzt. Vgl. hierzu www.zeit.de/zeit-magazin/2018/51/professorinnen-frauenanteil-professoren-staatliche-universitaeten-deutschlandkarte. Zuletzt am 10.05.2019.

beruflichen Erfolgs und kulturellen Kapitals zuwider, die ein Gros der männlichen Freunde betreibt.[58]

Während die Subjektivierung der Freundinnen in Wolfs *Nachdenken über Christa T.* und Morrisons *Sula* durch die Konditionierung und Repression innerhalb eines sozialistischen bzw. patriarchalen Systems vereitelt wird,[59] sind es im zeitgenössischen Roman im Gegenteil die (scheinbare)[60] Wahlfreiheit und das Bewusstsein der Fragilität nur noch temporärer Selbstentwürfe, die die „Schwierigkeit, ‚ich' zu sagen" (NC 214), bedingen; eine Schwierigkeit, die in Bußmanns *Der Mantel der Erde ist heiß und teilweise geschmolzen*, Streeruwitz' *Der Abend nach dem Begräbnis der besten Freundin.* und Smiths *Swing Time* auch über die Namenlosigkeit der Erzählerinnen indiziert wird. Bußmanns Nelly verwendet in ihrer Selbstcharakterisierung „nie das Wort ich" (139). Ferrantes Lenù fragt sich, welches „ich, irgendein *Ich* von denen, die ich angehäuft hatte" (NE IV 223), denn nun ihr *eigentliches* sei, während ihre Freundin Lila sich „als etwas Fließendes wahr[nimmt], und alle ihre Kräfte [...] darauf richtet, nicht auszuströmen" (NE IV 223 f.).

Die Romane warten folglich mit einer durchwachsenden Antwort auf Cornelia Klingers Frage auf, „welche Vor- und Nachteile, welcher Gewinn oder Verlust sich aus den neuerdings mit so großer Beflissenheit propagierten [...] nomadischen Subjekten, flüssigen und fraktalen, multiplen und flexiblen Identitäten für die Frauen ergibt"[61]. So neu ist die Rede vom fluiden Ich indes keineswegs: Sie findet sich bereits in den Schriften französischer Poststrukturalistinnen, die Fluidität zur Signatur eines spezifisch weiblichen

58 Extreme sind der Erzähler in Bernhards *Der Untergeher*, der glaubt, das Potenzial zu „eine[m] der besten Klaviervirtuosen der Welt" (UG 15) gehabt zu haben, und Nadolnys hochstapelnde Titelfigur in *Selim oder Die Gabe der Rede*. Aber auch die Erzähler in Austers *Leviathan*, Bellows *Ravelstein*, Timms *Rot* und *Der Freund und der Fremde*, Kirchhoffs *Eros und Asche*, Zieglers *Und jetzt du, Orlando!* sowie Houellebecqs *Serotonin* suchen sich als Intellektuelle und Männer von Welt zu profilieren.

59 Bei Wolf ist es der sozialistische Apparat, „den reibungslos in Gang zu halten kein Opfer zu groß schien – selbst nicht das: sich auslöschen" (NC 72): „Viele Wege gab es damals nicht für uns, keine große Auswahl an Gedanken, Hoffnungen und Zweifeln." (NC 35); „Man überlegte nicht lange, fischte sich fast, ohne hinzusehen, ein Leben heraus, fragte nicht viel, ob es paßte, lebte es eben, da wurde es passend. Oder jedenfalls glaubte man das mit der Zeit." (NC 54 f .) In Morrisons *Sula* muss Nel desillusioniert feststellen: „You *can't* do it all. You a woman and a colored woman at that. You can't act like a man. You can't be walking around all independent-like, doing whatever you like, taking what you want, leaving what you don't." (SU 142)

60 Die Misogynie von Nellys (natur-)wissenschaftlichem Umfeld klingt an, wenn Kommilitonen Wetten auf ihren Studienabbruch abschließen (134 f.) oder ein Professor ihr fehlenden Ernst unterstellt (242).

61 Klinger 2006, S. 104.

Schreibens – der *écriture féminine* und *parler femme* – deklariert haben.[62] In dieser sei die Frau „nicht ‚ähnlich', nicht ‚gleich', nicht ‚identisch mit sich'"[63]; vielmehr drücke sich in ihrem Schreiben das „wonder of being several" und das „gift of changeability" aus: „[H]er writing [...] can only go on and on, without ever inscribing or distinguishing contours."[64] Im weiblichen Freundschaftsroman stellt das Fehlen eines klar konturierten Ich nicht wie bei Hélène Cixous und Luce Irigaray eine Qualität oder Verheißung, sondern in erster Linie eine Bedrohung dar. Das Spiel mit den Identitäten und die wiederholte Verabschiedung vom (alten) Selbst ist weniger lustvolle Metamorphose denn prophylaktische Selbstbehauptungsgeste, der etwas durchaus Getriebenes anhaftet. So klingt Nellys Eigencharakterisierung eher wie das Eingeständnis eines Zwangs als wie ein Bekenntnis zum Hedonismus: „Ich spiele [...]. Immer spiele ich." (197) In dieser Lesart mutiert das Spiel zum Schutzmechanismus: Die Freundinnen dekonstruieren ihr Selbst, bevor ihnen ein anderer zuvorkommt.

8.3.2 *Strategien gegen die Auflösung*

Neben dem Karussell der Identitäten, dem wohl radikalsten Versuch einer Ichfindung und -behauptung, bedienen die Protagonistinnen sich weiterer Strategien, um den sie bedrohenden Diffusionsprozessen entgegenzuwirken. Bevor ich mich der Frage zuwende, inwiefern *Freundschaft* einen Schutz- und Ermächtigungsraum darstellt, seien zunächst die Strategien beleuchtet, mithilfe derer *jede Freundin für sich* die omnipräsente Gefahr des Zerfließens, Auflösens und Verschwindens einzudämmen versucht.

8.3.2.1 Schreiben als Subjektivierungspraktik

Die Gefahr des Verschwindens erfährt durch eine bedrohliche Psychotopographie, die den Einzelnen jederzeit zu verschlucken oder begraben droht,[65] eine eindringliche Verräumlichung: „So dünn ist die Decke, auf der wir gehen, so dicht unter unseren Füßen die Gefahr, durchzubrechen in diesen Sumpf." (NC 41), stellt schon Wolfs Christa T. fest. Während Nellys Nicaragua-Aufenthalt

62 Vgl. für eine Kritik an den sowohl konzeptionell als auch sprachlich unscharfen Konzepten zu spezifisch weiblichem Schreiben z. B. Weigel 1995, S. 196 ff.; Barbara Becker-Cantarino: *Genderforschung und Germanistik*. Berlin: Weidler 2010, S. 36 f.; Kittstein/Kugler/Ritthaler 2019, S. 223 f.

63 Luce Irigaray: *Das Geschlecht, das nicht eins ist*. Berlin: Merve 1979, S. 115.

64 Hélène Cixous/Catherine Clément: *The Newly Born Woman*. Minneapolis: University of Minnesota Press 1993, alle Zitate S. 88.

65 Laut Monica Fröhlich vollzieht sich das Verschwinden literarischer Figuren häufig auf der Folie einer „als übermächtig und autonom dargestellte[n] Topographie" (S. 169).

wüten orkanartige Stürme und Überschwemmungen (14), und in dem von starken Erdbeben heimgesuchten Land mit seiner zerklüfteten, provisorischen Architektur „muss jederzeit wieder mit einem großen Knall gerechnet werden" (48). Auch Neapel, Schauplatz der *Neapolitanischen Saga*, ist launenhaften Klimawechseln ausgesetzt: „Bei jeder Rückkehr fand ich eine morschere Stadt vor, die [...] der Hitze, der Kälte und vor allem den Unwettern nicht standhielt. Mal war der Bahnhof an der Piazza Garibaldi überschwemmt, mal war die Galleria gegenüber dem Museum eingestürzt, mal gab es einen Erdrutsch [...]." (NE III 20)

Unberechenbarkeit und Druck kennzeichnen nicht nur die Romantopographien, sondern sind auch Gegenstand der seismologischen bzw. soziologischen Forschung, die Bußmanns Protagonistinnen betreiben. Doch realisieren weder Nelly noch die Erzählerin, dass sie sich unterschiedlichen Ausprägungen ein und desselben Problems widmen:[66] Während Nelly die Ursachen für Erdbeben untersucht, beendet die Erzählerin gerade ihre Dissertation über Depressionen und den Gebrauch von Psychopharmaka in der Leistungsgesellschaft. Somit beschäftigen sich beide mit dem Ausgeliefertsein des Einzelnen und der daraus resultierenden Angst vor dem Verschwinden – sei es durch ein Verschüttet- oder Überholt-Werden. Nelly versucht, der wankelmütigen Natur durch die Vermessung tektonischer Platten und Magnetströme Herr zu werden und beschwört in einem der Leitsätze des Romans: „Die Erde würde nicht verschwinden. [...] Materie ändert ihre Zusammensetzung, aber sie löst sich nicht einfach auf." (324) Ihren geophysikalischen Graphen und Koordinatensystemen korrespondieren die Algorithmen der Informatik, die Lila in Ferrantes *Neapolitanischer Saga* ihrer von Chaos, Willkür und Gewalt dominierten Welt entgegensetzt.

Während Nelly und Lila gegen die Diffusion *anrechnen*, verfolgen die Erzählerinnen eine Programmatik des *Festschreibens*: Bei Bußmann sind in die eigentliche Narration Genealogien abgestürzter Flugzeuge (9 ff., 96 ff.) und – ähnlich wie in Messuds *The Burning Girl* (BG 95) – verschollener Frauen (81 ff.) eingelassen. Diese akribisch recherchierten Listen stellen den Versuch einer *Verortung* der vagabundierenden, schon zu Lebzeiten nie zu fassenden Nelly dar. Auch Ferrantes Lenù beabsichtigt, über den Akt des Schreibens Lila zu fixieren und ihr „eine Gestalt zu geben, deren Konturen sich nicht auflösen" (NE IV 605) – und bedient sich damit der gleichen Strategie wie ihre Freundin Jahrzehnte zuvor: „Mit unerbittlicher Präzision hatte sie den Rione,

66 „Wozu überhaupt das Ganze? Das hat sich ihr [Nelly] nie vermitteln lassen, die Wichtigkeit meiner Menschenbeschreibungsversuche, während sie sich mit Übergeordnetem beschäftigte" (222), erinnert sich die Erzählerin.

ihre Familie, die Solaras, Stefano, jeden und alles beschrieben." (NE II 17) Doch geht die Agenda eines *Anrechnens* ebenso wenig wie die des *Festschreibens* auf.

Die Ursachen für das Scheitern beider Kompensationsstrategien lassen sich anhand von Überlegungen zur semiologisch-hermeneutischen Anverwandlung von Welt (Jean Baudrillard) und Mensch (Emmanuel Lévinas) erhellen. So führt das Bestreben der Freundinnen, Auflösungsprozessen durch eine wissenschaftlich-analytische Erschließung von Natur (Nelly) bzw. Technologie (Lila) entgegenzuwirken, sich mit Baudrillard selbst ad absurdum:

> Man kann also sagen, dass die reale Welt paradoxerweise genau zu jenem Zeitpunkt zu verschwinden beginnt, da sie zu existieren beginnt. Durch sein außergewöhnliches Erkenntnisvermögen setzt der Mensch, während er der Welt Sinn, Wert und Realität verleiht, gleichzeitig und parallel dazu einen Prozess der Auflösung in Gang. (‚Analysieren' bedeutet wörtlich ‚auflösen'.) […] Der Moment, da eine Sache benannt wird, da sich die Vorstellung und der Begriff ihrer bemächtigen, ist eben jener Moment, da sie beginnt, ihre Energie einzubüßen […]. So verflüchtigt sich das Reale im Begriff.[67]

Der Versuch einer Sezierung und Aneignung von Welt mündet nach Baudrillard geradewegs in deren Diffusion.[68] Seine These wird in den Romanen von Bußmann und Ferrante dahingehend hypertrophiert, als Nelly und Lila in ihnen sogar Teil des Auflösungsprozesses sind. Nach ihrem Verschwinden werden die Forscherinnen selbst zum Forschungsobjekt, das sich einer erkenntnistheoretischen Vereinnahmung jedoch ebenfalls entzieht. Dabei lässt sich die von Baudrillard konstatierte Gesetzmäßigkeit zwischen Signifikant und Signifikat mit der vonseiten der Forschung vielfach beklagten Unmöglichkeit einer analytischen Durchdringung von Freundschaft analogisieren: Diese „entzieht sich der Rede über sie"[69], „[i]m Moment der Beschwörung droht sie sich zu verflüchtigen"[70], und „[j]e näher man sich heranschreibt, heranredet, desto weiter weg rückt es, desto unschärfer wird es [das Phänomen Freundschaft]"[71]. Zunehmend unscharf werden im Laufe der Narration auch die Freundinnen selbst. Die ins Leere laufende Suche der Erzählerinnen literarisiert die Spurentheorie von Emmanuel Lévinas, der nicht – wie Baudrillard – der erkenntnistheoretischen Vereinnahmung der Welt, sondern des Menschen eine

67 Jean Baudrillard: *Warum ist nicht alles schon verschwunden?* Berlin: Matthes & Seitz 2018 [2007], S. 8 ff.

68 Die wohl berühmteste Erörterung dieser Problematik findet sich in Hugo von Hofmannsthals 1902 veröffentlichtem *Brief des Lord Chandos*.

69 Moog-Grünewald 2012, S. 138.

70 Bovenschen 1998: „Tanz", S. 19.

71 Rüther 2013, S. 63.

Absage erteilt. Entgegen der in einem ihrer Leitsätze programmatisierten Epistemologie von Bußmanns Erzählerin – „Erst seit sie weg ist, habe ich sie richtig kennenlernen können. Das ist ja immer so." (35, 93) – verweigern die Spuren der Freundin sich nämlich einer Bedeutungszuweisung und markieren die Grenzen einer Durchdringung und Interpretierbarkeit ihres Signifikanten.

8.3.2.2 Freundschaft als Subjektivierungspraktik

Die Selbstpraktiken des Verschwindens und Suchens bzw. des Anrechnens und Festschreibens verweisen zwar aufeinander; sie werden von den Freundinnen aber zeitlich versetzt betrieben. Im Folgenden wende ich mich der Frage zu, welche Funktionen Freundschaft im Sinne einer *reziproken, gemeinsam gelebten Alltagspraktik* erfüllt. Unterstützt sie die Protagonistinnen bei der Realisierung des Wunsches, „ganz stark man selbst [zu] werden" (NC 188)? Ist sie eine gemeinsame „Suche nach Orten, an denen Subjektivität produziert werden kann"[72]? Steht sie folglich in der Tradition einer Foucault'schen Freundschaft, die das Individuum jenseits von normierten und institutionalisierten Zu(sammen)gehörigkeiten „eine Lebensart erfinden [...] läßt, die noch unwahrscheinlich scheint"[73]? Die Analyse der sozialethischen und ermächtigenden Potenziale weiblicher Freundschaft geht einher mit der Frage nach Kongruenzen bzw. Eigentümlichkeiten hinsichtlich der gegensätzlichen Figurenkonstellation, der Praktiken von Projektion und Distanz sowie der Dialektik von Erniedrigung und Ermächtigung, die – wie die vorherigen Kapitel gezeigt haben – strukturbildend für die Freundschaften bei Poschmann, Kirchhoff, Bjerg und Timm sind.

Zwischen Abhängigkeit ...

> Eva kann nichts, weiß nichts und hat keine Materie, um außerhalb von Adam Eva zu sein. [...] Und das göttliche Werk ist so gut gelungen, dass sie selbst, für sich, nicht weiß, wer sie ist, sie hat keine festen Konturen, besitzt keine eigene Sprache, hat keinen eigenen Geist, keine eigene Logik, mir nichts, dir nichts verformt sie sich. (NE III 484)

Dieser Auszug aus einem feministischen Essay von Elena Ferrantes Erzählerin Lenù, die anhand der Genesis die Ursprünge der kulturgeschichtlichen Marginalisierung der Frau illustriert, kann auch als paradigmatisch für die von mir analysierten weiblichen Freundschaften gelesen werden. In diesen nimmt das schreibende Ich die Rolle Evas ein: Die Erzählerin in *Der Mantel der Erde ist*

72 Ortega 1997, S. 243.
73 Foucault 1984, S. 88.

heiß und teilweise geschmolzen bekennt in einem ihrer Leitsätze, ihr „Problem“ (119) bestehe darin, dass sie stets „jemanden [brauchte], der mich an die Hand nahm und mitzog“ (186). Die Erzählerin in Zadie Smiths *Swing Time* offenbart bereits im Prolog: „I had always tried to attach myself to the light of other people, […] I had never had any light of my own.“ (ST 4) In Abwesenheit der Freundin nimmt sie sich als „a body without a distinct outline“ (ST 213) wahr. Häufig bedürfen die Erzählerinnen des Alter Ego auch als Muse für ihre schriftstellerische bzw. wissenschaftliche Arbeit: „Nicht ein Einfall ohne Lila. Nicht ein Gedanke, auf den ich ohne den Rückhalt ihrer Gedanken vertraute. Nicht ein Bild“ (NE III 361), gesteht Ferrantes Lenù sich ein. Auch in Connie Palmens Roman *Die Freundschaft* ist Ara „der Auslöser für praktisch alles […], worüber ich gern nachdachte“ (FS 279). Und für Bußmanns Erzählerin markiert das Wiedersehen mit Nelly das Ende einer Schreibblockade.[74]

Der Preis, den die Erzählerinnen für die Antreiberin, Formspenderin und Inspirationsquelle Freundin zahlen, ist hoch: Die sowohl emotionale als auch intellektuelle, mitunter an Wirt-Parasit-Beziehungen erinnernde Abhängigkeit führt zu einem nicht abreißenden Gefühl der Unterlegenheit und Unzulänglichkeit. In Claire Messuds *The Burning Girl* muss die Erzählerin Julia feststellen: „[S]he [Cassie] was Regina George from *Mean Girls* and I was Janis.“ (BG 103)[75] „In unserer Beziehung gab […] Lea den Ton an“ (FR 15), erinnert sich auch Susann Sitzler: „In all den Jahren, in denen ich immer versuchte, es Lea recht zu machen, war für mich existentiell, dass sie mit mir zufrieden ist.“ (ebd.) Wenn es Ferrantes Lenù „nicht gelingt, das zu geben, was sie [Lila] verlangt“ (NE IV 605),[76] rächt die Freundin sich mit Demütigungen. In fast gleichem Wortlaut rekapituliert Bußmanns Erzählerin, wie Nelly „oft Dinge von mir verlangt [hat], die ich ihr nicht geben konnte“ (141 f.), und sie für die Vertretung eigener Standpunkte mit Kontaktentzug strafte.[77] Streeruwitz’ Erzählerin bezeichnet das Verhältnis der Freundin zu ihr gar als „ausnützerisch“ (AB 39), sei sie selbst doch „immer […] auf Abruf“ (AB 32) gewesen, ohne selbst auf Unterstützung zählen zu können. Und auch Palmens Erzählerin beklagt die

74 „Es roch nach ihr [Nelly], nach Minze und frühlingsnassen Kleidern. Als hätte jemand das Fenster aufgerissen. Sogar auf das Schreiben hatte ich wieder Lust bekommen; sofort fing ich an zu transkribieren.“ (223)

75 *Mean Girls* ist eine amerikanische Filmkomödie aus dem Jahr 2004: Die manipulative Regina ist Star ihrer High School, Janis die Außenseiterin.

76 „Nein, hör niemals auf […], du musst immer weiterlernen. […] Du bist meine geniale Freundin, du musst die Beste von allen werden, von den Jungen und von den Mädchen.“ (NE I 398); „ich erwarte Großes von dir, ich bin mir absolut sicher, dass du es besser kannst, *ich will*, dass du es besser machst, das ist mein größter Wunsch“ (NE III 347).

77 „Die paar Male, die ich versuchte, meine Meinung zu ihren Entscheidungen zu äußern, wandte sie sich ab, ließ Wochen, Monate verstreichen, ehe sie sich wieder meldete.“ (132)

„Schikanen" der Freundin und wirft ihr vor, dass diese sie „wie einen Hund behandele, der abgerichtet werden soll, und mich mit Tricks dressiere, die ich nicht durchschauen und verstehen könne" (FR 234). Dabei haben die Erzählerinnen die Autorität der übermächtigen Anderen derart verinnerlicht, dass es für deren Aufrechterhaltung nicht einmal der realen Präsenz bedarf. Ferrantes Lenù hat selbst in Zeiten der Kontaktlosigkeit „das Gefühl, mich nie aus dieser Unterlegenheit befreien zu können" (NE III 284), und auch die Erzählerin in Smiths *Swing Time* muss nach Jahren noch feststellen: „The power she has over me is the same as it has always been, judgement, and it goes beyond words." (ST 447 f.) Die Freundin bleibt internalisierte Messlatte und Kontrollinstanz für das schreibende Ich.

Während sich, wie die vorherigen Kapitel zeigen konnten, die meisten der männlichen Erzähler nach mehr *Nähe* zum Freund sehnen, ringen die Erzählerinnen um *Abgrenzung* und *Autonomie*. Kristallisationspunkt dieser diametralen Subjektivierungsbestrebungen ist der Schreibakt: Der Bestimmung zum Biographen in Paul Austers *Leviathan*, Saul Bellows *Ravelstein*, Uwe Timms *Rot* und Bodo Kirchhoffs *Eros und Asche* steht die Auferlegung eines Schreibverbots für die Erzählerinnen bei Ferrante, Sitzler und Palmen entgegen.[78] Das Hinwegsetzen über dieses Verbot kann als Aufbegehren und Akt der Emanzipation gelesen werden; als Versuch, sich aus dem Schatten der übermächtigen Freundin zu lösen und wenigstens auf dem Papier eine eigene Stimme zu finden. Die in den männlichen Narrativen vom Tod verursachte Trennung wird von den literarischen Freundinnen über ihr Schreiben forciert: Während die meisten der männlichen Erzähler im Medium der Schrift eine in der Realität nie vorhandene Nähe zum toten Alter Ego heraufbeschwören, möchten die Freundinnen „jetzt eine Grenze ziehen" (FR 134) und „von vorn beginnen, *etwas* zu *werden*, aber für mich, als erwachsene Frau, außerhalb von ihr" (NE III 445).

Entsprechend unterschiedlich fallen auch die Schreib*weisen* aus: Die Erzähler von Timm, Kirchhoff und Poschmann rekapitulieren die Freundschaft im delirierenden,[79] sentimentalen[80] oder depressiven[81] Modus und

78 „Du sagst, du willst nicht, daß ich über Dich, über uns schreibe, daß Du nicht mit mir befreundet seist, um als Gegenstand einer Untersuchung zu dienen oder Adressatin eines Briefes zu sein, der an jedermann gerichtet sei." (FS 327); „Sie [Lila] hatte mir ausdrücklich verboten, über sie zu schreiben […]." (NE IV 602); „‚Ich will nicht, dass du noch einmal über mich schreibst', hatte sie […] gesagt. ‚Ich weiß, dass unsere Freundschaft das nicht überleben wird.'" (FR 134 f.)

79 In Timms *Rot*.

80 In Kirchhoffs *Eros und Asche*.

81 In Poschmanns *Die Sonnenposition*.

bedienen sich zahlreicher Fiktionalisierungsstrategien; charakteristisch für die weiblichen Erzählerinnen sind ein sezierender Duktus und die unverhohlene Reflexion und Problematisierung von Abhängigkeiten und Asymmetrien, Bewunderung und Konkurrenz.[82] Mit Simone Winko lässt sich festhalten, dass Emotionen und Beziehungsdynamiken von den männlichen Erzählern tendenziell implizit präsentiert, in den weiblichen Narrationen hingegen explizit thematisiert[83] werden. Dies führe ich nicht auf anthropologische Differenzen zurück; die divergierenden Schreibweisen dürften vielmehr aus dem unterschiedlichen Status des Erkenntnisobjekts Freund bzw. Freundin resultieren: Hier wird die scharfe Grenze des Todes durch Imagination und Verklärung aufgeweicht, dort die Diffusität des Verschwindens über eine nüchterne Analyse zu kompensieren versucht.

… und Emanzipation

Einerseits stellen die Freundinnen bei Bußmann, Ferrante, Streeruwitz, Messud, Palmen und Smith also eine Bedrohung für das erzählende Ich dar: Eine als parasitär empfundene Abhängigkeit, überzogene Anspruchshaltungen sowie Gängelungen und Demütigungen *torpedieren* die Subjektivierung der Erzählerinnen. Zugleich ist Freundschaft jedoch ein Schutz- und Ermächtigungsraum, innerhalb dessen die Protagonistinnen vorgefertigte Rollenbilder hinterfragen, unterschiedliche Ich-Entwürfe erproben und demnach Subjektivität *produzieren* können.

Im Roman des 18. Jahrhunderts, dem ‚Jahrhundert der Freundschaft', besetzt weibliche Freundschaft lediglich einen Nebenschauplatz und ist insofern stark funktionalisiert, als sie ihre Relevanz meist erst in Bezug auf den Liebes-Plot entwickelt.[84] In *Der Mantel der Erde ist heiß und teilweise geschmolzen*, der *Neapolitanischen Saga, Der Abend nach dem Begräbnis der besten Freundin.* und *Die Freundschaft* ebenso wie in Bánks *Schlafen werden wir später*, Frickes *Töchter* und Mädlers *Wohin wir gehen* hat dieses Dominanzverhältnis sich umgekehrt und die Freundschaft das Primat über die Liebe ‚errungen'. Im Gegensatz zu den männlichen Narrativen stellen amouröse Beziehungen und Familie gleichwohl zentrale Themenkreise dar. Bußmanns Erzählerin bemerkt, Nelly und sie hätten sich in „vielen unserer über den Atlantik hinweg

82 Nicht selten ist ein Mann Gegenstand der Rivalität: Jude in Morrisons *Sula*, Nino in Ferrantes *Neapolitanischer Saga*, Peter in Messuds *The Burning Girl*. Bußmanns Erzählerin hingegen schläft erst nach Nellys Verschwinden mit deren Verlobten.

83 Vgl. Winko 2003, insbes. S. 111 ff.

84 Zu diesem Befund kommt Todd 1980.

geführten Gespräche [...] kaum über etwas anderes ausgetauscht als über die Liebe" (33). Lenù und Lila erörtern unbefriedigende sexuelle Initiationserlebnisse und mangelndes erwachsenes Lustempfinden.[85] Streeruwitz' Erzählerin erinnert sich, dass die „Gespräche [...] in den Männergeschichten begründet" waren (AB 15), und Palmens Protagonistinnen sezieren in allabendlichen Telefonaten die Liebesbeziehungen der Erzählerin (FS 300 ff.).

Wiederholt thematisieren die Freundinnen Reproduktionsfragen und den damit einhergehenden Erwartungsdruck: Ferrantes Lila fürchtet während ihrer Schwangerschaft, sie „könnte platzen, könnte auslaufen" (NE II 491); Johanna in Bánks *Schlafen werden wir später*, Martha in Frickes *Töchter* und Elli in Mädlers *Wohin wir gehen* leiden hingegen unter ihrer ungewollten Kinderlosigkeit. Auch der nervenzehrende Balanceakt zwischen Mutterdasein und beruflicher Selbstverwirklichung ist Gesprächsinhalt: Wolfs Christa T., Ferrantes Lenù, Bánks Márta und Mädlers Kristine fühlen sich nach der Geburt ihrer Kinder in ihrem Schaffen als Schriftstellerin behindert; Streeruwitz' Lydia hat das Gefühl, weder ihrer Rolle als Unternehmerin noch der als Mutter gerecht werden zu können.[86] Dem vertraulichen Dialog ist insofern eine emanzipatorische Dimension inhärent, als sich die Freundinnen in ihm verkappter Geschlechterdynamiken bewusst werden und diese zumindest ansatzweise durchbrechen können. Zudem leisten sie sich pragmatische Hilfe – sei es in Form von Seitensprung-Alibis[87] oder der Entlastung bei der Eltern-[88] und Kinderbetreuung[89] – und ermöglichen einander so den temporären Ausbruch aus einem als einengend empfundenen Leben.

Während die meisten der männlichen Freundespaare sich primär über sachbezogen-abstrakte Inhalte austauschen,[90] bildet im weiblichen Freundschaftsroman das *Ich* den zentralen Gesprächsinhalt der Protagonistinnen. Gleichwohl bleiben auch sie einander letztlich fremd. So kanzeln Bußmanns Freundinnen existenzielle Sorgen der jeweils anderen gereizt ab: Die

85 NE III 214 ff.

86 „Sie war für die Kinder in die Selbständigkeit gegangen und hatte diese Agentur aufgebaut. Dieselbe Agentur, die sie dann daran hinderte, sich den Kindern im vorgeschriebenen Ausmaß zu widmen." (AB 14 f.)

87 In Streeruwitz' *Der Abend nach dem Begräbnis der besten Freundin.*

88 In Frickes *Töchter* und Mädlers *Wohin wir gehen.*

89 In Ferrantes *Neapolitanischer Saga* und Bánks' *Schlafen werden wir später.*

90 Die dominanten Themenkreise der männlichen Freundespaare sind u. a. Spiritualität (Hesses *Demian*), Politik (Kästners *Fabian*, De Carlos' *Zwei von zwei*, Timms *Rot*, Houellebecqs *Serotonin*), Literatur (Uhlmans *Der wiedergefundene Freund*, Austers *Leviathan*, Bellows *Ravelstein*, Kirchhoffs *Eros und Asche*, Timms *Der Freund und der Fremde*), Musik (Bernhards *Der Untergeher*), Wissenschaft (Poschmanns *Die Sonnenposition*) und Film (Zieglers *Und jetzt du, Orlando!*).

Erzählerin bezeichnet Nellys in Nicaragua aufkommenden Selbstzweifel als „Pubertätsfragen" (20), und Nelly reagiert auf die offensichtliche Depression der Erzählerin „regelrecht verächtlich [...], sie kann es nicht mehr hören, das Reden über die Schwermut und die Mutlosigkeit, es gibt Medikamente und Therapien, man kann so etwas behandeln lassen, sich zusammennehmen, es gibt größere Probleme in der Welt" (234). In Messuds *The Burning Girl* wird die Erzählerin sich der unüberwindbaren Distanz in einer Art Epiphanie bewusst:

> I too was newly aware of the aloneness of each of us, of how little of our selves and lives was shared [...]. I had known Cassie all my life [...]. Weren't we secret sisters, umbilically linked? But I had taken my attention from her, and so quickly, it seemed in retrospect, she had changed [...] beyond recognition, [...] until what I thought I knew I did not know, and the person I thought I recognized, grew, behind her skin, alien to me. (BG 205)

Die Unmöglichkeit eines gegenseitigen Verstehens wird besonders deutlich, wenn sowohl in *Der Mantel der Erde ist heiß und teilweise geschmolzen* als auch in der *Neapolitanischen Saga* die Involvierung der verschwundenen Freundin in kriminelle Machenschaften nicht ausgeschlossen werden kann.[91] Die Fremdheitserfahrung erfährt in beiden Romanen eine apodiktische Generalisierung. So verkündet Nelly, dass „es [...] sowieso keine Nähe zwischen den Menschen [gibt], im Allgemeinen nicht und besonders nicht zwischen Frauen" (232); und auch Lila glaubt, dass „die Frauen [...] sich untereinander noch heftiger als die Männer [bekämpften]" (NE I 39). Derlei geschlechtsspezifische Attributionen, auf die die männlichen Protagonisten gänzlich verzichten, schreiben auf Figurenebene die jahrtausendealten Zweifel an der Freundschaftsfähigkeit der Frau fort[92] und stellen die Hymnen der (populärwissenschaftlichen) Soziologie auf weibliche Freundschaft als *das* idealtypische Modell menschlicher Fürsorge und Kommunikation schlechthin[93] in Frage.

Doch wird Nellys vernichtendes Urteil vom Roman zumindest teilweise relativiert: So klingt in *Der Mantel der Erde ist heiß und teilweise geschmolzen*, das im noch stark patriarchalisch geprägten Nicaragua spielt, sehr wohl eine überindividuelle, sozialethische Form weiblicher Freundschaft an: Esperanzas Haus, in dem mit Ausnahme der Angestellten ausschließlich Frauen verkehren, beherbergt entgegen der anfänglichen Vermutung der Erzählerin eben keinen

---

91 „Wenn die Polizei angeklopft und ihr mitgeteilt hätte, Ihre Untermieterin [Nelly] war in ein schweres Verbrechen verwickelt, als Opfer, Täterin, beides, Esperanza wäre nicht überrascht gewesen." (251); „In diesen Septembertagen hegte ich den Verdacht, dass [...] Lila dieses Blut vergossen hatte." (NE III 399 f.)

92 Vgl. Kapitel 1.3.3.

93 Ebd.

„Großfamilienverband" (51), sondern ist ein Refugium für orientierungslose junge Frauen aus dem In- und Ausland. Die Szenerie erinnert an Toni Morrisons Roman *Sula*, dessen Titelfigur in einer weiblichen Heterotopie aufwächst („no men in the house, no men to run it", SU 41). Bußmanns Erzählerin wird im Heimatdorf ihrer Mitbewohnerin Gloria abermals von einer solch matriarchalisch anmutenden Gemeinschaft empfangen (271 ff.). Alle drei Kollektive stellen einen Parallel- bzw. Gegenentwurf zu Individualisierung und traditioneller Familie dar und erfüllen für die Protagonistinnen eine Unterstützungs- bzw. Kompensationsfunktion: Durch Esperanzas Großzügigkeit – sie verlangt weder Miete noch Rechenschaftslegung – erhalten Nelly und die Erzählerin Zeit zur Selbstergründung, während die vom Vater ihres Kindes getrennt lebende Gloria dank der gemeinschaftlichen Erziehung ihrer Tochter einer Erwerbstätigkeit und Ausbildung nachgehen kann.

Wie bereits angedeutet, bedienen sich auch die weiblichen Freundschaftsromane des Modells von unkonventioneller Ausreißerin und verzagter Chronistin und schreiben damit eine seit dem bürgerlichen Realismus ergiebige Konstellation[94] fort: Da ist die vagabundierende, wankelmütige Nelly auf der einen und Bußmanns Erzählerin, die „mit beiden Beinen auf dem Boden steht" (62) und stets „gut überlegt" (40) handelt, auf der anderen Seite. Während Lydia „sich über die Grenzen hinausbewegt" (AB 35), empfindet Streeruwitz' Erzählerin sich als „[d]ressiertes Kind" (AB 44). In der *Neapolitanischen Saga* erfährt diese Polarität eine Zuspitzung, wenn sowohl die Freundinnen als auch ihr Umfeld wiederholt eine Gut/Böse-Attribution vornehmen.[95] Palmens Erzählerin stellt die Freundinnen einander ebenfalls antithetisch gegenüber: „Wo ich ganz leise auftrat und flüsterte, stampfte sie geräuschvoll drauflos; wenn ich kicherte, lächelte, nickte und den Kopf senkte, reckte sie sich unerschrocken [...]. Sie machte den Krach, den ich dämpfte,

94 Vgl. Kapitel 1.3.1.

95 „So ist es immer schon gewesen, seit wir klein waren: Alle denken, sie ist die Böse und ich bin die Liebe." (NE I 359) Auch Lila greift diese Zuschreibung auf: „Als wir klein waren, haben wir einen Pakt geschlossen: Die Böse bin ich." (NE III 176) Die Gut/Böse-Dichotomie korrespondiert indes recht plakativ mit dem Äußerlichen der Freundinnen: Die Erzählerin ist ein heller, Lila ein dunkler Typ. Bemerkenswerterweise erfolgen die Charakterisierungen durch Dritte anhand der gleichen Kategorien, die Lenùs eigenem Schreiben über die Freundschaft zugrunde liegen: *Imitation* („„Du willst ja immer das machen, was Lina macht."", NE II 68), *Konkurrenz* („„Sei nicht beleidigt, Lenù, du bist klug, du hast es weit gebracht [...]. Aber [...] Lina hat wie sonst niemand etwas Lebendiges im Kopf, etwas Starkes"", NE III 428; vgl. auch NE II 523 und NE III 176) und *Ergänzung* („Wer uns seit unserer Geburt kannte, schrieb es ihr zu, ihrer Anziehungskraft, dass der Rione auf seinen Straßen eine so angesehene Persönlichkeit wie mich haben konnte.", NE IV 345).

sie übertrat die Grenzen, denen ich mich unterwarf, sie eroberte den Raum, in dem ich mich unsichtbar zu machen, in Luft aufzulösen versuchte." (FS 61) Und in Mädlers *Wohin wir gehen* heißt es: „Weil sie (Almut) doch immer erst nachdenken müsse, bevor sie etwas sage, während sie (Rosa) doch eher gerade heraus ist und ständig irgendwo Ärger hat. Und schon deshalb müssen sie immer schön beieinanderbleiben, damit sich das ergänzen und ausgleichen kann." (WG 111)

In der Tat profitieren von dieser Rollenverteilung beide Freundinnen gleichermaßen: Die Erzählerinnen, allzeit bereite Adjutantinnen und Steigbügelhalterinnen,[96] fungieren als Sicherheitsnetz für ihre draufgängerischen Alter Egos. Im Gegenzug profitieren sie indirekt vom gleich doppelten Erkenntnisgewinn, den deren ludische Subjektivierungspraktiken verheißen – „zum einen in Bezug auf die Wirklichkeit, mit *der* gespielt wird; zum anderen in Bezug auf die routinisierte Erkenntnispraxis, durch welche ebenjene Wirklichkeit realitätsgerecht begriffen wird"[97]. So ist es fast, als würden die Erzählerinnen *sich selbst* verweigern, hingeben oder neu erfinden; und zwar ganz ohne ihre Zuschauerrolle aufgeben und ein eigenes Risiko eingehen zu müssen. Das Leben der Freundin wird zum Roman: Es ermöglicht den sie lesenden Erzählerinnen eine „Stellvertretererfahrung"[98] und „ein symbolisches Probehandeln in imaginierten Welten"[99] – und erfüllt somit die gleiche Funktion, die Dieter Wellershoff der Literatur zuschreibt.[100]

Sowohl Bußmanns Nelly als auch Ferrantes Lila reflektieren das Verhältnis von *Leben* und *Literatur* – und spielen die unterschiedlichen Modi der Weltaneignung bzw. Subjektivierung damit indirekt gegeneinander aus: Wenn Nelly das Kino mit den Worten verwirft, dass „doch alles bloß erfunden" sei und es „genug Wirklichkeit" (135) gebe, dann schlägt sie in die gleiche Kerbe wie Lila, die die Fiktion ebenfalls zur ‚Verliererin' erklärt: „Du [die Erzählerin Lenù] wolltest Romane schreiben, aber ich habe einen Roman gelebt, mit echten Menschen, mit echtem Blut, in der Realität." (NE III 401) Während die Diskrepanz zwischen Leben und Literatur in Nadolnys *Selim oder Die Gabe der Rede*, Poschmanns *Die Sonnenposition* und Bjergs *Auerhaus* über die

96 „Wenn sie mich einlud, sagte ich alle anderen Pläne ab." (ME 224); „Eigentlich. Eigentlich war ich. Ich war. Was. Die Privatsekretärin. Die Stellvertreterreisende. Die Privatdetektivin, die die Ausreden ausspioniert. Die Zofe. Die Stilberaterin. Die Sterbensbegleiterin. Aber immer nur auf Abruf." (AB 32)

97 Julia Christ: „Die Möglichkeit des Anderen – Zur Dezentrierung des Subjekts im Spiel bei Kant und Winnicott." In: Strätling (Hrsg.) 2012, S. 103-125, hier S. 107.

98 Sexl 1996, S. 189.

99 Klausnitzer 2009, S. 99.

100 Vgl. hierzu Wellershoff 1969 sowie die Ausführungen in Kapitel 6.2.1.

exponierte Fiktionalität des Erzählten und in Kirchhoffs *Eros und Asche* sowie Timms *Rot* über poetologische Reflexionen – und damit jeweils auf Ebene der Rahmenerzählung – verhandelt wird, verlagern *Der Mantel der Erde ist heiß und teilweise geschmolzen* und die *Neapolitanische Saga* die Kontrastierung also auf die innerdiegetische Ebene. Nach ihrem Verschwinden gehen Nelly und Lila endgültig im Medium der Schrift auf: So muss Bußmanns Erzählerin sich „alles, was ich über sie [...] weiß, [...] anlesen“ (16) und fahndet nach „Textdokumente[n], in denen sich die Lösung des Rätsels verbirgt oder wenigstens eine Spur“ (22), während Ferrantes Lenù die Freundin zwischen den Zeilen des eigenen Manuskripts zu finden hofft. Die Suche nach dem Alter Ego wird zum hermeneutischen Interpretationsprozess und die Freundin – nicht zuletzt in Form des uns vorliegenden Romans – endgültig zu Literatur.

8.4 Fazit

Der Mantel der Erde ist heiß und teilweise geschmolzen wird von den aufeinander bezogenen Bewegungen des Verschwindens und Suchens strukturiert, die ich als erkenntnistheoretisch grundierte Subjektivierungspraktiken analysiert habe. Beide sind charakteristisch für das Genre Freundschaftsroman, erfahren bei Bußmann durch die Verlagerung des Romangeschehens nach Nicaragua und die physische Auflösung der Freundin aber eine Veräußerlichung und neue Realität. Während sich die männlichen Freunde bei Raabe und Mann, Jens und Bernhard, Poschmann und Kirchhoff, Timm und Bjerg sowie bei Houellebecq ins Eremitendasein flüchten und vor den Augen der Welt verstecken, kämpfen die Freundinnen darum, gesehen zu werden. Während die männlichen Biographen mit dem Aufgehen im Alter Ego kokettieren,[101] vermögen die Erzählerinnen bei Bußmann und Ferrante am Ende ihrer Narration tatsächlich nicht mehr zwischen Du und Ich zu unterscheiden.

Anhand der Motivkomplexe von Konturlosigkeit, Mimesis und Auflösung verhandelt der weibliche Freundschaftsroman die Prekarität weiblicher Subjektivierung. Die verschwindenden Körper der Protagonistinnen können als materielles Archiv einer Kulturgeschichte gelesen werden, die von der Spurenlosigkeit und Unsichtbarkeit der Frau gekennzeichnet ist – eine Unsichtbarkeit, von der auch und gerade der philosophisch-literarische

101 Poschmanns Altfried träumt davon, mit Odilo „eins zu werden“ (SP 82), Kirchhoffs Erzähler hat ein „Verlangen nach Einheit um jeden Preis, auch dem des Verschwindens im Freund“ (EA 147), und bei Timm verschmelzen die Freundesnekrologe am Romanende miteinander.

Freundschaftsdiskurs zeugt.[102] Die Romane indizieren, dass die schon von Wolfs Christa T. beschriebene „Schwierigkeit, ‚ich' zu sagen" (NC 214), auch nach der dritten Welle des Feminismus und vielleicht gerade in Zeiten einer nie zuvor dagewesenen Palette weiblicher Identitätsangebote wenig an Aktualität eingebüßt hat. So wird das gleich doppelte Verschwinden in *Der Mantel der Erde ist heiß und teilweise geschmolzen* zur Daseinsmetapher für eine Generation von Frauen, für die die von Bußmanns Erzählerin als lediglich temporär abgetane „Orientierungslosigkeit" (257) eine universelle ist und die sich im Labyrinth der „unvorstellbaren Möglichkeiten" (TÖ 105) selbst zu verlieren droht. Das Verschwinden kann gleichwohl nicht nur als letzter Schritt einer Entsubjektivierung, sondern auch als erster Schritt einer Subjektivierung gedeutet werden: In der Lesart eines bewussten Sich-Entziehens wird es zum Akt der Selbstermächtigung, über den die Freundinnen jeglichen familiären und gesellschaftlichen Erwartungshaltungen endgültig entsagen. Somit handelt es sich – ebenso wie beim Spiel der Identitäten, über das das endgültige Verschwinden erprobt und antizipiert wird – um einen janusköpfigen, zwischen Ichverlust und Ichgewinn oszillierenden Vorgang; und es ist gerade diese Ambivalenz, die den Reiz der Texte ausmacht.

So, wie der Tod durch die Verabsolutierung einer schon zu Lebzeiten unüberbrückbaren Distanz den folgerichtigen End- bzw. Höhepunkt männlicher Freundschaft markiert, so kulminieren die essenziellen Dynamiken weiblicher Freundschaft im Verschwinden. Die extreme Interdependenz der innerdiegetischen Subjektivierung der Protagonistinnen wird auf Ebene der Rahmenerzählung fortgeschrieben: Erstens ist der Status der Verschwundenen – anders als jener der Toten – das Resultat eines (subjektiven) Lektüre- und Sinngebungsprozesses, da die Spur wie die Schrift „in höchstem Maße von den Bedeutungszuschreibungen und Projektionen des spurenlesenden Subjekts abhängig"[103] ist. Zugespitzt formuliert: Ohne Detektivin keine Spur. Zweitens ist der sukzessive Ich-Verlust der Erzählerinnen insofern ein fast zwangsläufiger, als mit dem Fixpunkt Freundin der Motor bzw. das Korrektiv der eigenen Subjektivierung verschwunden ist: Ohne Alter kein Ego.

Die reziproke Konditionierung von Freundschaft und Schreiben[104] erfährt in den untersuchten Romanen eine mannigfaltige Aktualisierung: Auf Ebene der Analepse bedürfen die Erzählerinnen der Freundin als Muse und

102 Bovenschen (1998: „Tanz", S. 30) kommt gar zu dem Schluss: „An keinem anderen Phänomen läßt sich die fragwürdige Kulturhoheit des Patriarchalismus so gut studieren wie an dem der Freundschaft."

103 Kessler 2012, S. 77.

104 Vgl. Kapitel 3.

intellektueller Anstoßgeberin für die eigene literarische und/oder wissenschaftliche Text*produktion*, während das Beobachten des von Nelly und Lila, Cassie und Laila betriebenen Spiels mit den Identitäten ihnen eine vermittelte und damit risikolose Teilhabe an alternativen Lebensentwürfen erlaubt und damit eine ähnliche Funktion wie die Roman*rezeption* erfüllt. Nach dem Verschwinden der Freundin bzw. auf Ebene der Rahmenerzählung wird diese emphatische um eine detektivische Lektüre des Alter Ego erweitert: Beim *Spurenlesen* ebenso wie beim hieran anknüpfenden *Festschreiben* handelt es sich um integrale Bewältigungs- und Subjektivierungsstrategien, mithilfe derer die Erzählerinnen eine Verortung und Sichtbarwerdung sowohl der enigmatischen Freundin als auch des eigenen Ich verfolgen.

Wenn die Erzählerinnen bei Ferrante, Palmen und Sitzler die Freundin trotz deren dezidierten Verbots zum Buchsujet machen, dann liegt dem Akt des Schreibens nicht der Wunsch einer (wenn auch durch das verwissenschaftlichende *Schreiben in Fällen* oftmals verbrämten) *Annäherung* wie beim Gros der männlichen Erzähler zugrunde. Im Gegenteil: Schreiben wird hier zur Geste der *Grenzziehung* und *Emanzipation*, die sich, wie wir gesehen haben, jedoch nicht einlöst. Bußmanns Protagonistin schreibt freilich nicht nur *über*, sondern auch *an* die Freundin: Wenn Nelly und sie sich einander nur in Briefform und über eine durch tausende Kilometer hergestellte Entfernung zu offenbaren vermögen, dann legt dies – gerade in Verbindung mit dem gegenseitigen Unverständnis im realen Gespräch – nahe, dass die abwesende Freundin die ‚bessere' Freundin ist. Zudem zeigt sich hier (abermals), dass ein auf Selbstergründung angelegtes Schreiben ohne die Instanz eines imaginierten Gegenübers ins Leere zu laufen droht. Wie schon in den übrigen Texten des Primärkorpus bilden Distanz und Projektion zentrale Pfeiler der freundschaftlichen bzw. schriftlichen Selbstkonstitution.

Worin also liegen das Innovationspotenzial bzw. die Grenzen des weiblichen Freundschaftsromans, dessen aktueller Aufschwung dem jahrtausendelangen Ausschluss der Frau aus der Sphäre der Freundschaft[105] ein (wenn auch äußerst spätes) Ende zu machen verspricht? Die wenigen englischsprachigen Studien zum Thema warten meines Erachtens mit verkürzenden Antworten auf.[106] So resümiert Elizabeth Abel: „Serious novels that focus on the actual friendships of women […] suggest that identification replaces complementarity as the psychological mechanism that draws women together."[107] Ein solches Entweder-oder verkennt, dass es gerade die *Dialektik*

105 Vgl. Kapitel 1.3.3.

106 Eine Ausnahme bildet das Vorwort von Margaret Atwood in Midorikawa/Sweeney 2018.

107 Abel 1981, S. 415.

von Gleichheit (die Praktiken der Mimesis und Verschmelzung) und Differenz (die dichotome Figurenanlage und das Ringen der Erzählerinnen um Abgrenzung) ist, innerhalb derer sich die Subjektivierung der Protagonistinnen vollzieht. Voraussetzung für eine Durchdringung der Freundin ist laut Judith Gardiner deren Absenz: „The woman in quest of her understands her only after her death."[108] Diese in Bezug auf *Nachdenken über Christa T.* aufgestellte These verwundert insofern, als Wolfs Erzählerin ebenso wie ihre ‚Erbinnen' das *Scheitern* ihrer hermeneutischen Bemühungen einsehen muss: Die Romane literarisieren Maurice Blanchots These von der konstitutiven Fremdheit des Alter Ego.

Während Janet Todd und Katrin Berndt Frauenfreundschaft im Roman des 18. und frühen 19. Jahrhunderts eine durchweg positive Funktion zuschreiben,[109] wirkt sie bei Bußmann und Ferrante, Palmen und Streeruwitz, Messud, Smith und Albrecht keineswegs (mehr) ausschließlich identitätsstabilisierend: Asymmetrie, Rivalität und Manipulation katalysieren insbesondere auf Seiten der Erzählerinnen identitätszersetzende Prozesse. Den harmonisierenden Lektüren von Abel, Gardiner, Todd und Berndt steht Karen Bojars Interpretation der *Neapolitanischen Saga* entgegen. Die hierin dargestellte Beziehung sei zu vielschichtig, um überhaupt unter die Sozialform Freundschaft subsumiert werden zu können: „For a relationship as intense as that between Lila and Elena, the word friendship seems inadequate; a love affair seems a better description of their relationship with its passionate intensity, turbulent quarrels, separations and reconciliations."[110] In dieser Aussage manifestiert sich ein ebenso eindimensionales wie normatives Verständnis von (Frauen-)Freundschaft, das bereits die Rezeption von Wolfs *Nachdenken über Christa T.* prägte.[111]

Harmonisierende bzw. normierende Schlüsse dieser Art sind gleichermaßen bedenklich, insofern sie die Vielschichtigkeit von (literarischer) Frauenfreundschaft verkennen und die Gefahr einer abermaligen Essentialisierung

108 Gardiner 1981, S. 438. Gardiner bezieht sich wie Abel auf Wolfs *Nachdenken über Christa T.*, Morrisons *Sula*, Doris Lessings *The Four-gated City* (1969) und *The Golden Notebook* (1962) sowie Ruth Prawer Jhabvalas *Heat and Dust* (1975).

109 Friendship „aids and saves, providing close emotional support in a patriarchal world (Todd 1980, S. 3); it is a „device that allows female characters […] to assert their visibility in […] the public sphere" (Katrin Berndt: *Narrating Friendship and the British Novel, 1760–1830*. London: Routledge 2017, S. 235).

110 Bojar 2018, S. 82. Auch Thomas Steinfeld („Puppenspiel." In: *Süddeutsche Zeitung* vom 21.08.2016) setzt in seiner Rezension der Romanreihe die „lebenslange ‚Freundschaft'" in Anführungszeichen.

111 Mayer 1968 (S. 240) bezweifelt hinsichtlich der Beziehung zwischen Wolfs Erzählerin und Christa T., dass „da von Freundschaft […] gesprochen werden kann".

bergen. Die Romane, die „Reflexion *und* Ausdruck/Vollzug von Kultur“[112] und damit performativ sind,[113] tun das Gegenteil: Über das Aufzeigen der Komplexität weiblicher Freundschaftspraktiken und weiblicher *Subjektivität*[114] können sie einen Beitrag zur *Konstituierung des Subjekts* Frau[115] und seiner Sichtbarwerdung leisten. Kurios ist gleichwohl, dass einige der Romane das Gleiche betreiben wie ihre Erzählerinnen, nämlich die Imitation eines übermächtigen Vorbildes. So hat Elena Ferrantes *Neapolitanische Saga* unverkennbar für Zadie Smiths *Swing Time*, Claire Messuds *The Burning Girl* und Lene Albrechts *Wir, im Fenster* Pate gestanden. Sei es das Nachahmen der Freundin,[116] seien es deren prekäre Familienverhältnisse, Lügenaffinität und Chuzpe, sei es das Gefühl des Verrats vonseiten der intellektuell unterlegenen, schulisch aber erfolgreicheren Erzählerin: Die Romane von Smith, Messud und Albrecht reproduzieren zentrale Motive[117] und mitunter ganze Romanszenen[118] von Ferrantes Tetralogie. Die Zeit wird zeigen, ob das noch

112 Hartwig 2008, S. 84.

113 Vgl. zur transformierenden Kraft von Literatur auch Koch 2017.

114 Nach Klinger 2006 (S. 108) ist die *Subjektivität* in der Sphäre des individuellen Bewusstseins angesiedelt, in unserem Fall also im Bewusstsein der literarischen Freundinnen.

115 Die *Konstituierung des Subjekts* vollzieht sich „auf der symbolischen oder semantischen Ebene, d. h. in den gesellschaftlichen und theoretischen Diskursen“ (ebd., S. 106).

116 „Lila steckte ihre Hand und den ganzen Arm in den schwarzen Schlund eines Gullylochs, und ich tat es kurz darauf auch, [...] Lila kletterte bei Signora Spagnuolo im Erdgeschoss am Fenster hoch, [...] und ich tat es kurz darauf auch [...].“ (NE I 25) In Smiths *Swing Time* diktiert Tracey der Erzählerin sogar wörtlich, was diese im Spiel sagen soll (ST 29 f). In Albrechts *Wir, im Fenster* heißt es: „Laila stand von ihrem Stuhl auf, also stand auch ich von meinem Stuhl auf. Laila war im Begriff, ihren Teller abzuschlecken, also fuhr auch ich blitzschnell mit meiner Zunge über die glatte Oberfläche des Porzellans. Laila lachte, ich fiel in das Gelächter mit ein.“ (WF 20)

117 Auch in Smiths *Swing Time* rahmt das Motiv des Puppenspiels die Freundschaft; auch hier kehrt die Erzählerin nach jahrelanger Absenz und im Glauben einer neu gewonnenen Autonomie in die Nachbarschaft der gemeinsamen Kindheit zurück; und auch sie forciert eine (Wieder-)Begegnung der Freundinnen im Medium der Schrift, wenn sie das Internet durchforstet in der Hoffnung, „[i]n other people's feeds, under newspaper articles, on Facebook walls“ (ST 440) Spuren von Tracey zu finden.

118 Vgl. z. B. folgende Szenen aus Albrechts *Wir, im Fenster* – die Freundinnen heißen hier nicht Lenù und Lila, sondern Linn und Laila – und Ferrantes Tetralogie: „Bis ich zehn war, wollte ich nicht allein in den Keller gehen, auch nicht auf die Treppe, die unter freiem Himmel in die Tiefe führte, zur Tür. Laila wusste das. Welche Überwindung es mich kostete, dort hinabzusteigen. In dieses Loch, von dem ich nicht wusste, ob es mich wieder hergab.“ (WF 26 f.) Bei Ferrante heißt es: „Um Lila zu folgen, musste ich den bläulichen Schimmer des Hofes verlassen und in das Schwarz des Hauseingangs tauchen. Als ich mich endlich dazu entschloss, sah ich zunächst nichts. [...] Dann gewöhnte ich mich an die Dunkelheit und sah Lila auf der ersten Stufe des untersten Treppenabschnitts sitzen.“ (NE I 26)

junge Genre des weiblichen Freundschaftsromans in den inzwischen so bewährten wie redundanten Mustern verharrt und es damit (weiterhin) seinen auf Nummer Sicher setzenden Erzählerinnen gleichtut, oder ob es künftig mit neuen Elementen, Dynamiken und Subjektivierungsnarrativen aufzuwarten vermag.

KAPITEL 9

Synthese

Im Folgenden werden die zentralen Ergebnisse der vorliegenden Studie gebündelt und damit die in Kapitel 1 und 3 formulierten Forschungsfragen beantwortet. Die Aussagen zu stofflichen, erzähltechnischen und motivischen Phänomenen im zeitgenössischen Freundschaftsroman können gerade aufgrund der bewusst heterogenen Zusammensetzung des knapp fünfzig Texte umfassenden Korpus Repräsentativität beanspruchen: Nicht nur stehen Romane von arrivierten und erst aufstrebenden Autoren nebeneinander; die germanistische Perspektive wurde zudem durch die Einbindung von dreizehn nicht-deutschsprachigen Texten erweitert.

Das eingangs erläuterte, doppelt grundierte Verständnis von Gegenwartsliteratur, das die Analysen der Primärtexte leitete, hat sich dabei als fruchtbar erwiesen: Gegenwartsliteratur ist „Medium der Wahrnehmung, Reflexion und Kritik gegenwärtiger Verhältnisse“[1] und damit zeitdiagnostisches Instrument, kann zugleich aber auch als „Anthropologie sui generis“[2] firmieren. Entsprechend verfahre ich im Folgenden ebenfalls gewissermaßen zweigleisig, wenn ich unter Einbeziehung einer literaturhistorischen Perspektive überdauernde Muster bzw. die Modellhaftigkeit des Freundschaftsromans eruiere und gleichzeitig die spätmodernen Spezifika und Innovationspotenziale des Genres aufzeige.

9.1 Alter und Ego

Menschenbild und Zeitkritik

> ‚Freundschaftsgeschichten‘ sind [...] nicht mehr möglich, da das soziale Handlungsmuster abhanden gekommen ist, das einst, im 18. Jahrhundert, den Anstoß zu solcher erzählender Auseinandersetzung gab. [...] Daß im 20. Jahrhundert [...] die Freundschaft von Held und Erzähler als verdeckt homoerotische Wunschprojektion [...] verstanden wird [...], zeigt [...], daß die traditionellen Perspektiven von ‚Freundschafts‘-Darstellungen nicht mehr vorhanden sind und auch kaum noch erinnert werden – [...] die alte Motivik [wird] im Bereich der ‚höheren‘ Literatur durchweg vermieden [...].[3]

1 Caduff/Vedder 2017, S. 9.

2 Pfotenhauer 1987, S. 1.

3 Meyer-Krentler 1984, S. 287.

 | DOI:10.30965/9783846766774_010

Mit diesen Worten schließt die beeindruckende und bislang umfassendste germanistische Freundschaftsstudie von Eckhardt Meyer-Krentler 1984. Sein Befund kann für die Gegenwartsliteratur freilich keine Gültigkeit mehr beanspruchen: Mit dem aus arrivierten Schemata ausbrechenden Freigeist und seinem vernünftigen Freund rekurriert der zeitgenössische Roman auf eine seit dem 18. Jahrhundert produktive Konstellation.[4] Spezifischer schreibt er ein narratives Modell fort – nämlich das des „spießbürgerlich-gutartigen Erzählers, der [...] mit nur halbem Verstehen [...] das gescheiterte Leben eines [...] hochfahrenden, hochfliegenden Freundes erzählt"[5] –, das sich im bürgerlichen Realismus herauskristallisiert und bereits in der DDR-Literatur der 1960er Jahre eine kurzzeitige ‚Wiederbelebung' erfährt.[6]

Der zeitgenössische Freundschaftsroman transponiert die „subjektive Bewältigung eines weltanschaulich-gesellschaftlichen Programms, das durch die in seinem Namen erreichte politische Wirklichkeit in Frage gestellt ist"[7], mithin in die neoliberale Leistungsgesellschaft des 21. Jahrhunderts.[8] Er verhandelt anhand der gegensätzlichen Figurenkonstellation abermals „das [erdrückende] Mißverhältnis zwischen den Anforderungen, denen man sich stellt, und den eigenen Kräften" (NC 119), mit dem schon die Freundinnen in Christa Wolfs Autofiktion *Nachdenken über Christa T.* kämpfen und über das es in Peggy Mädlers Roman *Wohin wir gehen* auch 2019 noch heißt: „Wie schwer es doch ist, die Interessen des Einzelnen mit den Interessen der Gemeinschaft in Einklang zu bringen." (WG 160)

Genau das versuchen die Erzähler, deren Verzagtheit, Gefallsucht und Konformismus im Gegensatz zur geistigen Unabhängigkeit und Kompromisslosigkeit ihres (toten) Freundes steht: Dieser ist nicht (mehr) das vertraute

---

4 Vgl. Kapitel 1.3.1.

5 Sebastian Haffner: „Thomas Mann. ‚Doktor Faustus'." In: *konkret. Zeitschrift für Politik und Kultur* 5/1964, S. 18-19, hier S. 18. Joseph 1998 (S. 160), die wie Haffner Parallelen zwischen Raabes *Die Akten des Vogelsangs* und Manns *Doktor Faustus* herausarbeitet, spricht von der „Aufspaltung der Hauptrolle in zwei miteinander befreundete Figuren: in die bis zur Selbstaufgabe kompromißlos Unbedingtheit erstrebende [...] Außenseiter-Gestalt, die ihr Selbst am Ende nur im äußeren Untergang bewahren kann, und ihren Biographen, der [...] sich [...] nahezu widerspruchslos unterordnet und auf Selbstverwirklichung weitgehend verzichtet."

6 Meyer-Krentler 1984, S. 287 ff.

7 Ebd., S. 291.

8 Vgl. die Titel aktueller Gesellschaftsanalysen, z. B. Byung-Chul Han: *Müdigkeitsgesellschaft*. Berlin: Matthes & Seitz 2010; Alain Ehrenberg: *Das erschöpfte Selbst*. Frankfurt a. M.: Suhrkamp 2008; Hartmut Rosa: *Beschleunigung und Entfremdung*. Frankfurt a. M.: Suhrkamp 2013; Armen Avanessian (Hrsg.): *Akzeleration*. Berlin: Merve 2013; Heinz Bude: *Gesellschaft der Angst*. Hamburg: Hamburger Edition 2014; Hans-Joachim Maaz: *Die narzisstische Gesellschaft*. München: Beck 2012; Andreas Reckwitz: *Die Gesellschaft der Singularitäten*. Berlin: Suhrkamp 2017.

Gleiche,[9] sondern das fremde *Andere*, das die eigene Identität nicht bestätigt, sondern in Frage stellt. Schon in Wilhelm Raabes Roman *Die Akten des Vogelsangs* wird sich der Erzähler im Zuge seiner Biographentätigkeit „der Enttäuschung, der Langeweile" (AV 138) des eigenen Lebens bewusst. Auch die zeitgenössischen Freunde sind des „müde[n] Gezappel[s]" (ME 99), der „zermürbenden Routine" (SP 333) und des von Generation zu Generation weitergegebenen Laufs von „Birth, school, work, death" (AH 67; SS 140) überdrüssig: „Guck dir doch meine Alten an. Oder deine. Wenn das das Leben ist – gute Nacht." (MK 113)

Doch ‚konkurriert' die Empfindung einer schleppenden, überraschungsarmen, zyklischen Existenz[10] in einer Vielzahl der Gegenwartstexte – und hiermit wird der Konflikt zwischen Anpassung und Selbstverwirklichung um ein spezifisch spätmodernes Paradigma erweitert – mit dem Credo eines *Schneller, Höher, Weiter*. Der daraus resultierende Leistungsdruck wird in den Romanen *Die Kieferninseln* von Marion Poschmann und *Ich nannte ihn Krawatte* von Milena Michiko Flašar durch die Verlegung des Geschehens nach Japan hypertrophiert.[11] Er ist in Nina Bußmanns *Der Mantel der Erde ist heiß und teilweise geschmolzen*, in dem die Erzählerin ihre Dissertation schreibt über eine „Welt, in der sich aufputschen muss, wer mithalten will" (ME 220), auch Gegenstand wissenschaftlicher Reflexion. Die zeitgenössischen Freunde leiden unter „den bizarren Zwängen des allgegenwärtigen Turbokapitalismus" (KI 42) und „den

9 Vgl. zum Topos vom Freund als einem zweiten Selbst z. B. Aristoteles 2010, S. 252; Cicero 2015, S. 33; Augustinus 1994, S. 96; Montaigne 2000, S. 301. Wieland spricht in der *Geschichte der Abderiten* (Berlin: Hofenberg 2016 [1780]) von der „Notwendigkeit, uns selbst in demjenigen zu lieben, der uns am ähnlichsten ist" (S. 102).

10 In Hermann Hesses *Unterm Rad* wächst der Protagonist in einem von „Feindseligkeit gegen alles Unalltägliche, Freiere, Feinere, Geistige" (UR 8) geprägten Milieu auf und wird – wie Hesses späterer Erzähler in *Demian* – vom unkonventionellen Freund für die bürgerliche Duckmäuserei und Bigotterie sensibilisiert: „Ein paar Jahre wurde gesoffen und gejubelt, und dann kroch man unter und wurde ein seriöser Herr im Staatsdienst." (DE 161) Auch in Franz Werfels *Der Abituriententag* realisiert der Erzähler durch das Erinnern des Freundes die Monotonie seiner Existenz („Millionen Atemzüge, tausendmal Schlafengehen, tausendmal Erwachen, damit man eine mittelmäßige Laufbahn zurücklegt und bestenfalls bei Banketten einen würdigen Platz erhält.", AT 36). Der Wolfs Christa T. quälende Gedanke, dass „sie nichts denken konnte, was nicht schon millionenmal gedacht, kein Gefühl aufbringen, das nicht in seinem Kern durch Abnutzung verdorben war" (NC 199), treibt den Freund in Walter Jens' *Der Mann, der nicht alt werden wollte* in den Suizid („Alles, was er sieht, denkt, fühlt und schmeckt, ist in irgendeiner Form schon einmal dagewesen.", MA 169).

11 In Japan gibt es bezeichnenderweise ein Wort für den Tod durch Überarbeitung (Karoshi). Vgl. das Interview von Marcel Grzanna mit Hifumi Okunuki: „Der Druck auf die Menschen ist enorm." In: *Süddeutsche Zeitung* vom 13.03.2017.

sich rasend beschleunigenden Veränderungen“ (SP 207). Als exemplarisch für ihr Lebensgefühl kann die Aussage des Erzählers in Michel Houellebecqs *Serotonin* gelesen werden: „[N]un war ich bei einem Zustand zu hoher Weltkomplexität angekommen, ich konnte die Komplexität der Welt, in die ich geworfen war, schlicht nicht mehr ertragen [...].“ (SE 280)

Dem Druck, sich in das spätkapitalistische Gefüge *einordnen* zu müssen, *dazugehören* und *funktionieren* zu müssen – in vielen der Texte verdichtet über das Motiv von Schein versus Sein und die Theatermetapher[12] –, widersetzen sich die meisten der (toten oder verschwindenden) Freunde: Sie sind spätmoderne Bartlebys, die den elterlichen und gesellschaftlichen Erwartungshaltungen mit dem Motto *I would prefer not to* begegnen.[13] Die Unabhängigkeit und Indifferenz, die Velten Andres in Raabes *Die Akten des Vogelsangs* mantra-artig beschwört („Sei gefühllos!“) und die in Manns *Doktor Faustus* zum „Einsatz“ im Teufelspakt wird, lebt in der Abneigung gegenüber jedweden Verbindlichkeiten weiter, die die toten Freunde in Thomas Bernhards *Der Untergeher* und *Wittgensteins Neffe*, Toni Morrisons *Sula* und Christa Wolfs *Nachdenken über Christa T.* ebenso charakterisiert wie in Andrea De Carlos *Zwei von zwei*, Uwe Timms *Rot*, Bodo Kirchhoffs *Eros und Asche*, Marlene Streeruwitz' *Der Abend nach dem Begräbnis der besten Freundin.*, Marion Poschmanns *Die Sonnenposition*, Ulf Erdmann Zieglers *Und jetzt du, Orlando!*, Nina Bußmanns *Der Mantel der Erde ist heiß und teilweise geschmolzen* und Elena Ferrantes *Neapolitanischer Saga*.

Mit diesen Figuren, „the brightest, the quickest, the most wilful, the lethally bored, the troublesome“ (ST 224), wie es in Zadie Smiths *Swing Time* heißt, ‚exhumieren‘ die untersuchten Romane neben dem von Meyer-Krentler identifizierten ‚peripheren Ich-Erzähler‘ einen zweiten vermeintlich ausgestorbenen

---

12 „Wir waren Maskenträger. Unsere Gesichter darunter nicht länger erkennbar, da wir mit unseren Masken verwachsen waren.“ (NK 60); „How could I have explained that it all seems like acting, like theatre, to me? Each of us puts on our costumes, our masks, and pretends.“ (BG 21); „wetteiferte ich um den Preis für die beste Verkleidung, für eine so gut getragene Maske, dass sie *fast* wie ein Gesicht war“ (NE II 531); „Wir spielten Glück. Ich spielte die Rolle des glücklichen Kindes bravourös.“ (SP 37); „Deine Reden sind am Ende die schöne Verpackung des Schreckens, der Verzweiflung, des Sinnlosen.“ (RO 384) Auch diese Motivik findet sich bereits in Raabes *Die Akten des Vogelsangs*: „Ob man sie gut oder schlecht spielt, seine Rolle ist jedem auf den Leib gewachsen [...].“ (AV 127)

13 Herman Melvilles Erzählung *Bartleby, the Scrivener: A Story of Wall-Street* (1853), die in der aufstrebenden Finanzmetropole New York spielt, schildert aus der Ich-Perspektive eines erfolgreichen Anwalts die Geschichte von dessen Gehilfen Bartleby, der zunächst unermüdlich Schriftsätze kopiert, sich dann aber mit dem Spruch „I would prefer not to“ allen Arbeitsanweisungen und sogar der Essensaufnahme verweigert und schließlich stirbt.

literarischen Typus: den Sonderling.[14] Die zeitgenössischen Sonderlinge zeichnet nicht nur eine herausragende intellektuelle Brillanz aus; sie leiden auch gehäuft an der für die Spätmoderne emblematischen „Epochenkrankheit"[15] Depression. So aktualisiert der Freundschaftsroman den Topos von Genie und (Geistes-)Krankheit, dem insofern eine gegenwartskritische Funktion inhärent ist, als der über den ‚anderen Blick' verfügende Geisteskranke das destruktive Potenzial der neoliberalen Leistungsgesellschaft zu erkennen vermag.

Erben der Romantik

Einerseits birgt die Andersartigkeit der Freunde ein für die Erzähler augenöffnendes und emanzipatives Potenzial.[16] Zugleich avanciert sie jedoch zur Bedrohung für die eigene Identität: Spätestens über den posthumen Vergleich mit dem genialischen Anderen werden die Erzähler sich der eigenen Durchschnittlichkeit und Inferiorität bewusst. Es ist gerade diese Ambivalenz, diese zwischen Ermächtigung und Erniedrigung schwankende Wirkung der Freunde, die sie als ‚Erben' des romantischen Doppelgängers ausweist.[17] Jener repräsentiert etwa bei Jean Paul und E. T. A. Hoffmann verdrängte und zensierte Eigenschaften und Bedürfnisse des Ursprungs-Ich und ist Ausdruck einer Selbstentfremdung, die aus der Unterordnung unter das rigide bürgerliche Normenkorsett resultiert. Der Doppelgänger wird als Verheißung auf eine

---

14 Vgl. die wichtige stoffgeschichtliche Untersuchung von Meyer 1990, laut der die Evolution des Sonderlings bereits Ende des 19. Jahrhunderts ihren Endpunkt erreicht (S. 290 ff.).

15 Frank Degler/Christian Kohlroß (Hrsg.): *Epochen/Krankheiten. Konstellationen von Literatur und Pathologie.* St. Ingbert: Röhrig 2006.

16 Auch diese Dynamik durchzieht bereits die Vorläufer des zeitgenössischen Freundschaftsromans: „Nur in seltenen stillen Augenblicken gelangt wohl ein und der andere dazu, sich vor die Stirn zu schlagen: Ja, wie ist denn das eigentlich? War das sonst nicht anders um dich her und in dir? Wie kommst du zu allem diesem, und gehörst du wirklich hierher, und ist das nun Ernst oder Spaß, was du jetzt hier treibst oder treiben mußt? Und wem zuliebe und zum Nutzen?" (AV 127); „Je inniger und glücklicher Hans an seiner Freundschaft hing, desto fremder wurde ihm die Schule." (UR 115); „Die meisten Sachen, die man uns lehrt, sind gewiß ganz wahr und richtig, aber man kann sie alle auch anders ansehen, als die Lehrer es tun und meistens haben sie dann einen viel besseren Sinn." (DE 35); „Ich sah mich [CS: im Zuge der Beschäftigung mit dem Alter Ego] auf einmal der Maßstäbe beraubt, an deren unantastbare Heiligkeit ich ein Leben lang geglaubt hatte." (MA 17); „Ich aber begreife endlich die Rolle, die Christa T. in ihrem Leben gespielt hat: Sie hat es in Frage gestellt." (NC 61). Auch Toni Morrisons Titelfigur *Sula* veranlasst ihre Freundin, „old things with new eyes" (SU 95) zu sehen.

17 Vgl. hierzu Hildenbrock 1986; Fröhler 2004; Christof Forderer: *Ich-Eklipsen: Doppelgänger in der Literatur seit 1800.* Stuttgart: Metzler 1999.

Ausbildung der eigenen, bisher uneingelösten Universalität und als Gefahr zugleich wahrgenommen. Doch während das Alter Ego in der Romantik oftmals mit niederträchtigen oder gar dämonischen Zügen ausgestattet wurde – ein Mechanismus, der in Robert Louis Stevensons Novelle *The Strange Case of Dr. Jekyll and Mr. Hyde* (1886)[18] und Thomas Manns *Doktor Faustus* (1947) nachwirkt –, verkörpert es im zeitgenössischen Roman nicht mehr das, was das Ursprungs-Ich nicht sein *darf*, sondern das, was es nicht sein *kann*.[19] Der Faszination der Erzähler liegt nicht der Wunsch nach *Separierung*, sondern der nach *Komplettierung* zugrunde: An die Stelle einer *Externalisierung* des (verbotenen) Eigenen tritt die *Internalisierung* des (erwünschten) Fremden.

Der als Antithese angelegte Freund ist die Personifikation all dessen, was die Erzähler *nicht* sind – oder, in den Worten von Hermann Hesses Protagonist Sinclair, der, „der alles weiß, alles will, alles besser macht als wir selber" (DE 102); „ein Wunschbild und eine Steigerung meiner selbst" (DE 143). Als wohl eindrücklichstes Beispiel für diese Umcodierung des romantischen Doppelgängermotivs im Freundschaftsroman kann Patricia Highsmiths Roman *The Talented Mr. Ripley* firmieren: „It was impossible ever to be lonely or bored, [...] so long as he was Dickie Greenleaf." (MR 107), räsoniert die Titelfigur, die durch die temporäre Aneignung der Freundesidentität das eigene, zuvor verachtete Ich mit neuer Selbstwirksamkeit anzureichern vermag: „He felt surer of himself now in every way." (MR 190) In Sten Nadolnys *Selim oder Die Gabe der Rede* mutmaßt ein hellsichtiger Bekannter des Erzählers, es handele sich beim gewissenhaften Alexander und seinem abenteuerlustigen Freund „um ein und dieselbe Person! Alexander, das bist du als Unfertiger, Suchender, und Selim, das bist du als gestandener Mann." (SG 321)

In Hesses Roman *Unterm Rad* wünscht Hermann Heilner sich, dass „einer käme, ihn zu holen, ein Stärkerer und Mutigerer als er, der ihn mitrisse und zum Glücklichsein zwänge" (UR 83). Auch die Erzählerin in Nina Bußmanns *Der Mantel der Erde ist heiß und teilweise geschmolzen* „brauchte jemanden, der mich an die Hand nahm und mitzog" (ME 186). In Zadie Smiths *Swing*

18 „If each, I told myself, could but be housed in separate identities, life would be relieved of all that was unbearable; the unjust might go his way, delivered from the aspirations and remorse of his more upright twin; and the just could walk steadfastly and securely on his upward path, doing the good things in which he found his pleasure, and no longer exposed to disgrace and penitence by the hands of this extraneous evil. It was the curse of mankind that these incongruous faggots were thus bound together – that in the agonized womb of consciousness, these polar twins should be continuously struggling." (JH 58)

19 Bernhards *Der Untergeher* bekleidet eine Interims- bzw. Scharnierposition: Wertheimer verkörpert all das, was der Erzähler an sich selbst nicht wahrhaben möchte, während Gould die Personifizierung der eigenen Wünsche ist.

Time offenbart die Erzählerin bereits im Prolog: „I had always tried to attach myself to the light of other people, […] I had never had any light of my own." (ST 4) Und die Erzählerin in Elena Ferrantes *Neapolitanischer Saga* realisiert: „Ich musste bald einsehen, dass das, was ich allein tat, mich nicht begeistern konnte, nur das, was Lila antippte, wurde wichtig." (NE I 120)

Die Stilisierung des Freundes zum Heilsbringer für das fragile Selbst manifestiert sich häufig schon in der ersten Begegnung von Alter und Ego, die in vielen der Texte frappierend ähnlich ausgestaltet ist: In Christa Wolfs *Nachdenken über Christa T.*, Fred Uhlmans *Der wiedergefundene Freund*, Andrea De Carlos' *Zwei von zwei*, Connie Palmens *Die Freundschaft*, Bodo Kirchhoffs *Eros und Asche*, Uwe Timms *Der Freund und der Fremde* und Dirk Kurbjuweits *Zweier Ohne* taucht der Andere eines Tages in einem bereits bestehenden Klassenverband auf; er bleibt selbstgenügsam für sich und schlägt jegliche Annäherungsversuche aus, um dann dem geduldigen Buhlen des in seinen Bann gezogenen Erzählers nachzugeben.[20] Das verhaltene, phlegmatische, mit dem Strom schwimmende Ich erhofft sich durch den Anschluss an den unorthodoxen Anderen eine Stärkung und Profilierung der eigenen Subjektposition. Dem Wunsch nach Nähe liegt folglich kein primär homoerotisches,[21] sondern ein gewissermaßen parasitäres Interesse – nämlich das einer Inkorporation der Freundeskräfte – zugrunde.

Distanz und Projektion

Wie schon in Raabes Roman *Die Akten des Vogelsangs*, in dem der Erzähler einsehen muss, über den Freund „im Dunkel geblieben" zu sein (AV 111), bei Mann, dessen Protagonisten in *Doktor Faustus* „das Geheimnis ihrer Identität [zu verbergen haben]"[22], und in Wolfs Autofiktion *Nachdenken über Christa T.*, in der die Erzählerin dem narrativen Adressaten prophezeit, er „[wüßte] am Ende nichts von ihr [der Freundin]" (NC 147 f.), bleiben die zeitgenössischen Freunde Schatten, Leerstellen, Phantome[23] – kurz: „an emblem

---

20 In Morrisons *Sula*, Austers *Leviathan*, Nadolnys *Selim oder Die Gabe der Rede*, Zieglers *Und jetzt du, Orlando!*, Smiths *Swing Time*, Messuds *The Burning Girl*, Millers *The Faithful Couple* und Poschmanns *Die Sonnenposition* wird die erste Begegnung ebenfalls äußerst detailliert geschildert.

21 Vgl. Andreas Kraß' Lektüre von Freundschafts- als *Passions*geschichten.

22 Mann 1949, S. 82.

23 Vgl. die Radikalisierung von Sachs und Aschenberger in Austers *Leviathan* und Timms *Rot*, die Lügenkonstrukte von Selim und M. in Nadolnys *Selim oder Die Gabe der Rede* und Kirchhoffs *Eros und Asche*, Odilos Liebesleben in Poschmanns *Die Sonnenposition*, Lydias verschiedene Identitäten in Streeruwitz' *Der Abend nach dem Begräbnis der besten Freundin.*, die potenzielle Verwicklung der verschwundenen Freundinnen in kriminelle

of the unknowable itself" (LE 146), wie Paul Austers Erzähler in *Leviathan* es formuliert.[24] Der posthume, im Medium der Schrift betriebene Versuch einer Durchdringung des Anderen bleibt letztlich erfolglos. Während Freundschaft bei Immanuel Kant,[25] Georg Simmel[26] und auch in der zeitgenössischen Soziologie[27] erst durch reziproke Selbstenthüllung und den Austausch von Geheimnissen begründet wird, stellt im Roman der Freund selbst das Geheimnis dar. Im vielleicht berühmtesten Satz der Freundschaftsgeschichte negiert Michel de Montaigne die Möglichkeit eines Verstehens seiner Verbindung zum Freund: „Wenn man in mich dringt zu sagen, warum ich Étienne de la Boétie liebte, fühle ich, daß nur *eine* Antwort dies ausdrücken kann: ‚Weil er er war, weil ich ich war.'"[28] Im Roman entzieht sich nicht die Freundschaft dem Verstehen durch Dritte, sondern der Freund dem Verstehen des Erzählers. Damit verabschiedet die zeitgenössische Literatur das die Philosophie seit Jahrtausenden dominierende Paradigma vom Freund als einem zweiten Selbst, das zuletzt Giorgio Agamben aktualisiert hat: „Denn was ist Freundschaft, wenn nicht eine distanzlose Nähe [...]?"[29]

Die Distanz zwischen den Freunden und das ins Leere laufende Aneignungsbestreben der Erzähler stellen jedoch kein Hindernis, sondern im Gegenteil die Prämisse für ein Funktionieren der *Projektionsfunktion Freund* dar. Ein tatsächliches Überwinden der Unnahbarkeit des Alter Ego würde dessen Wirkmächtigkeit beeinträchtigen: Gleich einem Scheinriesen oder einer Fata

---

Machenschaften in Ferrantes *Neapolitanischer Saga* und Bußmanns *Der Mantel der Erde ist heiß und teilweise geschmolzen*, Traceys Rachegelüste in Smiths *Swing Time*, den mutmaßlichen Missbrauch Cassies in Messuds *The Burning Girl*, Orlandos mysteriöse Herkunft in Zieglers *Und jetzt du, Orlando!*, die Umstände von Bennos brutalem Tod in Timms *Der Freund und der Fremde* sowie Frieders Suizidmotive in Bjergs *Auerhaus*.

24 Entsprechend abwegig ist Alexandra Pflegers Fazit zu literarischer Zweierfreundschaft u. a. bei Auster: „Das Freundespaar sieht es als grundlegend für ihre [sic!] Beziehung an, sich einander die tiefsten Geheimnisse offenbaren zu können." (Pfleger 2009, S. 220)

25 Kant 1990, S. 367; Paul Menzer (Hrsg.): *Eine Vorlesung Kants über Ethik*. Berlin: Pan-Verlag 1924, S. 264.

26 Simmel 1983, S. 269 ff.

27 Janosch Schobin et al. stellen die These auf, dass an die Stelle von Tausch- und Teilungsrequisiten wie Blut oder Schlüsseln, die in archaischen Gesellschaften als Freundschaftsmarker fungierten, das Geheimnis getreten sei. Dieses wird als „spezifische[r] Bindungsmechanismus" und „doppelte Lebenspfandgabe" bezeichnet: So machten „geteilte Geheimnisse die Freund_innen wechselseitig sozial verwundbar" und führten „machtlogisch zu einer Art Geiseltausch, der abhängig von der Brisanz der Geheimnisse, [sic!] einen stärkeren oder schwächeren Bund erzeugt". Janosch Schobin/Erika Alleweldt/ Sabine Flick/Vincenz Leuschner: „Abschluss: Das Rätsel der Freundschaft – ein Lösungsvorschlag." In: Dies. 2016, S. 197-202, hier S. 198 ff.

28 Montaigne 2000, S. 293.

29 Agamben 2018, S. 79.

Morgana entfaltet der Freund seine Imposanz primär aus der Ferne. Dies erklärt auch das ‚Aussterben' des einst so verbreiteten Motivs des Freundschaftsbeweises:[30] Freundschaft konstituiert sich eben nicht (mehr) über Handlung, sondern über Imagination. In Toni Morrisons *Sula* und Marion Poschmanns *Die Sonnenposition* wird diese imaginative Aufladung von Freundschaft über die Transponierung der ersten Begegnung in die Sphäre des Traums verdichtet;[31] in Zsuzsa Bánks Roman *Schlafen werden wir später* erfährt sie geradezu eine Persiflierung, wenn die beiden Protagonistinnen mit pathetischen, an die Brieffreundschaften des 18. Jahrhunderts erinnernden Worten ihr Beieinandersein heraufbeschwören.[32]

Projektion und Imagination als primäre Triebkräfte literarischer Freundschaft sind in einigen der Romane durchaus Gegenstand erzählerischer Reflexion. In Nadolnys *Selim oder Die Gabe der Rede* heißt es: „Beim Schreiben stellt sich heraus: er war ein Phantom. Ich habe ihn mehr erdacht als verstanden." (SE 9) In Zieglers *Und jetzt du, Orlando!* bricht der Erzähler den Versuch einer Charakterisierung des Freundes mit den Worten ab: „So stellte ich ihn mir vor. So hätte ich ihn gern gehabt." (JO 10) Timms Erzähler räumt ein, in *Der Freund und der Fremde* ein „vielleicht verklärte[s] Bild" (FF 63) von Benno Ohnesorg zu zeichnen, Kirchhoffs Erzähler spricht in *Eros und Asche* von der Sehnsucht eines „Verschwindens im Freund oder dessen Legenden um sich" (EA 147), und Flašars Erzähler ist sich in *Ich nannte ihn Krawatte* nicht sicher, ob er den Freund gar nur „erfunden hatte" (IK 118). In Bußmanns *Der Mantel der Erde ist heiß und teilweise geschmolzen* und Jens' *Der Mann, der nicht alt werden wollte* reflektiert das Alter Ego selbst, ob es „nur die Figur war, die ein anderer sich gerade ausdachte oder erträumte" (ME 20); „nicht mehr als das, was die anderen in ihm sahen, vielfältig, schillernd, niemals er selbst?" (MA 158) In A. D. Millers Roman *The Faithful Couple* heißt es: „The question was whether after they stripped away the made-up stuff, all the mutual invention, after he subtracted these lies, there was anything left, anything true and real [...]." (FC 152 f.) Und in Poschmanns *Die Kieferninseln* bleibt bis zuletzt unklar, ob der suizidale Freund nicht lediglich ein Fantasieprodukt des Erzählers ist.

Wie schon in den Dichterfreundschaften des 18. Jahrhunderts[33] treten im zeitgenössischen Freundschaftsroman Projektion und Stilisierung an die Stelle eines tatsächlichen gegenseitigen (Er-)Kennens. Albrecht Koschorke

---

30 Frenzel 2008: „Freundschaftsbeweis", S. 192-214.

31 Vgl. SU 51; SP 61 ff.

32 „alle schlafen, ich stehle mich davon und bin mit Dir" (SS 151); „ja, ich träume von Dir, ich träume von Dir, und wie ich von Dir träume, von wem soll ich sonst träumen [...], Johanna, mein schönster, mein liebster, bester Traum" (SS 339).

33 Rasch 1936, S. 192 ff.; Koschorke 1999, S. 238 ff.

hat gezeigt, dass der empfindsam Liebende nicht in der realen Zweisamkeit Erfüllung fand, sondern im Modus der Imagination, zwischen den Polen von Sehnsucht und Erinnerung, in Antizipation oder Retrospektion des Beisammenseins: „Das Glück findet nicht in der Realzeit statt, sondern in seinen schriftstellerischen Präformationen und Rekonstruktionen."[34] Gleiches kann für die zeitgenössische Freundschaft konstatiert werden. Der Tod des Alter Ego macht sie wieder bzw. endgültig zu dem, was sie bereits vor dem Auftauchen des mysteriösen Sonderlings war: Die Stilisierung des Unbekannten aus der Ferne.

Diese Distanz und diese Unverfügbarkeit sind auch der Nährboden für die von den Romanen entworfene *Semantik der Freundschaft* – eine Semantik, deren Existenz vonseiten der Forschung mehrfach verneint worden ist,[35] die sich in den Texten aber durchaus beobachten lässt. Es ist eine *Semantik des Negativen*; dessen, was die Freunde *nicht* gesagt, gemacht und geteilt haben. Die wehmütige Reflexion verpasster Gelegenheiten,[36] der Vorwurf der eigenen Ignoranz und Illoyalität[37] oder gar die Herstellung eines Kausalzusammenhangs von eigenem (Nicht-)Handeln und Freundestod[38] münden dabei oftmals in diffuse Schuldgefühle gegenüber dem toten Alter Ego.[39] Die Narrationen sind durchdrungen von einem zermürbenden *Was-wäre-gewesen-wenn* und dem Wunsch, Geschehenes ungeschehen bzw. Ungeschehenes geschehen zu

---

34 Ebd., S. 256.

35 Vgl. z. B. Bovenschen 1998 („Tanz"), S. 21; Kersten 2013, S. 70 ff.

36 „Das Versäumte, oder was zu tun wäre, wenn sich M.s Zeit zurückdrehen ließe." (EA 125)

37 „An jenem Morgen […] hätte man manches bereden können, aber ich war zu beruhigt." (NC 214); „Ich habe Wertheimer schmählich alleingelassen, dachte ich, in seiner äußersten Bedrängnis kehrte ich ihm den Rücken." (UG 81); „Ich mied in den letzten Monaten seines Lebens meinen Freund ganz bewußt aus dem niedrigen Selbsterhaltungstrieb, was ich mir nicht verzeihe." (WN 148); „I had my chance to help him, and I let the opportunity slip through my fingers." (LE 118); „ich ein blödes, gefühlloses Arschloch war, das seinen Freund alleine ließ" (BB 103); „Ich schämte mich, weil ich mich nicht rechtzeitig um Nelly gekümmert hatte" (ME 88); „Wenn ich mich bemüht hätte. Wenn ich die Zeichen erkennen hätte wollen. Dann hätte ich es wissen können. […] Fürsorge ist das nicht. Und darin habe ich versagt. Ganz total und gründlich habe ich versagt." (AB 24 f.); „Hätte ich geahnt, was kommen würde, ich hätte ihn gerettet. […] Ich hatte Ahnungen, gewiss, nur die richtige Ahnung hatte ich nicht." (JO 208); „I was her only witness, the only person who knows all that she has in her, all that's been ignored and wasted, and yet I still left her back there, in the ranks of the unwitnessed, where you have to scream to get heard." (ST 448)

38 In Poschmanns *Die Sonnenposition*.

39 Diese sind freilich längst nicht (mehr) so ausgeprägt wie die der Erzähler in Werfels *Der Abituriententag* und Grass' *Katz und Maus*, die in Form einer Beichte über den willkürlich herbeigeführten Untergang des beneideten Freundes und Konkurrenten abgefasst sind.

machen. So eignet literarischer Freundschaft nicht nur eine eigene Sprache, sondern mit dem Konjunktiv II[40] sogar eine eigene grammatische Struktur.

Aufspaltung und Verschränkung: Die Figur der Grenze

Die für den Freundschaftsroman charakteristische Dialektik von Differenz und Identität, Trennung und Verbindung erfährt anhand der Figur der Grenze eine eindrückliche Verdichtung. Auf innerdiegetischer Ebene manifestiert sie sich beispielsweise in topographischen Grenzen,[41] in der Wahrnehmung des eigenen Ich als konturlosem Fluidum,[42] in der räumlichen und emotionalen Distanz zwischen den Freunden und in den Grenzüberschreitungen der unorthodoxen Sonderlinge. Auf Ebene der Rahmenerzählung korrespondiert die Figur der Grenze dem anhand eines *Schreibens in Fällen* verhandelten Grat zwischen Norm und Abweichung sowie den metanarrativen oder gar poetologischen Reflexionen über die Diskrepanz zwischen Leben und Literatur. Sei es der Schreibakt als Akt der Grenzziehung in den weiblichen Narrativen oder aber die Verstehensgrenze, derer alle Chronisten im Zuge ihres Erzählens gewahr werden: Die Grenze ist *die* Figur literarischer Freundschaft schlechthin.

Sie metaphorisiert das, „was zuerst dichotomisch aufgespalten und anschließend [...] wieder miteinander verschränkt werden kann"[43]. An der Grenze „kommt das Verschiedene und Unterschiedene in einem doppelten Sinn zusammen: Es trifft aufeinander, und es geht ineinander über. Insofern ist die Grenze [...] auch der Ort des Übergangs, der Annäherung und der Mischung. [...]: Keine Grenze ohne Grenzübertritt. Ohne ihre eigene Überwindung, ihre eigene Aufhebung ist sie kaum zu denken."[44]

---

40 „*Would have, would have.* The dead dwell in the conditional, tense of the unreal." (TF 3), heißt es in Nunez' *The Friend*; in Bußmanns *Der Mantel der Erde ist heiß und teilweise geschmolzen* („Hätte, dann. Ich habe genug von dieser Grammatikstruktur. Unmögliche Bedingung in der Vergangenheit. Es gibt kein Hätte.", ME 132) und Flašars *Ich nannte ihn Krawatte* („Hätte ich. Wäre ich. Es gibt nichts Trostloseres als den Konjunktiv der Vergangenheit.", NK 80) reflektieren die Erzähler die Müßigkeit derartiger Überlegungen.

41 In Poschmanns *Die Sonnenposition* und Mädlers *Wohin wir gehen* wird die Selbstwahrnehmung der Protagonisten maßgeblich von der (ehemaligen) Grenze zwischen Ost- und Westdeutschland beeinflusst; in Ferrantes *Neapolitanischer Saga* markieren Neapels Grenzen für die Freundinnen über Jahrzehnte die Grenzen ‚ihrer' Welt.

42 In Ferrantes *Neapolitanischer Saga*, Smiths *Swing Time* und Poschmanns *Die Sonnenposition*.

43 Eva Geulen/Stephan Kraft: „Vorwort." In: Dies. (Hrsg.): *Grenzen im Raum – Grenzen in der Literatur. Sonderheft der Zeitschrift für Deutsche Philologie* 129 (2010), S. 1-4, hier S. 1.

44 Dieter Lamping: *Über Grenzen. Eine literarische Topographie*. Göttingen: Vandenhoeck & Ruprecht 2001, S. 13.

In der Figur der Grenze kristallisiert sich das im Mittelpunkt der Texte stehende Subjektivierungsbestreben der Erzähler. Denn spätestens seit Pierre Bourdieu[45] wird die Grenze als konstitutiv für die Bestimmung von Identität erachtet, derer „sich der Mensch [...] nicht anders versichern kann als im Rückgriff auf die anderen“[46], die „erst durch die Wahrnehmung von Alterität“[47] entsteht und damit „als Folge von Differenzierung, Diskriminierung, Ausschluss“[48] anzusehen ist. Auf die Projektionsfunktion Freund gemünzt: Um der zu werden, der ich sein möchte, muss ich zunächst identifizieren, was ich *nicht* bin – sei es mit dem Ziel der *Komplettierung* durch das bewunderte Alter Ego oder aber mit dem Ziel eines *Sich-Freischreibens* vom übermächtig gewordenen Anderen.

In Hermann Hesses Romanen *Unterm Rad* und *Demian* verläuft die Grenze noch plakativ zwischen der hellen Welt der Erzähler und der dunklen Welt des bewunderten Freundes; in Patricia Highsmiths *The Talented Mr. Ripley* und Walter Jens' *Der Mann, der nicht alt werden wollte* ist die Einswerdung mit dem Alter Ego noch eine forcierte. In den spätmodernen Texten gestaltet sich die zwischen Trennung und Verbindung oszillierende Subjektivierung[49] hingegen subtiler. Die diametrale Figurenanlage und die Distanz zwischen den Freunden werden hier von mannigfaltigen Verschmelzungsdynamiken unterlaufen: In Bernhards *Der Untergeher* können die Gedanken und Äußerungen der einander sonst gegenübergestellten Freunde aufgrund des inflationären Gebrauchs von Inquit-Formeln kaum unterschieden werden, und auch in Timms *Rot* bedingt das Fehlen von Anführungszeichen und Absätzen am Romanende die Ineinanderblendung der eigentlich antithetisch angelegten Freundesidentitäten (RO 424 ff.). Sowohl in Bjergs *Auerhaus* als auch in Bußmanns *Der*

---

45 Bourdieu 2006.

46 Norbert Wokart: „Differenzierungen im Begriff ‚Grenze‘. Zur Vielfalt eines scheinbar einfachen Begriffs.“ In: Richard Faber/Barbara Neumann (Hrsg.): *Literatur der Grenze – Theorie der Grenze*. Würzburg: Königshausen & Neumann 1995, S. 275-289, hier S. 279.

47 Joanna Pfaff-Czarnecka: *Zugehörigkeit in der mobilen Welt. Politiken der Verortung*. Göttingen: Wallstein 2012, S. 27.

48 Monika Wolting: „‚Identität kann nur als ein Problem existieren.‘ – Zu Identitätskonstruktionen in der Gegenwartsliteratur. Einleitung“ In: Dies. (Hrsg.): *Identitätskonstruktionen in der deutschen Gegenwartsliteratur.* Göttingen: V&R unipress 2017, S. 9-18, hier S. 10.

49 Diese wird in Millers *The Faithful Couple* über eine Naturbeschreibung metaphorisiert: „Adam's favourites trees were two monster sequoias, the deep-grooved trunks of which were fused together at the bottom: only by craning our neck could you see that, a long way up, they divided. They had been competing for space and sunlight for ever, [...] yet dependent on each other's succor to survive. They only existed together, in their rivalrous embrace.“ (FC 17)

Mantel der Erde ist heiß und teilweise geschmolzen sind zahlreiche zwar getrennt stehende, aber aufeinander verweisende Dopplungen versteckt. In *Auerhaus* (AH 39) ebenso wie in Kirchhoffs *Eros und Asche* (EA 147) und Poschmanns *Die Sonnenposition* (SP 81 f.) imaginieren die Erzähler wiederholt eine Fusion mit dem Freund, während die eigentlich um Abgrenzung ringenden Erzähler in Ferrantes *Neapolitanischer Saga* (NE IV 609) und Poschmanns *Die Kieferninseln* (137) tatsächlich nicht mehr zwischen Alter und Ego zu unterscheiden vermögen.

Egologische Freundschaft

Die bisherigen Ausführungen verweisen auf das *eigentliche* Erkenntnisobjekt des Freundschaftsromans: das schreibende Ich. Die zunächst bzw. vorgeblich auf den Freund gerichtete epistemologische Programmatik[50] unterliegt in fast allen Texten einer sukzessiven Aufmerksamkeitsverschiebung. Während sich im zeitgenössischen Familienroman oftmals erzählende Kinder oder Enkel über genealogische Spurensuchen ihrer Identität zu vergewissern hoffen,[51] ist für die erzählenden Freunde der Tod bzw. das Verschwinden des Alter Ego[52] Anlass, „sich selber zu suchen, in sich fest zu werden, den eigenen Weg vorwärts zu tasten" (DE 150), wie Hesses *Demian* es formuliert.

Der Erzähler in Timms *Rot* durchforstet „Aschenbergers Papiernachlaß [...] auf der Suche nach Gemeinsamkeiten, auf der Suche nach mir" (RO 69). „[I]t won't be possible for me to tell his story without telling each of our stories at the same time. [...] As much as Sachs himself, I'm the place where everything begins" (LE 51), heißt es in Austers *Leviathan*. „[S]ince I can't depict him

50 Diese wird in Raabes *Die Akten des Vogelsangs* („Schreibe ich übrigens denn nicht auch jetzt nur deshalb diese Blätter voll, [...] um *mir* über diesen Menschen [...] klarzuwerden?", AV 111), Bernhards *Der Untergeher* und *Wittgensteins Neffe* („Klarheit über Wertheimer verschaffen", UG 224; „Paul, den ich mir mit diesen Notizen noch einmal deutlich machen will", WN 32) und Wolfs *Nachdenken über Christa T.* („daß sie sich zu erkennen gibt", NC 9) ebenso artikuliert wie in Poschmanns *Die Sonnenposition* („Ich habe ein Notizbuch begonnen, in dem ich versuche, mir über Odilo klarzuwerden.", SP 152), Ferrantes *Neapolitanischer Saga* („geschrieben [...], um ihr eine Gestalt zu geben", NE IV 605) und Bußmanns *Der Mantel der Erde ist heiß und teilweise geschmolzen* („deshalb bin ich immer noch hier. Wegen der unbeantworteten Fragen.", ME 37). Die epistemologische Programmatik wird im Gros der Texte über die Leitmotive der Suche, des Lichts und des Auges metaphorisiert.

51 Anleihen hieran finden sich auch in Poschmanns *Die Sonnenposition*, Frickes *Töchter* und Mädlers *Wohin wir gehen*.

52 Die Praktik des Verschwindens steht im Zentrum des letzten Analysekapitels (vgl. Kapitel 8). Um Redundanzen zu vermeiden, verzichte ich an dieser Stelle auf eine abermalige Zusammenfassung seiner Ausprägungen und Funktionen.

without a certain amount of self-involvement my presence on the margins will have to be tolerated" (RS 129), ‚warnt' auch der Erzähler in Saul Bellows Roman *Ravelstein,* und der Erzähler in Timms *Der Freund und der Fremde* realisiert, dass „ein Erzählen [über den Freund] [...] nur gelingen konnte – und diese Einsicht mußte erst wachsen –, wenn ich auch über mich erzählte" (FF 13). Diesem Bescheidenheitstopos bei Auster, Bellow und Timm steht das unumwundene Bekenntnis zum Egozentrismus in Kirchhoffs Autofiktion *Eros und Asche* gegenüber („Es geht um das Ich, als ging's nicht immer darum", EA 115). Auch in Bußmanns *Der Mantel der Erde ist heiß und teilweise geschmolzen* („Je tiefer ich mich [in die Freundin] einzufühlen versuchte, desto ausschließlicher beschäftigte ich mich mit mir selbst", ME 211) und Ferrantes *Neapolitanischer Saga* („Je mehr ich nach Möglichkeiten suchte, mit denen ich mir über mich selbst klar werden konnte, umso mehr versteckte sie sich.", NE III 397) wird die Verschiebung des Erkenntnisinteresses bzw. die Interdependenz der Erkenntnisobjekte Freund und Ich thematisiert.

Hierin liegt ein spezifisch spätmodernes Merkmal des Freundschaftsromans: Während die Erzähler in Raabes *Die Akten des Vogelsangs,* Manns *Doktor Faustus,* Jens' *Der Mann, der nicht alt werden wollte* und Grass' *Katz und Maus* den Schreibakt als bloße Chronistentätigkeit darstellen,[53] wiederholt auf ihre erzählerische Inkompetenz verweisen,[54] oftmals über direkte Anreden um die Gunst des Lesers buhlen und ihre Narration nach *außen* richten, erfolgt in einer Vielzahl der zeitgenössischen Texte eine Bewusstwerdung und Reflexion der *egologischen Epistemologie* des Schreibaktes. Dabei ist die gleich doppelte Suche nach Alter und Ego im Freundschaftsroman Subjektivierungspraktik und Daseinsmetapher zugleich.

Jedoch scheitert nicht nur die auf den Freund gerichtete Suche. Auch die Suche nach dem Selbst mündet im Gros der Texte nicht in ein *Finden,* sondern in ein *Verlieren* des Ich: in Streeruwitz' *Der Abend nach dem Begräbnis der besten Freundin.* in Selbstzweifeln, in Kirchhoffs *Eros und Asche* in der Hybris,

53 „Ich werde mir die möglichste Mühe geben, nur als Protokollist des Falls aufzutreten." (AV 10); „Mit aller Bestimmtheit will ich versichern, daß es keineswegs aus dem Wunsche geschieht, meine Person in den Vordergrund zu schieben, wenn ich diesen Mitteilungen über das Leben des verewigten Adrian Leverkühn [...] einige Worte über mich selbst und meine Bewandtnisse vorausschicke." (DF 7); „ich wieder einmal der Gefahr erliege, allzuviel von mir und meinen Empfindungen und zu wenig von meinem Freunde zu berichten" (MA 77); „es soll ja nicht meine Geschichte [...] abgespult werden – vielmehr darf hier nur von Dir die Rede sein" (KM 106).

54 „so hätte er wohl einen bessern Schreiber seiner Geschichte, als ich bin, verdient" (AV 65); „Zweifel, ob ich mich zu der hier in Angriff genommenen Aufgabe eigentlich berufen fühlen darf" (DF 8); „immer wieder quält mich die Frage, ob ich der Richtige bin, um dieses Buch zu schreiben" (MA 9).

in Ferrantes *Neapolitanischer Saga* im Manuskript, in Bußmanns *Der Mantel der Erde ist heiß und teilweise geschmolzen* und Anja Kampmanns *Wie hoch die Wasser steigen* in der Fremde, in Poschmanns *Die Sonnenposition* und Houellebecqs *Serotonin* in der Depression und in Timms *Rot* im Sterben.

9.2 Freundschaft und Literatur

Wie schon im 18. Jahrhundert, für das Niklas Luhmann und Albrecht Koschorke die konstitutive Funktion von Literatur für die Herausbildung eines modernen Subjektverständnisses herausgestellt haben, kommt im zeitgenössischen Freundschaftsroman der Literatur und dem Schreibakt eine eminente Bedeutung nicht nur für das Erleben von Freundschaft, sondern auch für die erzählerische Subjektivierung zu.

Literarische Präformierung und Konditionierung von Freundschaft

Auf innerdiegetischer Ebene nimmt Literatur in den Primärtexten einen zentralen Stellenwert ein: als Stifterin der Freundschaft, als primärer Gesprächsinhalt der Protagonisten und als Kristallisationspunkt von Dynamiken der Inspiration, Ergänzung und Konkurrenz. In Sten Nadolnys *Selim oder Die Gabe der Rede*, Paul Austers *Leviathan*, Uwe Timms *Der Freund und der Fremde*, Bodo Kirchhoffs *Eros und Asche*, Elena Ferrantes *Neapolitanischer Saga* und Zsuzsa Bánks' *Schlafen werden wir später* ist der Freund wichtigster Adressat und Kritiker für die von Berufs wegen schreibenden Erzähler, deren Autoridentität sich insbesondere bei Auster, Timm, Kirchhoff und Ferrante über den Vergleich mit dem ebenfalls schreibenden Freund profiliert. In den Adoleszenzromanen *Tschick* von Wolfgang Herrndorf, *Auerhaus* von Bov Bjerg und *Blackbird* von Matthias Brandt ist der Deutschunterricht das Lieblingsfach der Erzähler, deren Affinität zu Literatur sich auch im permanenten Kontrastieren eigener Erfahrungen mit der Fiktion[55] sowie in zahlreichen Reflexionen über Sprache und Genrekonventionen[56] niederschlägt. Sowohl das Leben als auch das Schreiben von Freundschaft sind bei Herrndorf, Bjerg und Brandt also

55 Vgl. z. B. AH 38, 63, 203; TK 15, 104, 176. In Frickes *Töchter* wird dieses Muster unter Rekurs auf *Tschick* ironisch fortgeschrieben: „Was soll das eigentlich werden?', fragte ich. ‚*Thelma und Louise?*' ‚Die waren jung, sexy und unterdrückt', sagte Martha. ‚Guck uns an, wir sind nicht mal unterdrückt.' ‚*Tschick?*', probierte ich weiter. ‚Das waren Jungs. Wir sind Frauen kurz vor den Wechseljahren.'" (TÖ 87)

56 „Der Ausdruck Schuft kam mal wieder vor, den hatte ich eine ganze Weile selbst benutzt, ihn aber irgendwann an Bogi abgegeben. Wir teilten uns das auf, damit jeder von uns

literarisch präformiert. Eine solche Vorbild- und Mediationsfunktion von Literatur wird in Marion Poschmanns Roman *Die Kieferninseln* dahingehend hypertrophiert, dass die beiden Protagonisten ihre gemeinsame Reise anhand zweier Bücher – eines Selbstfindungsberichts und einer Suizidhandreichung – planen und sich über das „Nachleben von Texterfahrungen“[57] zu (ent-)subjektivieren hoffen.

Das Motiv des die Literatur imitierenden Lebens[58] manifestiert sich auch in der bereits erwähnten (einseitigen) ‚Freundschaft auf den ersten Blick‘, die zahlreiche Erzähler für den Anderen empfinden, noch ehe ein Gespräch mit ihm stattgefunden hat. Ihre Zuneigung entspringt einer bereits existierenden *Vorstellung* von Freundschaft,[59] genauer: Die Sehnsucht nach einem das Ich komplettierenden Alter Ego speist sich aus der Romanlektüre der literarisch bewanderten Erzähler; sie ist genährt und durchdrungen vom *symbolischen Kommunikationscode Freundschaft*, „nach dessen Regeln man Gefühle ausdrücken, bilden, simulieren, anderen unterstellen, leugnen“[60] kann und ohne den, so mutmaßt Niklas Luhmann, „die meisten […] gar nicht zu solchen Gefühlen finden [würden]“[61].

Die Etablierung zeitgenössischer literarischer Freundschaft folgt demnach ähnlichen Dynamiken wie die (Neu-)Modellierung einer modernen Affektsemantik im 18. Jahrhundert:[62] Sie unterliegt der Präfigurierung und Konditionierung durch Literatur. Wie der empfindsamen Liebe wohnt auch ihr ein „Überschuß an Fiktion“[63] inne, da „die ästhetische Erfahrung dem

seine eigenen Wörter hatte, die nur er verwendete. […] Bogi war der Einzige gewesen, mit dem ich dieses Wörterzeug hatte machen können.“ (BB 84); TK 23, 134, 186.

57 Koschorke 1994, S. 262.

58 Das Motiv findet sich auch in Jens' *Der Mann, der nicht alt werden wollte*, Bernhards *Der Untergeher* und Bjergs *Auerhaus*: Jens' Protagonist Bugenhagen tötet sich wenige Minuten nach Fertigstellung seines Romans mit dem gleichen Gift, an dem auch seine Hauptfigur gestorben ist (MA 187). Bernhards Protagonist Wertheimer liest in den Wochen vor seinem Suizid ausschließlich Bücher, „in welchen von Selbstmördern die Rede ist“ (UG 91). Bjergs Freunde behandeln im Deutschunterricht Goethes *Werther*, anhand dessen Frieders Freitod eine intertextuelle Einbettung erfährt (AH 20 ff.).

59 Vgl. Rasch 1936 (S. 99) zur empfindsamen Dichterfreundschaft: „Dieses Bedürfnis [nach Freundschaft] war bei dem Einzelnen eher vorhanden als der Freund. Nicht erst die Begegnung mit einem besonderen Menschen erweckt das Verlangen nach freundschaftlicher Verbindung, sondern dieses Verlangen ist vorher da […].“

60 Luhmann 1992, S. 23. Luhmann bezieht sich hier auf die (im Zentrum seiner Untersuchung stehende) Semantik der Liebe.

61 Ebd., S. 9.

62 Ebd.; Koschorke 1999.

63 Jäger 1990, S. 73.

realen Ereignis vorgängig und in ihrem Reichtum uneinholbar“[64] ist – die Sehnsucht nach einem das Ich vervollständigenden Freund löst sich für die meisten Erzähler in der Realität schließlich nicht ein.

Nicht nur die Erzähler, auch viele ihrer (verschwindenden oder sterbenden) Freunde betreiben die Anreicherung der Wirklichkeit mit Fiktion. So erzählt beispielsweise Nelly in Bußmanns *Der Mantel der Erde ist heiß und teilweise geschmolzen* „Lügen [...] über ihre Herkunft“ (ME 33), und Lila in Ferrantes *Neapolitanischer Saga* „[schiebt] die Leute hin und her [...] wie Figuren in einer Geschichte“ (NE III 399). Die Freundinnen in Zadie Smiths *Swing Time* und Claire Messuds *The Burning Girl* demonstrieren ebenfalls eine ausgeprägte „insusceptibility to reality“ (ST 48) und „liked a good story, and it wasn't so important that it be strictly true“ (BG 6). In Nadolnys *Selim oder die Gabe der Rede* („Erfinden statt Wissen hieß die Devise, sich selbst inszenieren!“, SG 311) und Kirchhoffs *Eros und Asche* („Wenn man die Wahl hat zwischen der Wahrheit und einer Geschichte, sollte man sich für die Geschichte entscheiden.“, EA 150) explizieren die Freunde vor ihrem Tod gar das Primat der Fiktion über die Realität – und formulieren damit auf innerdiegetischer Ebene eine Programmatik, die auch paradigmatisch für das Gros der ‚Schreib-Szenen‘ im (spät-)modernen Freundschaftsroman ist.

‚Schreib-Szenen‘

Die meisten der Erzähler sind im Theater-, Film- und vor allem im Literaturbetrieb tätig[65] und dementsprechend vertraut mit der Rezeption und Produktion von Fiktion; sie sind Experten für Schein und Sein, Mimesis und Illusionserzeugung. Extreme Beispiele für die Exponierung der Fiktion *als* Fiktion sind Grass' Novelle *Katz und Maus*, deren Erzähler wiederholt seine eigene Gemachtheit ausstellt (KM 6, 105), Bernhards Roman *Der Untergeher*, dessen Erzähler in einem Arbeitsplan den dem narrativen Adressaten vorliegenden Roman kondensiert (UG 220 f.), sowie Nadolnys Roman *Selim oder*

64 Ebd., S. 77.

65 Die Erzähler in Wolfs *Nachdenken über Christa T.*, Austers *Leviathan*, Bernhards *Wittgensteins Neffe*, Bellows *Ravelstein*, Timms *Der Freund und der Fremde*, Kirchhoffs *Eros und Asche*, Ferrantes *Neapolitanischer Saga*, Bánks' *Schlafen werden wir später* und Nunez' *The Friend* sind Schriftsteller; die Erzähler in Jens' *Der Mann, der nicht alt werden wollte*, Palmens *Die Freundschaft*, Poschmanns *Die Kieferninseln*, Albrechts *Wir, im Fenster* und Bußmanns *Der Mantel der Erde ist heiß und teilweise geschmolzen* promovierte Wissenschaftler und damit auch Experten für die Produktion von Texten; die Erzähler in Nadolnys *Selim oder die Gabe der Rede* und Timms *Rot* verdienen ihren Lebensunterhalt mit professioneller Rede.

die Gabe der Rede, in dem Einträge aus dem Schreibtagebuch des Erzählers und die hieraus gefertigten Romanauszüge alternieren. Hingegen weisen die Erzähler in Wolfs *Nachdenken über Christa T.*, Poschmanns *Die Sonnenposition* und Bjergs *Auerhaus* ‚nur' wiederholt auf die Artifizialität des Erzählten hin.

Von der literarischen (Aus-)Bildung und Informiertheit der schreibenden Freunde zeugen nicht nur ihre Reflexionen über das Verhältnis von Roman und Realität, über den Konstruktcharakter von Erinnerungs- und Erzählprozessen und über die im Narrationsakt auftretenden epistemologischen, methodischen und darstellungstechnischen Herausforderungen. Mit der Bearbeitung einer (vermeintlichen) Schuld,[66] der Problematisierung einer Versprachlichung des Todes sowie der Gefahr einer Aneignung und Instrumentalisierung des Freundes[67] ‚bedienen' die Erzähler sich bewährter Topoi des Freundschaftsdiskurses[68] und betreiben damit die Stabilisierung des „Kommunikationscodes" Freundschaft (Niklas Luhmann).

Eva Horn hat die auch für Trauertexte des 18. Jahrhunderts charakteristische „Selbstreflexion der Literatur auf die Bedingungen und Regeln ihrer Konstitution" als eine Reaktion auf bzw. als ein Anschreiben gegen das „Ausschließungsverhältnis von Sprache und Tod"[69] und das „Verdikt der Unsagbarkeit"[70] gelesen. Der permanenten Metaisierung im zeitgenössischen Freundschaftsroman liegt jedoch eine andere Absicht zugrunde: die Erkundung, Selbstvergewisserung und Profilierung – kurz: die Subjektivierung – des schreibenden Ich. Besonders evident wird dies in Thomas Bernhards *Der Untergeher*, dessen Erzähler mit dem uns vorliegenden Roman das (gescheiterte) gleichnamige Lebensprojekt seines toten Freundes realisiert und sich damit endgültig über ihn erhebt;[71] in Connie Palmens *Die Freundschaft* und Elena Ferrantes *Neapolitanischer Saga*, in denen das Schreiben zum Akt der Emanzipation von der übermächtigen Freundin deklariert wird; sowie in den mit poetologischen Exkursen gespickten Autofiktionen *Eros und Asche* von Bodo Kirchhoff und

66 Vgl. Fußnote 37.

67 Vgl. v. a. Kapitel 5.1.2.

68 Vgl. Kapitel 3.3.

69 Horn 1998, S. 5.

70 Ebd., S. 211.

71 „Ein Buch hat er veröffentlichen wollen, aber dazu ist es nicht gekommen, weil er sein Manuskript immer wieder geändert hat, so oft und so lange geändert, bis von dem Manuskript […] nichts als der Titel *Der Untergeher* übriggeblieben ist." (UG 78 f.) Auch Austers Erzähler ‚erbt' in *Leviathan* den Titel des unvollendeten Romans seines toten Freundes: „Of all the tragedies my poor friend created for himself, leaving this book unfinished becomes the hardest one to bear. […] To mark what will never exist, I have given my book the same title that Sachs was planning to use for his: *Leviathan*." (LE 142)

Der Freund und der Fremde von Uwe Timm, in denen die Erzähler nicht nur die Stilisierung des toten Alter Ego, sondern in erster Linie ihrer selbst betreiben.

Vom Freund zur Schrift

Die von Christian Moser eindrücklich dargelegte Verschiebung vom Freund auf die Schrift als primärem Hilfsorgan der Selbsterkenntnis[72] vollzieht sich im zeitgenössischen Freundschaftsroman in kondensierter Form: In ihm wird das Alter Ego nach seinem Tod bzw. Verschwinden internalisiert und das dialektische Gespräch von der schriftlichen Ich-Kontemplation ersetzt. Diese Dynamik deutet sich bereits auf innerdiegetischer Ebene an, indem Freund und Schrift wiederholt parallelisiert werden: „Meine Lektüren [...] bezogen auf die eine oder andere Art letztlich immer Lila mit ein" (NE III 358), heißt es in Ferrantes *Neapolitanischer Saga*, und auch Palmens Erzählerin stellt in *Die Freundschaft* fest: „Wenn ich las, redete ich mit ihr." (FS 274). In Kirchhoffs *Eros und Asche* (EA 241) und Streeruwitz' *Der Abend nach dem Begräbnis der besten Freundin.* (AB 27) wird nicht das Lesen, sondern das (Tagebuch-)Schreiben mit dem freundschaftlichen Gespräch analogisiert. Sowohl bei Palmen (FS 270) und Kirchhoff (EA 184 f.) als auch in Bernhards *Der Untergeher* (UG 81) und Bußmanns *Der Mantel der Erde ist heiß und teilweise geschmolzen* (ME 21) signalisiert die schon zu Lebzeiten einseitige Briefkommunikation die primäre Funktion des Freundes als Katalysator einer schriftlichen Selbsterforschung.[73]

Der Tod bzw. das Verschwinden des Freundes bedingen dessen endgültige Internalisierung. „Du mußt dann in dich hinein hören, dann merkst du, daß ich in dir drinnen bin" (DE 193), hält schon Hesses Demian seinen Biographen auf dem Sterbebett an. In Bjergs *Auerhaus* und Zieglers *Und jetzt du, Orlando!* imaginieren die Erzähler regelmäßig Gespräche mit dem toten Freund (AH 236, JO 212), der in Timms *Rot* in Gestalt eines Engels die Lebensbeichte des Erzählers abnimmt. In Bußmanns *Der Mantel der Erde ist heiß und teilweise geschmolzen* schreibt die Protagonistin der verschwundenen Freundin täglich E-Mails (ME 102), während die Erzählerin von Ferrantes *Neapolitanischer Saga* hofft, im Romanmanuskript mit ihrem Alter Ego in Dialog zu treten (NE IV 17, 409). Der Erzähler in Flašars *Ich nannte ihn Krawatte* adressiert den Freund an dessen Grab: „Hören Sie mich? [...] Ich will versuchen, es niederzuschreiben.

72 Vgl. Kapitel 3.1.

73 Verabsolutiert wird diese Dynamik in Matthias Zschokkes Roman *Lieber Niels* (2011): Was zunächst anmutet wie Tagebucheinträge, sind tatsächlich hunderte von E-Mails, die der Erzähler über Jahre fast täglich an seinen (im Roman nicht zu Wort kommenden) Freund schreibt.

Gleich, nein jetzt will ich es versuchen. Die erste Zeile: Ich nannte ihn Krawatte." (NK 126)

Wie schon bei Plutarch und Seneca, Marc Aurel und Augustinus, Petrarca und Gleim[74] fungiert der absente, stummbleibende Freund, der bereits zu Lebzeiten mehr Projektion denn reales Gegenüber ist, als Impulsgeber, Wächter und Korrektiv einer schriftlichen Subjektivierung. Als ebenso aktuelles wie paradigmatisches Beispiel für den *Freundschaftsroman als Medium der (literarischen) Selbsterkundung* firmiert Sigrid Nunez' vielfach preisgekröntes Werk *The Friend* (2018); ein einziger an den toten Freund gerichteter Monolog („The extraordinary sense that you are reading these words, that you know what they'll say even before I write them.", TF 3), in dem Reflexionen über die Beziehung zum kürzlich verstorbenen Freund aufs Engste mit der Erforschung und Analyse der eigenen (Schriftsteller-)Identität verflochten sind.

Neben dem *Schreiben* stellt das *Lesen* die zweite integrale Subjektivierungspraktik des Freundschaftsromans dar. Auf innerdiegetischer Ebene erfüllt der Freund oftmals eine ähnliche Funktion wie die Romanlektüre, insofern er den verzagten Erzählern, die „zum Zuschauer bestimmt und geboren [sind], nicht [...] zum Akteur" (FA 225), wie es in Erich Kästners Roman *Fabian* heißt, ein „symbolisches Probehandeln in imaginierten Welten"[75] und eine „Stellvertretererfahrung"[76] ermöglicht. Nach dem Sterben bzw. Verschwinden des Freundes werden die Erzähler (endgültig) zu dessen (Spuren-)Lesern. Dabei sind Textrezeption und -produktion untrennbar miteinander verquickt, insofern die Freundesspuren erst im Akt des Schreibens mit Bedeutung und Sinn angereichert werden.

Der Freund als Fall

Die *Lektüre, Exegese* und *Verschriftlichung* des toten Freundes wird in den meisten Romanen freilich nicht mit leidenschaftlichem,[77] sondern mit nüchtern-sezierendem Impetus betrieben. Wie schon in Raabes *Die Akten des Vogelsangs*, Werfels *Der Abituriententag* und Jens' *Der Mann, der nicht alt werden wollte*[78] überträgt die Mehrheit der zeitgenössischen Erzähler ihr

---

74 Ebd.

75 Klausnitzer 2009, S. 99.

76 Sexl 1996, S. 189.

77 Vgl. Kraß 2016, S. 14: „Der überlebende Freund nimmt den Verlust des toten Freundes zum Anlass, um in leidenschaftlicher Weise über das Wesen der Freundschaft zu sprechen."

78 „Aber pragmatisch, [...] referiere dir selber so werkmäßig als möglich, Oberregierungsrat Doctor juris Krumhardt" (AV 17); „Material, weiter nichts! Das feinere und feinste Tatsachenmaterial! Meine Aufgabe ist es nicht, eine Beichte abzulegen, um mich zu

professionelles Selbstverständnis auf die Rolle des Biographen[79] und suggeriert so Objektivität und Seriosität. Neben dieser Verwissenschaftlichung[80] weisen auch das Scheitern des Freundeslebens als Erzählanlass und erkenntnistheoretischer Gegenstand sowie das den Romanen zugrundeliegende Muster von Norm und Abweichung die Freundschaftsgeschichten als *Fallgeschichten* aus.[81]

Ausschlaggebend für eine Subsumption unter die Gattung der Fallgeschichte ist dabei „nicht, was der Fall *ist*, sondern was zum Fall *gemacht* – d. h. als Fall beobachtet, konstituiert, konstruiert (und das heißt stets auch: geschrieben) – wird“[82]. Diesem Prozesscharakter ebenso wie der für das Genre charakteristischen Fiktionsexponierung – „*Was der Fall ist, wird ge- und erfunden zugleich.*“[83] – trägt der Freundschaftsroman durch die ausgeprägten ‚Schreib-Szenen‘[84] Rechnung, innerhalb derer die Chronisten ihr methodologisches Vorgehen und die Medialität des Erzählens reflektieren und inszenieren. Die extradiegetische Ebene des Freundschaftsromans „verknüpft mithin auf eine grundlegende Weise die Ebene der Epistemologie mit derjenigen der Repräsentation“[85]. Wie bereits dargelegt, verfolgen die vordergründig vom Wunsch einer Aufklärung des *Falls Freund* angetriebenen Erzähler mit ihrer Narration jedoch in erster Linie ein egologisches Ziel: Über

---

entlasten oder mich anzuklagen (ich bin nicht Staatsanwalt), meine Aufgabe ist es, mich zu verhören.“ (AT 96); „Nein, wir Philologen sollten nicht rechten. Ist es nicht unsere geheime, menschlich-schlichte Aufgabe, die Dinge bestehen zu lassen, sie anzuschauen, zu beschreiben und dann weiterzugehen? Analyse, nicht Richterspruch ist unser Metier.“ (MA 96).

79 „so eine Gelegenheitsrede, verstehst du, eine Rede aus der Mappe“ (RO 370); „Allsehendes Auge des Arztes. Eine Position der Ferne, des generellen Überblicks.“ (SP 16); „Man muss Geduld haben und abwarten. Darin habe ich Übung. Die Menschen mit Anteilnahme betrachten, als tränke ich ihre Worte, nachfragen nur, wenn sie stocken, damit es weitergeht, damit sie von allein auf etwas zu sprechen kommen, das mich wirklich interessiert.“ (ME 106); „schreibender Freund“ (EA 41, 77, 89, 100, 105, 150, 218, 276). In Timms *Rot* (425) und Kirchhoffs *Eros und Asche* (217) bezeichnen sich die Erzähler als „Chronisten“; in Bernhards *Wittgensteins Neffe* (WN 161) und Zieglers *Und jetzt du, Orlando!* (JO 211) als „Zeugen“ des Freundeslebens.

80 Diese wird über die zerfasernden, achronologischen, unzuverlässigen Narrationen freilich oftmals unterlaufen.

81 Vgl. Frey 2013; Düwell/Pethes 2014; Pethes 2016; Krause 2017; Lucia Aschauer/Horst Gruner/Tobias Gutmann (Hrsg.): *Fallgeschichten. Text- und Wissensformen exemplarischer Narrative in der Kultur der Moderne*. Würzburg: Königshausen & Neumann 2015.

82 Pethes 2016, S. 15.

83 Lehmann 2009, S. 364.

84 Vgl. Stingelin 2004.

85 Düwell/Pethes 2014, S. 13.

die Pathologisierung des Anderen betreiben sie schreibend die Stärkung der eigenen Subjektposition.

Die Dialektik von Partikularität und Universalität, die sowohl die Textsorte des Fallnarrativs[86] als auch die des Nekrologs[87] kennzeichnet, entlarvt das Subjektivierungsbestreben der toten Freunde posthum als ein utopisches: Sie werden gerade *durch* ihre Nonkonformität zum literarischen Typus und damit ihrer (vermeintlichen) Einzigartigkeit beraubt. Ihre Sehnsucht nach einem Ausbruch aus vorgefertigten Strukturen erfährt über die frappierend kongruenten narrativen und motivischen Strukturen der Romane eine Konterkarierung. In der Zusammenschau verneint das Genre also unfreiwillig die auf diegetischer Ebene gestellte Frage nach der Möglichkeit einer selbstbestimmten Individuation.

9.3 Freundschaft und Tod

Mit dem Tod des Freundes als Erzählanlass greift der zeitgenössische Freundschaftsroman einen seit der Antike beliebten Topos auf – man denke an Lealius und Scipio, Orest und Pylades, Achill und Patroklos, Michel de Montaigne und Étienne de la Boétie, Maurice Blanchot und Georges Bataille – und schreibt die Genealogie des literarischen Nekrologs fort. Nachdem dieser aufgrund der patriarchalisch geprägten Kulturgeschichte über Jahrtausende von männlichen Freundespaaren dominiert wurde, inkorporiert das Genre in den letzten Jahren zunehmend auch weibliche Protagonistinnen. Mit dem *Verschwinden* der Freundinnen in Elena Ferrantes *Neapolitanischer Saga*, Claire Messuds *The Burning Girl* und Nina Bußmanns *Der Mantel der Erde ist heiß und teilweise geschmolzen* deutet sich indes ein neues, von der vorliegenden Arbeit erstmals herausgearbeitetes Narrativ an, das auf die anhaltende Prekarität gerade weiblicher Subjektivierung im 21. Jahrhundert verweist.[88]

Weshalb aber stellt die Abwesenheit des Freundes in fast allen Romanen die Voraussetzung für ein Erzählen über ihn dar? Andreas Kraß' These, erst der

86 Frey 2013 spricht in diesem Zusammenhang von einem „double bind“: Der Fall „generiert ein Individuelles, das gleichwohl nur verzeichnet werden kann, um im selben Akt als solches kassiert zu werden“ (S. 284).

87 Vgl. hierzu Ralf Georg Bogener: „Die Totenklage der frühen Neuzeit. Perspektiven der interdisziplinären Forschung.“ In: *Daphnis* 38 (2009), S. 1-8, hier S. 2: „Die eminent wichtige Kulturleistung, die ihnen [Nachrufen] seit Jahrtausenden im Abendland zukommt, nämlich die Unterstützung Trauernder bei der Bewältigung ihres Schmerzes, können sie nur adäquat erfüllen, indem sie jeden spezifischen Fall separat würdigen und ihn trotzdem in die bewährten Strategien der Verarbeitung von Todesfällen integrieren.“

88 Vgl. hierzu Kapitel 8.

Tod erlaube ein authentisches Sprechen vom Freund, da er die Sublimierung männlichen Begehrens in den (gesellschaftlich akzeptierten) Affekt der Trauer ermögliche,[89] greift für die von mir untersuchten Romane nicht: Weder sind die abwesenden Freunde ausschließlich männlich, noch lassen sich – mit Ausnahme von Marion Poschmanns *Die Sonnenposition* und Anja Kampmanns *Wie hoch die Wasser steigen* – homoerotische Beziehungsdynamiken identifizieren. Zudem handelt es sich, wie bereits ausgeführt, nicht um Passions-, sondern um Fallgeschichten, die eben gerade nicht in leidenschaftlichem, sondern in betont wissenschaftlichem Tonfall erzählt werden. Also noch einmal: Warum muss das Alter Ego sterben? Ich nähere mich dieser Frage abschließend anhand von vier Thesen, die das Phänomen Freundestod aus unterschiedlichen Blickwinkeln – einem strukturellen, einem ästhetischen, einem gegenwartsdiagnostischen und einem publikationsstrategischen – beleuchten.

Der Tod als Formgeber

Die Freundschaft stellt laut Alexander Nehamas eine Abfolge von im Grunde „unerheblichen Vorkommnissen“[90] dar. Sie kennt – wie Silvia Bovenschen es formuliert – im Gegensatz zur Liebe „kein an ihr Ende projiziertes Erfüllungsmoment, kein allgemeines Ziel, keine orgiastischen Höhepunkte, keine ekstatischen Sensationen“[91]. Während beispielweise die teleologische Aufladung eines Liebesplots oftmals durch die Hochzeit der Protagonisten erfolgt(e), können Freundschaftsnarrative in Ermangelung einer Kodifizierung oder Institutionalisierung der Beziehungsform auf keine äquivalente ‚Rahmung‘ rekurrieren. Die Zäsur des Todes dient als Formgeber und im Grunde einzig mögliche *closure* für die im Vergleich zu Familie und Partnerschaft fluidere, freiere Freundschaft. Sie verspricht eine totalisierende Perspektive auf die Vergangenheit, der die Hoffnung auf eine (retrospektive) Zuschreibung von Bedeutung oder gar Sinnhaftigkeit innewohnt. So gewinnt die Legitimationsfunktion des Todes, die Walter Benjamin für Narrative jeglicher Art konstatiert – der Tod sei „die Sanktion von allem, was der Erzähler berichten kann. Vom Tode hat er seine Autorität geliehen“[92] –, für die Freundschaft eine besondere Virulenz. Der Freundschaftsroman ruft folglich

89 Vgl. Kraß 2016, S. 73 ff., bzw. die Zusammenfassung seiner Arbeit in Kapitel 1.3.1.

90 Nehamas 2017, S. 95. Hierin sieht Nehamas den Grund für die Vernachlässigung des Themas Freundschaft durch die ‚schöne‘ Literatur.

91 Bovenschen 1998: „Tanz“, S. 27.

92 Walter Benjamin: „Der Erzähler.“ [1936] In: Alexander Honold (Hrsg.): *Erzählen. Schriften zur Theorie der Narration und zur literarischen Prosa.* Frankfurt a. M.: Suhrkamp 2007, S. 103-128, hier S. 114.

den Topos einer „Sinngebung des Lebens vom Ende her“[93] auf, um dessen epistemologische Verheißung dann jedoch ins Leere laufen zu lassen.

Der Tod als Verabsolutierung der Freundschaftsdynamiken

Der Tod stellt den Kristallisations- bzw. folgerichtigen Endpunkt aller wesentlichen Konstituenten literarischer Freundschaft dar. Anders formuliert: Freundschaft und Tod verweisen wechselseitig aufeinander und bilden eine „funktionale Ganzheit“[94], die den ästhetischen Wert der Romane mitbedingt. So verabsolutiert der Tod das für sämtliche Freundschaften essenzielle Paradigma der *Grenze* und die ihm eigene Dialektik von Trennung und Verbindung: Einerseits gestattet der Tod den Erzählern die (Wieder-)Annäherung an den Freund und greift damit die schon zu Lebzeiten produktive Paradoxie einer erst durch Distanz generierten Nähe auf. Zugleich firmiert er – den erkenntnistheoretischen Impetus der Fallnarrative unterminierend – jedoch als „Grenze alles Verstehens“[95] bzw. „Erkenntnisgrenze“[96] und hypertrophiert die schon auf intradiegetischer Ebene unüberbrückbare Fremdheit zwischen Sonderling und Chronist. Im Tod, der „immer das *ganz andere* bleibt“[97], kulminiert die Rätselhaftigkeit des Freundes. Das Fehlen von Offenheit, Zeit und Nähe und die daraus resultierende *Freundschaftssemantik des Negativen* mündet in den Tod als *den* „negative[n] Sachverhalt“[98] schlechthin. Schließlich korrespondiert die vieldiskutierte Unmöglichkeit einer adäquaten Versprachlichung von Freundschaft[99] mit dem den Tod seit jeher umwehenden Topos der „Unsagbarkeit“[100]. Somit ist das Schreiben über den *toten Freund* von einer gleich doppelten Schwierigkeit gekennzeichnet – und das Scheitern des ihm zugrundeliegenden Subjektivierungsbestrebens der Erzähler ein beinahe zwangsläufiges.

93 Joachim Pfeiffer: *Tod und Erzählen. Wege der literarischen Moderne um 1900*. Tübingen: Niemeyer 1997, S. 226.

94 Jürgen H. Petersen: *Fiktionalität und Ästhetik: Eine Philosophie der Dichtung*. Berlin: Schmidt 1996, S. 234.

95 Macho 1987, S. 189.

96 Solhdju/Vedder 2015, S. 13.

97 Armin Nassehi: „‚Worüber man nicht sprechen kann, darüber muß man schweigen.‘ Über die Geschwätzigkeit des Todes in unserer Zeit.“ In: Konrad Paul Liessmann (Hrsg.): *Ruhm, Tod und Unsterblichkeit. Über den Umgang mit der Endlichkeit*. Wien: Paul Zsolnay 2004, S. 118-145, hier S. 119.

98 Gehring 2010, S. 9.

99 Vgl. z. B. Moog-Grünewald 2012, S. 138; Bovenschen 1998 („Tanz“), S. 19; Rüther 2013, S. 63; Kersten 2013, S. 70 ff.

100 Macho 1987, S. 185 ff.

Der Tod als Zeitkritik

Der Tod verleiht der durch die Sonderlinge personifizierten Kritik am spätmodernen Effizienzdenken und Leistungsdruck besondere Schärfe. Zugespitzt formuliert: Wer – wie die Freunde meiner Primärtexte – nicht (länger) Teil des Systems sein kann oder will, stirbt oder verschwindet. Hierin kann auch eine bewusste Absage an den globalisierten Turbokapitalismus gesehen werden, stellt der Tod doch „die radikalste Form von Entschleunigung“[101] dar. Der Nexus von Zeitkritik und Tod entfaltet in den jüngst publizierten Freundschaftsromanen insofern eine neue Brisanz, als diese eine direkte *Kausalität* zwischen dem Primat der Ökonomie und dem Freundessterben ausbuchstabieren: In Anja Kampmanns Debutroman *Wie hoch die Wasser steigen* (2018) kommt Mátyás, Wanderarbeiter und einziger Freund des Ich-Erzählers, auf einer Ölbohrplattform ums Leben. In Michel Houellebecqs Roman *Serotonin* (2019) begeht Aymeric, Landwirt und einziger Freund des Ich-Erzählers, während einer Demonstration gegen den Wirtschaftsliberalismus der Europäischen Union öffentlichkeitswirksam Suizid. Das Verschwinden (bei Bußmann, Ferrante und Messud) bzw. das von vielen männlichen Erzählern gewählte Sterben in Isolation weichen hier einer neuen Explizitheit und damit Politisierung des Todes, der in Kampmanns *Wie hoch die Wasser steigen* und Houellebecqs *Serotonon* direkte Folge der prekären Arbeitsbedingungen unserer Zeit ist – und abermals zur (endgültigen) Entsubjektivierung der zurückbleibenden Erzähler führt.

Der Tod als Publikationskalkül

Nicht zuletzt trägt das Freundessterben auch einem publikationsstrategischen bzw. rezeptionsästhetischen Kalkül Rechnung: Es ist Teil einer Konjunktur der (autobiographischen) Auseinandersetzung mit dem Tod in der Gegenwartsliteratur[102] und einer auch gesamtgesellschaftlich zu beobachtenden ‚neuen

101 Corina Caduff: *Szenen des Todes. Essays*. Basel: Lenos 2013, S. 240.

102 Vgl. Oliver Sill: *Das unentdeckte Land. Todesbilder in der Literatur der Gegenwart*. Bielefeld: Aisthesis 2011; den „Schwerpunkt: An der Grenze. Sterben und Tod in der Gegenwartsliteratur“ in der *Zeitschrift für Germanistik* 3 (2015); Corina Caduff/Ulrike Vedder: „Schreiben über Sterben und Tod.“ In: Dies. (Hrsg.) 2017, S. 115-124. Vgl. auch die Feuilleton-Artikel von Richard Kämmerlings: „Der Schleier über den letzten Dingen.“ In: *Frankfurter Allgemeine Zeitung* vom 14.08.2009; Burkhard Müller: „Wenn der letzte Rest Zukunft verbraucht ist.“ In: *Süddeutsche Zeitung* vom 28.04.2013; Volker Weidermann: „Komm, süßer Tod.“ In: *Der Spiegel* vom 24.12.2015; Tilman Spreckelsen: „Im Reich zwischen Leben und Tod.“ In: *Frankfurter Allgemeine Zeitung* vom 13.07.2019.

Sichtbarkeit des Todes'[103]. Diese sei, wie Corina Caduff argumentiert, „nicht zuletzt begründet in unserer Sehnsucht danach, endlich einmal auszusetzen, einzuhalten, zu verweilen"[104]. Profaner noch dürfte das Freundessterben der Tatsache geschuldet sein, dass die Literarisierung von Freundschaft als Quelle von Kontinuität und Verbindlichkeit schlicht nicht den gleichen Reiz hätte wie die hochgradig ambivalenten und in Teilen dysfunktionalen Beziehungen, die die untersuchten Romane erzählen. So hat bereits Walter Benjamin auf den didaktischen und emotionalen ‚Mehrwert' des Todes verwiesen: „Das was den Leser zum Roman zieht, ist die Hoffnung, sein fröstelndes Leben an einem Tod, von dem er liest, zu wärmen."[105]

---

103 Solhdju/Vedder (Hrsg.) 2015; Thomas Macho/Kristin Marek (Hrsg.): *Die neue Sichtbarkeit des Todes*. München: Fink 2007.

104 Caduff 2013, S. 241.

Vgl. zu dieser Sehnsucht auch folgende Kommentare der Erzähler in Flašars *Ich nannte ihn Krawatte* („Ich wollte eintreten in einen Raum ohne Zeit, wo mich nie wieder jemand bestürzen würde. Sollte das Leben draußen weitergehen. Ich wollte es aussperren, mich vor ihm verkriechen, nicht zulassen, dass es mir passierte.", IK 39) sowie den Romanen *Die Kieferninseln* („Auch sein eigenes Projekt der Abwendung bestand darin, einen Zwischenraum zu schaffen. Einen Raum zwischen ihm und der Gesellschaft, ihm und den sozialen Konventionen, ihm und den bizarren Zwängen des allgegenwärtigen Turbokapitalismus.", KI 42) und *Die Sonnenposition* („Manchmal kommt es mir so vor, als bestünde unsere Aufgabe darin, den sich rasend beschleunigenden Veränderungen durch unsere apathische Langsamkeit etwas entgegenzusetzen: Hier kann uns nur noch wenig geschehen.", SP 207) von Marion Poschmann.

105 Benjamin 2007, S. 120.

KAPITEL 10

Fazit

Die Gegenwartsliteratur wartet mit einem Freundschaftsnarrativ auf, das mit den eingangs skizzierten, von Philosophie und Soziologie entworfenen Konzeptionen von spätmoderner Freundschaft nicht kongruent ist. Zur Erinnerung: Diese stilisieren Freundschaft entweder zur Hoffnungsträgerin, die dem zwischen serieller Monogamie, befristeten Arbeitsverträgen und permanenten Ortswechseln lebenden Subjekt ein Quäntchen Kontinuität und Verbindlichkeit verspricht; oder aber sie sehen in ihr nurmehr ein ‚Projekt' des auf die eigene Selbstverwirklichung und Nutzenmaximierung bedachten Individuums in einer neoliberalen Welt.[1] Die zeitgenössische literarische Freundschaft widersetzt sich beiden Lesarten. Weder fungiert der Freund als Kompensation für gesellschaftliche Auflösungs- und Entfremdungsprozesse, noch ist er Teil eines Netzwerks, das je nach Belieben angezapft oder erneuert wird.

Woher aber rührt diese Diskrepanz – insbesondere zwischen den von Moralphilosophie und Literatur gezeichneten Freundschaftsbildern? Eckhardt Meyer-Krentler lässt sie „als Theorie und Praxis, als ahistorische und historische Sichtweisen, als Ideal und Realitätsüberprüfung, als Behauptung und ‚Beweis'"[2] gegeneinander ‚antreten' und schreibt der Fiktion die Funktion eines Korrektivs und damit implizit die Deutungshoheit über die Freundschaft zu. Dabei kann durchaus vermittelt werden zwischen den auf den ersten Blick so konträren Positionen von Wissenschaft und Roman: Eben *weil* (literarische) Freundschaft so vielschichtig und verworren ist, avanciert sie zur ernstzunehmenden (belletristischen) Konkurrenz der Sozialformen Liebe und Familie. So bestätigt der zeitgenössische Roman die vonseiten der Wissenschaft proklamierte neue Aktualität der Freundschaft auf seine eigene Art. Im Gegensatz zur Soziologie oder Philosophie ist es dabei gerade nicht das Anliegen von Literatur, Systematisierungen und Kohärenzen zu schaffen. Vielmehr vermag sie es, diese aufzubrechen, herauszufordern und fragwürdig werden zu lassen – und damit die Forderung Silvia Bovenschens einzulösen, „[d]as Denken über die Freundschaft aus der Kalenderblattbetulichkeit herauszuholen; es wieder zu einem beunruhigenden Thema zu machen, ihm die entgrenzende Radikalität, die

1 Vgl. Kapitel 1.3.2.

2 Meyer-Krentler 1984, S. 16.

DOI:10.30965/9783846766774_011

ihm gebührt, zurückzugeben“[3]. Freundschaft ist kein artiges Beiwerk (mehr), sondern mausert sich zu einer Hauptdarstellerin, deren Charakter dem des amourösen oder familiären Miteinanders an Komplexität in nichts nachsteht.

Die Diskrepanz zwischen Wissenschaft und Fiktion sowie die Stabilität zahlreicher Erzählmuster und Subjektivierungspraktiken werfen in der Tat die Frage auf, ob dem Freundschaftsroman ein Wissen sui generis inhärent ist bzw. ob er Einsichten in die Beschaffenheit der menschlichen Natur erlaubt, die soziologische oder philosophische Freundschaftskonzepte nicht zu erschließen vermögen. Für eine solche literarische Anthropologie des (spät-)modernen Subjekts scheint der Freundschaftsroman geradezu prädestiniert:[4] Er ist Medium und Produkt einer schriftlichen Selbstexploration und -konstruktion,[5] gibt mittels der Alter-Ego-Konstellation zugleich aber auch Aufschluss darüber, inwiefern Identität sich im Dialog mit bzw. in Abhängigkeit von anderen Subjekten konstituiert. Nicht nur sind die Erzähler des Freundschaftsromans fast ausnahmslos Schriftsteller und Wissenschaftler und dokumentieren und analysieren menschliches Verhalten somit beruflich; das Genre inkorporiert zudem zahlreiche Charakteristika der Fallgeschichte, die die Schilderung von (fiktiven) Einzelfällen oftmals in grundsätzliche anthropologische Einsichten und Zeitdiagnosen zu überführen versucht.

Einen solchen Transfer des Exemplarischen ins Menschlich-Universale nehmen die Erzähler der Romane freilich nicht (mehr) selbst vor: Dieser wird dem narrativen Adressaten übertragen. Und so möchte ich mich abschließend der Methodologie der Fallgeschichte bedienen, indem ich die literarische mit der außerliterarischen Wirklichkeit in Beziehung zu setzen versuche. Dabei konzentriere ich mich auf zwei anthropologische Bedeutungsdimensionen des Freundschaftsromans, die mit den Begriffen der Fiktionsbedürftigkeit und Unverfügbarkeit umrissen werden können.

Zunächst einmal zeugt die literarische Konditionierung und imaginative Grundierung von Freundschaft von der eminenten Rolle der Vorstellungskraft für die menschliche Subjektivierung. Die frappierenden Parallelen zwischen den von mir untersuchten Romanen und den Dynamiken, die die Forschung

3 Bovenschen 2007, S. 133.

4 Dabei bin ich mir durchaus der Schwierigkeit bewusst, die Taylor als das „größte intellektuelle Problem der menschlichen Kultur“ bezeichnet, nämlich der, „die menschlichen Universalien und die historischen Konstellationen auseinanderzuhalten, ohne die letzteren verkürzend mit den ersteren gleichzusetzen, so daß wir der ständigen Verlockung anheimfallen, unsere spezifische Art und Weise als etwas für die Menschen als solche Unausweichliches anzusehen“ (Taylor 2018, S. 209).

5 Vgl. hierzu Helmut Pfotenhauers (1987) wegweisende Untersuchung zur „Selbstbiographie als ästhetische Menschenkunde“ (S. 21) im 18. Jahrhundert.

als strukturbildend für die schriftliche Ichkonstitution und Affektmodellierung in Antike und Früher Neuzeit (Christian Moser) und insbesondere im 18. Jahrhundert (Niklas Luhmann, Albrecht Koschorke) identifiziert hat, legen nahe, dass es sich bei der Fiktionsbedürftigkeit um eine epochenübergreifende Disposition des abendländischen Menschen handelt. Diese gerät im digitalen Zeitalter – einem Zeitalter, in dem soziale Netzwerke die Nahbarkeit bzw. Nähe Wildfremder suggerieren, Verabredungen über das Schicken von Live-Standorten getroffen werden und Dating-App-Nutzer nur eine Wischbewegung vom nächsten amourösen Abenteuer entfernt sind – in Bedrängnis.

Der Freund wird zum Antipoden einer ubiquitären Selbstoffenbarung und Transparenz. Seine Anziehungskraft auf die Erzähler wird gerade durch seine *Un*verfügbarkeit bedingt. Der Freund – und hier lassen sich Roman und Wissenschaft doch noch engführen – personifiziert die vom Soziologen Hartmut Rosa überzeugend dargelegte „Grundstruktur des menschlichen Begehrens“[6]: Voraussetzung eines In-Beziehung-Tretens bzw. einer subjektivierenden Interaktion – sei es mit Welt, Mensch oder Objekt – ist nach Rosa ein Moment konstitutiver Unverfügbarkeit. Dieses stehe dem spätmodernen Drang, alles „zu wissen, zu erreichen, zu erobern, zu beherrschen oder zu nutzen“[7], diametral gegenüber. Das Gegenüber „kann ein resonantes Gegenüber nur solange sein und bleiben, wie ich es *nicht vollständig* begriffen, verstanden und verarbeitet habe [...], solange es mich weiter beschäftigt und mir noch etwas zu verbergen scheint. [...] Das Gegenüber bleibt, solange die Resonanzbeziehung besteht, ein Anderes, Fremdes, ein sich immer Entziehendes und/oder Widersetzendes [...].“[8] Im Freundschaftsroman erfährt jene Unverfügbarkeit im Tod eine Verabsolutierung: Der Tod katapultiert das enigmatische Alter Ego endgültig in das Reich der Imagination bzw. in das Medium der Schrift (zurück).

Insbesondere die persistenten Muster des Freundschaftsromans, die ich aus einer literaturanthropologischen Perspektive zu deuten versucht habe, eröffnen zahlreiche Anschlussmöglichkeiten für weitere Forschungsvorhaben. Dabei legt die Modellhaftigkeit des Genres vor allem die Frage nach (künftigen) alternativen Freundschaftsnarrativen nahe. Wie könnten Narrative beschaffen sein, die das Alter Ego *nicht* sterben oder verschwinden lassen? Romane beispielsweise, in denen an die Stelle der monologischen ‚Schreib-Szene‘ ein tatsächlicher Gedanken*austausch* im Medium des Briefs oder der E-Mail tritt? Wird das Primat gleichgeschlechtlicher Freundschaft im Gegenwartsroman mit einer fortschreitenden Pluralisierung von Geschlechterbildern und

6 Rosa 2018, S. 119.

7 Ebd., S. 10.

8 Ebd., S. 52 ff.

-normen zugunsten einer Freundschaft jenseits der Geschlechtergrenzen aufgeweicht werden? Inwiefern könnte sich dies auf die für das Genre strukturbildende binäre Figurenanlage und das Motiv der Grenze niederschlagen? Und wirken die im zeitgenössischen Freundschaftsroman produktiven Subjektivierungspraktiken – etwa die Dynamiken der Projektion und Internalisierung, die egologische Grundierung des Schreibaktes und die Stilisierung des Freundes zum Fall – auch in familiären Näheverhältnissen, beispielsweise in literarischen Geschwisterbeziehungen? Die Beantwortung dieser Fragen muss künftigen Untersuchungen – bzw. in erster Instanz künftigen Romanen – vorbehalten bleiben.

Siglenverzeichnis

Albrecht, Lene	*Wir, im Fenster* (WF)	2019
Auster, Paul	*Leviathan* (LE)	1992
Bánk, Zsuzsa	*Schlafen werden wir später* (SS)	2017
Bellow, Saul	*Ravelstein* (RS)	2000
Bernhard, Thomas	*Wittgensteins Neffe* (WN)	1982
	Der Untergeher (UG)	1983
Bjerg, Bov	*Auerhaus* (AH)	2015
Brandt, Matthias	*Blackbird* (BB)	2019
Bußmann, Nina	*Der Mantel der Erde ist heiß und teilweise geschmolzen* (ME)	2017
De Carlo, Andrea	*Zwei von zwei* (ZZ)	1989
Ferrante, Elena	*Neapolitanische Saga* (NE)	2011-2014
Flašar, Milena Michiko	*Ich nannte ihn Krawatte* (NK)	2012
Fricke, Lucy	*Töchter* (TÖ)	2018
Grass, Günter	*Katz und Maus* (KM)	1961
Herrndorf, Wolfgang	*Tschick* (TK)	2010
Hesse, Hermann	*Unterm Rad* (UR)	1906
	Demian (DE)	1919
Highsmith, Patricia	*The Talented Mr. Ripley* (MR)	1955
Houellebecq, Michel	*Serotonin* (SE)	2019
Jens, Walter	*Der Mann, der nicht alt werden wollte* (MA)	1955
Kampmann, Anja	*Wie hoch die Wasser steigen* (HW)	2018
Kästner, Erich	*Fabian* (FA)	1931
Kirchhoff, Bodo	*Eros und Asche* (EA)	2007
Kurbjuweit, Dirk	*Zweier ohne* (ZO)	2001
Mädler, Peggy	*Wohin wir gehen* (WG)	2019
Mann, Thomas	*Doktor Faustus* (DF)	1947
Messud, Claire	*The Burning Girl* (BG)	2017
Miller, A. D.	*The Faithful Couple* (FC)	2015
Morrison, Toni	*Sula* (SU)	1973
Nadolny, Sten	*Selim oder Die Gabe der Rede* (SG)	1990
Nunez, Sigrid	*The Friend* (TF)	2018
Palmen, Connie	*Die Freundschaft* (FS)	1995
Poschmann, Marion	*Die Sonnenposition* (SP)	2013
	Die Kieferninseln (KI)	2017
Raabe, Wilhelm	*Die Akten des Vogelsangs* (AV)	1896

Rothmann, Ralf	*Milch und Kohle* (MK)	2000
Sitzler, Susann	*Freundinnen* (FR)	2017
Smith, Zadie	*Swing Time* (ST)	2016
Streeruwitz, Marlene	*Der Abend nach dem Begräbnis der besten Freundin.* (AB)	2008
Stevenson, Robert Louis	*The Strange Case of Dr. Jekyll and Mr. Hyde* (JH)	1886
Strauß, Emil	*Freund Hein* (FH)	1902
Timm, Uwe	*Rot* (RO)	2001
	Der Freund und der Fremde (FF)	2005
Uhlman, Fred	*Der wiedergefundene Freund* (WF)	1971
Wedekind, Frank	*Frühlings Erwachen* (FE)	1891
Werfel, Franz	*Der Abituriententag* (AT)	1928
Wolf, Christa	*Nachdenken über Christa T.* (NC)	1968
Ziegler, Ulf Erdmann	*Und jetzt du, Orlando!* (JO)	2014
Zschokke, Matthias	*Lieber Niels* (LN)	2011

Literaturverzeichnis

Primärliteratur

Albrecht, Lene: *Wir, im Fenster*. Berlin: Aufbau 2019.
Auster, Paul: *Leviathan*. London: Faber and Faber 1993 [1992].
Bánk, Zsuzsa: *Schlafen werden wir später*. Frankfurt a. M.: Fischer 2017.
Bellow, Saul: *Ravelstein*. London: Viking 2000.
Bernhard, Thomas: *Wittgensteins Neffe*. Frankfurt a. M.: Suhrkamp 2006 [1982].
Bernhard, Thomas: *Der Untergeher*. Frankfurt a. M.: Suhrkamp 1986 [1983].
Bjerg, Bov: *Auerhaus*. Berlin: Blumenbar 2015.
Brandt, Matthias: *Blackbird*. Köln: Kiepenheuer & Witsch 2019.
Bußmann, Nina: *Der Mantel der Erde ist heiß und teilweise geschmolzen*. Berlin: Suhrkamp 2017.
Ferrante, Elena: *Meine geniale Freundin*. Berlin: Suhrkamp 2016 [2011].
Ferrante, Elena: *Die Geschichte eines neuen Namens*. Berlin: Suhrkamp 2017 [2012].
Ferrante, Elena: *Die Geschichte der getrennten Wege*. Berlin: Suhrkamp 2017 [2013].
Ferrante, Elena: *Die Geschichte des verlorenen Kindes*. Berlin: Suhrkamp 2018 [2014].
Fricke, Lucy: *Töchter*. Reinbek bei Hamburg: Rowohlt 2018.
Grass, Günter: *Katz und Maus*. München: dtv 2015 [1961].
Herrndorf, Wolfgang: *Tschick*. Reinbek bei Hamburg: Rowohlt 2015 [2010].
Hesse, Hermann: *Unterm Rad*. Frankfurt a. M.: Suhrkamp 2003 [1906].
Hesse, Hermann: *Demian. Die Geschichte von Emil Sinclairs Jugend*. Frankfurt a. M.: Suhrkamp 2016 [1919].
Highsmith, Patricia: *The Talented Mr. Ripley*. London: Vintage 1999 [1955].
Houellebecq, Michel: *Serotonin*. Köln: DuMont 2019.
Jens, Walter: *Der Mann, der nicht alt werden wollte*. Reinbek bei Hamburg: Rowohlt 2016 [1955].
Kampmann, Anja: *Wie hoch die Wasser steigen*. München: Hanser 2018.
Kästner, Erich: *Fabian. Die Geschichte eines Moralisten*. Berlin: Springer 2013 [1931].
Kirchhoff, Bodo: *Eros und Asche. Ein Freundschaftsroman*. München: dtv 2012 [2007].
Kurbjuweit, Dirk: *Zweier ohne*. Köln: Kiepenheuer & Witsch 2015 [2001].
Mädler, Peggy: *Wohin wir gehen*. Berlin: Galiani 2019.
Mann, Thomas: *Doktor Faustus. Das Leben des deutschen Tonsetzers Adrian Leverkühn erzählt von einem Freunde*. Frankfurt a. M.: Fischer 1995 [1947].
Messud, Claire: *The Burning Girl*. London: Fleet 2018 [2017].
Michiko Flašar, Milena: *Ich nannte ihn Krawatte*. München: btb 2014 [2012].
Miller, A. D.: *The Faithful Couple*. London: Abacus 2016 [2015].
Morrison, Toni: *Sula*. London: Vintage 2016 [1973].

Nadolny, Sten: *Selim oder Die Gabe der Rede*. München: Piper 1993 [1990].
Nunez, Sigrid: *The Friend*. New York: Riverhead 2019 [2018].
Palmen, Connie: *Die Freundschaft*. Zürich: Diogenes 1998 [1995].
Poschmann, Marion: *Die Sonnenposition*. Berlin: Suhrkamp 2013.
Poschmann, Marion: *Die Kieferninseln*. Berlin: Suhrkamp 2017.
Raabe, Wilhelm: *Die Akten des Vogelsangs*. Stuttgart: Reclam 2013 [1896].
Rothmann, Ralf: *Milch und Kohle*. Frankfurt a. M.: Suhrkamp 2000.
Smith, Zadie: *Swing Time*. London: Penguin 2017 [2016].
Stevenson, Robert Louis: *Dr. Jekyll and Mr. Hyde*. London: Penguin 2012 [1886].
Strauß, Emil: *Freund Hein*. Stuttgart: Reclam 1995 [1902].
Streeruwitz, Marlene: *Der Abend nach dem Begräbnis der besten Freundin*. Frankfurt a. M.: Fischer 2014 [2008].
Timm, Uwe: *Rot*. Köln: Kiepenheuer & Witsch 2001.
Timm, Uwe: *Der Freund und der Fremde*. Köln: Kiepenheuer & Witsch 2005.
Uhlman, Fred: *Der wiedergefundene Freund*. Zürich: Diogenes 1998 [1971].
Wedekind, Frank: *Frühlings Erwachen*. Stuttgart: Reclam 2016 [1891].
Werfel, Franz: *Der Abituriententag. Die Geschichte einer Jugendschuld*. Frankfurt a. M.: Fischer 2015 [1928].
Wolf, Christa: *Nachdenken über Christa T.* Darmstadt: Luchterhand 1984 [1968].
Ziegler, Ulf Erdmann: *Und jetzt Du, Orlando!* Berlin: Suhrkamp 2018 [2014].
Zschokke, Matthias: *Lieber Niels*. Göttingen: Wallstein 2011.

Sekundärliteratur

Abel, Elizabeth: „(E)merging Identities. The Dynamics of Female Friendship in Contemporary Fiction by Women." In: *Signs: Journal of Women in Culture and Society* 3 (1981), H. 6.
Agamben, Giorgio: *Das Abenteuer. Der Freund*. Berlin: Matthes & Seitz 2018.
Alberoni, Francesco: *Friendship*. Leiden/Boston: Brill 2016.
Albrecht, Andrea: „‚Kalzium gegen das Absurde': Uwe Timms poetischer Existenzialismus." In: *Gegenwartsliteratur. Ein germanistisches Jahrbuch* 11 (2012), S. 34-54.
Alkemeyer, Thomas/Budde, Gunilla/Feist, Dagmar: „Einleitung." In: Dies. (Hrsg.): *Selbstbildungen. Soziale und kulturelle Praktiken der Subjektivierung*. Bielefeld: transcript 2013, S. 9-30.
Alleweldt, Erika: *Die differenzierten Welten der Frauenfreundschaften. Eine Berliner Fallstudie*. Weilerswist: Velbrück 2013.
Aristoteles: *Nikomachische Ethik*. Stuttgart: Reclam 2010.
Arnold, Sonja/Gröger, Anita: „Figurenentwürfe – Selbstentwürfe. Metagenres. Einführung." In: Dies./Catani, Stephanie/Jürgensen, Christoph/Schenk, Klaus/

Wagner-Egelhaaf, Martina (Hrsg.): *Sich selbst erzählen. Autobiographie – Autofiktion – Autorschaft*. Kiel: Ludwig 2018, S. 117-121.

Aschauer, Lucia/Gruner, Horst/Gutmann, Tobias (Hrsg.): *Fallgeschichten. Text- und Wissensformen exemplarischer Narrative in der Kultur der Moderne*. Würzburg: Königshausen & Neumann 2015.

Assmann, Aleida: „Vier Formen des Gedächtnisses." In: *Erwägen, Wissen Ethik* 13 (2002), H. 2, S. 183-190.

Assmann, Aleida: *Erinnerungsräume: Formen und Wandlungen des kulturellen Gedächtnisses*. München: Beck 2010 [1999].

Assmann, Aleida: „Freundschaft im Kommunikationszeitalter." In: Münchberg/Reidenbach (Hrsg.) 2012, S. 79-94.

Assmann, Aleida/Friese, Heidrun (Hrsg.): *Identitäten. Erinnerung, Geschichte, Identität 3*. Frankfurt a. M.: Suhrkamp 1998.

Assmann, Jan: *Das kulturelle Gedächtnis. Schrift, Erinnerung und politische Identität in frühen Hochkulturen*. München: Beck 2013 [1992].

Auerochs, Berndt: „‚Ewig, ewig, Ihr Gleim.' Zur Freundschaft zwischen Herder und Gleim." In: Manger/Pott (Hrsg.) 2006, S. 147-159.

Augé, Marc: „Nicht-Orte." [1991] In: Günzel (Hrsg.) 2013, S. 94-98.

Augustinus, Aurelius: *Bekenntnisse. Viertes Buch*. München: dtv 1994.

Auhagen, Ann Elisabeth: „Freundschaft unter Erwachsenen." In: Dies./von Salisch, Maria (Hrsg.): *Zwischenmenschliche Beziehungen*. Göttingen: Hogrefe 1993, S. 215-233.

Avanessian, Armen (Hrsg.): *Akzeleration*. Berlin: Merve 2013.

Bach, Susanne: *Wende-Generationen / Generationen-Wende. Literarische Lebenswelten vor dem Horizont der Wiedervereinigung*. Heidelberg: Winter 2017.

Bachelard, Gaston: *Poetik des Raumes*. Frankfurt a. M.: Fischer 2001 [1958].

Bachtin, Michail M.: *Chronotopos*. Frankfurt a. M.: Suhrkamp 2017 [1937].

Bal, Mieke: „Telling Objects: A Narrative Perspective on Collecting." In: Elsner, John/Cardinal, Roger (Hrsg.): *The Cultures of Collecting*. Cambridge: Harvard UP 1994, S. 97-115.

Bank, Barbara J./Hansford, Suzanne L.: „Gender and Friendship: Why are men's best same-sex friendships less intimate and supportive?" In: *Personal Relationships* 7 (2000), H. 1, S. 63-78.

Bareis, J. Alexander/Grub, Frank Thomas (Hrsg.): *Metafiktion. Analysen zur deutschsprachigen Gegenwartsliteratur*. Berlin: Kadmos 2010.

Barthes, Roland: „Der Tod des Autors." [1967] In: Jannidis, Fotis/Lauer, Gerhard/Martínez, Matías/Winko, Simone (Hrsg.): *Texte zur Theorie der Autorschaft*. Stuttgart: Reclam 2012, S. 185-193.

Basseler, Michael/Birke, Dorothee: „Mimesis des Erinnerns." In: Erll, Astrid/Nünning, Ansgar et al. (Hrsg.): *Gedächtniskonzepte der Literaturwissenschaft. Theoretische Grundlegung und Anwendungsperspektiven*. Berlin: de Gruyter 2005, S. 123-147.

Bataille, Georges: *Die Erotik*. München: Matthes & Seitz 1994 [1957].

Baudrillard, Jean: *Warum ist nicht alles schon verschwunden?* Berlin: Matthes & Seitz 2018 [2007].

Baumann, Uwe/Neuhausen, Karl August (Hrsg.): *Autobiographie: Eine interdisziplinäre Gattung zwischen klassischer Tradition und (post)moderner Variation*. Göttingen: V&R unipress 2013.

Becker-Cantarino, Barbara: *Genderforschung und Germanistik*. Berlin: Weidler 2010.

Benjamin, Walter: „Der Erzähler." [1936] In: Honold, Alexander (Hrsg.): *Erzählen. Schriften zur Theorie der Narration und zur literarischen Prosa*. Frankfurt a. M.: Suhrkamp 2007, S. 103-128.

Benthien, Claudia: „Historische Anthropologie: Neuere deutsche Literatur." In: Dies./ Velten, Hans Rudolf (Hrsg.): *Germanistik als Kulturwissenschaft. Eine Einführung in neue Theoriekonzepte*. Reinbek bei Hamburg: Rowohlt 2002, S. 56-82.

Bergfleth, Gerd: „Leidenschaft und Weltinnigkeit. Zu Batailles Erotik der Entgrenzung." In: Bataille 1994, S. 315-415.

Berman, Marshall: *The Politics of Authenticity*. London: Verso 2009.

Berndt, Katrin: *Narrating Friendship and the British Novel, 1760-1830*. London: Routledge 2017.

Bertsche, Rachel: *My Yearlong Search for A New Best Friend*. New York: Ballantine 2011.

Beutin, Wolfgang (Hrsg.): *Deutsche Literaturgeschichte. Von den Anfängen bis zur Gegenwart*. Stuttgart: Metzler 2019.

Binczek, Natalie/Stanitzek, Georg (Hrsg.): *Strong ties/Weak ties. Freundschaftssemantik und Netzwerktheorie*. Heidelberg: Winter 2010.

Blanchot, Maurice: *Die Freundschaft*. Berlin: Matthes & Seitz 2011 [1971].

Blasberg, Cornelia: „Geschichte als Palimpsest. Schreiben und Lesen über die ‚Kinder der Täter'." In: *Deutsche Vierteljahresschrift für Literaturwissenschaft und Geistesgeschichte* 76 (2002), H. 3, S. 464-495.

Blatterer, Harry: *Everyday Friendships. Intimacy and Freedom in a Complex World*. Basingstoke: Palgrave Macmillan 2015.

Blatterer, Harry: „Friendship and the Therapeutic Persuasion: Intimacy as Normative Freedom." In: Hahn, Kornelia/Koppetsch, Cornelia (Hrsg.): *Soziologie des Privaten*. Wiesbaden: Verlag für Sozialwissenschaften 2011, S. 253-274.

Blum, Lawrence A.: „Freundschaft als moralisches Phänomen." In: *Deutsche Zeitschrift für Philosophie* 45 (1997), H. 2, S. 217-233.

Bogener, Ralf Georg: „Die Totenklage der frühen Neuzeit. Perspektiven der interdisziplinären Forschung." In: *Daphnis* 38 (2009), S. 1-8.

Bojar, Karen: *In Search of Elene Ferrante. The Novels and the Question of Authorship*. Jefferson: McFarland 2018.

Bordt, Michael: *Platon: Lysis. Übersetzung und Kommentar*. Göttingen: Vandenhoeck & Ruprecht 1998.

Bourdieu, Pierre: *Die feinen Unterschiede*. Frankfurt a. M.: Suhrkamp 2006 [1979].

Bovenschen, Silvia: „Ach wie schön. Freundschaft und idiosynkratische Befremdungen." In: Dies.: *Über-Empfindlichkeit. Spielformen der Idiosynkrasie*. Frankfurt a. M. 2007, S. 119-148.

Bovenschen, Silvia: „Vom Tanz der Gedanken und Gefühle." In: Dies.: *Schlimmer machen, schlimmer lachen: Aufsätze und Streitschriften*. Frankfurt a. M.: Verlag der Autoren 1998, S. 19-33.

Bovenschen, Silvia: „Die Bewegungen der Freundschaft. Versuch einer Annäherung." In: Dies.: *Schlimmer machen, schlimmer lachen: Aufsätze und Streitschriften*. Frankfurt a. M.: Verlag der Autoren 1998, S. 34-66.

Bovenschen, Silvia: *Die imaginierte Weiblichkeit. Exemplarische Untersuchungen zu kulturgeschichtlichen und literarischen Präsentationsformen des Weiblichen*. Frankfurt a. M.: Suhrkamp 2016 [1979].

Brockmeier, Jens: „Erinnerung, Identität und autobiographischer Prozeß." In: *Journal für Psychologie* 7 (1999), H. 1, S. 22-42.

Brodowsky, Paul/Klupp, Thomas: „Einleitung." In: Dies. (Hrsg.): *Wie über Gegenwart sprechen? Überlegungen zu den Methoden einer Gegenwartsliteraturwissenschaft*. Frankfurt a. M.: Peter Lang 2010, S. 7-12.

Bruner, Jerome: *Making Stories. Law, Literature, Life*. New York: Farrar, Straus and Giroux 2002.

Bruyère, Jean de La: *Die Charaktere*. Frankfurt a. M.: Insel 2007 [1688].

Bude, Heinz: „Die Aktualität der Freundschaft." In: *Mittelweg 36* 17 (2008), H. 3, S. 6-16.

Bude, Heinz: *Gesellschaft der Angst*. Hamburg: Hamburger Edition 2014.

Bürger, Peter: *Das Verschwinden des Subjekts*. Frankfurt a. M.: Suhrkamp 1998.

Caduff, Corina: *Szenen des Todes. Essays*. Basel: Lenos 2013.

Caduff, Corina/Vedder, Ulrike: „Gegenwart schreiben. Zur Einleitung." In: Dies. (Hrsg.): *Gegenwart schreiben. Zur deutschsprachigen Literatur 2000-2015*. Paderborn: Fink 2017, S. 9-12.

Caduff, Corina/Vedder, Ulrike: „Schreiben über Sterben und Tod." In: Dies. (Hrsg.) 2017, S. 115-124.

Campe, Rüdiger: „Die Schreibszene, Schreiben." In: Zanetti (Hrsg.) 2015, S. 269-282.

Certeau, Michel de: „Praktiken im Raum." [1980] In: Dünne/Günzel (Hrsg.) 2006, S. 343-353.

Christ, Julia: „Die Möglichkeit des Anderen – Zur Dezentrierung des Subjekts im Spiel bei Kant und Winnicott." In: Strätling (Hrsg.) 2012, S. 103-125.

Cicero, Marcus Tullius: *Laelius de amicitia. Laelius über die Freundschaft*. Stuttgart: Reclam 2015.

Cixous, Hélène/Clément, Catherine: *The Newly Born Woman*. Minneapolis: University of Minnesota Press 1993.

Connell, Raewyn: *Gender and Power*. Standford: Standford UP 1992 [1987].

Connell, Raewyn: *Der gemachte Mann*. Wiesbaden: Springer 2015 [1995].

Corbineau-Hoffmann, A.: „Spiel." In: Ritter, Joachim/Gründer, Karlfried (Hrsg.): *Historisches Wörterbuch der Philosophie*, Band 9, S. 1384-1390.

Costagli, Simone/Galli, Matteo (Hrsg.): *Deutsche Familienromane. Literarische Genealogien und internationaler Kontext*. München: Fink 2010.

Currie, Mark: *Postmodern Narrative Theory*. New York: St. Martin's Press 1998, S. 17.

Daemmrich, Horst S. & Ingrid: „Fenster". In: Dies.: *Themen und Motive in der Literatur*. Tübingen: Francke 1995 [1987], S. 154-157.

Daemmrich, Horst S. & Ingrid: „Jagd". In: Dies. 1995, S. 185-188.

Daemmrich, Horst S. & Ingrid: „Licht". In: Dies. 1995, S. 244-246.

Dahlke, Birgit: *Jünglinge der Moderne: Jugendkult und Männlichkeit um 1900*. Köln: Böhlau 2006.

Degler, Frank/Kohlroß, Christian (Hrsg.): *Epochen/Krankheiten. Konstellationen von Literatur und Pathologie*. St. Ingbert: Röhrig 2006.

Derrida, Jacques: „The Politics of Friendship." In: *The Journal of Philosophy* 85 (1988), H. 11, S. 632-644.

Derrida, Jacques: *Jedes Mal einzigartig, das Ende der Welt*. Wien: Passagen 2007.

Detel, Wolfgang: *Foucault und die klassische Antike. Macht, Moral, Wissen*. Frankfurt a. M.: Suhrkamp 2006 [1998].

Detel, Wolfgang: „Schriften zur Ethik." In: Kammler/Parr/Schneider (Hrsg.) 2014, S. 129-138.

Detering, Heinrich: *Das offene Geheimnis. Zur literarischen Produktivität eines Tabus von Winckelmann bis zu Thomas Mann*. Göttingen: Wallstein 2002 [1994].

Detmers, Ines/Ostheimer, Michael: *Das temporale Imaginäre. Zum Chronotopos als Paradigma literaturästhetischer Eigenzeiten*. Hannover: Wehrhahn 2016.

Dietrich, Hans: *Die Freundesliebe in der deutschen Literatur*. Leipzig: Hellbach 1931.

Doetsch, Hermann: „Schrifträume." In: Dünne/Mahler (Hrsg.) 2015, S. 73-87.

Döring, Jörg: „Spatial Turn." In: Günzel, Stephan (Hrsg.): *Raum. Ein interdisziplinäres Handbuch*. Stuttgart: Metzler 2010, S. 90-99.

Doubrovsky, Serge: „Nah am Text." In: *Kultur und Gespenster* 7 (2008), S. 123-133.

Dreyfus, Hubert L./Rabinow, Paul: „Vom klassischen Selbst zum modernden Subjekt. Interview mit Michel Foucault." In: Dies.: *Michel Foucault. Jenseits von Strukturalismus und Hermeneutik*. Weinheim: Beltz 1994, S. 281-292.

Duck, Steve/Wright, Paul H.: „Reexamining Gender Differences in Same-Gender Friendships: A close Look at two Kinds of Data." In: *Sex Roles* 28 (1993), H. 11, S. 709-727.

Dünne, Jörg/Günzel, Stephan (Hrsg.): *Raumtheorie. Grundlagentexte aus Philosophie und Kulturwissenschaften*. Frankfurt a. M.: Suhrkamp 2006.

Dünne, Jörg/Mahler, Andreas (Hrsg.): *Handbuch Literatur und Raum*. Berlin: de Gruyter 2015.

Düwell, Susanne/Pethes, Nicolas: „Fall, Wissen, Repräsentation – Epistemologie und Darstellungsästhetik von Fallnarrativen in den Wissenschaften vom Menschen." In: Dies. (Hrsg.): *Fall – Fallgeschichte – Fallstudie. Theorie und Geschichte einer Wissensform*. Frankfurt a. M.: Campus 2014, S. 9-33.

Eagleton, Terry: *Einführung in die Literaturtheorie*. Stuttgart: Metzler 1997.

Eakin, Paul John: *How our Lives become Stories: Making Selves*. Ithaca: Cornell UP 1999.

Ecker, Gisela: *Trauer tragen – Trauer zeigen. Inszenierungen der Geschlechter*. München: Fink 1999.

Ehlenberger, Jan: *Adoleszenz und Suizid in Schulromanen von Emil Strauss, Hermann Hesse, Bruno Wille und Friedrich Torberg*. Frankfurt a. M.: Peter Lang 2006.

Ehrenberg, Alain: *Das erschöpfte Selbst*. Frankfurt a. M.: Suhrkamp 2008.

Eichler, Klaus-Dieter: „Vorwort." In: Ders. (Hrsg.): *Philosophie der Freundschaft*. Leipzig: Reclam 1999.

Eichler, Klaus-Dieter: „Die Freundschaft der Politik." In: *Dialektik. Zeitschrift für Kultursoziologie* 1 (2006), S. 1-24.

Eickenrodt, Sabine/Rapisarda, Cettina: „Über Freundschaft und Freundinnen – ein Überblick." In: Dies. (Hrsg.): *Querelles. Jahrbuch für Frauenforschung 1998. Band 3: Freundschaft im Gespräch*. Stuttgart: Metzler 1998, S. 9-32.

Engelhardt, Dietrich von: *Medizin in der Literatur der Neuzeit. Band I: Darstellung und Deutung*. Hürtgenwald: Pressler 1991.

Erdbeer, Robert M.: „Freundschaft." In: Kammler/Parr/Schneider (Hrsg.) 2014, S. 252-254.

Erdmann, Eva: „Die Literatur und das Schreiben. ‚L'écriture de soi' bei Michel Foucault." In: Dies./Forst, Rainer/Honneth, Axel (Hrsg.): *Ethos der Moderne. Foucaults Kritik der Aufklärung*. Frankfurt: Campus 1990, S. 260-279.

Erhart, Walter: *Familienmänner. Über den literarischen Ursprung moderner Männlichkeit*. München: Fink 2001.

Ernst, Petra/Strohmaier, Alexandra (Hrsg.): *Raum. Konzepte in den Künsten, Kultur- und Naturwissenschaften*. Baden-Baden: Nomos 2013.

Eve, Michael: „Is Friendship a Sociological Topic?" In: *European Journal of Sociology* 43 (2002), H. 3, S. 386-409.

Ewers, Hans-Heino: „Der Adoleszenzroman als jugendliterarisches Erzählmuster." In: *Der Deutschunterricht* 6 (1992), S. 291-297.

Ewers, Hans-Heino: „Kinder- und Jugendliteratur ‚zwischen Pädagogik und Dichtung'. Über die Fragwürdigkeit einer angeblichen Schicksalsfrage." In: Ders./Nassen, Ulrich/Richter, Karin/Steinlein, Rüdiger (Hrsg.): *Kinder- und Jugendliteraturforschung 1999/2000*. Stuttgart: Metzler 2000, S. 98-114.

Faderman, Lillian: *Surpassing the Love of Men*. New York: William Morrow 1981.

Faimberg, Haydée: „Die Ineinanderrückung (Telescoping) der Generationen. Zur Genealogie gewisser Identifizierungen." In: *Jahrbuch der Psychoanalyse* 20 (1987), S. 114-142.

Fasching, Maria: „Vom Nutzen und Nachteil wahrer Freundschaft." In: *Ethik und Sozialwissenschaften* 8 (1997), H. 1, S. 23-25.

Felmlee, Diane/Sweet, Elizabeth/Sinclair, H. Colleen: „Gender Rules: Same- and Cross-Gender Friendships Norms." In: *Sex Roles* 66 (2012), H. 7, S. 518-529.

Finlay, Frank/Cornils, Ingo (Hrsg.): *„(Un)erfüllte Wirklichkeit." Neue Studien zu Uwe Timms Werk*. Würzburg: Königshausen & Neumann 2006.

Fleig, Anne: „Literarische Frauenfreundschaften im kulturellen Rahmen des Weimarer Hofes." In: *Freundinnen. Über Frauenfreundschaften und Frauenbeziehungen*. Herrenalber Protokolle (= Schriftenreihe der Evangelischen Akademie Baden, Bd. 99) 1994, S. 31-53.

Forderer, Christof: *Ich-Eklipsen: Doppelgänger in der Literatur seit 1800*. Stuttgart: Metzler 1999.

Foucault, Michel: *Wahnsinn und Gesellschaft*. Frankfurt a. M.: Suhrkamp 1969 [1961].

Foucault, Michel: *Überwachen und Strafen. Die Geburt des Gefängnisses*. Frankfurt a. M.: Suhrkamp 1976 [1975].

Foucault, Michel: „‚Von der Freundschaft als Lebensweise.' Gespräch mit René de Ceccatty, Jean Danet und Jean le Bitoux." In: *Von der Freundschaft als Lebensweise. Michel Foucault im Gespräch*. Berlin: Merve 1984, S. 85-93.

Foucault, Michel: *Sexualität und Wahrheit. Band I: Der Wille zum Wissen*. Frankfurt a. M.: Suhrkamp 1986 [1976].

Foucault, Michel: „Andere Räume." [1967] In: Barck, Karlheinz et al. (Hrsg.): *Aisthesis. Wahrnehmung heute oder Perspektiven einer anderen Ästhetik*. Leipzig: Reclam 1992, S. 34-46.

Foucault, Michel: *Die Ordnung der Dinge*. Frankfurt a. M.: Suhrkamp 1997 [1966].

Foucault, Michel: *Hermeneutik des Subjekts*. Frankfurt a. M.: Suhrkamp 2004 [1982].

Foucault, Michel: *Dits et Ecrits. Schriften in vier Bänden. Band IV*. Frankfurt a. M.: Suhrkamp 2005 [1976-1979].

Foucault, Michel: „Subjektivität und Wahrheit." In: Ders.: *Ästhetik der Existenz. Schriften zur Lebenskunst*. Frankfurt a. M.: Suhrkamp 2007, S. 74-80.

Foucault, Michel: „Subjekt und Macht." In: Ders. 2007, S. 81-104.

Foucault, Michel: „Über sich selbst schreiben." In: Ders. 2007, S. 137-154.

Frank, Michael C./Gockel, Bettina/Hauschild, Thomas/Kimmich, Dorothee/Mahlke, Kirsten: „Räume – zur Einführung." In: *Zeitschrift für Kulturwissenschaften* 2008, H. 2, S. 7-16.

Frank, Michael C.: „Chronotopoi." In: Dünne/Mahler (Hrsg.) 2015, S. 160-169.

Frenzel, Elisabeth: „Freundschaftsbeweis." In: Dies.: *Motive der Weltliteratur. Ein Lexikon dichtungsgeschichtlicher Längsschnitte*. Stuttgart: Kröner 2008, S. 192-214.

Frenzel, Elisabeth: „Menschenfeind." In: Dies. 2008, S. 512-522.

Frenzel, Eliabeth: „Nebenbuhlerschaft." In: Dies. 2008, S. 564-577.

Frenzel, Elisabeth: „Sonderling." In: Dies. 2008, S. 631-644.

Freud, Sigmund: *Studienausgabe, Band IX. Fragen der Gesellschaft. Ursprünge der Religion*. Frankfurt a. M.: Fischer 1982.

Freudenburg, Rachel: „Männliche Freundschaftsbilder in der neueren Literatur." In: Erhart, Walter/Herrmann, Britta (Hrsg.): *Wann ist der Mann ein Mann? Zur Geschichte der Männlichkeit*. Stuttgart: Metzler 1997.

Frey, Christiane: „Fallgeschichte." In: Borgards, Roland/Neumeyer, Harald/Pethes, Nicolas/Wübben, Yvonne (Hrsg.): *Literatur und Wissen. Ein interdisziplinäres Handbuch*. Stuttgart: Metzler 2013.

Friedrich, Gerhard: „Rot wie tot. – Zur Symbolik im Uwe Timms Roman *Rot*." In: Finlay/Cornils (Hrsg.) 2006, S. 31-44.

Fröhler, Birgit: *Seelenspiegel und Schatten-Ich. Doppelgängermotiv und Anthropologie in der Literatur der deutschen Romantik*. Marburg: Tectum 2004.

Fröhlich, Monica: *Literarische Strategien der Entsubjektivierung. Das Verschwinden des Subjekts als Provokation des Lesers in Christoph Ransmayrs Erzählwerk*. Würzburg: Ergon 2001.

Fürst, Alfons: *Streit unter Freunden. Ideal und Realität in der Freundschaftslehre der Antike*. Stuttgart: Teubner 1996.

Gansel, Carsten: „Der Adoleszenzroman." In: Wild, Reiner (Hrsg.): *Geschichte der deutschen Kinder- und Jugendliteratur*. Stuttgart: Metzler 2008, S. 359-379.

Gansel, Carsten/Zimniak, Pawel: „Zum ‚Prinzip Erinnerung' in der deutschsprachigen Gegenwartsliteratur nach 1989 – Vorbemerkungen." In: Dies. (Hrsg.): *Das ‚Prinzip Erinnerung' in der deutschsprachigen Gegenwartsliteratur nach 1989*. Göttingen: V&R unipress 2010, S. 11-18.

Gansel, Carsten: „Formen der Erinnerungen in der deutschsprachigen Gegenwartsliteratur nach 1989." In: Ders./Zimniak (Hrsg.) 2010, S. 19-35.

Gawoll, Hans-Jürgen: „Spur: Gedächtnis und Andersheit, Teil I: Geschichte des Aufbewahrens." In: *Archiv für Begriffsgeschichte* 30 (1986/87), S. 44-69.

Gehring, Petra: *Theorien des Todes zur Einführung*. Hamburg: Junius 2010.

Geisenhanslüke, Achim: „Literaturwissenschaft." In: Kammler/Parr/Schneider (Hrsg.) 2014, S. 331-340.

Gergen, Kenneth J. & Mary: „Narrative and the Self as Relationship." In: Berkowitz, Leonard (Hrsg.): *Advances in Experimental Social Psychology*. New York: Academic Press 1988, S. 17-56.

Gerhard, Ute /Link, Jürgen/Parr, Rolf: „Interdiskurs, reintegrierender." In: Nünning, Ansgar (Hrsg.): *Metzler Lexikon Literatur- und Kulturtheorie*. Stuttgart: Metzler 2013, S. 342.

Germer, Kerstin: *(Ent-)Mythologisierung deutscher Geschichte. Uwe Timms narrative Ästhetik*. Göttingen: V&R unipress 2012.

Geulen, Eva/Kraft, Stephan: „Vorwort." In: Dies. (Hrsg.): *Grenzen im Raum – Grenzen in der Literatur. Sonderheft der Zeitschrift für Deutsche Philologie* 129 (2010), S. 1-4.

Gillespie, Brian Joseph/Lever, Janet/Frederick, David/Royce, Tracy: „Close adult friendships, gender, and the life cycle." In: *Journal of Social and Personal Relationships* 32 (2015), H. 6, S. 709-736.

Goethe, Johann Wolfgang von: *Dichtung und Wahrheit*. München: Hanser 1949 [1811].

Golec, Janusz/Lühe, Irmela von der: „Einleitung." In: Dies. (Hrsg.): *Geschichte und Gedächtnis in der Literatur vom 18. bis 21. Jahrhundert*. Frankfurt a. M.: Peter Lang 2011, S. 9-13.

Gomulicki, Bronislaw: *The Development and Present Status of the Trace Theory of Memory*. Cambridge: Cambridge UP 1953.

Görner, Rüdiger: *Wortwege. Zugänge zu spätmoderner Literatur*. Tübingen: Klöpfer 1997.

Grice, Paul H.: „Logic and Conversation." In: Cole, Peter/Morgan, Jerry (Hrsg.): *Syntax and Semantics, Volume 3. Speech Acts*. New York: Academic Press 1975, S. 41-58.

Gudehus, Christian/Eichenberg, Ariane/Welzer, Harald (Hrsg.): *Gedächtnis und Erinnerung. Ein interdisziplinäres Handbuch*. Stuttgart: Metzler 2010.

Günzel, Stephan: „Zeit. Philosophisches Scheinproblem und räumliche Figuration." In: Öhlschläger/Perrone Capano (Hrsg.) 2013, S. 65-76.

Günzel, Stephan (Hrsg.): *Texte zur Theorie des Raums*. Stuttgart: Reclam 2013.

Gymnich, Marion: „Individuelle Identität und Erinnerung aus Sicht von Identitätstheorie und Gedächtnisforschung sowie als Gegenstand literarischer Inszenierung." In: Erll, Astrid/Nünning, Ansgar (Hrsg.): *Literatur – Erinnerung – Identität. Theoriekonzeptionen und Fallstudien*. Trier: Wissenschaftlicher Verlag 2003, S. 29-48.

Haas, Rosemarie: „Einige Überlegungen zur Intertextualität in Raabes Spätwerk. Am Beispiel der Romane ‚Das Odfeld' und ‚Die Akten des Vogelsangs'." In: *Jahrbuch der Raabe-Gesellschaft*. Berlin: de Gruyter 1997, S. 103-122.

Haffner, Sebastian: „Thomas Mann. ‚Doktor Faustus'." In: *konkret. Zeitschrift für Politik und Kultur* 5/1964, S. 18-19.

Hagenbüchle, Roland/Fetz, Reto Luzius/Schulz, Peter (Hrsg.): *Geschichte und Vorgeschichte der modernen Subjektivität* 2 Bände. Berlin: de Gruyter 1998.

Hahmann, Julia: *Freundschaftstypen älterer Menschen*. Wiesbaden: Springer 2013.

Hahn, Barbara: *Rahel. Ein Buch des Andenkens für ihre Freunde* 6 Bände. Göttingen: Wallstein 2011.

Haines, Brigid: „Introduction: The Eastern European Turn in Contemporary German-Language Literature." In: *German Life and Letters* 68 (2015), H. 2, S. 145-153.

Hall, Jeffery A.: „Sex differences in friendship expectations: A meta-analysis." In: *Journal of Social and Personal Relationships* 28 (2011), H. 6, S. 723-747.

Hall, Stuart: „Cultural Identity and Diaspora." In: Rutherford, Jonathan (Hrsg.): *Identity. Community, Culture, Difference*. London: Lawrence & Wishart 1990, S. 222-237.

Han, Byung-Chul: *Müdigkeitsgesellschaft*. Berlin: Matthes & Seitz 2010.

Hansen, Margret: *Freundinnen. Freundschaftserfahrungen in weiblichen Biographien.* Münster: Waxmann 2009.

Hartwig, Susanne: „Was (nicht) nicht ist: die Möglichkeitswelten der Literatur." In: *Zeitschrift für Literaturwissenschaft und Linguistik* 38 (2008), H. 2, S. 79-93.

Heidemann, Dietmar H.: „Die Idee der Freundschaft. Philosophische Überlegungen zu einem polymorphen Begriff." In: Münchberg/Reidenbach (Hrsg.) 2012, S. 43-51.

Heinz, Andrea: „Brieffreundschaft und Dichterbündnis bei Wieland." In: Manger/Pott (Hrsg.) 2006, S. 161-174.

Helmstetter, Rudolf: „Das Buch als Freund. Die Imagination von Freundschaft beim Lesen und Schreiben." In: Binczek/Stanitzek (Hrsg.) 2010, S. 55-92.

Helvétius, Claude Adrien: *Philosophische Schriften I. Vom Geist.* Berlin: Aufbau 1973.

Henning, Christoph: *Reiselust. Touristen, Tourismus und Urlaubskultur.* Frankfurt a. M.: Suhrkamp 1999.

Herhoffer, Astrid/Liebold, Birgit: „Schwanengesang auf ein geteiltes Land. Der Herbst 1989 und seine Folgen in der Literatur." In: *Buch und Bibliothek* 45 (1993), H. 6/7, S. 587-604.

Hermand, Jost: *Freundschaft. Zur Geschichte einer sozialen Bindung.* Köln: Böhlau 2006.

Heyd, Theresa: „Unreliability. The pragmatic perspective revisited." In: *Journal of Literary Theory* 5 (2011), H. 1, S. 3-17.

Hickethier, Knut: „Auf dass einem was widerfährt. Road Movies im deutschen Film." In: Grob, Norbert/Klein, Thomas (Hrsg.): *Road Movies.* Mainz: Ventil 2006, S. 128-148.

Hildenbrock, Aglaja: *Das andere Ich: Künstlicher Mensch und Doppelgänger in der deutsch- und englischsprachigen Literatur.* Tübingen: Stauffenburg 1986.

Hilgers, Hans: *Serenus Zeitblom. Der Erzähler als Romanfigur in Thomas Manns Doktor Faustus.* Frankfurt a. M.: Peter Lang 1995.

Hirsch, Marianne: „The Generation of Postmemory." In: *Poetics Today* 29 (2008), H. 1, S. 103-128.

Honneth, Axel: „Schwerpunkt: Die Moralität von Freundschaften." In: *Deutsche Zeitschrift für Philosophie* 45 (1997), H. 2, S. 215-216.

Honold, Alexander: „Freies Spiel. Improvisation als Lebensgefühl und Schreibhaltung in Uwe Timms ‚Rot'." In: *Text + Kritik. Zeitschrift für Literatur* 195 (2012), S. 54-66.

Horn, Eva: *Trauer schreiben. Die Toten im Text der Goethezeit.* München: Fink 1998.

Hörnigk, Therese: „Nachdenken über Christa T." In: Hilmes, Carola/Nagelschmidt, Ilse (Hrsg.): *Christa Wolf Handbuch. Leben – Werk – Wirkung.* Stuttgart: Metzler 2016, S. 90-97.

Horstkotte, Silke/Herrmann, Leonhard: „Poetiken der Gegenwart? Eine Einleitung." In: Dies. (Hrsg.): *Poetiken der Gegenwart. Der deutschsprachige Roman nach 2000.* Berlin: de Gruyter 2013, S. 1-11.

Irigaray, Luce: *Das Geschlecht, das nicht eins ist.* Berlin: Merve 1979.

Iser, Wolfgang: *Das Fiktive und das Imaginäre. Perspektiven literarischer Anthropologie.* Frankfurt a. M.: Suhrkamp 1991.

Jacobs, Jürgen/Krause, Markus: *Der deutsche Bildungsroman. Gattungsgeschichte vom 18. bis zum 20. Jahrhundert.* München: Beck 1989.

Jäger, Georg: „Freundschaft, Liebe und Literatur von der Empfindsamkeit bis zur Romantik: Produktion, Kommunikation und Vergesellschaftung von Individualität durch ‚kommunikative Muster ästhetisch vermittelter Identifikation'." In: *SPIEL* 9 (1990), H. 1, S. 69-87.

Jahraus, Oliver: *Literatur als Medium. Sinnkonstitution und Subjekterfahrung zwischen Bewußtsein und Kommunikation.* Weilerstwist: Velbrück 2003.

Jahraus, Oliver: „Totenrede und Roman. Zu Medientheorie und Erzähltechnik in Uwe Timms *Rot*." In: Marx, Friedhelm (Hrsg.): *Erinnern. Vergessen. Erzählen. Beiträge zum Werk Uwe Timms.* Göttingen: Wallstein 2007, S. 173-188.

Jahraus, Oliver: „Mnemosyne und Prosopopoiia: Erinnerung, Tod und Stimme bei Uwe Timm." In: *Gegenwartsliteratur. Ein germanistisches Jahrbuch* 11 (2012), S. 14-33.

Joachimsthaler, Jürgen: „Gedächtnis-Imperien – Die Rückgewinnung literarischer Imaginationshoheit über das Vergangene." In: Gansel, Carsten/Joch, Markus/Wolting, Monika (Hrsg.): *Zwischen Erinnerung und Fremdheit. Entwicklungen in der deutschen und polnischen Literatur nach 1989.* Göttingen: V&R unipress 2015, S. 177-193.

John-Wenndorf, Carolin: *Der öffentliche Autor: Über die Selbstinszenierung von Schriftstellern.* Bielefeld: transcript 2014.

Joseph, Erkme: „Thomas Manns *Doktor Faustus.* ‚Variationen über ein Thema von Wilhelm Raabe.'" In: *Thomas Mann Jahrbuch.* Frankfurt a. M.: Klostermann 1998, S. 155-170.

Jung, Thomas/Müller-Doohm, Stefan (Hrsg.): *Prekäre Freundschaften. Über geistige Nähe und Distanz.* Paderborn: Fink 2011.

Jürgensen, Christoph/Kaiser, Gerhard (Hrsg.): *Schriftstellerische Inszenierungspraktiken – Typologie und Geschichte.* Heidelberg: Winter 2011.

Jusdanis, Gregory: *A tremendous Thing. Friendship from the ‚Iliad' to the Internet.* Ithaca: Cornell UP 2014.

Kammler, Clemens/Parr, Rolf/Schneider, Ulrich Johannes (Hrsg.): *Foucault-Handbuch. Leben – Werk – Wirkung.* Stuttgart: Metzler 2014.

Kant, Immanuel: *Die Metaphysik der Sitten.* Stuttgart: Reclam 1990 [1797].

Kegan Gardiner, Judith: „The (US)es of (I)dentity: A Response to Abel on ‚Emerging (I)dentities'." In: *Signs: Journal of Women in Culture and Society* 3 (1981), H. 6, S. 436-442.

Kersten, Catrin: *Freundschaft und Beratung. Studien zu ihrer historischen Semantik und literarischen Darstellung.* Berlin: Kadmos 2013.

Kessler, Nora Hannah: *Dem Spurenlesen auf der Spur. Theorie, Interpretation, Motiv.* Würzburg: Königshausen & Neumann 2012.

Keupp, Heiner et al. (Hrsg.): *Identitätskonstruktionen: Das Patchwork der Identitäten in der Spätmoderne*. Reinbek bei Hamburg: Rowohlt 2013.

Kierkegaard, Sören: *Entweder – Oder. Zweiter Teil*. Düsseldorf: Eugen Diederichs 1957.

Kittstein, Ulrich/Kugler, Stefani/Ritthaler, Eva: *Grundlagen der Neueren Deutschen Literaturwissenschaft*. Trier: Wissenschaftlicher Verlag 2019.

Klass, Tobias: „Heterotopie." In: Kammler/Parr/Schneider (Hrsg.) 2014, S. 263-266.

Klausnitzer, Ralf: „Kulturen des Wissens, Wissen der Literatur. Kreuzungen auf theoretischer Ebene." In: Magerski, Christine/ Lacko Vidulić, Svjetlan (Hrsg.): *Literaturwissenschaft im Wandel. Aspekte theoretischer und fachlicher Neuorganisation*. Wiesbaden: Verlag für Sozialwissenschaften 2009, S. 97-135.

Klein, Christian: „‚Ist das wahr oder kann das weg?' Erzählen im autobiografischen Diskurs zwischen Faktualität, Fiktionalität und Fälschung." In: *Der Deutschunterricht* 4 (2016), S. 48-56.

Klinger, Cornelia: „Das unmögliche weibliche Subjekt und die Möglichkeiten feministischer Subjektkritik." In: Keupp, Heiner/Hohl, Joachim (Hrsg.): *Subjektdiskurse im gesellschaftlichen Wandel. Zur Theorie des Subjekts in der Spätmoderne*. Bielefeld: transcript 2006, S. 99-117.

Koch, Ulrike: „Erzählung als Eigenwert von Literatur. Oder über den Zusammenhang von Lesen und Identität." In: Bartl, Andrea/Famula, Marta (Hrsg.): *Vom Eigenwert der Literatur. Reflexionen zu Funktion und Relevanz literarischer Texte*. Würzburg: Königshausen & Neumann 2017, S. 279-296.

Kogan, Ilany: „Vermitteltes und reales Trauma in der Psychoanalyse von Holocaust-Überlebenden." In: *Psyche – Zeitschrift für Psychoanalyse* 44 (1990), S. 533-544.

Kon, Igor S.: *Geschichte und Sozialpsychologie der Freundschaft als soziale Institution und individuelle Beziehung*. Reinbek bei Hamburg: Rowohlt 1979.

Koschorke, Albrecht: „Die Verschriftlichung der Liebe und ihre empfindsamen Folgen. Zu Modellen erotischer Autorschaft bei Gleim, Lessing und Klopstock." In: Goetsch, Paul (Hrsg.): *Lesen und Schreiben im 18. Jahrhundert*. Tübingen: Narr 1994, S. 251-264.

Koschorke, Albrecht: *Körperströme und Schriftverkehr. Mediologie des 18. Jahrhunderts*. München: Fink 1999.

Koselleck, Reinhart: *Zeitschichten. Studien zur Historik*. Frankfurt a. M.: Suhrkamp 2000.

Kracauer, Siegfried: *Über die Freundschaft. Essays*. Frankfurt a. M.: Suhrkamp 1990 [1917].

Krämer, Sybille: „Was also ist eine Spur? Und worin besteht ihre epistemologische Rolle? Eine Bestandsaufnahme." In: Dies./Kogge, Werner/Grube, Gernot (Hrsg.): *Spur. Spurenlesen als Orientierungstechnik und Wissenskunst*. Frankfurt a. M.: Suhrkamp 2007, S. 11-33.

Krämer, Sybille: „Immanenz und Transzendenz der Spur: Über das epistemologische Doppelleben der Spur." In: Dies./Kogge/Grube (Hrsg.) 2007, S. 155-181.

Krappmann, Tamara: *Die Namen in Uwe Johnsons „Jahrestage".* Göttingen: V&R unipress 2012.

Kraß, Andreas: „Im Namen des Bruders. Fraternalität in Freundschaftsdiskursen der Antike, des Mittelalters und der Frühen Neuzeit." In: *Behemoth. A Journal on Civilisation* 4 (2011), H. 3, S. 4-22.

Kraß, Andreas: *Ein Herz und eine Seele. Geschichte der Männerfreundschaft.* Frankfurt a. M.: Fischer 2016.

Krause, Marcus: *Infame Menschen. Zur Epistemologie literarischer Fallgeschichten 1774-1816.* Berlin: Kadmos 2017.

Kreutzer, Ansgar/Niemand, Christoph (Hrsg.): *Authentizität – Modewort, Leitbild, Konzept. Theologische und humanwissenschaftliche Erkundungen zu einer schillernden Kategorie.* Regensburg: Pustet 2016.

Krosta, Arnold/Eberhard, Hans-Joachim: „Neuere Ergebnisse der deutschen Freundschaftsforschung." In: *Journal für Psychologie* 15 (2007), H. 1, S. 1-33.

Krumrey, Brigitta: *Der Autor in seinem Text. Autofiktion in der deutschsprachigen Gegenwartsliteratur als (post-)postmodernes Phänomen.* Göttingen: V&R unipress 2015.

Künzel, Christine/Schönert, Jörg (Hrsg.): *Autorinszenierungen. Autorschaft und literarisches Werk im Kontext der Medien.* Würzburg: Königshausen & Neumann 2007.

Kyora, Sabine (Hrsg.): *Subjektform Autor. Autorschaftsinszenierungen als Praktiken der Subjektivierung.* Bielefeld: transcript 2014.

Kyora, Sabine: „‚Ich habe kein literarisches Interesse, sondern bestehe aus Literatur.' Praxeologische Perspektiven auf Autorinszenierungen und Subjektentwürfe in der Literaturwissenschaft." In: Alkemeyer et al. (Hrsg.) 2013, S. 251-274.

Ladenthin, Volker: „Poetik und Autorität." In: Ewers et al. (Hrsg.) 2000, S. 86-98.

Laderman, David: *Driving visions. Exploring the Road Movie.* Austin: University of Texas Press 2002.

Laferl, Christopher F./Tippner, Anja (Hrsg.): *Künstlerinszenierungen. Performatives Selbst und biographische Narration im 20. und 21. Jahrhundert.* Bielefeld: transcript 2014.

Lamping, Dieter: *Über Grenzen. Eine literarische Topographie.* Göttingen: Vandenhoeck & Ruprecht 2001.

Landwehr, Achim: „Alte Zeiten, Neue Zeiten. Aussichten auf die *Zeit-Geschichte*." In: Ders. (Hrsg.): *Frühe Neue Zeiten. Zeitwissen zwischen Reformation und Revolution.* Bielefeld: transcript 2012, S. 9-40.

Laplanche, Jean/Pontalis, Jean-Bertrand: *Urphantasie. Phantasien über den Ursprung, Ursprünge der Phantasie.* Frankfurt a. M.: Fischer 1992.

Lautmann, Rüdiger: „Lob der Nichtinstitutionalisierung." In: *Ethik und Sozialwissenschaften* 8 (1997), H. 1, S. 37-39.

Lefebvre, Henri: „Die Produktion des Raums." [1974] In: Dünne/Günzel (Hrsg.) 2006, S. 330-342.

Lejeune, Philippe: *Der autobiographische Pakt*. Frankfurt a. M.: Suhrkamp 1994 [1975].

Lehmann, Johannes F.: „Erfinden, was der Fall ist: Fallgeschichte und Rahmen bei Schiller, Büchner und Musil." In: *Zeitschrift für Germanistik* 19 (2009), H. 2, S. 361-380.

Lehnert, Gertrud (Hrsg.): *Raum und Gefühl. Der Spatial Turn und die neue Emotionsforschung*. Bielefeld: transcript 2011.

Lemke, Harald: *Freundschaft. Ein philosophischer Essay*. Darmstadt: WBG 2000.

Lévinas, Emmanuel: *Die Spur des Anderen. Untersuchungen zur Phänomenologie und Sozialphilosophie*. München: Alber 1992.

Lewis, C. S.: *The Four Loves*. London: Geoffrey Bles 1960.

Luhmann, Niklas: *Liebe als Passion. Zur Codierung von Intimität*. Frankfurt a. M.: Suhrkamp 1992 [1982].

Löffler, Sigrid: „Die Familie. Ein Roman: Geschrumpft und gestückelt, aber heilig: Familienromane I." In: *Literaturen* 6 (2005), S. 18-26.

Löffler, Sigrid: „Laudatio." In: Winkels, Hubert (Hrsg.): *Marion Poschmann trifft Wilhelm Raabe. Der Wilhelm-Raabe-Literaturpreis 2013*. Frankfurt a. M.: Suhrkamp 2014, S. 21-30.

López, Adriana V. (Hrsg.): *Count on me: Tales of Sisterhoods and Fierce Friendships*. New York: Atria 2012.

Löschnigg, Martin: „'The prismatic Hues of Memory ...': Autobiographische Modellierung und die Rhetorik der Erinnerung in Charles Dickens' *David Copperfield*." In: *Poetica* 31 (1999), H. 1/2, S. 175-200.

Lotman, Jurij M.: „Künstlerischer Raum, Sujet und Figur." [1970] In: Dünne/Günzel (Hrsg.) 2006, S. 529-545.

Löw, Martina: *Raumsoziologie*. Frankfurt a. M.: Suhrkamp 2012.

Lüdeker, Gerhard Jens/Orth, Dominik: „Zwischen Archiv, Erinnerung und Identitätsstiftung – Zum Begriff und zur Bedeutung von *Nach-Wende-Narrationen*." In: Dies. (Hrsg.): *Nach-Wende-Narrationen. Das wiedervereinigte Deutschland im Spiegel von Literatur und Film*. Göttingen: V&R unipress 2010, S. 7-20.

Lührs, Greta: „Die Freundschafts-Frage." In: *Hohe Luft. Zeitschrift für Philosophie* 2/2019.

Maaz, Hans-Joachim: *Die narzisstische Gesellschaft*. München: Beck 2012.

Macho, Thomas H.: *Todesmetaphern. Zur Logik der Grenzerfahrung*. Frankfurt a. M.: Suhrkamp 1987.

Macho, Thomas/Marek, Kristin (Hrsg.): *Die neue Sichtbarkeit des Todes*. München: Fink 2007.

Mader, Ilona: *Metafiktionalität als Selbst-Dekonstruktion*. Würzburg: Königshausen & Neumann 2017.

Maihofer, Andrea/Theweleit, Klaus: „Das moderne männliche Subjekt im Anschluss an Adorno, Horkheimer und Foucault." In: *Freiburger GeschlechterStudien* 21 (2007), S. 329-367.

Manger, Klaus/Pott, Ute (Hrsg.): *Rituale der Freundschaft*. Heidelberg: Winter 2006.

Mann, Thomas: *Die Entstehung des Doktor Faustus*. Amsterdam: Fischer 1949.

Marcus, Sharon: *Between Women: Friendship, Desire, and Marriage in Victorian England*. Princeton: Princeton UP 2007.

Martin, Ariane: „Die modernen Leiden der Knabenseelen. Schule und Schüler in der Literatur um 1900." In: *Der Deutschunterricht* 2 (2000), S. 27-36.

Martinec, Thomas/Nitschke, Claudia (Hrsg.): *Familie und Identität in der deutschen Literatur*. Frankfurt a. M.: Peter Lang 2009.

Matt, Peter von: *Verkommene Söhne, mißratene Töchter. Familiendesaster in der Literatur*. München: dtv 1997.

Mauser, Wolfram/Becker-Cantarino, Barbara (Hrsg.): *Frauenfreundschaft – Männerfreundschaft. Literarische Diskurse im 18. Jahrhundert*. Tübingen: Niemeyer 1991.

Mayer, Gerhart: *Der deutsche Bildungsroman. Von der Aufklärung bis zur Gegenwart*. Stuttgart: Metzler 1992.

Mayer, Hans: „Christa Wolf / Nachdenken über Christa T." In: Christa Wolf: *Nachdenken über Christa T.* Halle: Mitteldeutscher Verlag 1968, S. 237-249.

Meinerts, Hans Jürgen: *„Die Akten des Vogelsangs": Raabestudien auf Grund einer Sprachuntersuchung*. Berlin: Junker & Dünnhaupt 1940.

Menzer, Paul (Hrsg.): *Eine Vorlesung Kants über Ethik*. Berlin: Pan-Verlag 1924.

Meyer, Herman: *Der Sonderling in der deutschen Dichtung*. Frankfurt a. M.: Fischer 1990 [1963].

Meyer, Sven: „Narreteien ins Nichts. Intertextualität und Rollenmuster in Wilhelm Raabes ‚Die Akten des Vogelsangs'." In: *Jahrbuch der Raabe-Gesellschaft*. Berlin: de Gruyter 1999, S. 95-111.

Meyer-Krentler, Eckhardt: *Der Bürger als Freund. Ein sozialethisches Programm und seine Kritik in der neueren deutschen Erzählliteratur*. München: Fink 1984.

Michaelis-König, Andree/Schilling, Erik (Hrsg.): *Poetik und Praxis der Freundschaft (1800-1933)*. Heidelberg: Winter 2019.

Midorikawa, Emily/Sweeney, Emma Claire: *A Secret Sisterhood. The Literaray Friendships of Jane Austen, Charlotte Brontë, George Eliot, and Virginia Woolf*. Boston: Mariner Books 2018.

Misch, Georg: *Geschichte der Autobiographie*. Leipzig: Teubner 1907.

Montaigne, Michel de/Stilett, Hans: „Über die Freundschaft." In: *Essais. Erste moderne Gesamtübersetzung. Erstes Buch*. Frankfurt a. M.: btb 2000, S. 285-305.

Moog-Grünewald, Maria: „Die Gegenwärtigkeit der Freundschaft." In: Münchberg/Reidenbach (Hrsg.) 2012, S. 137-151.

Moré, Angela: „Die unbewusste Weitergabe von Traumata und Schuldverstrickungen an nachfolgende Generationen." In: *Journal für Psychologie* 21 (2013), H. 2, S. 1-34.

Moser, Christian: *Buchgestützte Subjektivität. Literarische Formen der Selbstsorge und der Selbsthermeneutik von Platon bis Montaigne*. Tübingen: Niemeyer 2006.

Moser, Christian/Dünne, Jörg: „Allgemeine Einleitung. Automedialität." In: Dies. (Hrsg.): *Automedialität. Subjektkonstitution in Schrift, Bild und neuen Medien*. München: Fink 2008, S. 7-16.

Moser, Christian/Nelles, Jürgen: „Einleitung: Konstruierte Identitäten." In: Dies. (Hrsg.): *AutoBioFiktion. Konstruierte Identitäten in Kunst, Literatur und Philosophie*. Bielefeld: Aisthesis 2006, S. 7-19.

Moser, Christian/Strätling, Regine: „Sich selbst aufs Spiel setzen. Überlegungen zur Einführung." In: Dies. (Hrsg.): *Sich selbst aufs Spiel setzen. Spiel als Technik und Medium von Subjektivierung*. Paderborn: Fink 2016, S. 9-27.

Müller, Inez: „Autobiographisches Schreiben in *Rot* – Anfang und Ende einer Autorschaft." In: Parry, Christoph (Hrsg.): *Grenzen der Identität und der Erinnerung*. München: Iudicium 2007, S. 202-217.

Münchberg, Katharina: „Einleitung." In: Dies./Reidenbach, Christian (Hrsg.): *Freundschaft. Theorien und Poetiken*. Paderborn: Fink 2012, S. 7-12.

Nagy, Hajnalka/Wintersteiner, Werner (Hrsg.): *Immer wieder Familie. Familien- und Generationenromane in der neueren Literatur*. Innsbruck: Studienverlag 2012.

Nassehi, Armin: „‚Worüber man nicht sprechen kann, darüber muß man schweigen.' Über die Geschwätzigkeit des Todes in unserer Zeit." In: Liessmann, Konrad Paul (Hrsg.): *Ruhm, Tod und Unsterblichkeit. Über den Umgang mit der Endlichkeit*. Wien: Paul Zsolnay 2004, S. 118-145.

Nehamas, Alexander: *Über Freundschaft*. München: dtv 2017.

Neuenfeld, Jörg: *Alles ist Spiel. Zur Geschichte der Auseinandersetzung mit einer Utopie der Moderne*. Würzburg: Königshausen & Neumann 2005.

Neuhaus, Stefan: „Das Subversive des Spiels. Überlegungen zur Literatur der Postmoderne." In: Anz, Thomas/Kaulen, Heinrich (Hrsg.): *Literatur als Spiel. Evolutionsbiologische, ästhetische und pädagogische Konzepte*. Berlin: de Gruyter 2009, S. 371-390.

Neuhaus, Volker: *Der Roman. Von der Antike bis zur Postmoderne*. Wiesbaden: Marix 2019.

Neumann, Birgit: *Erinnerung – Identität – Narration. Gattungstypologie und Funktionen kanadischer ‚Fictions of Memory'*. Berlin: de Gruyter 2005.

Neumann, Birgit: „Raum und Erzählung." In: Dünne/Mahler (Hrsg.) 2015, S. 96-104.

Noob, Joachim: *Der Schülerselbstmord in der deutschen Literatur um die Jahrhundertwende*. Heidelberg: Winter 1998.

Nora, Pierre: „Wie läßt sich heute eine Geschichte Frankreichs schreiben?" In: Ders. (Hrsg.): *Erinnerungsorte Frankreichs*. München: Beck 2005, S. 15-23.

Nora, Pierre: „Die Gedächtnisorte." [1984] In: Günzel (Hrsg.) 2013, S. 84-89.

Nötzoldt-Linden, Ursula: *Freundschaft. Zur Thematisierung einer vernachlässigten soziologischen Kategorie*. Opladen: Westdeutscher Verlag 1994.

Nötzoldt-Linden, Ursula: „Freundschaftsbeziehungen versus Familienbeziehungen: Versuch einer Begriffsbestimmung zur ‚Freundschaft'". In: *Ethik und Sozialwissenschaften* 8 (1997), H. 1, S. 3-15.

Nünning, Ansgar: „Mimesis des Erzählens. Prolegomena zu einer Wirkungsästhetik, Typologie und Funktionsgeschichte des Akt des Erzählens und der Metanarration." In: Helbig, Jörg (Hrsg.): *Erzählen und Erzähltheorie im 20. Jahrhundert. Festschrift für Wilhelm Füger*. Heidelberg: Winter 2001, S. 13-47.

Nünning, Ansgar: „*Unreliable Narration* zur Einführung: Grundzüge einer kognitiv-narratologischen Theorie und Analyse unglaubwürdigen Erzählens." In: Ders. (Hrsg.): *Unreliable Narration. Studien zur Theorie und Praxis unglaubwürdigen Erzählens in der englischsprachigen Erzählliteratur*. Trier: Wissenschaftlicher Verlag 1998, S. 3-39.

Öhlschläger, Claudia: „Einleitung." In: Dies./Perrone Capano, Lucia (Hrsg.): *Figurationen des Temporalen. Poetische, philosophische und mediale Reflexionen über Zeit*. Göttingen: V&R unipress 2013, S. 7-12.

Ortega, Francisco: *Michel Foucault. Rekonstruktion der Freundschaft*. München: Fink 1997.

Ostheimer, Michael/Schrage, Dominik: „Raum als ästhetische Formung von Zeit. Bachtins Chronotopos-Begriff in Literatur und sozialer Wirklichkeit." In: Gamper, Michael/Geulen, Eva et al. (Hrsg.): *Zeiten der Form – Formen der Zeit*. Hannover: Wehrhahn 2016, S. 83-110.

Ostheimer, Michael: „‚Monumentale Verhältnislosigkeit.' Traumatische Aspekte im neuen deutschen Familienroman." In: Klinger, Judith/Wolf, Gerhard (Hrsg.): *Gedächtnis und kultureller Wandel. Erinnerndes Schreiben – Perspektiven und Kontroversen*. Tübingen: Niemeyer 2009, S. 149-166.

Pellin, Elio/Weber, Ulrich: „Einleitung." In: Dies. (Hrsg.): *„... all diese fingierten, notierten, in meinem Kopf ungefähr wieder zusammengesetzten Ichs." Autobiographie und Autofiktion*. Göttingen: Wallstein 2012, S. 7-11.

Perkins Gilman, Charlotte: *The Yellow Wallpaper*. New Brunswick: Rutgers UP 1993.

Petersen, Jürgen H.: *Fiktionalität und Ästhetik: Eine Philosophie der Dichtung*. Berlin: Schmidt 1996.

Pethes, Nicolas: „Literatur und Wissenschaftsgeschichte. Ein Forschungsbericht." In: *Internationales Archiv für Sozialgeschichte der deutschen Literatur* 28/1 (2003), S. 181-231.

Pethes, Nicolas: „Mnemotop." In: Dünne/Mahler (Hrsg.) 2015, S. 196-204.

Pethes, Nicolas: „‚sie verstummten – sie gleiteten – sie fielen'. Epistemologie, Moral und Topik des ‚Falls' in Jakob Michael Reinhold Lenz' ‚Zerbin'". In: *Zeitschrift für Germanistik* 19 (2009), H. 2, S. 330-345.

Pethes, Nicolas: *Literarische Fallgeschichten. Zur Poetik einer epistemologischen Schreibweise*. Konstanz: UP 2016.

Pfaff-Czarnecka, Joanna: *Zugehörigkeit in der mobilen Welt. Politiken der Verortung*. Göttingen: Wallstein 2012.

Pfeiffer, Joachim: *Tod und Erzählen. Wege der literarischen Moderne um 1900*. Tübingen: Niemeyer 1997.

Pfleger, Alexandra: *Der erinnerte Freund. Das Thema der Freundschaft in der Gegenwartsliteratur*. Würzburg: Königshausen & Neumann 2009.

Pfotenhauer, Helmut: *Literarische Anthropologie. Selbstbiographien und ihre Geschichte – am Leitfaden des Leibes*. Stuttgart: Metzler 1987.

Pillen, Angelika: „G.W.F. Hegel und Karl Marx." In: Kammler/Parr/Schneider (Hrsg.) 2014, S. 169-172.

Porter, Roger J.: *Bureau of Missing Persons. Writing the Secret Lives of Fathers*. Cornell: Cornell UP 2011.

Pottbeckers, Jörg: *Der Autor als Held. Autofiktionale Inszenierungsstrategien in der deutschsprachigen Gegenwartsliteratur*. Würzburg: Königshausen & Neumann 2017.

Preisendanz, Wolfgang: „Nachwort." In: Wilhelm Raabe: *Die Akten des Vogelsangs*. Stuttgart: Reclam 2013, S. 225-240.

Rasch, Wolfdietrich: *Freundschaftskult und Freundschaftsdichtung im deutschen Schrifttum des 18. Jahrhunderts*. Halle/Saale: Niemeyer 1936.

Radler, Rudolf: *Hauptwerke der deutschen Literatur. Band 2. Vom Vormärz bis zur Gegenwartsliteratur*. Berlin: Kindler 1994.

Reckwitz, Andreas: *Subjekt*. Bielefeld: transcript 2021 [2008].

Reckwitz, Andreas: *Das hybride Subjekt. Eine Theorie der Subjektkulturen von der bürgerlichen Moderne zur Postmoderne. Überarbeitete Neuauflage*. Berlin: Suhrkamp 2020.

Reckwitz, Andreas: „Subjektivierung." In: Gugutzer, Robert/Klein, Gabriele/Meuser, Michael (Hrsg.): *Handbuch Körpersoziologie. Band 1*. Wiesbaden: Springer 2017, S. 125-130.

Reckwitz, Andreas: *Die Gesellschaft der Singularitäten*. Berlin: Suhrkamp 2017.

Reidy, Julian: *Rekonstruktion und Entheroisierung. Paradigmen des ‚Generationenromans' in der deutschsprachigen Gegenwartsliteratur*. Bielefeld: Aisthesis 2013.

Riess, Richard (Hrsg.): *Freundschaft*. Darmstadt: WBG 2014.

Rinner, Susanne: „Der Tod des Erzählers – Ein Nachruf auf die Erinnerung und das Vergessen der Studentenbewegung in Uwe Timms *Rot*." In: Finlay/Cornils (Hrsg.) 2006, S. 72-91.

Rochefoucauld, François de La: *Maximen und Reflexionen*. Leipzig: Reclam 1986 [1665].

Rosa, Hartmut: *Beschleunigung und Entfremdung*. Frankfurt a. M.: Suhrkamp 2013.

Rosa, Hartmut: *Unverfügbarkeit*. Salzburg: Residenz Verlag 2018.

Röhrig, Dorothee: *Aus und vorbei! Woran Frauenfreundschaften zerbrechen und wie wir daran wachsen*. München: Kailash 2019.

Rüggemeier, Anne: „Der Autobiograph als Biograph? Relationale Selbstbeschreibungen in Theorie und Praxis." In: Arnold/Catani/Gröger/Jürgensen/Schenk/Wagner-Egelhaaf (Hrsg.) 2018, S. 75-100.

Ruhe, Cornelia: „Semiosphäre und Sujet." In: Dünne/Mahler (Hrsg.) 2015, S. 170-177.

Russo Bullaro, Grace/Love, Stephanie V. (Hrsg.): *The Works of Elena Ferrante. Reconfiguring the Margins*. New York: Pelgrave Macmillan 2016.

Rüther, Tobias: *Männerfreundschaft. Ein Abenteuer*. Berlin: Rowohlt 2013.

Sauder, Gerhard: „Erzählte ‚Wende': Formen und Tendenzen der ‚Wendeliteratur'." In: *Studia Niemcoznawcze – Studien zur Deutschkunde* XIX (2000), S. 291-305.

Schenk, Klaus: *Erzählen – Schreiben – Inszenieren*. Tübingen: Francke 2012.

Schertler, Eva-Maria: *Tod und Trauer in der deutschsprachigen Gegenwartsliteratur*. Innsbruck: Studienverlag 2011.

Schimmang, Jochen: „Verschwinden. Ein rhapsodischer Literaturbericht." In: *Merkur: Deutsche Zeitschrift für europäisches Denken* 57 (2003), S. 118-126.

Schinkel, Andreas: *Freundschaft. Von der gemeinsamen Selbstverwirklichung zum Beziehungsmanagement*. München: Alber 2003.

Schläger, Jürgen: „Literarische Anthropologie." In: Nünning, Ansgar (Hrsg.): *Grundbegriffe der Literaturtheorie*. Stuttgart: Metzler 2004, S. 151-154.

Schmidt, Johannes F. K.: „Das Verhältnis von Freundschaft und Liebe im 18. Jahrhundert." In: Ders./Guichard, Martine/Schuster, Peter/Trillmich, Fritz (Hrsg.): *Freundschaft und Verwandtschaft. Zur Unterscheidung und Verflechtung zweier Beziehungssysteme*. Konstanz: UVK 2007, S. 115-143.

Schmidt, Nadine Jessica: *Konstruktionen literarischer Authentizität in autobiographischen Erzähltexten. Exemplarische Analysen zu Christa Wolf, Ruth Klüger, Binjamin Wilkomirski und Günter Grass*. Göttingen: V&R unipress 2014.

Schmidt, Wilhelm: *Selbstfreundschaft*. Berlin: Suhrkamp 2018.

Schnell, Ralf: *Geschichte der deutschsprachigen Literatur seit 1945*. Stuttgart: Metzler 2003.

Schobin, Janosch/Leuschner, Vincenz/Flick, Sabine/Alleweldt, Erika/Heuser, Eric Anton/Brandt, Agnes: „Einleitung: Die Aktualität der Freundschaft." In: Dies.: *Freundschaft Heute. Eine Einführung in die Freundschaftssoziologie*. Bielefeld: transcript 2016, S. 11-19.

Schobin, Janosch/Alleweldt, Erika/Flick, Sabine/Leuschner, Vincenz: „Abschluss: Das Rätsel der Freundschaft – ein Lösungsvorschlag." In: Dies. et al. 2016, S. 197-202.

Schobin, Janosch: „Die Konjunkturen der soziologischen Freundschaftstheorie." In: Ders. et al. 2016, S. 23-37.

Schöll, Julia: „Die Rückkehr des Autors als moralische Instanz. Auktoriale Inszenierung im 21. Jahrhundert." In: Caduff/Vedder (Hrsg.) 2017, S. 211-221.

Schück, Jo: *Nackt im Hotel. Wie Freundschaft der Liebe den Rang abläuft*. München: dtv 2020.

Schütze, Yvonne/Lang, Frieder R.: „Freundschaft, Alter und Geschlecht." In: *Zeitschrift für Soziologie* 22 (1993), H. 3, S. 209-220.

Seiler, Sascha: *Zwischen Anwesenheit und Abwesenheit*. Stuttgart: Metzler 2016.

Selbmann, Rolf: *Der deutsche Bildungsroman*. Stuttgart: Metzler 1994.

Serres, Michel: *Aufklärungen. Fünf Gespräche mit Bruno Latour*. Berlin: Merve 2008 [1992].

Sexl, Martin: „Was ist Literatur und warum brauchen wir sie?" In: *Neohelicon* 32 (1996), H. 2, S. 179-201.

Shafi, Monika: „Farbe bekennen. Zur Bedeutung von Farben in Uwe Timms Roman *Rot*." In: Finlay/Cornils (Hrsg.) 2006, S. 45-54.

Siegel, Elke: *Entfernte Freunde. Nietzsche, Freud, Kafka und die Freundschaft der Moderne*. Würzburg: Königshausen & Neumann 2009.

Sill, Oliver: *Das unentdeckte Land. Todesbilder in der Literatur der Gegenwart*. Bielefeld: Aisthesis 2011.

Simmel, Georg: *Untersuchungen über die Formen der Vergesellschaftung*. Berlin: Duncker & Humblot 1983 [1908].

Sitzler, Susann: *Freundinnen. Was Frauen einander bedeuten*. Stuttgart: Klett-Cotta 2017.

Soja, Edward: *Postmodern Geographies. The Reassertation of Space in Critical Social Theory*. New York: Verso 1989.

Solhdju, Katrin/Vedder, Ulrike: „Das Leben vom Tode her. Zur Einleitung." In: Dies. (Hrsg.): *Das Leben vom Tode her. Zur Kulturgeschichte einer Grenzziehung*. Paderborn: Fink 2015, S. 7-16.

Spörl, Uwe: „Analytisches Drama." In: Ders.: *Basislexikon Literaturwissenschaft*. Paderborn: Schöningh 2004, S. 230-31.

Starobinski, Jean: *Montaigne. Denken und Existenz*. München: Hanser 2001.

Stauffer, Isabelle: „Jenseitserzählungen in der Gegenwartsliteratur. Eine Einführung." In: Dies. (Hrsg.): *Jenseitserzählungen in der Gegenwartsliteratur*. Heidelberg: Winter 2018, S. 9-44.

Stephan, Inge/Weigel, Sigrid: *Die verborgene Frau. Sechs Beiträge zu einer feministischen Literaturwissenschaft*. Hamburg: Argument-Verlag 1988.

Stiegler, Bernard: „Willst du mein Freund werden? Pharmakologie der Freundschaft." In: Münchberg/Reidenbach (Hrsg.) 2012, S. 23-41.

Stiehler, Steve: *Männerfreundschaften: Grundlagen und Dynamiken einer vernachlässigten Ressource*. München: Juventa 2003.

Stingelin, Martin: „Foucault-Lektüren. Die Literatur im Denkraum der drei Dimensionen Wissen, Macht und Selbstverhältnis." In: Defert, Daniel/Ewald, François (Hrsg.) *Michel Foucault: Schriften zur Literatur*. Frankfurt a. M.: Suhrkamp 2003, S. 371-400.

Stingelin, Martin: „‚Schreiben'. Einleitung." In: Ders. (Hrsg.): *„Mir ekelt vor diesem tintenklecksenden Säkulum." Schreibszenen im Zeitalter der Manuskripte*. München: Fink 2004, S. 7-21.

Strätling, Regine: „Einleitung." In: Dies. (Hrsg.): *Spielformen des Selbst. Das Spiel zwischen Subjektivität, Kunst und Alltagspraxis*. Bielefeld: transcript, 2012, S. 9-21.

Straub, Jürgen (Hrsg.): *Erzählung, Identität und historisches Bewußtsein. Die psychologische Konstruktion von Zeit und Geschichte. Erinnerung, Geschichte, Identität 1*. Frankfurt a. M.: Suhrkamp 1998.

Suerbaum, Werner: „Cicero (und Epikur) über die Freundschaft und ihre Probleme." In: Cotteri, Luigi (Hrsg.): *Der Begriff Freundschaft in der Geschichte der europäischen Kultur*. Meran: Hauger 1996, S. 136-167.

Strnad-Walsh, Katherine: „Die ‚Schola Caritatis' und mittelalterliche Geistigkeit." In: Cotteri (Hrsg.) 1995, S. 201-224.

Tams, Nicola: *Geschriebene Freundschaft. Zu den Briefen Derridas*. Bielefeld: transcript 2018.

Taylor, Charles: *Quellen des Selbst. Die Entstehung der neuzeitlichen Identität*. Frankfurt a. M.: Suhrkamp 2018 [1994].

Tenbruck, Friedrich: „Freundschaft. Ein Beitrag zu einer Soziologie der persönlichen Beziehungen." In: *Kölner Zeitschrift für Soziologie und Sozialpsychologie* 16 (1964), S. 431-456.

Timm, Uwe: *Von Anfang und Ende. Über die Lesbarkeit der Welt. Frankfurter Poetikvorlesung*. Köln: Kiepenheuer & Witsch 2009.

Todd, Janet: *Women's Friendship in Literature*. New York: Columbia UP 1980.

Töns, Andreas: *„Nur mir gegenübergestellt." Ich-Fragmente im Figurenfeld: Reduktionsstufen des Doppelgängermotivs in Kafkas Erzählprosa*. Bern: Lang 1998.

Utz, Konrad: *Freundschaft. Eine philosophische Theorie*. Paderborn: Schöningh 2012.

Valtin, Renate/Fatke, Reinhard: *Freundschaft und Liebe. Persönliche Beziehungen im Ost/West- und im Geschlechtervergleich*. Donauwörth: Auer 2017.

Vedder, Björn: *Neue Freunde. Über Freundschaft in Zeiten von Facebook*. Bielefeld: transcript 2017.

Vedder, Ulrike: *Geschickte Liebe. Zur Mediengeschichte des Liebesdiskurses im Briefroman ‚Les Liaisons dangereuses' und in der Gegenwartsliteratur*. Köln: Böhlau 2002.

Vedder, Ulrike: „Das Rätsel der Objekte: Zur literarischen Epistemologie von Dingen. Eine Einführung." In: *Zeitschrift für Germanistik* 22 (2012), H. 1, S. 7-16.

Wagner, Annette: *Postmoderne im Adoleszenzroman der Gegenwart*. Frankfurt a. M.: Peter Lang 2007.

Wagner-Egelhaaf, Martina: „Einleitung: Was ist Auto(r)fiktion?" In: Dies. (Hrsg.): *Auto(r)fiktion: Literarische Verfahren der Selbstkonstruktion*. Bielefeld: Aisthesis 2013, S. 7-21.

Walker, Karen: „Men, Women and Friendship: What They Say, What They Do." In: *Gender and Society* 8 (1994), H. 2, S. 246-265.

Walter-Jochum, Robert: *Autobiographietheorie in der Postmoderne. Subjektivität in Texten von Johann Wolfgang von Goethe, Thomas Bernhard, Josef Winkler, Thomas Glavinic und Paul Auster*. Bielefeld: transcript 2016.

Wehling-Giorgi, Katrin: „Playing with the Maternal Body. Violence, Mutilation, and the Emergence of the Female Subject in Ferrante's novels." In: *California Italian Studies* 7 (2017), H. 1, S. 1-15.

Wehling-Giorgi, Katrin: „Rethinking Constructs of Maternity in the Novels of Elena Ferrante and Alice Sebold." In: *Women. A cultural review* 30 (2018), H. 1, S. 66-83.

Weigel, Sigrid: *Die Stimme der Medusa. Schreibweisen in der Gegenwartsliteratur von Frauen*. Dülmen-Hiddingsel: Tende 1995 [1987].

Weinrich, Harald: „Typen der Gedächtnismetaphorik." In: *Archiv für Begriffsgeschichte* 9 (1964), S. 23-26.

Weiser, Jutta/Ott, Christine: „Autofiktion und Medienrealität." In: Dies. (Hrsg.): *Autofiktion und Medienrealität. Kulturelle Formungen des postmodernen Subjekts*. Heidelberg: Winter 2013, S. 7-16.

Wellershoff, Dieter: *Literatur und Veränderung. Versuche zu einer Metakritik der Literatur*. Köln: Kiepenheuer & Witsch 1969.

Wieland, Christoph Martin: *Geschichte der Abderiten*. Berlin: Hofenberg 2016 [1780].

Wilpert, Gero von: *Goethe-Lexikon*. Stuttgart: Kröner 1998.

Winch, Alison: *Girlfriends and Postfeminist Sisterhood*. New York: Palgrave Macmillan 2013.

Windisch-Laube, Walter: „Ein faustdicker Raabe?! Noch einmal: ‚Die Akten des Vogelsangs' als ‚geheime Quelle' von Thomas Manns ‚Doktor Faustus'." In: *Jahrbuch der Raabe-Gesellschaft*. Berlin: de Gruyter 2008, S. 114-142.

Winko, Simone: *Kodierte Gefühle: Zu einer Poetik der Emotionen in lyrischen und poetologischen Texten um 1900*. Berlin: Schmidt 2003.

Wittmann, Reinhard: „Gibt es eine Leserevolution am Ende des 18. Jahrhunderts?" In: Chartier, Roger/Cavallo, Guglielmo (Hrsg.): *Die Welt des Lesens*. Frankfurt a. M.: Campus 1999, S. 419-454.

Wokart, Norbert: „Differenzierungen im Begriff ‚Grenze'. Zur Vielfalt eines scheinbar einfachen Begriffs." In: Faber, Richard/Neumann, Barbara (Hrsg.): *Literatur der Grenze – Theorie der Grenze*. Würzburg: Königshausen & Neumann 1995, S. 275-289.

Wolf, Christa: „Selbstinterview." In: Dies.: *Gesammelte Werke. Band IV. Essays/Gespräche/Reden/Briefe 1959-1974*. Hrsg. und kommentiert von Sonja Hilzinger. München: Luchterhand 1999, S. 139-144.

Wolting, Monika: „‚Identität kann nur als ein Problem existieren.' – Zu Identitätskonstruktionen in der Gegenwartsliteratur. Einleitung" In: Dies. (Hrsg.): *Identitätskonstruktionen in der deutschen Gegenwartsliteratur*. Göttingen: V&R unipress 2017, S. 9-18.

Woolf, Virginia: *A Room of One's Own*. Neapel: Albatross 2015 [1929].

Wright, Paul H.: „Men's Friendships, Women's Friendships and the Alleged Inferiority of the Latter." In: *Sex Roles* 8 (1982), H. 3, S. 1-20.

Wright, Paul H.: „Toward an Expanded Orientation to the Comparative Study of Women's and Men's Same-Sex Friendships." In: Dindia, Kathryn/Canary, Daniel J.

(Hrsg.): *Sex Differences and Similarities in Communication*. London: Routledge 2006, S. 37-58.

Yalom, Marilyn: *Freundinnen. Eine Kulturgeschichte*. München: btb 2017.

Zanetti, Sandro (Hrsg.): *Schreiben als Kulturtechnik. Grundlagentexte*. Frankfurt a. M.: Suhrkamp 2015.

Zanetti, Sandro: „Welche Gegenwart? Welche Literatur? Welche Wissenschaft? Zum Verhältnis von Literaturwissenschaft und Gegenwartsliteratur." In: Brodowsky/Klupp (Hrsg.) 2010, S. 13-29.

Zima, Peter V.: *Theorie des Subjekts. Subjektivität und Identität zwischen Moderne und Postmoderne*. Tübingen: Francke 2017.

Zirfas, Jörg: „Identität in der Moderne. Eine Einleitung." In: Ders./Jörissen, Benjamin (Hrsg.): *Schlüsselwerke der Identitätsforschung*. Wiesbaden: Verlag für Sozialwissenschaften 2010, S. 9-18.

Zeitungsartikel (online zugänglich)

Bartels, Gerrit: „Schule aus." In: *Der Tagesspiegel* vom 30.11.2015.

Clark, Alex: „Sister Act: Female friendship in fiction from Woolf to Ferrante and Zadie Smith." In: *The Guardian* vom 06.08.2016.

Grzanna, Marcel: „Der Druck auf die Menschen ist enorm." In: *Süddeutsche Zeitung* vom 13.03.2017.

Heidenreich, Elke: „Wo war eigentlich Lolitas Freundin?" In: *Die Presse* vom 14.03.2010.

Heimerl, Theresia: „‚Des Todes Entzückungen.' Überlegungen zum Verhältnis von Eros und Tod." In: quer*elles*-net 19 (2006).

Hütt, Hans: „Bewährungshelfer fürs eigene Leben." In: *Die Tageszeitung* vom 11.12.2015.

Illouz, Eva: „Liebe? Freundschaft!" In: *DIE ZEIT* vom 24.03.2016.

Kämmerlings, Richard: „Der Schleier über den letzten Dingen." In: *Frankfurter Allgemeine Zeitung* vom 14.08.2009.

Miller, A. D.: „Why modern fiction has turned its back on friendship." In: *The Guardian* vom 21.03.2015.

Müller, Burkhard: „Wenn der letzte Rest Zukunft verbraucht ist." In: *Süddeutsche Zeitung* vom 28.04.2013.

Spreckelsen, Tilman: „Im Reich zwischen Leben und Tod." In: *Frankfurter Allgemeine Zeitung* vom 13.07.2019.

Steinfeld, Thomas: „Puppenspiel." In: *Süddeutsche Zeitung* vom 21.08.2016.

Verna, Sascha: „Die überlebenswichtige Todesangst." https://www.deutschlandfunk.de/das-buch-der-woche-die-ueberlebenswichtige-todesangst.700.de.html?dram:article_id=269870.

Weidermann, Volker: „Komm, süßer Tod." In: *Der Spiegel* vom 24.12.2015.

Zeh, Miriam: „Literatur muss gar nichts." In: *DIE ZEIT* vom 21.03.2019.

Dank

Bei diesem Buch handelt es sich um eine leicht überarbeitete Fassung meiner Dissertation, mit der ich 2020 an der Humboldt-Universität zu Berlin promoviert wurde.

Ich danke meiner Erstgutachterin Ulrike Vedder (HU Berlin) für ihre genauen Lektüren und wertvollen Hinweise. Meinem Zweitbetreuer Christian Moser (Universität Bonn) danke ich für seine zahlreichen Anregungen, die maßgeblich zur Konturierung der Arbeit beigetragen haben. Der Hanns-Seidel-Stiftung gebührt mein Dank für die großzügige finanzielle Förderung sowie inspirierende Tagungen und Begegnungen.

Meinen Freundinnen und Freunden danke ich dafür, dass sie weder Erinnerung noch Projektion, sondern seit so vielen Jahren immer für mich da sind. Mein innigster Dank gilt meinen Eltern Angelika und Wolfgang und meinem Bruder Luis für ihre Liebe, ihre Unterstützung und ihren Glauben an mich. Euch widme ich dieses Buch.